Grasa

GRASA
UNA HISTORIA CULTURAL DE LA MATERIA DE LA VIDA

CHRISTOPHER E. FORTH

PLASSON & BARTLEBOOM

PRIMERA EDICIÓN EN PLASSON E BARTLEBOOM: noviembre de 2025
PRIMERA EDICIÓN EN INGLÉS: abril de 2019

Calle Aldea del Fresno 29, 6ºD
28045 Madrid

ISBN: 978-84-10483-30-9
DEPÓSITO LEGAL: M-21570-2025
CÓDIGO IBIC: HBTB
DISEÑO DE COLECCIÓN: Daniel Mira
IMAGEN DE CUBIERTA: Haley Morris-Cafiero
MAQUETACIÓN: Alejandro Schwartz
CORRECCIÓN: Octavio Barriuso y Estela Gómez
IMPRESIÓN: Kadmos

IMPRESO EN ESPAÑA - PRINTED IN SPAIN

INTRODUCCIÓN

Vida en el lugar equivocado[1]

Grasa. Gordura[2]. Estas palabras conjuran todo un repertorio de imágenes y evocan una multiplicidad de sentimientos. Algunos son positivos. Un cuerpo gordo puede ser hermoso y deseable. Puede ocupar el espacio de formas empoderantes e intimidatorias; puede también ser una señal de una capacidad que no todo el mundo tiene para disfrutar de la abundancia. La blanda gordura se puede sentir como algo consolador, incluso sexual, de formas en las que pocas veces se experimenta una

1. Todas las traducciones al inglés son del autor, a menos que se especifique otra cosa. En el caso de las traducciones al español de las citas, se ha recurrido en la medida de lo posible a traducciones ya publicadas de los textos originales. Cuando hay una edición española pero no ha sido posible consultarla, se referencia la edición y se señala a continuación que la traducción es nuestra: [trad. propia].

2. La tesis de este libro es que las ideas, conceptos y prejuicios en torno a la «grasa» como sustancia han tenido una importancia fundamental sobre las ideas, conceptos y prejuicios en torno a los cuerpos gordos, sobre la «gordura». En inglés ambos conceptos, «grasa» y «gordo/gordura», se expresan con la misma palabra: *fat*. A diferencia de otros idiomas, en el español estamos perdiendo paulatinamente esas acepciones de gordo/gordura referentes a la sustancia y se usan de manera casi exclusiva para hablar de peso, el tamaño y la forma de los cuerpos. Por otro lado, el texto emplea otros dos términos: *fatness*, para, esta vez sí, hablar específicamente de «gordura», y *grease*, que designa a la «grasa» en cuanto materia, sustancia, refiriéndose sobre todo a sus propiedades pegajosas, untuosas. La traducción irá escogiendo «grasa» o «gordura» para traducir *fat*, en función del contexto, con la esperanza de que la homonimia del original acabe de alguna manera transparentándose (N. de la T.).

huesuda esbeltez. En su mejor versión, la grasa puede apuntar a la restallante plenitud de la vida misma. En nuestro mundo actual, sin embargo, estas impresiones positivas a menudo se ven eclipsadas por otras más negativas. En la medicina y en los medios de comunicación, así como en buena parte de la escritura académica y activista sobre el tema, las palabras «cuerpo gordo» se aplican para referirse a la acumulación de grasa en el cuerpo bajo la forma de «obesidad», que puede ser objeto de críticas atendiendo a razones estéticas y/o médicas y que, a menudo, es blanco de discriminación. Entre quienes buscan entender cómo es posible que los cuerpos grandes hayan tan sido estigmatizados en los últimos años, la equiparación automática de la grasa con la corpulencia o la gordura[3] ha fomentado análisis que han demostrado cómo los ideales sobre la salud, la dieta y la belleza se han modificado a lo largo del tiempo y a través de las fronteras culturales, afectando así a grupos diversos de maneras diferentes. Los resultados de estos estudios nos han aportado importantes conclusiones. Los hombres corpulentos pueden ser estigmatizados como débiles o afeminados, pero las mujeres gordas sufren más discriminación y estigma en lo que se refiere a las oportunidades de empleo, salario, atención sanitaria, relaciones románticas y representación mediática. La gordura, así como el estigma que lleva consigo, se redistribuye también a lo largo de las capas socioeconómicas que marginan a grupos según criterios de raza, etnicidad y clase. Los ideales corporales y los niveles de insatisfacción varían entre las culturas occidentales y las culturas no occidentales, así como entre los contextos rurales y urbanos. De hecho, se ha demostrado que los

3. Aún reconociendo que «gordo», «gordura» y «corpulencia» son soluciones imperfectas para el problema de términos estigmatizantes y patologizantes como «obesidad», sigo aquí el criterio de estudios como el de Longhurst, R., «Fat Bodies: Developing Geographical Research Agendas», *Progress in Human Geography*, xxix/3, 2005, pp. 247-59; Monaghan, L. F., *Men and the War on Obesity: A Sociological Study*, Londres, 2008; y Saguy, A. C., *What's Wrong with Fat?*, Nueva York, 2013, p. 7. El empleo ocasional de «sobrepeso» pretende transmitir las impresiones de determinados periodos. Cuando aparece «obesidad» es porque refleja los términos de las fuentes, tanto originales como traducidas.

niveles de insatisfacción corporal entre las mujeres de las regiones no occidentales aumentan correlativamente con los índices de exposición a los medios de comunicación occidentales[4]. Con independencia de dónde nos situamos dentro de este tema, estos hechos parecen estar más o menos claros.

No nos faltan tampoco explicaciones sobre por qué los acontecimientos se han desarrolado de esta manera. La investigación sobre este tema también refleja algunas premisas ampliamente compartidas. Cuando se trata de pensar sobre qué es un cuerpo gordo, no solamente se da por sentada una división geográfica entre Occidente y «el Resto», sino que, en el caso de la cultura occidental, se añade una división temporal. Hay estudios que señalan una distinción entre la aceptación premoderna de la grasa como una señal de salud, fertilidad y belleza y el rechazo moderno de lo que ahora se suele etiquetar como «obesidad», entendida como algo poco sano, desagradable y relacionado con la pobreza[5]. Tan evidentes parecen las actitudes hostiles a la grasa en la modernidad que una investigadora incluso ha denominado al mundo premoderno en su conjunto como «la época anterior a la grasa»[6]. Muchas investigaciones refuerzan implícitamente esta sensación cuando defienden que nuestros estereotipos contrarios a la grasa son un fenómeno claramente moderno, que se ha desarrollado a trancas y barrancas

4. Por ejemplo, véase Fikkan, J. L.; Rothblum, E. D., «Is Fat a Feminist Issue? Exploring the Gendered Nature of Weight Bias», *Sex Roles*, lxvi, 2012, pp. 575-92; Berlant, L., «Slow Death (Sovereignty, Obesity, Lateral Agency)», *Critical Inquiry*, XXXIII/4, 2007, pp. 754-80; Strings, S., «Obese Black Women as "Social Dead Weight": Reinventing the "Diseased Black Woman"», *Signs*, xli/1, 2015, pp. 107-30; Swami, V. et al., «The Attractive Female Body Weight and Female Body Dissatisfaction in 26 Countries across 10 World Regions: Results of the International Body Project i», *Personality and Social Psychology Bulletin*, xxxvi/3, 2010, pp. 309-25.

5. Fraser, L., «The Inner Corset: A Brief History of Fat in the United States», en *The Fat Studies Reader*, Rothblum, E.; Solovay, S. (ed.), Nueva York, 2009, pp. 11-14; Rogers, P., «Fat Is a Fictional Issue: The Novel and the Rise of Weight-Watching», en *Historicizing Fat in AngloAmerican Culture*, Levy-Navarro, E. (ed.), Columbus, oh, 2010, pp. 19-39.

6. Levy-Navarro, E., *The Culture of Obesity in Early and Late Modernity*, Basingstoke, 2008, p. 37.

desde el siglo XVI y que se ha exacerbado a partir de la década de 1920. Aunque estos estudios exageran el aprecio a los cuerpos gordos de las etapas anteriores, lo que sí muestran es que el rechazo a la grasa se vuelve especialmente intenso hacia finales del siglo XX. Lo que hila todas estas conclusiones es la idea de que los conceptos de «salud» y «belleza» son construcciones culturales. Por eso, las advertencias de los medios de comunicación y de la profesión médica sobre los peligros estéticos y de salud de la «obesidad» suelen contrarrestarse recordando que eso que para la mirada moderna occidental es una fuente de asco puede de hecho considerarse en otros lugares o en otros momentos como una prueba de salud, poder y belleza. A partir de estas premisas, muchas investigaciones se adscriben implícitamente a una u otra versión de la idea de que la historia de la supuesta obesidad es la historia de «cómo lo que era bueno se convirtió en feo y de ahí en malo»[7].

Desde esta perspectiva, la grasa sería un ejemplo de lo que la antropóloga Mary Douglas describía como «materia fuera de su sitio» en un sistema cultural ordenado de ideas e imágenes sobre la salud y la belleza[8]. Concebidas en términos de «cuerpos fuera de los límites», para citar el título de una de las primeras antologías de estudios gordos[9], las percepciones sobre la gordura se postulan como *efectos* de la cultura. Aunque esas afirmaciones contienen buena parte de verdad, lo cierto es que entre quienes se enfrentan de manera crítica

7. Eknoyan, G., «A History of Obesity, or How What Was Good Became Ugly and Then Bad», *Advances in Chronic Kidney Disease*, xiii/4, 2006, pp. 421-7. Para un ejemplo reciente de este relato, véase Tara, S., *The Secret Life of Fat*, Nueva York, 2017.

8. Douglas, M., *Pureza y peligro. Un análisis de los conceptos de contaminación y tabú*, Simon, E. (trad.), Buenos Aires, Siglo xxi, 1973. Véase también el concepto de «abyección» de Kristeva, una ampliación muy conocida del modelo de Douglas. Kristeva, J., *Poderes de la perversión*, Rosa, N. y Ackerman, V. (trad.), Ciudad de México, Siglo xxi, 2025. Para una crítica de estos análisis relacionados de la «impureza», véase Duschinsky, R., «Abjection and Selfidentity: Towards a Revised Account of Purity and Impurity», *Sociological Review*, lxi/4, 2013, pp. 709-27; e «Ideal and Unsullied: Purity, Subjectivity and Social Power», *Subjectivity*, iv/2, 2011, pp. 147-67.

9. Braziel, J. E.; LeBesco, K. (ed.), *Bodies Out of Bounds: Fatness and Transgression*, Berkeley, ca, 2001.

a las ideas dominantes sobre las tallas corporales opera una especie de «constructivismo automático», que suele conducir a minimizar o desdeñar cómo las continuidades interaccionan con los cambios a lo largo del tiempo. Además, en su razonable preocupación por cómo la cultura conforma las percepciones corporales, a menudo no tiene en cuenta cómo las cualidades materiales de la grasa pueden también conformar ideas culturales[10]. De la misma manera que lo que ya sabemos sobre la gordura se refracta a través de los «marcos» conceptuales que empleamos para entenderla[11], muchas supuestas certezas se vuelven menos evidentes cuando adoptamos una escala temporal más amplia y planteamos diferentes cuestiones acerca de qué queremos decir cuando hablamos de la grasa. Por ejemplo, la tan debatida predominancia de la visión en la era moderna sin duda ha jugado un papel importante en las nuevas normas estéticas que circularon de forma más amplia e insistente a partir del siglo XVI. Pero plantear unas distinciones tajantes o abiertamente simplistas sobre cómo entendía el cuerpo la gente de periodos y culturas diferentes es pasar por alto las formas múltiples y muchas veces contradictorias en las que los cuerpos pueden concebirse y experimentarse en todo momento dado[12]. Más aún, presuponer que las percepciones modernas sobre los cuerpos se han vuelto predominantemente visuales no atiende a cómo los sentidos se interrelacionan en las percepciones del mundo, ni tiene en cuenta el papel persistente de los sentidos no visuales en la valoración de los cuerpos[13]. Enfatizar lo *visual* sin tener también en cuenta lo *visceral* es reducir la riqueza de la «grasa» y la «gordura» a sólo unas pocas de sus dimensiones. Es

10. Véase Warin, M., «Material Feminism, Obesity Science and the Limits of Discursive Critique», *Body and Society*, XXI/4, 2015, p. 61.

11. Sobre la importancia de los marcos conceptuales, véase Saguy, A. C., *What's Wrong with Fat?*

12. Harris, O. J. T.; Robb, J., «Multiple Ontologies of the Problem of the Body in History», *American Anthropologist*, CXIV/4, 2012, pp. 668-79.

13. En uno de los debates teóricos más importantes sobre la encarnación de la gordura, Samantha Murray nos recuerda que «la percepción es un modo corporal de estar-en-el-mundo que es constitutiva de este ser y no se reduce (ni podría reducirse) a lo "visual"». Murray, S., *The «Fat» Female Body*, Basingstoke, 2008, p. 149.

desdeñar la posibilidad de que haya otros factores en juego dentro de nuestra actual obsesión con la delgadez y la forma física[14].

Un tema mucho más resbaladizo de lo que se suele asumir, la grasa desborda los marcos que se han empleado para su contención conceptual. No hay que irse muy lejos para ver las complejas respuestas viscerales que la grasa puede suscitar en el siglo XXI. Veamos, por ejemplo, cuántas de ellas se condensan en una elocuente escena de la novela de Joyce Carol Oates *Middle Age: A Romance* (2001). El protagonista, Roger, conoce a un sórdido abogado llamado Reginald «Bombo» Spires, un hombre de 135 kilos de peso cuya «masa obesa y grasienta» está arrellanada en una mugrienta oficina. Su cuerpo y su entorno son pruebas de su fracasado estatus profesional y corporal. A primera vista, se diría que estamos ante un clásico ejemplo de la gordura como símbolo del descenso social[15]. Pero los términos específicos de esta expulsión del paraíso revelan temas que no se reducen tan fácilmente al estatus socioeconómico. La reacción inmediata de Roger es de asco. Nunca había conocido a «un espécimen humano tan repugnante. El cuerpo de Bombo parecía consistir en capas y capas de grasa, de una grasa supurante [...], estaba hinchado, como un cadáver ahogado». La percepción del peligro de contaminación ensombrece más aún este encuentro mientras Roger combate el impulso de rechazar el apretón de la mano «húmeda y resbaladiza» del gordo, preguntándose si «se puede uno infectar con un apretón de manos». Aludiendo al lugar común de «eres lo que comes», la carne de Bombo es en sí misma una «masa grasienta», como si hubiera adoptado las cualidades de las grasas y carbohidratos que a menudo se dice que fomentan la gordura (y que, se

14. Lelwica, M. M., *Shameful Bodies: Religion and the Culture of Physical Improvement*, Londres, 2017, p. 46. Lo «visceral» podría definirse en términos de «las sensaciones, modos y maneras de ser que surgen de nuestra relación sensorial con los entornos materiales y discursivos que habitamos». Longhurst, R.; Johnston, L.; Ho, E., «A Visceral Approach: Cooking "at Home" with Migrant Women in Hamilton, New Zealand», *Transactions of the Institute of British Geographers*, xxxiv/3, 2009, p. 334.

15. Farrell, A. E., *Fat Shame: Stigma and the Fat Body in American Culture*, Nueva York, 2011, pp. 127–30.

nos invita a suponer, Bombo ingiere con regularidad). La visión de esta carne produce una anticipación táctil que no requiere de un contacto real, como si en algún momento hubiera inspirado ese apodo de tebeo que pretende conjurar la resonancia y el temblor que hiperbólicamente se atribuye a los cuerpos muy grandes cuando caminan. En lugar de componer sencillamente una apariencia desagradable, la gordura de Bombo le evoca a Roger la hinchazón de la muerte y de la descomposición («un cadáver ahogado») y algo apenas humano (un espécimen «repugnante»). Sin embargo, a pesar de esas potentes reacciones, Roger no puede aceptar la absoluta otredad del desgraciado abogado. La grasa, el fracaso, el anticipo de la mortalidad: nadie es inmune a esas cosas, se dice a sí mismo. «Podrías haber sido, tú, compañero. Nunca es demasiado tarde»[16]. En su respuesta ante el cuerpo de Bombo, Roger experimenta lo que Stephanie Lawler denomina el perturbador «reconocimiento de (y el horror ante) la semejanza» que pueden provocar los encuentros que suscitan asco[17].

Este encuentro ficticio contiene parte de la repulsión que habitualmente se menciona en las actuales percepciones de la gordura. «Si nos obligaran a ofrecer una explicación en pocas palabras de la, por otro lado, inexplicable ferocidad de la guerra que libra Estados Unidos contra la grasa», escribe Paul Campos en *The Obesity Myth*, «sería esta: en Estados Unidos se piensa que la grasa es asquerosa. Es tan sencillo como esto, a todos los niveles culturales y políticos más importantes». Hay muchas pruebas que respaldan esta observación. No solamente se ha recogido ampliamente el asco ante la grasa en los medios de comunicación y en la cultura popular, sino que numerosos estudios, en muchos países, revelan un considerable sesgo gordófobo entre la profesión sanitaria, que cita la fealdad de la paciente, así como su falta de fuerza de voluntad y desobediencia ante los consejos médicos como las razones principales para un rechazo y un desprecio que no suelen

16. Oates, J. C., *Middle Age: A Romance*, Nueva York, 2001, pp. 350-51.

17. Lawler, S., «Disgusted Subjects: The Making of Middle-class Identities», *The Sociological Review*, liii/3, 2005, p. 442.

conseguir disimular[18]. Aunque la jerga científica que se emplea para medir la masa y la altura corporal presenta la necesidad de adelgazar como una simple, aunque urgente, cuestión de salud y autocontrol, nuestros prejuicios sobre la grasa reflejan una emoción poderosa que es cualquier cosa menos distanciada o desinteresada. Y, a pesar de que Campos se centra en Estados Unidos, las actitudes estadounidenses hacia la gordura son una versión local, aunque a menudo exagerada, de un fenómeno más general. Teniendo en cuenta cómo proliferan los estereotipos gordófobos en contextos públicos en los que, en general, se consideraría inaceptable expresar sentimientos racistas, misóginos u homófobos, Campos argumenta que el rechazo de la gordura se suscita «ante la visión de personas que pesan desde muchísimo hasta un poco más de lo que marca nuestro absurdamente restrictivo ideal cultural actual»[19].

Campos tiene razón al comparar las semejanzas entre las actitudes gordófobas y otras formas de prejuicio[20]. Pero los estudios sobre el asco están de acuerdo en afirmar que la vista no es lo más importante en esta compleja emoción. Resumiendo los hallazgos de la antropología y la psicología, la filósofa Martha Nussbaum apunta al papel fundamental del tacto en la generación del asco. Esto es así porque «la idea clave es la de traspasar una frontera desde el mundo hacia el sí mismo». Como tal,

> la repugnancia, por lo tanto, estaría estrechamente vinculada con los tres sentidos que la tradición filosófica considera «táctiles», en vez de

18. Puhl, R. M.; Heuer, C. A., «The Stigma of Obesity: A Review and Update», *Obesity*, xvii/5, 2009, pp. 941-64.

19. Campos, P., *The Obesity Myth: Why America's Obsession with Weight Is Hazardous to Your Health*, Nueva York, 2004, p. xxiv; véase también p. 67. Sobre el papel de la emoción en las respuestas ante la gordura, véase también Phillipson, A., «Re-reading "Lipoliteracy": Putting Emotions to Work in Fat Studies Scholarship», *Fat Studies*, ii/1, 2013, pp. 70-86.

20. Crandall, C. S.; Nierman, A.; Hebl. M., «Anti-fat Prejudice», en *Handbook of Prejudice, Stereotyping, and Discrimination*, Nelson, T. D. (ed.), Nueva York, 2009, pp. 469-87; Crandall, C. S., «Prejudice against Fat People: Ideology and Self-interest», *Journal of Personality and Social Psychology*, lxvi/5, 1994, pp. 882-94.

con los mediados o de distancia: es decir, el tacto, el olfato y el gusto, y no la visión y el oído[21].

Desde esta perspectiva, el asco es una respuesta a un contacto real o anticipado con algo material. Cuando la psicología y la filosofía estudian el asco suelen coincidir en que, en lo fundamental, es una emoción que se moviliza por el recordatorio desagradable, tal vez intolerable, de la animalidad (o de la condición de criatura) y de la mortalidad. Agrupándose principalmente en torno a las actividades de la comida, el sexo y la defecación, aunque «nuestro cuerpo frágil es un envoltorio que cuando se rompe revela sangre y blandas vísceras»[22], la estructura cognitiva de la repugnancia se basa en una forma de «pensamiento mágico» que niega las realidades de la no permanencia y de la descomposición como partes necesarias de la vida orgánica:

> La repugnancia [...] rechaza tanto la condición animal en general como la mortalidad que tiene un lugar tan destacado en nuestro rechazo a la condición animal. [...]. Los productos que son repugnantes son los que relacionamos con nuestra vulnerabilidad a la descomposición y a convertirnos en productos de desecho[23].

La estructura del asco es inherentemente idealista, casi utópica. Colin McGinn la denomina incluso una «emoción filosófica» en la que

21. Nussbaum, M., *El ocultamiento de lo humano*: *repugnancia, vergüenza y ley*, Zadunaisky, G. (trad.), Katz editores, 2006, p. 113. Véase también Forth, C. E., «Fat and Disgust; or, The Problem of "Life in the Wrong Place"», en *Le Dégoût: Histoire, langage, politique et esthétique d'une* émotion *plurielle*, Delville, M., Norris, A.; Hoffmann, V. von (ed.), Lieja, 2015, pp. 41-60. Cuando determinadas «sensaciones visuales» parecen provocar asco, se puede entender como «un miedo derivado de una anticipación de la percepción [táctil]». Margat, C., «Phénoménologie du dégoût: Inventaire des définitions», *Ethnologie française*, xli/1, 2011, p. 18.

22. Rozin, P.; Haidt, J.; McCauley, C. R., «Disgust», en *Handbook of Emotions*, Lewis, M.; Haviland-Jones, J. M.; Feldman Barrett, L. (ed.), 3ª ed., Nueva York, 2008, p. 761.

23. Nussbaum, M., *El ocultamiento de lo humano*, p. 110.

«medimos el alcance de la disyunción entre cómo funciona el mundo realmente y cómo nos gustaría que fuese»[24].

A pesar de hablar de la muerte y la descomposición, en el núcleo del asco no hay una reacción a la mortalidad en la que la persona se enfrente a una posterior no existencia. Esto es porque la «vida», es decir, la vida orgánica, implica procesos vitales degenerativos que anteceden a la muerte de una persona y que no se detienen con esta. Los huesos pelados y secos de un esqueleto pueden recordarnos a la muerte y, por lo tanto, generar miedo, pero es más probable que lo que suscite repulsión sea la blandura rancia y viscosa de un cadáver putrefacto. Lo que más nos horroriza de la muerte, según Georges Bataille, no es la «amarga aniquilación del ser» que conlleva, sino el asco, esa a«inmersión en lo nauseabundo» que trae consigo la conciencia de que «regresaremos a la abyecta naturaleza y a la purulencia de la vida anónima, informe, que se extiende como la noche y que es la muerte»[25]. La vida y la muerte existen, por lo tanto, sobre un continuo que a menudo tiene fines opuestos a los planes humanos. Puede que lo que suscite la repugnancia sea, desde una perspectiva humanista, el tipo de vida «equivocado», el tipo de vida que desprecia nuestros proyectos y que osa dejarnos atrás[26]. El historiador William Miller está de acuerdo con esto:

24. McGinn, C., *El significado del asco*, Annacondia *López,* J. M. (trad.), Cátedra, 2016, pp. 182-3.

25. Bataille, G., *Historia del erotismo*, Palacio Tauste, J. (trad.), Errata Naturae, 2015, pp. 87-8. El filósofo Aurel Kolnai defiende que «la manifestación de la vida, enfática, prominente y excesiva tiende a despertar el asco». Por «vida», Kolnai entiende la «redundancia hinchada de la vitalidad y organicidad, como antítesis de dirección, norma, plan de la vida, como antítesis de andamiaje». Kolnai, A., *Asco, soberbia y odio*, Vendrell Ferran, I. (trad.), Madrid, Encuentro, 2013, p. 83.

26. «Vida» aquí es una noción semejante a la que maneja Gilles Deleuze de una vida «a», de una vitalidad «a-subjetiva» indeterminada y no ligada a los proyectos humanos, excepto que incluye en ella la negatividad que apunta Jane Bennett: «A veces una vida se experimenta no tanto como beatitud y más como terror, no tanto como la plenitud de lo virtual sino como un vacío radicalmente sin sentido». Bennett, J., *Vibrant Matter: A Political Ecology of Things*, Durham, nc, 2010, p. 54. Rosi Braidotti confirma la ofensa personal que puede representar una «vida» así, no humana: «Lástima que los implacables poderes generativos de la muerte exijan la supresión precisamente de

> Sorprendentemente, lo que da asco es la capacidad para vivir y no solo porque la vida implique la consiguiente muerte y descomposición, sino porque es esta última la que parece generar la vida. Las imágenes de descomposición se transforman casi sin darnos cuenta en imágenes de fertilidad y de vuelta a empezar. De modo que la muerte horroriza y da asco no solo porque huela repugnantemente mal, sino porque no es el final del proceso de la vida, sino parte de un ciclo que se repite eternamente[27].

Si el asco es una respuesta a los hechos a menudo desagradables de la vida orgánica y de la encarnación humana, entonces puede que la repugnancia por la gordura se suscite por un conjunto de preocupaciones semejante. Las razones para apuntar algo así se vuelven más sólidas cuando pensamos en cuán a menudo la grasa misma se ha asociado históricamente con la vitalidad, la fertilidad y la finitud, incluso hasta el punto de haber sido descrita como «la sustancia de la vida» misma[28]. En este sentido, la repugnancia y el asco ante la grasa y la gordura materializan una ambivalencia sobre el hecho de que los seres humanos tienen un cuerpo, así como sobre la desconfianza general en el mundo material al que esos cuerpos pertenecen. En palabras de Miller:

> Como veremos, *nosotros* somos, en última instancia, el fundamento de todo asco: el hecho de que vivimos y morimos, y de que este proceso es sucio y desprende sustancias y olores que nos hacen dudar de nosotros mismos y temer a nuestros semejantes[29].

aquello que nos es más grato y cercano, o sea, nosotros mismos, nuestro mismo ser en vida. Para nosotros, sujetos humanos y narcisistas, como nos enseña el psicoanálisis, no es pensable que la vida continúe sin nuestro ser-ahí». Braidotti, R., *Lo posthumano*, Gentile, J. C. (trad.), Gedisa, 2015, p. 146-47.

27. Miller, W. I., *Anatomía del asco*, Gómez Crespo, P. (trad.), Taurus, 1998, p. 70.

28. La idea de que la grasa, el aceite y sustancias parecidas puedan haberse construido colectivamente como la «sustancia de la vida» la tomo prestada de Onians, R. B., *The Origins of European Thought about the Body, the Mind, the Soul, the World, Time, and Fate*, Cambridge, 1951, p. 109.

29. Miller, W. I., *Anatomía*, p. 16.

Con frecuencia abordada como una respuesta a una «materia fuera de su sitio», el asco a la grasa puede ser entonces también una reacción a la «vida en el lugar equivocado», siendo esta última frase una descripción que usa Aurel Kolnai para describir a los cuerpos cuyo «exceso de vitalidad» ha hecho que crezcan más de lo que considera apropiado una determinada cultura[30].

*

Abordar «grandes» preguntas como esta puede parece una manera extraña de comenzar un libro de historia, pero es importante para explicar el enfoque multifacético e interdisciplinar que adopta este libro. Puesto que es un estudio sobre la formación de estereotipos, *Grasa: una historia cultural de la sustancia de la vida* defiende que es útil meditar sobre el asco para pensar las maneras en las que se han conceptualizado los cuerpos gordos a lo largo del tiempo. Esto es así, en primer lugar, porque el estudio del asco muestra que no hay nada necesario o inevitable en las intensas emociones que hoy suscita la gordura. Hay una parte de la psicología social que argumenta que el «asco básico» es una adaptación evolutiva que ha servido para proteger a los seres humanos de la ingestión de sustancias potencialmente peligrosas y que, por lo tanto, entiende que el asco hacia la gordura se produce en una esfera cultural de segundo orden e históricamente específica, donde «el foco de la amenaza se ha expandido desde la boca hasta el cuerpo en general»[31].

30. Kolnai, A., *Asco, soberbia y odio*, p. 83.

31. Rozin; Haidt; McCauley, «Disgust», p. 761. Hay investigaciones que, desde la perspectiva de la biología evolutiva y la concepción biomédica de la «obesidad» como una enfermedad, han propuesto que la visión de los cuerpos gordos podría desencadenar la capacidad humana para la detección de patógenos. Sostienen que el asco ante la gordura brota en parte de «mecanismos psicológicos evolucionados para evitar la enfermedad, que se "cuelan" en las percepciones de los individuos modernos». Lieberman, D. K.; Tybur, J. L.; Latner, J. D., «Disgust Sensitivity, Obesity Stigma, and Gender: Contamination Psychology Predicts Weight Bias for Women, not Men», *Obesity*, xx/9, 2012, p. 1804. Véase también Kelly, D., *Yuck! The Nature and Moral Significance of Disgust*, Cambridge, ma, 2011.

Así, en lugar de constituir una simple respuesta «normal» o «natural» ante la variación corporal, la repugnancia por los cuerpos gordos tiene una historia que puede explorarse e interpretarse.

Una segunda manera útil de conceptualizar el asco es como una emoción que no está relacionada de manera primordial con las impresiones visuales, lo que nos impulsa entonces a pensar sobre la gordura en términos del tacto, el gusto y el olfato, además de la vista[32]. Esto amplía las maneras en las que podemos acercarnos a los estereotipos que se les han atribuido a las personas gordas. En tercer lugar, al llamar la atención hacia los sentidos de contacto, el asco nos incita a explorar la materialidad misma de la grasa para valorar qué puede haber en lo grasiento y en las sustancias grasas que pueda provocar (pero no hacerlo necesariamente) una emoción de este tipo en unas condiciones históricas específicas. Esto nos permite ir más allá del análisis de «gordo» como un adjetivo aplicado a un cuerpo, y estudiar la grasa como sustantivo, aprehenderla como algo tan físico como visual.

El asco también es útil para pensar sobre la gordura y la grasa de otras maneras. Como apunta el encuentro que hemos descrito antes entre Roger y Bombo, la repugnancia implica un rechazo hacia los cuerpos, pero también hacia procesos y sustancias corporales que pueden recordarnos aquellos aspectos de nuestra propia encarnación que hubiéramos preferido olvidar. Acompañando un simultáneo «reconocimiento y (horror) de la mismidad», el asco nos recuerda hasta qué punto los cuerpos de las otras personas son fundamentales para nuestros propios ideales arraigados de autonomía, capacidad y autodominio. Reconocer esta «intercorporalidad»[33] es importante para

32. La falta de higiene es uno de los seis factores de la Fat Phobia Scale, un instrumento de cincuenta preguntas que después se redujo a la F-Scale, de sólo catorce preguntas. Robinson, B. E.; Bacon, J. G. y O'Reilly, J., «Fat Phobia: Measuring, Understanding, and Changing Anti-fat Attitudes», *International Journal of Eating Disorders*, xiv/4, 1993, pp. 467-80; Bacon, J. G.; Scheltema, K. E.; Robinson, B. E., «Fat Phobia Scale Revisited: The Short Form», *International Journal of Obesity*, xxv/2, 2001, pp. 252-7.

33. Margrit Shildrick propone «el concepto de intercorporalidad como la estructura fundamental de estar-en-el-mundo, o, en mi formulación preferida, hacer-

entender las maneras expansivas en la que se han manifestado los estereotipos sobre la gordura, convocando formas de la diferencia como el género, la raza y la clase, pero también la edad y la discapacidad. De manera muy parecida a la comida —pero también *como* comida— la grasa «nos recuerda a otras personas»[34]. En último lugar, en la medida que la repugnancia apunta a una tensión entre lo que somos y lo que preferiríamos ser, revela aprensiones acerca de las paradojas de la corporalidad. El asco hacia la grasa y la gordura desvela una ambivalencia sobre la vida corporal profundamente asentada en Occidente: a pesar de sus muchas recompensas y placeres, ser un cuerpo implica estar en conexión de una manera decepcionante e incluso aterradora, con el carácter pasajero de la existencia orgánica. Además de recordarnos a otras personas, la grasa nos recuerda los materiales y procesos no humanos que nos abarcan. Aludiendo a la profundidad y omnipresencia de este rechazo de la vida orgánica, un estudio defiende que, hoy en día, al cuerpo gordo se le hace «soportar todo el horror de la encarnación»[35]. Esto sugiere que, en diversos grados y en diferentes momentos, la cultura occidental ha fomentado fantasías acerca de cuerpos capaces de superar las limitaciones de la corporalidad, cuerpos que están vivos pero, a la vez, de manera paradójica, no están afectados por la «vida». Si hay algo que pueda parecer utópico o siquiera trascendente en este anhelo por un cuerpo que no sea un cuerpo, o al menos por un cuerpo purificado de su caótica y decepcionante corporalidad, este anhelo está lejos de ser novedoso. Puede que ni siquiera sea específicamente occidental[36]. Michel Foucault especula con que:

se-en-el-mundo». Shildrick, M., *Dangerous Discourses of Disability, Subjectivity and Sexuality*, Basingstoke, 2009, p. 24.

34. Probyn, E., *Carnal Appetites: FoodSexIdentities*, Londres, 2000, p. 12.

35. Kent, L., «Fighting Abjection: Representing Fat Women», en Braziel, J. E.; LeBesco, K. (ed.), *Bodies Out of Bounds*, p. 135. Para un relato cronológico de los debates filosóficos, véase Smith, J. E. H. (ed.), *Embodiment: A History*, Oxford, 2017.

36. Bloch, M., *Prey into Hunter: The Politics of Religious Experience*, Cambridge, 1992, p. 3.

> Es muy probable que la utopía primera, aquella que es más difícil de desarraigar del corazón de los hombres, sea precisamente la utopía de un cuerpo incorporal[37].

A partir de estas premisas, este libro ofrece una serie de reflexiones históricas sobre la grasa en Occidente, con una atención especial a las maneras en las que los estereotipos negativos sobre las personas gordas se han desarrollado a lo largo del tiempo. Estando de acuerdo en que el periodo moderno inauguró una desconfianza hacia la gordura que ha aumentado de manera cada vez más intensa a partir de los inicios del siglo XX, intenta entender este desarrollo situándolo en un lapso temporal mayor que otros estudios. Al iniciar su análisis en la Antigüedad y no en el momento de aparición de la modernidad, *Grasa* expone que en las épocas premodernas ya se entendía la corpulencia de manera ambivalente, que no era sólo apreciada y que, en ese momento, se generaron muchas de las potentes ideas e imágenes que han sido elementos fundamentales para la construcción de los estereotipos contemporáneos[38]. En otras palabras, en lugar de explicar cómo «algo bueno se convirtió en feo y por lo tanto en malo», las páginas que siguen muestran cómo este algo suscitaba una ambigüedad que mutó con el tiempo hasta convertirse en un lugar común y, para muchas personas, en algo intolerable. Evitando la tarea imposible de proporcionar un relato global de un arco temporal tan amplio, el libro adopta necesariamente un enfoque selectivo y temático sobre el asunto.

Grasa es también un libro único por los términos en los que aborda su tema. Mientras que otras obras han abordado la historia de la gordura

37. Foucault, M., «El cuerpo utópico», en *El cuerpo utópico. Las heterotopías*, Goldstein, V. (trad.), Nueva Visión, 2010, p. 8.

38. Si nos remontamos a la Edad Antigua, vemos que, en lugar de ser un hábito corporal inequívocamente «bueno», la gordura era un estado corporal ambiguo, «que desborda los límites conceptuales binarios y que funciona en buena parte como un pícaro cultural, que se relaciona tanto con la vida como con la muerte». Hill, S. E., *Eating to Excess: The Meaning of Gluttony and the Fat Body in the Ancient World*, Santa Barbara, CA, 2011, p. 13.

en términos de belleza, apariencia y cultura visual, o han cartografiado la evolución de las dietas y del ejercicio a lo largo del tiempo, este libro complementa estos importantes trabajos mostrando que la gordofobia tiene orígenes que se sitúan fuera de los límites del cuerpo humano[39]. Para poder entender la recurrente ambivalencia propia de la corpulencia en Occidente, aquí la grasa se trata como una sustancia material tanto localizada dentro de los cuerpos como en el entorno más amplio. Esta decisión conceptualiza la grasa también en relación con los procesos vitales de la hinchazón y el «engorde»[40], que aluden a las experiencias agrícolas sobre el estiércol, la fertilidad y la descomposición. También invita a pensar acerca de qué papel juega la materialidad de la grasa a la hora de generar las ideas culturales sobre la corpulencia. De forma más concreta, el gesto de cebar evoca las percepciones de la animalidad no humana, especialmente de las criaturas domesticadas que hoy se considera que ocupan un estatus «inferior» en las jerarquías animales. Estos tres temas recurrentes —materialidad, vitalidad y animalidad— amplían las maneras en las que se puede entender lo gordo: como una sustancia material llamada «grasa», como la situación corporal de la gordura y como un efecto de los procesos de engorde. También aporta maneras de abordar cómo los debates sobre la grasa y la gordura se han saturado, históricamente, con referencias al género, la raza y el estatus. El análisis de estos temas a lo largo del tiempo ilumina tendencias occidentales muy arraigadas y recurrentes que asocian lo blanco, fofo,

39. Los mejores trabajos históricos en formato libro incluyen Schwartz, H., *Never Satisfied: A Cultural History of Diets, Fantasies and Fat*, Nueva York, 1986; Stearns, P. N., *Fat History: Bodies and Beauty in the Modern West*, Nueva York, 1997; Gilman, S. L., *Fat Boys: A Thin Book*, Lincoln, ne, 2004; Gilman, S. L., *Fat: A Cultural History of Obesity*, Cambridge, 2008; Vigarello, G., *Las metamorfosis de la gordura, Historia de la obesidad desde la Edad Media hasta el siglo xx*, Cardoso, H. (trad.), Nueva Visión, Buenos Aires, 2011; Hill, *Eating to Excess*; y Farrell, A. E., *Fat Shame*.

40. El «engorde» o *fattening*, se emplea en inglés para designar tanto el abono o estercolado de la tierra para hacerla más fértil como el cebado de los animales domesticados para su consumo humano posterior. De la misma manera que con grasa y gordura, iremos alternando los términos según el contexto y mantendremos «engorde» siempre que sea posible para no perder la relación (N. de la T.).

hinchado y viscoso con lo femenino y lo feminizante, pero también con lo retrasado, lo primitivo o lo incivilizado[41]. Estos temas circulan y se entrelazan a lo largo de las perspectivas occidentales sobre los cuerpos gordos, proporcionando la base de una serie de imágenes negativas que han cristalizado en el último siglo[42].

Mediante el análisis de la forma en la que nuestras relaciones con la grasa se han movido históricamente entre el mundo material y el mundo social, así como a lo largo de los ámbitos humanos y agrícolas, este libro explora los mecanismos por los que la grasa puede ofrecer «una serie de potencialidades para signos» que resuenan de diversas maneras hasta el presente[43]. Estos signos producen «pegajosas» capas de significados acumulados, en las que lo residual sigue latente en lo nuevo, como un repositorio de ideas e imágenes pasadas que sigue estando a mano[44]. Basados en un reservorio así, nuestros modos de percibir e imaginar la grasa y la gordura tienen raíces e implicaciones más profundas y sutiles que las inquietudes por la salud y la belleza que ocupan a tantas de las investigaciones en este campo. No sólo es que la mayoría de estas percepciones e imágenes se hayan formado mucho antes de la Edad Moderna, sino que a menudo reflejan una relación con las cualidades materiales de la grasa, que juega así un papel activo en la producción de

41. Bordo, S., *Unbearable Weight: Feminism, Western Culture, and the Body*, Berkeley, ca, 1993; Farrell, A. E., *Fat Shame*, pp. 59-81.

42. Podríamos describirlo como un imaginario cultural relativo a la gordura o como un «imaginario gordo». Corbeau, J.-P., «L'Imaginaire associé à divers types de consommation de gras et les perceptions de leurs qualités», en *AgroAlimentaire: Une* économie *de la qualité*, (ed.) Nicolas, F.; Valceschini, E., París, 1995, pp. 93-103.

43. Meneley, A., «Oleo-Signs and Quali-Signs: The Qualities of Olive Oil», *Ethnos*, lxxiii/3, 2008, pp. 305.

44. Para decirlo con los términos que emplea Sara Ahmed, la «pegajosidad» de determinados elementos dentro de nuestra imaginación cultural de la gordura es «*como un efecto de las historias de contacto entre cuerpos, objetos y signos* [cursiva en el original]», pero también es el efecto de una repetición performativa mediante el que pueden reproducirse las relaciones entre los cuerpos, los objetos y los signos. Ahmed, S., *La política cultural de las emociones*, Olivares Mansuy, C. (trad.), Ciudad de México, UNAM, 2019, p. 145.

significado[45]. Por lo tanto, las maneras en las que imaginamos la grasa son, a la vez, tangibles e intangibles, físicas a la vez que discursivas, literales a la vez que figuradas. En la historia cultural de estas formas de imaginar nos encontramos respuestas ambivalentes ante movimientos y transiciones, crecimientos y declives, fertilidad y esterilidad, aumento y disminución, exceso y déficit, límites atravesados y sustancias transmutadas. También nos confrontamos a ideas e inquietudes sobre devorar e incorporar, dominación y subordinación. Esta historia está poblada por animales y plantas, tanto como por personas, y aquí también habrá «monstruos». Irreductibles a un solo conjunto de preocupaciones, los estereotipos sobre la gordura surgen en los intersticios de múltiples campos discursivos y de esferas de experiencia.

La grasa no es simplemente algo «bueno para pensar», como ya se sabe que dijo Claude Lévi-Strauss sobre algunos animales[46]. La grasa es algo *estupendo* para pensar y así ha sido desde que las poblaciones occidentales empezaron a reflexionar sobre sus cuerpos y sus mundos. Adentrarnos en la historia de cómo se ha percibido e imaginado la grasa puede darnos muchas y muy ricas ideas sobre la materia de la que están hechos nuestros estereotipos.

45. Boivin, N., «Mind over Matter? Collapsing the Mind-Matter Dichotomy in Material Culture Studies», en *Rethinking Materiality: The Engagement of Mind with the Material World*, DeMarrais, E.; Gosden, C.; Renfrew, C. (ed.), Cambridge, 2004, pp. 63-71.

46. Lévi-Strauss, C., *El totemismo en la actualidad*, González Aramburo, F. (trad.), Ciudad de México, FCE, 1965, p. 131.

1. LA SUSTANCIA DE LA VIDA

Qué hacemos y pensamos con la grasa

La grasa se puede considerar la «sustancia de la vida» por muchas razones. En su acepción más general, llamamos «grasa» a una clase de ácidos conocidos como «lípidos»: moléculas grasas que se encuentran entre los elementos fundamentales para que exista la vida orgánica. De hecho, como son «tan fundamentales para la vida como las proteínas y los genes»[1], la presencia de lípidos puede indicar todo tipo de vida, tanto terrestre como extraterrestre[2]. Aquí, en la Tierra, el papel central de los lípidos en el desarrollo humano ha recibido una atención considerable en los últimos años. Después de un largo periodo en el que se destacaba el papel central de las proteínas en las dietas prehistóricas, cada vez más estudios de paleoantropología subrayan la importancia para los primeros homínidos de las grasas derivadas del tuétano de los huesos y de los sesos de las piezas de caza mayor. La investigación más reciente sobre el techo de crecimiento nutricional que plantean las proteínas y las plantas ha desplazado una mayor atención hacia la importancia de las grasas en la dieta de los seres humanos primitivos, que «se las habrían apañado y, de hecho, que habrían evolucionado para poder obtener una buena cantidad de la variedad de energía nutricional más densa disponible en la naturaleza —las grasas— hasta el punto

1. Pond, C. M., *The Fats of Life*, Cambridge, 1998, p. 1.

2. Georgiou, C. D.; Deamer, D. W., «Lipids as Universal Biomarkers of Extraterrestrial Life», *Astrobiology*, XIV/6, 2014, pp. 541-9.

de que estas se convirtieron en una fuente de alimento obligatoria»[3]. Aunque el consumo de carne y la caza mayor aún se consideran factores especialmente importantes para la evolución humana, «la grasa de origen animal, obtenida en su mayor parte del tuétano y los sesos, se considera ahora como una parte esencial del conjunto»[4]. Por dar un ejemplo, el conjunto de huesos procedentes del Paleolítico Superior que se descubrió en la cueva de Las Caldas, en el norte de España, nos proporciona pruebas de estrategias concertadas para extraer el tuétano y la grasa de los huesos animales. Esto apunta a que «la extracción y la explotación de la grasa formaba parte de la estrategia de supervivencia de estos grupos humanos»[5]. Los lípidos, en especial los ácidos grasos omega-3, podrían incluso explicar la ampliación del volumen cerebral que condujo a la aparición del ser humano moderno (*Homo sapiens*). Se cree que esto sucedió después de la migración de los primeros seres humanos y de su asentamiento en África, a orillas de los lagos y del mar, donde habrían encontrado animales ricos en los ácidos grasos que requería el crecimiento cerebral. Por lo tanto, es posible que no sea una coincidencia que esto sucediera aproximadamente al mismo tiempo que las primeras poblaciones desplegaban nuevos avances en su desarrollo intelectual y cultural[6].

3. Ben-Dor, M. et al., «Man the Fat Hunter: The Demise of *Homo erectus* and the Emergence of a New Hominin Lineage in the Middle Pleistocene (ca. 400 kyr) Levant», *plos one*, VI/12, 2011, p. 9

4. Speth, J. D., *The Paleoanthropology and Archaeology of Big-Game Hunting: Protein, Fat, or Politics?*, Nueva York, 2010, p. 87.

5. Mateos, A., «Meat and Fat: Intensive Exploitation Strategies in the Upper Palaeolithic Approached from Bone Fracturing Analysis», en *The Zooarchaeology of Fats, Oils, Milk and Dairying*, Mulville, J.; Outram, A. K. (ed.), Oxford, 2005, p. 157.

6. Leray, C., *Dietary Lipids for Healthy Brain Function*, Londres, 2017, p. 3. «El hecho misterioso de que el individuo neandertal tuviera un cerebro que no era de menor tamaño pero sí mucho menos innovador que el del ser humano moderno podría explicarse por mutaciones relacionadas con el metabolismo de los lípidos». Erren, T. C.; Erren, M., «Can Fat Explain the Human Brain's Big Bang Evolution? - Horrobin's Leads for Comparative and Functional Genomics», *Prostaglandins, Leukotrienes and Essential Fatty Acids*, LXX/4, 2004, p. 346.

Además de sus beneficios nutricionales, el placer sensual de degustar las grasas sin duda fue un componente de su atractivo para los primeros seres humanos. Los lípidos comestibles aportan a los alimentos unas cualidades táctiles concretas, especialmente viscosidad y lubricidad, lo que contribuye a hacerlos especiales y atrayentes. La sensación en boca, el sabor y una sensación de saciedad se cuentan entre las experiencias gustativas más apreciadas que se pueden asociar con la ingesta de grasas comestibles y, en los últimos años, las cualidades placenteras de los lípidos se consideran como un factor de especial importancia para entender el aumento de peso. Hay investigaciones que incluso apuntan a que la capacidad para detectar lo graso debería añadirse al resto de las cualidades que solemos atribuir al gusto, junto a la detección de lo dulce, lo amargo, lo salado, etc. Proporcionar esta deliciosa experiencia sensitiva, sin recurrir en la medida de lo posible a aditivos potencialmente insalubres, es el propósito de buena parte de los procesos alimentarios[7]. Contamos ahora con «pruebas concluyentes» de la existencia de un sexto «sabor básico o primario que se despierta ante ácidos grasos selectos» y que se ha denominado «oleogusto»[8].

Los lípidos juegan también un papel activo en el cuerpo después de ser ingeridos, afectando potencialmente a los estados de ánimo, a los gustos e incluso a la volición. Desde el campo de estudio de la lipidómica se argumenta que «las preferencias por la grasa pueden ser independientes de la capacidad consciente de detectar o valorar el contenido en grasa de los alimentos sólidos»[9]. Determinados ácidos grasos tienen la capacidad de alterar los estados de ánimo y los niveles de atención, haciendo que las personas presas sean menos violentas, el alumnado más atento y las personas con bipolaridad menos proclives

7. Bourne, M. C., *Food Texture and Viscosity*, San Diego, CA, 2002.

8. Running, C. A.; Craig, B. A.; Mattes, R. D., «Oleogustus: The Unique Taste of Fat», *Chemical Senses*, XL, 2015, pp. 507-17; véase también Dransfield, E., «The Taste of Fat», *Meat Science*, LXXX/1, 2008, pp. 37-42.

9. Drewnowski, A.; Almiron-Roig, E., «Human Perceptions and Preferences for Fat-rich Foods», en *Fat Detection: Taste, Texture, and Post Ingestive Effects*, Montmayeur, J.-P.; le Coutre, J. (ed.), Boca Raton, FL, 2010, p. 274.

a los cambios emocionales bruscos. Esta aparente potencia agente de las grasas ha empujado a la filósofa Jane Bennett a recordarnos que la acción de comer no es simplemente adoptar el papel de un sujeto que consume de manera activa un alimento pasivo, sino que es «entrar en una concurrencia en la que el yo no es necesariamente el operador más determinante»[10]. Pero no tenemos por qué descender al nivel microscópico para descubrir cómo las grasas desafían la volición. Los alimentos ricos en grasas, de la misma manera que los dulces o los salados, estimulan los centros de placer del cerebro y pueden por lo tanto suscitar respuestas más o menos instintivas[11]. Diversos estudios han mostrado cómo los animales no humanos a menudo despliegan un apetito por las grasas en apariencia insaciable y que las ingerirían en exceso si se les diera una provisión infinita[12]. En los términos gustativos más simples, las cosas grasientas y dulces «poseen la capacidad de hacer que comamos más de lo que desearíamos; minan nuestra fuerza de voluntad o la desvían»[13].

A pesar de las muchas pruebas de que la grasa animal ha funcionado como un símbolo de salud en muchas sociedades tradicionales, no está claro si, entre los primeros seres humanos, la preferencia por el consumo de grasas implicaba un aprecio correspondiente de los cuerpos muy gordos[14]. Pensemos en las figurinas de mujer, a menudo rotundas, que se han

10. Bennett, J., *Vibrant Matter: A Political Ecology of Things*, p. 40; véase también pp. 41-3. Para un enfoque más complejo sobre la «agencia» de las grasas, véase Abrahamsson, S.; Bertoni, F.; Mol, A.; Ibáñez Martín, R., «Living with Omega-3: New Materialism and Enduring Concerns», *Environment and Planning D: Society and Space*, XXX/1, 2015, pp. 4-19.

11. Oliver, J. E., *Fat Politics: The Real Story behind America's Obesity Epidemic*, Nueva York, 2006, pp. 132-8; véase también Duffy, V.; Bartoshuk, L., «Sensory Factors in Feeding», en *Why We Eat What We Eat*, Capaldi, E. D. (ed.), Washington, DC, 1996, pp. 145-71.

12. Manabe, Y.; Matsumura, S.; Fushiki, T., «Preference for High-fat Food in Animals», en *Fat Detection*, Montmayeur, J.-P.; le Coutre, J., pp. 243-64.

13. Miller, W. I., *Anatomía del asco*, p. 178.

14. Ben-Dor, M., «Use of Animal Fat as a Symbol of Health in Traditional Societies Suggests Humans May Well Adapted to Its Consumption», *Journal of Evolution and Health*, I/1, 2015, pp. 1-30.

desenterrado en muchas partes del mundo. Durante décadas, la creencia de que la corpulencia prehistórica era un símbolo no problemático de la fertilidad femenina, cuando no uno intrínsecamente positivo, generó una serie de presupuestos acerca del estatus, incluso de la reverencia, que se le otorgaba a la gordura entre los pueblos primitivos. Mediante la exageración de determinados rasgos de la anatomía femenina, estas figurinas parecían subrayar un gran respeto por la fertilidad agrícola en general y por la fecundidad femenina en concreto[15]. En general, la arqueología actual ya rechaza esta concepción. Hay quien se pregunta por qué las figurinas femeninas deberían necesariamente interpretarse como referidas principalmente a la «mujer» en general o reflejar una división social basada en la diferencia sexual[16]. Hay quien especula con que las figurinas podrían expresar algo totalmente diferente, como por ejemplo la impresión de lo que una escultora, privada de la perspectiva externa sobre su cuerpo, una perspectiva que hoy damos por sentada, podría ver cuando miraba hacia abajo, hacia sus pechos, su vientre y sus pies[17]. Aparte del hecho de que «no hay respaldo científico para la afirmación de que la religión del Neolítico y de la Edad de Cobre se centrara en los cultos de la fertilidad agrícola»[18], el arqueólogo Douglass Bailey propone que los conceptos de fertilidad podrían ser más complejos de lo que hoy imaginamos. Así como los encuentros sexuales pueden implicar una «serie de acontecimientos con una gran carga física, mental y emocional», es evidente que una «atmósfera emocional» semejante rodea las experiencias del embarazo y el nacimiento:

> dolor, peligro, preocupación, amenaza para la vida (materna e infantil), sangre, vísceras, pero también los rudimentos de la generación de la

15. Gimbutas, M., *The Language of the Goddess*, San Francisco, CA, 1989, p. 141.

16. Joyce, R. A., *Ancient Bodies, Ancient Lives: Sex, Gender, and Archaeology*, Londres, 2008.

17. McDermott, L., «Self-representation in Upper Paleolithic Female Figurines», *Current Anthropology*, XXXVII/2, 1996, pp. 227-75.

18. Bailey, D. W., «Figurines of Old Europe», en *The Lost World of Old Europe: The Danube Valley, 5000-3500* BC, Anthony, D. W. (ed.), Princeton, NJ, 2009, p. 122.

vida y el placer que esto puede implicar; confrontarse a lo peligroso y atravesarlo y llegar más allá.

En este tratamiento de la fertilidad, Bailey nos invita a una apertura hacia las complejidades que sin duda las experiencias vitales ofrecían en el pasado distante: «Aquí entran en juego opuestos, contradicciones y desafíos»[19].

Este capítulo y el siguiente adoptan como punto de partida esta idea de que los conceptos de fertilidad involucran experiencias, procesos y relaciones que pueden ser problemáticos a la vez que placenteros; dolorosos a la vez que disfrutables. Exploran los papeles que ha jugado la ambivalencia acerca de los procesos y sustancias asociadas con la vida orgánica a la hora de estructurar las respuestas culturales occidentales ante la grasa. Este capítulo se inspira en las investigaciones recientes para mostrar que un símbolo material como la grasa no es algo completamente arbitrario en relación con los conceptos que simboliza[20].

La grasa se refiere también «a una cualidad física que resiste y facilita» y que juega un papel activo en la construcción del significado[21]. En términos simbólicos, un cuerpo corpulento puede actuar como un «pícaro cultural» que se desplaza entre la vida y la muerte[22] —incluso cuando la corpulencia en cuestión se atribuye a cualquier otra sustancia

19. Bailey, D. W., *Prehistoric Figurines: Representation and Corporeality in the Neolithic*, Londres, 2005, p. 165-6.

20. Keane, W., «Signs Are Not the Garb of Meaning: On the Social Analysis of Material Things», en *Materiality*, Miller, D. (ed.), Durham, NC, 2005, pp. 182-205; Forth, C. E., «The Qualities of Fat: Bodies, History, and Materiality», *Journal of Material Culture*, XVIII/2, 2013, pp. 135-54; Hodder, I., *Entangled: An Archaeology of the Relationships between Humans and Things*, Oxford, 2012; Colls, R., «Materialising Bodily Matter: Intraaction and the Embodiment of "Fat"», *Geoforum*, XXXVIII, 2007, pp. 353-65. Cuando defiende que el acto mismo de nombrar algo es traerlo a la existencia de maneras específicas, Sara Ahmed concede que «Nombrar algo como repugnante no es hacer algo de la nada». Ahmed, S., *La política cultural de las emociones*, p. 150.

21. Boivin, N., «Mind over Matter? Collapsing the Mind-Matter Dichotomy in Material Culture Studies», p. 64.

22. Hill, S. E., *Eating to Excess*, p. 13.

La arqueología actual rechaza la creencia bien asentada de que la corpulencia prehistórica era un símbolo de la fertilidad femenina. La denominada Venus de Willendorf es quizás la más famosa de las figurinas de mujer, en su mayor parte rotundas, que se han desenterrado en muchas partes del mundo.

que no sea el tejido adiposo. Pero, en su calidad de sustancia pegajosa y ambigua, la grasa es en sí misma liminal y conectiva, capaz de adherirse a los cuerpos mientras alterna entre el estado sólido y el líquido[23]. Así pues, este primer capítulo rastrea las maneras proteicas en la que se ha percibido y empleado esta sustancia, física y conceptualmente escurridiza. Analiza cómo la untuosidad y la suavidad húmeda de la grasa

23. Warin, M., *Abject Relations: Everyday Worlds of Anorexia*, New Brunswick, NJ, 2009, p. 121.

han motivado una gama de estereotipos acerca de las personas que son corpulentas y han integrado la gordura en las distinciones de género masculino-femenino. El capítulo 2 amplia este análisis para profundizar en la ambigüedad de la vida orgánica a la vez que explora las polémicas relaciones entre el engorde y las imágenes de animalidad y estupidez. La motivación de ambos capítulos es la afirmación central para este libro de que entender la «gordura» requiere que pensemos más allá de nuestras preocupaciones habituales con el tamaño y la forma de los cuerpos y del marco que la reduce únicamente a los cuerpos (humanos).

Untuosidad

La ciencia de la lipidómica no hace distinciones químicas entre las grasas y los aceites. Puesto que, en muchos sentidos, lo que llamamos «grasas son únicamente aceites congelados», para este análisis hablaremos de grasa para referirnos a la sustancia tanto en estado sólido como líquido[24]. Si una serie de cosas disímiles pueden describirse de manera habitual como «grasa» es porque comparten una determinada cualidad grasienta o untuosa. Esta untuosidad es lo que facilita las analogías entre las diversas grasas o los distintos objetos grasos a lo largo de los ámbitos animales, vegetales y humanos. Además de la sensación grasienta que proporciona, el carácter oleico de las grasas ha implicado también las cualidades relacionadas de la inflamabilidad y la luminosidad. Las lámparas de piedra que se empleaban en los tiempos paleolíticos usaban grasas animales como combustible, lo que permitía a los seres humanos seguir su actividad de noche y facilitaron las pinturas rupestres, la talla

24. «Los aceites y las grasas dan nombre a un amplio y diverso grupo de compuestos químicos que no se disuelven fácilmente en el agua. No hay una distinción estricta entre aceites y grasas; las grasas se refieren habitualmente a materiales como la cera, la manteca y la mantequilla, que son sólidos a temperatura ambiente, mientras que los aceites, como el aceite de oliva o los aceites de pescado, se solidifican mediante la congelación». Mouritsen, O. G., *Life - as a Matter of Fat: The Emerging Science of Lipidomics*, Berlín, 2002, p. 23.

de herramientas y otros avances culturales[25]. Junto con la expansión del volumen cerebral que condujo a la aparición del *Homo sapiens*, las grasas jugaron un papel crucial en el desarrollo cultural y tecnológico humano. Quemar la grasa con fines de iluminación reveló también que, mediante la combustión, las grasas podían aparentemente desmaterializarse en humo y luz[26]. En un proceso que guarda semejanzas sorprendentes con la alquimia, la grasa, partiendo de un estado de «grosera» o «torpe» materialidad —que, como veremos más adelante, es como se ha descrito muchas veces— podía transformarse en algo sutil e incluso trascendente. Si la grasa parecía *simbolizar* la luz y la vida en muchas culturas primitivas era porque esas cualidades se consideraban intrínsecas a la propia sustancia oleica. La grasa parecía «contener» y no solamente representar esas potencias[27].

A pesar de esta capacidad aparente para contener la vida y la luz, la grasa era también una sustancia inherentemente ambigua. Además de su estatus de lípidos compartido, la grasa y el aceite se pueden entender como términos cognados, que se refieren el uno al otro. De hecho, son capaces de *convertirse* en el otro mediante un cambio de temperatura. La capacidad de la grasa de pasar de estado sólido a líquido, así como su aparente propiedad de desmaterializarse en el aire, confirma su lugar dentro de «un grupo de sustancias ambivalentes» que incluye el aceite, el alquitrán, la cera el sebo, el pez, la brea y, se podría discutir, la miel[28]. Sin embargo, con independencia de la forma que adopte, la grasa sigue siendo una sustancia intrigante y problemática, en parte porque no parece seguir las «reglas» que esperamos que sigan los sólidos y los

25. Beaune, S. A. de; White, R., «Les Lampes du Paléolithique», *Pour la science*, 187, 1993, pp. 62-9; Beaune, S. A. de, «Les Techniques d'éclairage paléolithiques: Un bilan», *Paléo*, XII/12, 2000, pp. 19-27.

26. Meneley, A., «Oleo-Signs and Quali-Signs: The Qualities of Olive Oil», *Ethnos*, LXXIII/3, 2008, p. 312; Connor, S., *The Book of Skin*, Ithaca, NY, 2004, pp. 180, 190.

27. Bille, M.; Sørensen, T. F., «An Anthropology of Luminosity: The Agency of Light», *Journal of Material Culture*, XII/3, 2007, pp. 263-84; véase también Taylor, M. C., *Refiguring the Spiritual: Beuys, Barney, Turrell, Goldsworthy*, Nueva York, 2012, p. 16.

28. Connor, S., *Book of Skin*, p. 179; Kelhoffer, J. A., «John the Baptist's "Wild Honey" y "Honey" in Antiquity», *Greek, Roman, and Byzantine Studies*, XLV, 2005, pp. 59-73

líquidos. No es un sólido muy convincente cuando se congela. No se maneja ni se atrapa con facilidad; la grasa resbala y se menea, pareciera que en cualquier momento estuviera dispuesta a volver al estado líquido. Pero derretirla tampoco la devuelve a su estado «verdadero», porque el aceite tampoco encaja bien dentro de la categoría en la que se engloban la mayoría de los líquidos. Además de ser algo viscoso, los aceites se evaporan a unas temperaturas muy superiores que el agua, por lo tanto conservan su liquidez durante más tiempo. Esta durabilidad puede ser por lo que muchas culturas antiguas relacionaban las grasas y los aceites con la fortaleza, con la fertilidad e incluso con la vida misma. Por ejemplo, Aristóteles marcaba una distinción entre la humedad acuosa que se evapora con facilidad y la untuosa que se separa de la materia con dificultad. Para este autor, la humedad untuosa estaba presente en toda materia, orgánica o inorgánica. Era la responsable de prestar a los objetos y las sustancias su forma específica o consistencia así como las capacidades inflamables que pudieran tener[29]. Cuando proponía que «lo graso no se corrompe» y que «una sustancia grasa es incorruptible»[30], Aristóteles percibía en la grasa la sustancia misma de la materialidad. La grasa era lo que cohesionaba el mundo.

Pero la pegajosidad de la grasa, ya sea en su estado sólido o líquido, puede ser también una fuente de frustración e incluso de alarma. No está claro hasta qué punto esto haya podido ser un problema, aunque una historia reciente de la pureza y la limpieza plantea provocadoramente una «profunda psicología de lo baboso, lo sucio y lo pegajoso que todos los homínidos en apariencia comparten, en diferentes grados»[31]. Las cosas grasientas, en lugar de plegarse con pasividad ante el toque humano dominador, parecen tocarnos a su vez, adhiriéndose a las superficies y pegándose a nuestros cuerpos. No es únicamente una

29. [Pseudo-]Aristóteles, *Problemas*, Sánchez Millán, E. (trad.), Gredos, 2004.

30. Aristóteles, *«Acerca de la longevidad y de la brevedad de la vida»*, en *Acerca de la generación y la corrupción. Tratados breves de historia natural*, Pajares, A. B. (trad), Gredos, 1987, p. 312; Aristóteles, *Investigación sobre los animales*, Pallí Bonet, J. (trad.), Gredos, 1992.

31. Smith, V., *Clean: A History of Personal Hygiene and Purity*, Oxford, 2007, p. 15.

cuestión de tacto, porque a menudo empleamos metáforas táctiles para describir visiones desagradables[32]. Incluso nuestras respuestas ante lo «oleaginoso» se deslizan de uno a otro de los sentidos con sorprendente facilidad, desde la grasienta sensación táctil de lo aceitoso a lo oloroso, como ya ocurre en la palabra latina *olere*, emparentada con «óleo» tanto como con «olor». El hecho de que las cosas aceitosas puedan absorber los olores, los sabores y los colores que le rodean —y que se absorban inmediatamente por la piel— las convierte también en sustancias penetrantes y que atraviesan los límites, capaces de alterarse a sí mismas y también a los objetos y los seres vivos de diversas maneras. Con todo lo beneficiosa y reverenciada que puede llegar a ser, la grasa sigue siendo mutable y ambigua, capaz de alternar entre lo líquido y lo sólido así como entre la materia y el «espíritu». Esta puede ser una de las razones por las que las primeras culturas conceptualizaban las grasas y los aceites como elementos mágicos. Algunas incluso creían que se podía adivinar el futuro observando la interacción del aceite con el agua mediante las prácticas de la lecanomancia. Mediante la técnica adivinatoria conocida como «vaticinar», se podía atisbar el futuro mirando largamente al lustre producido por el roce del aceite en una superficie lisa[33].

A partir de estas observaciones generales, podemos analizar las concepciones históricas específicas de las grasas con más detalle. En la antigua cultura hebrea se solía emplear la palabra *šemen* para referirse al aceite, habitualmente el que se obtenía de la aceituna mediante presión, y la raíz de esta palabra (*šmn*) «se refiere a algún concepto no

32. Sobre *le visqueux*, la viscosidad, véase Sartre, J.-P., *El ser y la nada*, Valmar, J. (trad.), Altaya, 1993, pp. 622-37. Según Maurice Merleau-Ponty, las traducciones del lenguaje de uno de los sentidos a otro sentido son un componente integral de la condición general del esquema corpóreo. Merleau-Ponty, M., *Fenomenología de la percepción*, Cabanes, J. (trad.), Península, 1997.

33. Bilu, Y., «Pondering the "Princes of Oil": New Light on an Old Phenomenon», *Journal of Anthropological Research*, XXXVII/3, 1981, pp. 269-78; Winitzer, A., «The Divine Presence and Its Interpretation in Early Mesopotamian Divination», en *Divination and Interpretation of Signs in the Ancient World*, Amar Annus (ed.), Chicago, IL, 2010, pp. 177-97.

bien especificado de una "sustancia grasienta, oleosa"»[34]. Esa grasa líquida, el aceite de oliva, elemento básico de la dieta, se consideraba una bendición divina. Como tal, funcionaba como una metáfora de la vida, de la fertilidad y de la pureza. El potencial de luminosidad del aceite podía dar brillo a la cara, la piel y el cabello, mientras que a su tendencia a penetrar se le atribuía la capacidad de transformar el estatus de un objeto o de una persona. La capacidad de las sustancias penetrantes de elevar o contaminar el cuerpo explica en parte la ambigüedad con la que pueden percibirse los aceites. Los cuerpos penetrados por aceites pueden ver su estatus aumentado o disminuido de alguna manera[35]. Así, mientras que el óleo empleado para ungir a los reyes o a los sacerdotes en Israel facilitaba en parte su cambio de estatus, en otros contextos el potencial penetrador de los aceites podía señalarlos como contaminantes y por lo tanto peligrosos. Basándose en los códigos de pureza que se encuentran en Levítico (II:33-8), la secta judía radical conocida como los esenios cree que el aceite y otros fluidos son transmisores de contaminación si entran en contacto con objetos impuros. Por temor a esa contaminación, los miembros de la secta esenia evitan por completo el aceite y mantienen seca su piel[36].

34. Arad, M., *Roots and Patterns: Hebrew Morphosyntax*, Dordrecht, 2007, p. 66. Arad prosigue: «De manera fundamental, la raíz no especifica la naturaleza precisa de ese material. Es una potencialidad, que puede encarnarse de muchas maneras posibles. En diferentes entornos nominales, la raíz puede crear palabras como *šemen* (aceite), *šamenet* (nata) or *šuman* (grasa), todas las cuales comparten la propiedad de ser una sustancia grasa, pero que son obviamente tipos de sustancias distintas».

35. Hoffner Jr., H. A. «Oil in Hittite Texts», *Biblical Archaeologist*, LVIII/2, 1995, pp. 108-14

36. Ringgren, H., «Semen», en *Theological Dictionary of the Old Testament*, Botterweck, G. J.; Ringgren H.; Fabry H.-J. (ed.), Green, D. E.; Stott, D. W. (trad.), Grand Rapids, MI, 2006, vol. XV, pp. 249-53; Sommer, D., *The Bodies of God and the World of Ancient Israel*, Cambridge, 2009, p. 49; Baumgarten, J. M., «Liquids and Susceptibility to Defilement in New 4Q Texts», *Jewish Quarterly Review*, LXXXV/1-2, 1994, pp. 91-101.

Esta lámpara de arenisca roja, que probablemente se alimentaba con grasa animal, ayudó a los primeros seres humanos a decorar las paredes de las cuevas de Lascaux.

El poder ambiguo del aceite de oliva se amplió a variedades de grasa más sólidas. En los ritos sacrificiales hebreos, donde las sustancias que simbolizaban la vida se hacían circular entre los ámbitos humano y divino, la «mejor» parte del animal se le reservaba a Yahvé, así como Yahvé les había ofrecido a los seres humanos la grasa de origen animal y vegetal[37]. De ahí la orden «el sebo todo es de Yahvé» (Levítico 3:16), que se refería principalmente a la capa de sebo (*ḥēlebh*) que rodea los riñones del animal[38]. Entendidos como la sede de la vida, en parte debido a su asociación tradicional con los genitales, y relacionados, por lo tanto, con la reproducción y el deseo sexual, los riñones se ligaban también con emociones como la alegría y el sufrimiento[39]. Tiene entonces algún sentido suponer que la grasa en la que estaban envueltos poseía parte de esta potencia. Pero puesto que este sebo se consideraba especialmente sabroso, y por lo tanto podía desatar el exceso en las personas, estaba prohibido para el pueblo hebreo: «Como estatuto perpetuo por

37. Marx, A., *Les Systèmes sacrificiels de l'Ancien Testament*, Leiden, 2005, p. 87.

38. Las citas bíblicas se toman de la versión de Cipriano de Valera, Londres, 1867, por la belleza del texto, pero también porque su traducción sigue muy de cerca la traducción inglesa tradicional que emplea el autor (N. de la T.).

39. Kellermann, D., «*kelāyôt*», en *Theological Dictionary of the Old Testament*, Botterweck, G. J.; Ringgren H.; Fabry, H.-J. (ed.), Green, D. E. (trad.), Grand Rapids, MI, 1995, vol. VII, pp. 175–82.

vuestras edades, y en todas vuestras moradas, ningún sebo ni ninguna sangre comeréis» (Levítico 3:17). Íntimamente vinculada con la sangre, el fluido vital por excelencia, en casos aislados incluso la grasa humana podía ofrecerse como una forma de sacrificio ante el Señor. El Talmud babilonio habla de un tal Rabbi Sheshet que creía poder, mediante el ayuno, ofrecer su propia grasa humana como un sustituto del sacrificio animal más tradicional:

> Ahora he establecido el ayuno y así mi grasa y mi sangre han disminuido. Que os compluga que mi grasa y mi sangre, que han disminuido, se reciban como si las hubiera ofrecido sobre el altar y así os reconciliéis conmigo[40].

Aun con sus muchas diferencias, las ofrendas de grasa que el pueblo hebreo hacía a Yahvé se parecen un poco a los sacrificios que se hacían en Grecia. En la *Teogonía* de Hesíodo, que relata el origen mítico de estas prácticas, Zeus se encoleriza cuando Prometeo engaña a los dioses para que acepten las partes no comestibles de un buey ocultas bajo una capa de grasa blanca y centelleante[41]. La grasa sacrificial de la que se habla aquí y en otros muchos textos griegos es el *omentum* (*epipolaion* o *epiploon*), una membrana de sebo o tocino (dependiendo del animal) que recubre el estómago y los intestinos[42]. Cuando se les ofrecía esta sustancia grasa, se les entregaba a los dioses «la materia de la vida»[43].

De la misma manera que el pueblo hebreo, el griego creía también que la materia de la vida era una sustancia placentera que podía conducir a una persona a cometer excesos. Había sido el irresistible aroma de la grasa cocinada lo que había provocado que Zeus cayera en la treta de Pro-

40. «Bavli Berakhot», *The Babylonian Talmud*, Neusner, J. et al. (trad.), Peabody, MA, 2005, cap. 1, 1:2, II.4.P.

41. Hesíodo, *Obras y fragmentos*, Pérez Jiménez, A.; Martínez Díez, A. (trad.), Gredos, 1978, p. 94.

42. Van Straten, F. T., *Hiera Kala: Images of Animal Sacrifice in Archaic and Classical Greece*, Leiden, 1995, p. 125.

43. Onians, R. B., *Origins*, p. 279.

meteo, lo que reflejaba un aprecio bastante terrenal por el olor y el sabor de la grasa, un rasgo que a menudo se citaba en las comedias griegas[44]. Pero la afición por el olor de la grasa no era algo privativo de los dioses. La palabra *knisae* se refiere a los vapores y al aroma de la grasa que se escapan de la carne asada, y al hombre que no podía reprimir la gula ante la comida grasienta se lo describía en ocasiones como un «lamegrasas» (*knisoloichos*), ya fuera en la mesa o en la vida cotidiana. Por esta misma razón, se podía ridiculizar a un sicofántico parásito social que remoloneaba por las cocinas esperando un bocado llamándolo «adulagrasas» (*knisokolax*)[45]. Esta afición a la grasa era una variación de un tema antiguo mucho más común. En Roma se apreciaba tanto la grasa que, normalmente, la carne se cocía en lugar de asarla para conservar así los jugos grasientos, una práctica ahorradora que se prolongaría entre el campesinado europeo a lo largo de la Edad Media[46]. Tal vez no sea tan sorprendente que estos placeres untuosos llamaran la atención de la censura moralizante del estoicismo, así como de la del primitivo ascetismo cristiano. Tampoco nos extraña descubrir que el filósofo judío Filón de Alejandría recurriera a la medicina helenística para interpretar el tabú hebreo sobre la grasa como el recurso de Dios para fomentar la salud y la moral[47].

La grasa, sin dejar de ser una cuestión de gusto, es también una cuestión de lugar[48]. La grasa no era únicamente una sustancia vital

44. Clements, A., «Divine Scents and Presence», en *Smell and the Ancient Senses*, M. Bradley (ed.), Londres, 2015, pp. 46-59.

45. Wilkins, J., *The Boastful Chef: The Discourse of Food in Ancient Greek Comedy*, Oxford, 2000, p. 70; Ateneo, *Banquete de los eruditos*, libro III, Rodríguez Noriega, L. (trad.), Gredos, 1998, p. 144; McCracken, G. E. (trad.), *The Case against the Pagans by Arnobius of Sicca*, Nueva York, 1949, p. 605n.

46. Corbier, M., «Le Statut ambigu de la viande à Rome», *Dialogues d'histoire ancienne*, XV/2, 1989, pp. 107-58.

47. Leyerle, B., «Monastic Formation and Christian Practice: Food in the Desert», en *Educating People of Faith: Exploring the History of Jewish and Christian Communities*, van Engen, J. (ed.), Grand Rapids, MI, 2004, pp. 85-112; Filón, *Sobre las leyes particulares* IV, en *Obras completas*, tomo I, Triviño, J. M. (trad.), Buenos Aires, 1976, p. 268.

48. Cuando Robyn Longhurst hizo una invitación para que se «escribiera geográficamente de los cuerpos gordos» es posible que no se diera cuenta de que se podía hacer

que se podía observar en los cuerpos animales y humanos. Puesto que también se derivaba de fuentes vegetales, estaba vinculada con el entorno material. Esto resulta evidente cuando pensamos en el importante papel que el conocimiento geográfico y agrícola ha jugado a la hora de conformar nuestros conceptos de «gordura» y «delgadez». Durante buena parte de la historia occidental, la tierra de cultivo se ha descrito como «pingüe» (es decir, gorda) o «magra» (o delgada), así como suelta o compacta, húmeda o seca y, a menudo, como una combinación de estas cualidades[49]. La tierra crasa o pingüe tenía una textura y consistencia especial que las manos granjeras experimentadas reconocían perfectamente. El sucesor de Aristóteles en el Liceo, Teofrasto de Ereso, fue uno de los griegos que trazó una distinción entre el suelo «craso» o «magro», aplicando una taxonomía que se compartía también en Roma y que sobreviviría en la imaginación occidental hasta bien entrado el siglo XIX[50]. Según el escritor romano Varrón, lo primero que un agricultor debe determinar es si un determinado suelo es «magro o pingüe o intermedio» (*macra an pingüís an mediocris*), porque eso será lo que indique qué tipo de cultivo puede hacer[51].

Puesto que el suelo pingüe tiene una textura y consistencia especial que una mano experta reconoce, el tacto era el método de valoración más fiable. Virgilio sostenía que siempre se podía saber qué tierra era pingüe (*pinguis*) porque «por más que se la haga pasar de una mano a otra, jamás se desmenuza, sino que al modo de la pez, se adhiere a los dedos de quien la tiene»[52]. Puesto que los atributos táctiles de este tipo de tierra recordaban las cualidades viscosas y maleables del aceite o de la grasa, describir un suelo como «craso» no era una simple metáfora.

de la misma manera con la grasa. Longhurst, R., «Fat Bodies: Developing Geographical Research Agendas», p. 256.

49. Varrón, *Las cosas del campo*, Hernández Miguel, L. A. (trad.), Tres Cantos, Akal, p. 94.

50. Teofrasto, *Historia de las plantas*, Díaz-Regañón López, J. M. (trad.), Gredos, 2008, p. 424.

51. Varrón, *Las cosas del campo*, p. 94.

52. Virgilio, *Geórgicas*, Recio García, T. y Soler Ruiz, A. (trad.), Gredos, 1990, p. 303.

Más bien había ahí algo palpablemente untuoso en la tierra fértil, algo que el escritor agrícola Columela resumía llamándolo «pingüe» (*pinguis*) o glutinoso (*glutinoso*). El suelo craso incluso poseía una tendencia a hincharse de la que podíamos cerciorarnos con una sencilla prueba. Después de sacar un puñado de tierra para comprobar su untuosidad, había que prestar mucha atención a lo que ocurría cuando esa muestra se volvía a colocar en el hueco que había dejado:

> si sobresale como por obra de algún fermento, es prueba segura de que la tierra es pingüe; si resulta escaso, de que es magra; si lo iguala, de que su calidad es mediana[53].

La abundancia o «aumento» que ese suelo posibilita no se refiere únicamente a su rendimiento agrícola, sino a la capacidad de hinchazón de la sustancia misma.

Las cualidades aceitosas y viscosas que se entendían como señales de fertilidad no eran un producto de la fantasía premoderna. Los análisis biogeoquímicos recientes de la composición del suelo agrícola medieval revelan biomarcadores de ácidos grasos o lípidos contenidos en el estiércol que se empleaba para fertilizar las tierras de labranza[54]. Tampoco estas observaciones se limitan a la cultura grecorromana. Opiniones semejantes acerca de las cualidades oleaginosas del suelo se han recogido de la tradición hebrea, para la que las cosechas y el ganado abundantes eran ejemplos de la «grosura» (*ḥēlebh*) de la tierra (véase Génesis 45:18). En la cultura hebrea, la grasa era una metáfora para

53. Columela, *Libro de los árboles. La labranza*, García Armendáriz, J. I. (trad.), Gredos, 2004, p. 180.

54. Bull, I. D. et al., «Muck'n» Molecules: Organic Geochemical Methods for Detecting Ancient Manuring», *Antiquity*, 73, 1999, pp. 86-96; Simpson, I. A. et al., «Lipid Biomarkers of Manuring Practice in Relict Anthropogenic Soils», *The Holocene*, IX, 1999, pp. 223-9. Apuntando que bien podría ser un eco moderno de estas antiguas ideas, mi colega John Younger recuerda haber visto a un campesino griego que vertía el aceite de cocinar en la tierra que rodeaba a un árbol. Lo que «engorda» el suelo es, literalmente, grasa.

referirse a la «mejor» parte de algo, especialmente a los frutos más selectos de la cosecha así como a la tierra fértil que los había producido[55]. Las famosas vacas gordas y las espigas gruesas con las que el Faraón soñó en Génesis 41 se citaban repetidamente en Occidente como una manera de ilustrar esta relación entre la grasa y la abundancia. Como también reconocía la cultura griega y romana, esta metáfora se relacionaba con las propiedades físicas de la tierra fértil. Incluso se ha defendido que la tan citada referencia bíblica de la «tierra que fluye leche (*ḥlb*) y miel» (Éxodo, 33:3) probablemente sea un error y que haya que traducirla más correctamente como una «tierra que fluye grasa (*ḥēlebh*) y miel»[56]. Si hemos de creer a Isaías (34:6-7), una tierra que no es lo suficientemente fértil puede enriquecerse mediante la introducción de grasa animal. En uno de sus justicieros ataques de violencia, un encolerizado Yahvé declara que su espada está «engrasada de grosura» y gotea sangre por haber degollado incontables animales, de forma que cuando esas gotas de sangre caen al suelo «su polvo engrasará de grosura». Esa grasa que de forma tan poética y abundante sale a borbotones de la tierra impregna todo con su exuberancia, desde las cosechas y los animales hasta los seres humanos lo bastante afortunados como para disfrutar de su flujo. Uno de los rollos del Mar Muerto incluso predice un tiempo en el que los cuerpos crecerán al unísono con la tierra: «Quienes posean la tierra disfrutarán y producirán grasa con todo lo que es de disfrute para la carne»[57]. La riqueza untuosa, por lo tanto, proporcionaba maneras tangibles de pensar el aumento, tanto en términos de rendimiento agrícola como de crecimiento corporal. Como analizaremos con más detalle en los capítulos siguientes, lo que acabaría por conocerse como

55. Münderlein, G., «Chelebh», en *Theological Dictionary of the Old Testament*, Botterweck, G. J.; Ringgren, H. (ed.), Green, D. E. (trad.), Grand Rapids, MI, 1980, vol. IV, pp. 396-7.

56. Citado con ligeros ajustes a partir de Dershowitz, I., «A Land Flowing with Fat and Honey», *Vetus Testamentum*, LX, 2010, pp. 172-6.

57. García Martínez, F., Tigchelaar, E .J. C. (ed.), *The Dead Sea Scrolls Study Edition*, Leiden, 1999, p. 343.

«la grosura de la tierra» acabaría por afectar a cómo se conceptualizaba la corpulencia.

Haciendo cosas con grasas

Entre los pueblos primitivos, las grasas derivadas de fuentes vegetales y animales se empleaban para toda una serie de propósitos artísticos, culinarios y rituales. Sabemos esto gracias a las investigaciones centradas en los lípidos antiguos, «probablemente el área más productiva e informativa de la arqueología biomolecular»[58]. Ya sea bajo forma sólida o líquida, entre las primeras poblaciones humanas las grasas se empleaban para iluminar, sellar, lubricar, pulir, pegar y barnizar, como base de perfumes y para ungüentos cosméticos y medicinales[59]. Los usos mágicos y medicinales de las grasas son especialmente interesantes cuando debatimos sobre la sustancia de la vida.

Las farmacopeas mesopotámicas y egipcias hacían un uso habitual de las grasas y aceites procedentes de plantas y animales[60], como lo hacían también la mayoría de los pueblos a lo largo y ancho del mundo helenizado. Dioscórides, en su farmacopea del siglo I, *De materia medica*, que ejercería una enorme influencia sobre la medicina europea durante los 1500 años siguientes, recopilaba numerosas aplicaciones de la grasa animal, así como los métodos más eficaces para prepararla, aromatizarla y administrarla. El sebo derretido de zorro podía detener un dolor de oído, pero también lo hacía el sebo de ganso si se mezclaba con lombrices. La grasa de la cabra macho era excelente para la gota, pero únicamente si se mezclaba con azafrán y con el excremento de

58. Brown, T.; Brown, K., *Biomolecular Archaeology: An Introduction*, Malden, MA, 2011, p. 54.

59. Evershed, R. P. et al., «New Criteria for the Identification of Animal Fats Preserved in Archaeological Pottery», *Naturwissenschaften*, LXXXIV, 1997, p. 402.

60. Véase Scurlock, J., *Sourcebook for Ancient Mesopotamian Medicine*, Atlanta, GA, 2014; Serpico, M.; White, R., «Oil, Fat and Wax», en *Ancient Egyptian Materials and Technology*, Nicolson, P. T.; Shaw, I. (ed.), Cambridge, 2000, pp. 390-429.

una cabra hembra. La grasa del oso podía curar la calvicie[61]. Esta información reflejaba una práctica generalizada. El médico Sorano de Éfeso recomendaba el sebo de ganso y la grasa del pollo para los problemas uterinos[62] y Plinio el Viejo describía muchos otros usos medicinales de las grasas animales. La manteca del cerdo, o lo que se llamaba «lo que unge los ejes» (*axungia*), era especialmente valiosa:

> Los Antiguos principalmente usaban desta para untar los ejes de los carros; porque fuese más fácil el movimiento de las ruedas, de donde la dieron el nombre.

Empleada en la vida cotidiana para las funciones prácticas de «ablandar, calentar, resolver y purgar», en los tiempos antiguos la *axungia* tenía también aplicaciones religiosas. En la época del propio Plinio, «entre las recién casadas entrando en casa del marido, tienen aún hasta ahora por cosa solemne untar con ella las puertas». La *axungia* podía ser grasa de otros animales, y su potencia se relacionaba con la vitalidad intrínseca del animal que la proporcionaba. Así, como la reproducción sexual gastaba una energía vital considerable, «es mucho más eficaz la [grasa] de hembra, y [la de] aquella que no ha parido», aunque la *axungia* que se obtenía del muy valorado jabalí era «mucho mejor»[63]. También había que tener en cuenta la localización de la grasa dentro del cuerpo. En Grecia y Roma, como en muchas otras culturas, se entendía que la grasa del riñón era especialmente potente: «el sebo de los riñones

61. Dioscórides, *Plantas y remedios medicinales*, García Valdés, M. (trad.), Gredos, 1998.

62. *Soranus' Gynecology*, Temkin, O. (trad.), Baltimore, MD, 1991, pp. 221, 223.

63. Plinio el Viejo, *Historia natural*, vol. II, libro XXXIX, de Huerta, G. (trad.), 1629, p. 465. Los jabalíes eran una fuente de fascinación en Grecia y Roma, donde se disfrutaba de la emoción y el peligro de cazarlos. Como tal, la caza del jabalí se relacionaba simbólicamente con «conceptos más generales de heroísmo, valor e iniciación». MacKinnon, M., «Hunting», en *The Oxford Handbook of Animals in Classical Thought and Life*, Campbell, G. L. (ed.), Oxford, 2014, p. 206.

es loadísimo»[64]. Otras grasas cumplían unas funciones rejuvenecedoras semejantes. La mantequilla era lo bastante grasa como para emplearse en ungüentos, aunque en Grecia y Roma se desdeñaba su uso culinario. En estas culturas, el aceite de oliva era una señal de civilización. Únicamente los bárbaros del norte consumían mantequilla[65].

Como ya hemos visto, la grasa se podía usar como símbolo de la luz y de la vida porque eran cualidades que se entendían como intrínsecas a la propia sustancia y, por lo tanto, *contenidas dentro* de esta. También hemos visto cómo el aceite se empleaba con fines de adivinatorios. Así que no es sorprendente que señalemos ahora que las potencias que parecían inherentes a la grasa pudieran también dominarse para ejecutar funciones protectoras y mágicas. Lo que se denomina la lógica de la «magia simpática» se convocaba a menudo para explicar cómo una sustancia podía contener los poderes de su origen animal[66]. La grasa de un valiente león, por lo tanto, «es antídoto contra todo lo que acecha». Cuando se untan sobre la piel, las grasas del elefante y del ciervo «ahuyentan a las serpientes»[67]. De la misma manera, se decía que la grasa de lobo tenía propiedades protectoras muy potentes[68]. En otros casos, la relación con el animal está menos clara. Plinio sostenía que la grasa de león mezclada con aceite de rosas podía conservar una piel clara, pero arrojaba dudas sobre lo que «los mentirosos magos» habían dicho acerca de quienes se la frotaban entre los ojos para convocar el favor de los reyes[69]. Los papiros mágicos procedentes del Egipto helenístico

64. Plinio, *Historia natural*, vol. II, libro XXXIX, p. 465; Maio, G., «The Metaphorical and Mythical Use of the Kidney in Antiquity», *American Journal of Nephrology*, XIX/2, 1999, pp. 101-6.

65. Montanari, M., *Medieval Tastes: Food, Cooking, and the Table*, Brombert, B. A. (trad.), Nueva York, 2015, p. 91.

66. Sobre la mágia simpática véase Nemeroff, C.; Rozin, P., «The Makings of the Magical Mind: The Nature and Function of Sympathetic Magical Thinking», en *Imagining the Impossible: Magical, Scientific, and Religious Thinking in Children*, Rosengren, K. S.; Johnson, C. N.; Harris, P. L. (ed.), Cambridge, 2000, pp. 1-34.

67. Dioscórides, *Plantas y remedios*, p. 194.

68. Plinio, *Historia natural*, vol II, libro XXXIX, p. 465.

69. *Ibid.*, p. 368.

proponían usos aún más misteriosos para las grasas animales, incluyendo filtros de amor, hechizos de invisibilidad y el Poderoso Hechizo del Oso, «que lo consigue todo»[70]. Muchos otros textos mágicos describen cómo quemar ofrendas complacía a los dioses, debido sobre todo al agradable aroma del humo que producía la grasa de los animales o incluso la de los enemigos humanos degollados[71]. Las creencias de que la grasa contenía y transmitía la esencia vital de un ser vivo se prolongarían durante la Edad Media. Un texto erróneamente atribuido al filósofo Alberto Magno incluso contenía instrucciones para fabricar una vela que hiciera que los hombres aparecieran «bajo la forma de aquella bestia cuya grasa hubieran tomado»[72].

Puesto que algunas grasas parecían contener la vitalidad y las cualidades de sus fuentes vegetales y animales, parecía razonable pensar que, al penetrar en la piel, podían transmitir parte de esas potencias vitales al cuerpo humano. En Grecia se creía que el aceite le daba más fuerza al atleta y apreciaban cómo bronceaba y suavizaba la piel, haciendo que esta brillara con una luminosidad que daba al cuerpo un aspecto divino[73]. Los orígenes de esa práctica no están claros. Una teoría es que el poder casi mágico que se atribuía en Grecia al aceite podría ser un resto de usos anteriores de las grasas animales y otras sustancias, que se untarían en el cuerpo de quienes salían a cazar para evitar que las presas husmearan su presencia, una práctica que se ha constatado en muchos pueblos antiguos y tradicionales. Dichas prácticas se ritualizaron una vez que se olvidó su finalidad original:

70. Betz, H. D., *The Greek Magical Papryi in Translation*, Chicago, IL, 1986, pp. 9, 63-4, 92.

71. Borghouts, J. F. (ed.), «The Magical Texts of Papyrus Leiden I 348», *Oudheidkd Meded Rijksmus Oudheiden Leiden*, LI, 1970, pp. 1-248.

72. Alberto Magno, *The Book of Secrets*, Best, M. R.; Brightman, F. H. (ed.), York Beach, ME, 1999, p. 102.

73. Lee, M. M., «Body-modification in Classical Greece», en *Bodies and Boundaries in GraecoRoman Antiquity*, Fögen, T.; Lee, M. M. (ed.), Nueva York, 2009, p. 157; Vernant, J.-P., *Mortals and Immortals: Collected Essays*, Princeton, NJ, 1991.

> A medida que la caza dejó paso a la agricultura, hace unos diez milenios, la finalidad original del aceite se perdió de vista. Pero, puesto que durante tanto tiempo había sido parte del éxito de la caza, se pensaba que poseía la capacidad de mejorar las destrezas cinegéticas, que aumentaba la fuerza y la velocidad[74].

Fuera cual fuera el origen de la costumbre de aceitar el cuerpo de los atletas, se producía una relación implícita entre el aceite que se aplicaba de manera externa y la grasa y el sudor del propio cuerpo. Después de ejercitarse, los atletas solían rascarse la suciedad, el sudor y el aceite de sus cuerpos usando un instrumento de metal curvado denominado «estrígil». El funcionamiento saludable del cuerpo requería que se repostara el aceite que se había secretado y limpiado de la piel. Rascar el exceso de aceite y sudor de la piel sin volver a aplicarse aceite era como robarle al cuerpo algo esencial. Por eso, el vidente griego Artemidoro entendía que daba mala suerte tener un sueño sobre un estrígil que no estuviera acompañado de una ampolla de aceite. Estos instrumentos, sostenía, «eliminan el sudor pero no añaden nada al cuerpo»[75]. Esta creencia en la capacidad del aceite de resucitar la vitalidad menguante se basaba en la experiencia personal. Las personas que no son atletas también testimonian haberse sentido rejuvenecer cuando se les frotaba agua y aceite por el cuerpo después de un periodo de cansancio[76]. Incluso la mezcla de sudor, aceite y suciedad que los atletas rascaban de su cuerpo tenía valor medicinal. De hecho, se recogía y se vendía a un altísimo precio. Junto con la amplia gama de grasas y aceites que formaban parte de la antigua farmacopea, este pringue grasiento se transformaba en emplastos para tratar esguinces, dolores musculares e inflamación de las articulaciones, de la vulva y del ano. Pero no solamente era el sudor y el aceite de los atletas lo que curaba. La capa de «mierda»

74. Sansone, D., *Greek Athletics and the Genesis of Sport*, Berkeley, CA, 1992, p. 102.
75. Artemidoro, *La interpretación de los sueños*, Ruiz García, E. (trad.), Gredos, 1989, p. 156.
76. Teofrasto de Ereso, *On Sweat, On Dizziness and On Fatigue*, Fortenbraugh, W. W.; Sharples, R. W.; Sollenberger, M. G. (ed.), Leiden, 2003.

que se recogía en las paredes de los baños y del gimnasio, así como de la superficie de las estatuas, se vendía también como medicina[77]. Este vínculo tácito entre el aceite y el sudor puede respaldar la idea de que la principal función de untarse el cuerpo con aceite después del baño era «alimentar, introducir en el cuerpo, a través de los poros, la sustancia de la vida y de la fuerza, que parecía salirse por los poros en forma de sudor»[78]. Esa creencia en la potencia rejuvenecedora y fortificante del aceite se prolongó durante la Edad Media y en épocas posteriores[79].

Como estudiaremos con más profundidad en el siguiente capítulo, la ambigüedad de la grasa se perpetúa a través de sus diversos usos. En su estado refinado, el aceite puede producir una impresión de pureza, incluso de espiritualidad. Pensemos, sin ir más lejos, en la fascinación actual con los aceites esenciales o con el aceite de oliva virgen extra. Pero cuando aparece como una grasa pringosa, el aceite puede también suscitar asco, una emoción culturalmente determinada que en Roma se denominaba *fastidium*. El poeta Horacio decía que «gran repugnancia (*fastidium*) provoca al estómago el siervo que manosea una copa con las manos pringosas de la que furtivamente ha lamido»[80]. El emperador Marco Aurelio tuvo una situación semejante ante el pensamiento de sumergirse en las aguas mucho menos que prístinas de un baño público: «Cual se te presenta el baño: aceite, sudor, suciedad, agua viscosa, todo lo que provoca repugnancia»[81]. Incluso Dioscórides que, como ya hemos visto, respaldaba el valor medicinal de las raspaduras pringosas de las paredes de los baños, no duda en llamar «roña» a esa materia mugrienta[82]. Las cualidades menos recomendables de la grasa también la convertían en una buena candidata a la hora de insultar. En Roma,

77. Dioscórides, *Plantas y remedios*, p. 98; Miller, S. G., *Arete*: *Greek Sports from Ancient Sources*, Berkeley, CA, 2004, pp. 18, 218.

78. Onians, R. B., *Origins*, p. 210.

79. Mullins, S. E., «Myroblytes: Miraculous Oil in Medieval Europe», tesis doctoral, Georgetown University, 2017.

80. Horacio, *Sátiras, epístolas, arte poética*, Moralejo, J. L. (trad.), Gredos, 2008, p. 167.

81. Marco Aurelio, *Meditaciones*, Bach Pellicer, R. (trad.), Gredos, 1977, p. 150.

82. Miller, S. G., *Arete*, pp. 18, 218; Dioscórides, *Plantas y remedios*, p. 98.

donde se apreciaba menos a los atletas que en Grecia, a menudo se les describía como sudorosos, estúpidos, pringosos, avariciosos, frívolos y gordos, adjetivos poco halagüeños que evocaban cualidades que se asociaban con lo pegajoso, lo colgante y lo hinchado[83].

El funcionamiento saludable del cuerpo requería que se repostara el aceite que había sido secretado y eliminado por la piel. Los atletas griegos solían rascarse la suciedad, el sudor y el aceite de sus cuerpos usando un instrumento metálico denominado «estrígil». En la imagen, un atleta con un estrígil. Cara A de una *skyphos* ática con figuras rojas, 475–450 AEC.

Ni siquiera el aceite de oliva se libraba de la ambigüedad. A pesar de haber adoptado la costumbre griega de frotarse con aceite, en Roma se mantuvo una cierta desconfianza hacia una práctica que se asociaba con el lujo y el carácter afeminado[84]. Incluso en Grecia se registró cierta ambivalencia hacia el aceite de oliva. Plutarco narra la historia del general tebano reticente al lujo, Epaminondas, que, después de

83. Toner, J. P., *Leisure and Ancient Rome*, Cambridge, 1995, p. 51.

84. Bowie, A., «Oil in Ancient Greece and Rome», en *The Oil of Gladness: Anointing in the Christian Tradition*, Dudley, M.; Rowell G. (ed.), Londres, 1993, pp. 26–34.

que se le presentaran las cuentas de los gastos de comida en los que él y sus compañeros oficiales habían incurrido en los últimos días «se indignó solamente por la cantidad de aceite». No era el gasto lo que le molestaba, sino el hecho de que «tal cantidad de aceite hubiera sido admitida dentro de su cuerpo»[85]. Lo interesante es que la desconfianza de Epaminondas hacia el aceite resonaba también en su desprecio hacia los hombres gordos, a los que creía desgraciadamente inadecuados para soportar los rigores de la guerra[86]. Como analizará la sección siguiente, lo que hacía que las sustancias grasas y los soldados corpulentos fueran problemáticos para Epaminondas era su relación compartida con la «blandura».

Lo blando y lo húmedo

En su calidad de sustancia vital estrechamente relacionada con los procesos orgánicos del crecimiento y la decadencia, la grasa está tan implicada en la vida como en la muerte, en el aumento como en el exceso, en el crecimiento tanto como en el declive. Podemos comprender esto con más detalle si pensamos en los efectos que las sustancias grasas tienen en el propio cuerpo. Cuando está contenida dentro del envoltorio corporal, la grasa, viscosa y pegajosa, realza la «blandura» de los tejidos blandos, rellena concavidades potencialmente antiestéticas y hace romos los duros bordes de los huesos. Este borrado de los signos más elocuentes del esqueleto, que muchas culturas entienden como un desagradable recordatorio de la mortalidad, puede ser una de las razones por las que lo rollizo, en diferentes grados, haya jugado un papel en muchas culturas como prueba de salud, juventud y vitalidad. Como veremos, en la Antigüedad grecorromana la capacidad de la grasa para amoldarse no era únicamente una impresión táctil, sino que estaba

85. Plutarco, *Obras morales y de costumbres. Moralia* x, Gredos, 2003, p. 84.

86. Laes, C., «Writing the History of Fatness and Thinness in Graeco-Roman Antiquity», *Medicina nei secoli: Arte e scienza*, xxviii/2, 2016, p. 605

relacionada con conceptos de blandura con mucha carga de género que, dependiendo de las circunstancias, podían entenderse como la causa o el efecto de la corpulencia. Mientras que en ocasiones esta blandura se adscribía a las cualidades propias de las hembras, a las que se las consideraba más frías, más gordas y más húmedas que los machos, también podía denotar un declive orgánico, así como corrupción moral[87]. Aquí se manifiesta uno de los rasgos sempiternos de la grasa, y de la carne en concreto en la cultura occidental: una identificación entre lo «femenino» y lo «podrido»[88]. Lo que de manera concreta se destaca como alarmantemente blando ha cambiado a lo largo del tiempo; pero, a pesar de su contenido cambiante, la «blandura» como una categoría cultural parece resistirse a una transformación en profundidad[89].

La blandura y la humedad se han relacionado con las imágenes de la feminidad desde la Antigüedad. Algunas de las razones para esto eran médicas. La «plétora» o una sobreabundancia de sangre, era un concepto central en la concepción del cuerpo femenino que construyeron los autores hipocráticos, con un énfasis en lo mojado como rasgo dominante del temperamento femenino. La humedad se feminizaba en una tipología generizada de los fluidos y texturas corporales que generaba preocupación cuando uno predominaba por encima del resto[90]. La carne femenina se consideraba especialmente absorbente y

87. Cuando defiende que la reacción del asco se vincula primariamente a la «materia echada a perder o en descomposición», parte de la psicología social propone que determinadas texturas blandas y/o viscosas son un recordatorio de la podredumbre y de la descomposición, independientemente de que sean explícitos «recordatorios de lo vivo/lo animal». Martins, Y.; Pliner, P., «"Ugh! That's Disgusting!": Identification of the Characteristics of Foods Underlying Rejections Based on Disgust», *Appetite*, XLVI, 2006, p. 82. Véase también Kushner, L. H., «Food for Thought: The Role of Texture in the Disgust Response», tesis doctoral, American University, Washington, DC, 2011.

88. Bynum, C. W., *The Resurrection of the Body in Western Christianity, 200-1336*, Nueva York, 1995, p. 221; Tétart, G., *Le Sang des fleurs: Une anthropologie de l'abeille et du miel*, París, 2004, p. 231.

89. Esta relación la ha teorizado Braziel, J. E., «Sex and Fat Chics: Deterritorializing the Fat Female Body», en *Bodies Out of Bounds: Fatness and Transgression*, pp. 237-41.

90. Hanson, A. E., «Conception, Gestation, and the Origin of Female Nature in the *Corpus Hippocraticum*», *Helios*, XIX/1-2, 1992, pp. 48, 51-2.

porosa. Como la lana, se pensaba que se empapaba del exceso de sangre que se producía en el estómago de una mujer (que es en lo que se había convertido la comida mediante la digestión). Mientras que, en el caso de los hombres, eran únicamente las glándulas las que se describían como esponjosas y porosas (y como la principal avenida por la que los machos absorben el exceso de humedad), la totalidad del cuerpo femenino era tan poroso como las glándulas. Lo que en este planteamiento hacía que una mujer fuera inferior a un hombre, y lo que se citaba como la razón para su exclusión de la vida de la polis, era el juicio de valor implícito que consideraba que lo suelto y esponjoso era inferior a lo firme y compacto[91]. Las fuentes clásicas no son precisas acerca de la concreta naturaleza de esa humedad que se decía que predominaba en los cuerpos femeninos. Recordemos la proposición aristotélica de que la humedad untuosa está presente en toda la materia. ¿Quiere decir esto que la humedad que se decía que predominaba en los cuerpos de las mujeres era, por lo tanto, especialmente *untuosa*? El escritor romano Macrobio apuntaba algo así cuando hacía un comentario sobre las cualidades especialmente oleaginosas de la carne femenina:

> En cuanto al hecho de que un cadáver de mujer ayudaba a la cremación de cadáveres masculinos, no era efecto del calor, sino de la carne grasa y por tanto más semejante al aceite [*pinguis carnis et oleo*], algo que, desde luego, no sería posible en los hombres a causa del calor[92].

Pensemos lo que pensemos de esta insólita afirmación de Macrobio, la medicina de la época incluía la humedad y la gordura como parte de los signos más conspicuos del cuerpo femenino. Si los cuerpos masculinos se consideraban naturalmente más secos y delgados, era debido a su calor innato y a su mayor actividad, que tendía a «derre-

91. Dean-Jones, L., «The Cultural Construct of the Female Body in Classical Greek Science», en *Sex and Difference in Ancient Greece and Rome*, Golden, M.; Toohey, P. (ed.), Edimburgo, 2003, pp. 188–9

92. Macrobio, *Saturnalia, Saturnales*, Navarro Antolín, F. (trad.), Gredos , 2001, p. 614.

tir» buena parte de su grasa. Puesto que la grasa, como el semen, se conceptualizaba como sangre fraguada, una preponderancia de grasa suponía un déficit de sangre, lo que llegaba al punto de perturbar el funcionamiento normal del cuerpo. Se decía que las mujeres eran especialmente húmedas, en parte porque su estilo de vida sedentario «femenino» provocaba fiebres y, en general, una mala salud. Incapaz de emplear todos los alimentos que consumía, la mujer estaba más entrada en carnes que el hombre y solamente la menstruación y los embarazos evacuaban adecuadamente estos excesos. Sorano, cuyas ideas ginecológicas tendrían un considerable prestigio hasta la Alta Edad Media, observaba numerosos factores que afectaban al flujo menstrual, como la estación del año, la constitución, la edad, el físico y el estilo de vida. Entre las mujeres muy gordas, explicaba, el flujo menstrual es ligero «tal vez porque el material se gasta en su buen estado de nutrición, [...] porque lo que la naturaleza no emplea como abundante alimento, lo añade a la excreción». Esta economía de los fluidos se veía también afectada por los «hábitos y modos de vida», y las mujeres más activas también experimentaban un flujo más ligero. Así es como las mujeres se vuelven con facilidad «gordas y mal proporcionadas»[93]. Los autores de los últimos siglos de la Antigüedad elaborarían estas ideas, argumentando que, entre las mujeres gordas, la menopausia podía ocurrir a una edad tan temprana como los 35 años (en oposición a los 40-50 que se consideraban típicos de la mayoría de las mujeres)[94].

El estilo de vida, por lo tanto, jugaba un importante papel a la hora de estructurar las formas en las que se manifestaba la constitución «natural» de cada uno. Esto también se aplicaba a los hombres. Aunque se les consideraba naturalmente más secos que las mujeres, algunos varones tenían una constitución más húmeda que otros. Mientras que dichos varones podían recuperar algo de equilibrio mediante el ejercicio y otras medidas, podían también acabar siendo claramente corpulentos si llevaban vidas sedentarias o si, al acercarse a la vejez, dejaban

93. *Soranus' Gynecology*, pp. 19, 29.

94. Parkin, T. G., *Old Age in the Roman World*, Baltimore, MD, 2003, p. 197.

de ser tan activos como habían sido previamente[95]. La masculinidad de estos varones gordos y blandos podía ponerse en duda, principalmente porque se podía invocar la tipología sexuada de los fluidos y de las texturas para apoyar la supuesta inferioridad moral de todos los rasgos «femeninos». En el siglo IV, Adamantio dejaba claro este punto en su glosa del conocimiento fisionómico dominante:

> Las partes masculinas son mejores que las femeninas. Puesto que en su mayor parte lo que es masculino es noble, sin doblez, justo, animado, competitivo y sencillo. Lo que es femenino, por otra parte, es innoble, airado, frívolo, injusto, despreciativo y impúdicamente cobarde[96].

En todas estas cuestiones había una dimensión geográfica más general. Parte de la blandura y de la humedad que se asociaba con las cualidades «femeninas» se explicaba haciendo referencia a los diferentes entornos físicos, donde se argumentaba que el clima y el terreno moldeaban los cuerpos y las personalidades de maneras diferentes. Los autores hipocráticos defendían que era muy probable que las personas que residían en tierras húmedas y «pingües» tuvieran rasgos similares de cuerpo y carácter. Este conjunto de cualidades táctiles se cargaba de sentido moral. «Por tanto, donde la tierra es fértil, blanda y abundante en agua, [...] allí los hombres son carnosos, de articulaciones poco destacadas, húmedos, nada sufridos y de espíritu cobarde, en general»[97]. Esta perspectiva más o menos geomórfica facilitaba una red de cualidades que se apoyaban mutuamente, dentro de las cuales la grasa se enredaba con rasgos físicos y cognitivos. Además de ser proclives a

95. Aunque el envejecimiento se presentaba a menudo como un proceso de marchitación, en la comedia antigua la tercera edad podía representarse mediante la corpulencia tanto como mediante la delgadez. Laes, C., «Writing the History», p. 608.

96. Citado en Chandezon, C.; Dasen, V.; Wilgaux, J., «Dream Interpretation, Physiognomy, Body Divination», en *A Companion to Greek and Roman Sexualities*, Hubbard, T. K. (ed.), Oxford, 2014, p. 304.

97. Hipócrates, *Tratados hipocráticos II*, López Pérez, J.; García Novo, E. (trad.), Gredos, 1986, p. 87.

la «pereza» y la «somnolencia», esta gente carecía de las articulaciones «firmes» y «tensas» que distinguían a los hombres de las mujeres, a los guerreros de los campesinos, y a los griegos de los «asiáticos»[98]. En lugar de ello manifestarían una laxitud general en sus estilos de vida y en sus personalidades que los colocarían del lado de la flojez, el afeminamiento y la corrupción. Este era el tipo de «blandura» implícita en el término griego para el lujo (*tryphē*), que tiene su origen en un concepto de receptividad que no encaja con el ideal viril «duro» que se celebraba públicamente en la cultura helenística[99]. Por eso Heródoto puede declarar categóricamente que «en las regiones con clima suave suelen criarse hombres de idéntico carácter, ya que es de todo punto imposible que un mismo territorio produzca frutos maravillosos y hombres valerosos en el terreno militar»[100].

Las propiedades táctiles de la grasa, por lo tanto, han jugado un importante papel a la hora de construir la categoría moral de la blandura así como las distinciones sexuadas que esta permitía. De hecho, no era inhabitual comparar la blandura de la grasa con la relativa dureza del músculo. Como explicamos en el siguiente capítulo, la fascinación griega con la musculatura que se desarrolló a partir del periodo homérico, reforzó esta validación cultural de lo duro y firme, estableciendo una relación entre el músculo y la fuerza de voluntad que, se puede argumentar, ha conformado la concepción occidental del yo a partir de ese momento[101]. En su calidad de sustancia cuyas propiedades incluyen lo blando y lo pringoso, la grasa ha funcionado desde la Antigüedad como el «otro» físico y moral del músculo y el tendón, ya se manifestara esta tensión de manera literal, mediante la validación de los cuerpos

98. Kuriyama, S., *The Expressiveness of the Body and the Divergence of Greek and Chinese Medicine*, Nueva York, 1999.

99. Dench, E., «Austerity, Excess, Success, and Failure in Hellenistic and Early Imperial Italy», en *Parchments of Gender: Deciphering the Bodies of Antiquity*, Wyke, M. (ed.), Oxford, 1998, pp. 126-7.

100. Heródoto, *Historia*, Libro IX (Calíope), Schrader García, C. (trad.), Gredos, 1989, p. 447.

101. Kuriyama, S., *Expressiveness.*

firmes y duros por encima de los blandos o, figuradamente, mediante las referencias a una blandura de carácter y a una carencia de fuerza de voluntad. En cualquier caso, se diría que el prestigio cultural de la grasa declina cada vez que se privilegian la musculatura y la fuerza de voluntad.

*

Con este panorama, la relación de la grasa con la vida orgánica debería haber quedado bastante clara. No solamente son las moléculas de grasa esenciales para la vida, sino que muchas de las sustancias y procesos materiales que se asocian con la existencia orgánica se consideran «grasas» en mayor o menor grado: espesas, pringosas y viscosas en textura y consistencia. Además de contener vitalidad, se consideraba que estas sustancias eran capaces de causar hinchazón y de materializar la *hinchazón* que se conceptualizaba, de manera general, como la prueba del crecimiento, de la plenitud y de la maduración: «diferentes manifestaciones de la plenitud vital»[102]. De hecho, cuando pensamos en las miles de maneras en las que se observa la gordura en los procesos y productos del mundo natural, no podemos sino maravillarnos de hasta qué punto la blandura, el espesor, la untuosidad y la viscosidad hayan sido consideradas a través de las culturas como cualidades que representan la vida orgánica en toda su riqueza, cuando no son intrínsecas a esta. Es, como lo plantea Steven Connor, como si «la esencia de un ser vivo no fuera algo sólido, sino un semilíquido potente, viscoso. De hecho, un aceite»[103]. Por eso en el cristianismo, pero sin duda también en muchas otras religiones, el aceite se ha conceptualizado como «la sustancia grasienta de la vida misma, el flujo untuoso en el que la vida se perpetua, la viscosidad de su lento crecimiento, el sirope escondido

102. Bourdieu, P., *La dominación masculina*, Jordá, J. (trad.), Barcelona, Anagrama, 1999, p. 25.

103. Connor, S., *Book of Skin*, p. 180.

en su núcleo, su exuberancia secreta»[104]. Si bien es una exageración decir que la grasa *es* la vida, hay pruebas suficientes como para postular que, en su materialidad vital, la *vida es grasa*.

Al mismo tiempo, este capítulo ha apuntado hacia las ambigüedades que pueden materializar las grasas y los aceites y estas tienen que analizarse con más detalle. De la misma manera que ocurre con otras sustancias, las cualidades sensibles de la grasa no existen de manera separada de las percepciones y discursos culturales que les dan un sentido. Más que determinar la cultura en ningún sentido directo, estas cualidades ofrecen «una serie de potencialidades para ser signos»[105] que pueden «empaquetarse» juntos y movilizarse dentro de unos sistemas de valores que privilegian determinadas cualidades por encima de otras[106]. Como analizaremos en el siguiente capítulo, la sustancia de la vida pocas veces se ha considerado un bien sin paliativos.

104. Cramer, P., *Baptism and Change in the Early Middle Ages, c. 200–c. 1150*, Nueva York, 1993, pp. 212–13.

105. Meneley, A., «Oleo-Signs and Quali-Signs», p. 305.

106. Keane, W., «Signs Are Not the Garb of Meaning», p. 194.

2. FÉRTILES AMBIGÜEDADES

La imaginación agrícola

Como la grasa es la «sustancia de la vida», está imbuida de vitalidad. Pero la vitalidad abarca los procesos del nacimiento, el crecimiento, la enfermedad y la muerte, que «plantean desafíos existenciales que todas las sociedades deben interpretar y ante los que reaccionan físicamente de alguna manera»[1]. Esto se hace especialmente evidente cuando sumamos a nuestro debate sobre la grasa y la gordura el fenómeno del abono, cebado o *engorde*. Ya implique a las plantas o a los animales, abonar o cebar es un proceso que incluye madurez, plenitud y abundancia, todo lo cual se puede entender como beneficioso y bienvenido. Una plenitud rebosante, sin embargo, es también un momento dentro de un continuo que atraviesa la muerte y la descomposición para crear las condiciones para una nueva vida, incluso si esa vida no es humana, no es «mi» vida. Aceptemos o no la afirmación del antropólogo Maurice Bloch de que «la amplia mayoría de las sociedades se representan la vida humana como algo que acontece dentro de un marco permanente que transciende los procesos transformativos naturales del nacimiento, crecimiento, reproducción, envejecimiento y muerte»[2], sin duda se puede defender que el mundo occidental tiene una relación tensa con

1. Harris, O. J. T.; Robb, J., «The Body in History: A Concluding Essay», en *The Body in History: Europe from the Paleolithic to the Future*, Harris, O. J. T.; Robb, J (ed.), Cambridge, 2013, p. 214.

2. Bloch, M., *Prey into Hunter*, p. 3.

los procesos orgánicos, la materialidad y la animalidad. Las relaciones con estos fenómenos forman parte de una imaginación agrícola, antigua pero persistente, que, mediante la evocación de modelos heredados de la labranza y la crianza del ganado, aprehende la grasa y la gordura en términos de hinchazón o engorde.

Inspeccionar el mundo antiguo para darle un sentido a nuestros temas de la actualidad sobre la corpulencia podría parecer algo contraintuitivo a quienes den por sentado que los recelos ante la gordura son un desarrollo diferenciadamente «moderno». Pero este no es el primer libro que señala determinadas continuidades entre las ideas modernas y las antiguas. Cuando escribe acerca de la «tenacidad histórica del desdén cultural por el cuerpo gordo», Susan E. Hill muestra cómo la correlación actual que hacemos entre la grasa y la muerte, la irracionalidad, la feminidad, la animalidad y la suciedad tienen unos antecedentes importantes en las fuentes clásicas y bíblicas de la cultura occidental[3]. Mientras que en el capítulo anterior repasábamos parte de la complejidad con la que la grasa en cuanto sustancia ha sido conceptualizada en el mundo antiguo, este capítulo analiza las ambigüedades de lo graso así como del engorde. Complementa los análisis de Hill sobre la gula antigua y la gordura analizando las relaciones más generales de la grasa con el concepto de la «vida» como un proceso. En algunos momentos, esto implicará pensar en sustancias que pueden engordar sin que necesariamente sean grasa. Mostrará que, en la imaginación agrícola, la grasa se puede entender como un concepto límite localizado en la cúspide de la madurez y la podredumbre, de la fertilidad y la esterilidad. También analizaremos las fuentes profundas de los insultos animales que se les aplican a las personas gordas y que siguen expresando el estatus de cada cual en las jerarquías culturales y sociales. Veremos cómo, ya se refiera literalmente al terreno de cultivo o figuradamente al cuerpo humano, la imaginación agrícola ha generado potentes y duraderos campos metafóricos que han quedado tan arraigados en la cultura occidental que sus orígenes en la tierra, la vegetación y la

3. Hill, S. E., *Eating to Excess*, p. 41.

crianza animal en buena medida han caído en el olvido. Para pensar la gordura, entonces, hay que disponerse a encontrar intersecciones frecuentes y a menudo sorprendentes entre las plantas y los animales, que proporcionaron importantes modelos para pensar la moderación y el exceso, lo maduro y lo podrido, lo dominante y lo subordinado, así como lo consumido y quién lo consume.

Materias de vida o muerte

La ambigüedad de la grasa está relacionada, en parte, con su conexión con los procesos de fertilidad, crecimiento, muerte, descomposición y regeneración. La ambivalencia ante estos fenómenos no es un rasgo novedoso de la modernidad. La historiadora Caroline Walker Bynum nos ofrece un rastreo detallado de la negación de los procesos orgánicos por parte de la teología cristiana desde el siglo III hasta el siglo XIV. Como se imaginaban la resurrección de los cuerpos en el fin de los tiempos, estos autores rechazaban repetidamente la afirmación del apóstol Pablo de que el cuerpo muerto es como una semilla que se pudre en la tierra. Preferían en cambio imaginarse el cadáver empleando metáforas no orgánicas, como una vasija rota o un recipiente de cristal que se puede reconstruir porque no ha sufrido el proceso de putrefacción. Bynum señala que la muerte era un problema para estos hombres, «no porque fuera un acontecimiento que terminara con la conciencia, sino porque era parte de un proceso biológico supurante, asqueroso e incontrolable»[4]. La asociación recurrente de los cuerpos femeninos con el proceso orgánico que tanto perturbaba a la mayoría de los teólogos varones (e incluso a alguna teóloga mujer), refuerza las impresiones de que determinadas formas exaltadas de la masculinidad se imaginan como «fuera del proceso» y, por lo tanto, como trascendentes de manera claramente fantasmática. En el mundo occidental, estar sometido a los procesos orgánicos puede de hecho considerarse una afrenta a la

4. Bynum, C. W., *Resurrection*, p. 113.

dignidad humana superior a la muerte misma. En su historia cultural de las percepciones de la muerte, Jonathan Dollimore propone que «el proceso de cambio y decadencia *en el tiempo* es más perturbador que la idea de no ser en absoluto»[5]. Cuando reflexionan acerca de la longevidad de estas respuestas irritadas ante la corruptibilidad humana, Bynum y Dollimore apuntan a percepciones que transitan por encima de las divisiones convencionales entre lo antiguo, lo medieval y lo moderno. Si la grasa es algo intrínsecamente ambiguo se debe en parte a su estrecha relación con procesos que pueden evocar sentimientos tanto positivos como negativos.

Los ejemplos que hasta ahora hemos aportado proceden de la cultura europea, por lo que tal vez estas inquietudes deban tratarse como claramente, o por lo menos principalmente, occidentales. Después de todo, hay muchas pruebas —más de las que podemos revisar aquí— que demuestran cómo la grasa y la gordura han funcionado como una evidencia de privilegio, fertilidad, poder y belleza en muchas sociedades no occidentales[6]. La investigación arqueológica proporciona alguna de las primeras pistas. Para tomar tan solo un ejemplo, la búsqueda de grasa era una actividad de capital importancia para los pueblos cazadores nativos del noreste americano, algo que influía en «casi todos los aspectos de sus vidas, incluyendo el mundo espiritual». Se cazaban animales específicos que eran reverenciados por el contenido de grasa de su carne y de sus huesos, y se desarrollaron técnicas para extraer la mayor cantidad de grasa posible de la carne durante su cocción. Diversos mitos americanos incluso asociaban la grasa con la supervi-

5. Dollimore, J., *Death, Desire and Loss in Western Culture*, Nueva York, 1998, p. XIII.

6. Por ejemplo, véase Brown, P. J.; Konner, M., «An Anthropological Perspective on Obesity», *Annals of the New York Academy of Sciences*, CDXCIX/1, 1987, pp. 29-46; Warnier, J.-P., *The PotKing: The Body and Technologies of Power*, Leiden, 2007; Popenoe, R., *Feeding Desire: Fatness, Beauty, and Sexuality among a Saharan People*, Nueva York, 2004; Shore, B., «Mana and Tapu», en *Developments in Polynesian Ethnology*, Howard, A.; Borofsky, R. (ed.), Honolulu, HI, 1989, pp. 137-73; Walentowitz, S., «Women of Great Weight: Fatness, Reproduction and Gender Dynamics in Tuareg Society», en *Fatness and the Maternal Body: Women's Experiences of Corporeality and the Shaping of Social Policy*, Unnithan-Kumar, M.; Tremayne, S. (ed.), Nueva York, 2011, pp. 71-97.

vencia y la inmortalidad[7]. Disciplinas relacionadas, especialmente la antropología, proporcionan también numerosos ejemplos de sociedades en las que la grasa del cuerpo humano se valora mucho. Es muy conocido que muchas culturas africanas alimentan a la fuerza a las chicas para cebarlas para el matrimonio. Aunque no todas estas sociedades establecen una asociación directa entre la gordura y la fertilidad, en algunos casos la práctica del engorde se asemeja explícitamente a un proceso de «maduración» basado en analogías agrícolas[8].

Esta concepción expansiva de la grasa, además de algunas sociedades africanas, la manifiestan también otras culturas. En diversas tradiciones aborígenes australianas, la grasa es una sustancia que se encuentra dentro de la tierra así como en las plantas, los animales y los seres humanos. Se considera que las grasas animales, vinculadas con el sudor, el semen y la leche, fluidos emparentados que están imbuidos de forma similar con la vitalidad, proporcionan salud y energía. Algunas grasas se han considerado demasiado potentes como para que determinados tipos de personas puedan lidiar con ellas. Hablando desde un punto de vista histórico, la grasa humana se ha considerado siempre especialmente poderosa. Además de denotar salud y vitalidad, la grasa humana, especialmente la que se adhiere a los riñones, se cortaba de los cuerpos de los enemigos caídos en la batalla. Se creía también que la grasa del riñón de una persona podía eliminarse, en la realidad o en el plano mágico, mediante la hechicería del enemigo[9]. En otro mundo totalmente distinto, en la cultura andina de América del Sur, la grasa (como la sangre) es una manifestación concreta de la *chuyma* o «corazón» y se relaciona con las cualidades del ánimo (o «alma») o del valor. En este caso, como en Australia, la pérdida de la grasa corporal es

7. Saint-Germain, C. «Animal Fat in the Cultural World of the Native Peoples of Northeastern America», en *The Zooarchaeology of Fats, Oils, Milk and Dairying*, Mulville, J.; Outram, A. K. (ed.), Oxford, 2005, p. 108.

8. Popenoe, R., *Feeding Desire*, pp. 43-4.

9. McDonald, H., «The Fats of Life», *Australian Aboriginal Studies*, 2, 2003, pp. 53-61; Elkin, A. P., *Aboriginal Men of High Degree*, 2ª ed., Nueva York, 1978, pp. 30-32, 50-52, 75-82.

una señal de enfermedad. Incluso pueden atribuirse las enfermedades graves a las misteriosas operaciones de un *kharisiri* o *pishtaco*, una figura amenazadora de la que se dice que roba la grasa de los riñones y cuyos orígenes se pueden rastrear hasta la conquista española[10]. Ya haya disminuido por la mala salud o haya sido secuestrada mediante la hechicería, la pérdida de la grasa corporal implica la pérdida o robo de lo que fomenta la salud y la vitalidad.

A pesar de su importancia, la grasa no es la única sustancia vital del cuerpo. Se pueden atribuir poderes similares, e incluso cualidades similares, a la leche y al semen. Además de ser descritos también como espesos y ricos, a menudo se ha entendido que la leche y el semen comparten una relación sustancial con la grasa, así como con el aumento de los cuerpos mediante la alimentación y el embarazo respectivamente. Convocando «ideas sobre procesos, cambios, vitalidad y declive», las sustancias corporales vitales como el semen, la leche, la sangre y la grasa no es que sencillamente «se vivan como sucias, es que son poderosas»[11]. En muchas culturas, por lo tanto, la grasa se incluye en un grupo de sustancias corporales que son «ambiguas en su modo más fundamental», en parte porque, al desbordar el cuerpo, cuestionan los límites precisos del yo[12]. Unos pocos ejemplos de esta ambigüedad deberían bastar. En Papúa Nueva Guinea, así como en Borneo y en los Andes, la grasa del cerdo se equipara explícitamente al semen y, como tal, se asocia con la sexualidad masculina de maneras que pueden suscitar angustia además

10. Bastien, J. W., «Qollahuaya-Andean Body Concepts: A Topographical Hydraulic Model of Physiology», *American Anthropologist*, LXXXVII/3, 1985, pp. 595-611; Orta, A., «Syncretic Subjects and Body Politics: Doubleness, Personhood, and Aymara Catechists», *American Ethnologist*, XXVI/4, 1999, pp. 864-89; Crandon-Malamud, L., *From the Fat of Our Souls: Social Change, Political Process, and Medical Pluralism in Bolivia*, Berkeley, CA, 1993, p. 120; Canessa, A., «Fear and Loathing on the Kharisiri Trail: Alterity and Identity in the Andes», *Journal of the Royal Anthropological Institute*, VI/4, 2000, pp. 705-20.

11. Carsten, J., «Substance and Relationality: Blood in Contexts», *Annual Review of Anthropology*, XL/1, 2011, p. 20; Leach, E., «Anthropological Aspects of Language: Animal Categories and Verbal Abuse», *Anthrozoös*, XX/3, 1989, p. 156.

12. Leach, E., *ibid.*

de asco[13]. En el primer caso, lo que se supone que hace a una persona «gorda» no es necesariamente el tejido graso. Más bien lo que parece engordar un cuerpo sería un determinado contacto con los cuerpos femeninos —a menudo considerados como potencialmente contaminantes— y con sustancias que predominan en los chicos pero que se consideran impropias de los adultos varones. En los ritos de iniciación masculina del pueblo bimin-kuskusmin de Papúa Nueva Guinea, la gordura se asocia con la «suciedad, la putrefacción y la degeneración moral de la sustancia y el comportamiento femenino». Esto es especialmente así cuando aparece en los cuerpos de los jóvenes varones iniciados que han sido «mancillados» por los «efectos engordantes de las comidas femeninas y las sustancias femeninas [...]. Los ancianos comentan en voz alta que los novicios están contaminados, son débiles y feos, como queda claro por sus estómagos gordos e hinchados»[14]. Moduladas por los ideales de género, la hinchazón y la gordura pueden ser aceptables en los cuerpos femeninos mientras que parecen más problemáticas en los adultos varones.

En determinadas culturas, por lo tanto, la gordura puede simbolizar el almacenamiento de sustancias imbuidas de energía vital. Ese aumento puede entenderse de diferentes maneras. El corpulento monarca del remoto reino de Mankon, en la parte occidental de Camerún, es «el arquetipo de fertilidad masculina», porque su cuerpo está repleto de las sustancias ancestrales que él dispensa a la comunidad bajo la forma de semen, saliva, aliento y otros materiales[15]. Si no pudiera dispensar esas sustancias vitales se le consideraría una amenaza para la comunidad.

13. Lemonnier, P., «Fertility among the Anga of Papua New Guinea: A Conspicuous Absence», en *Population, Reproduction and Fertility in Melanesia*, Ulijaszek, S. J. (ed.), Oxford, 2006, pp. 218-38; Janowski, M., «Masculinity, Potency and Pig Fat: The Kelabit of Sarawak», en *The Fat of the Land: Proceedings of the Oxford Symposium on Food and Cookery 2002*, Walker, H. (ed.), Bristol, 2002, pp. 130-42; Canessa, A., «Fear and Loathing», p. 713.

14. Poole, F. J. P., «The Ritual Forging of Identity: Aspects of Person and Self in Bimin-Kuskusmin Male Initiation», en *Rituals of Manhood: Male Initiation in Papua New Guinea*, Herdt, G. (ed.), Berkeley, CA, 1982, pp. 122-3.

15. Warnier, J.-P., *PotKing*, pp. 115-17.

De hecho, en otras culturas se pueden encontrar ejemplos de reacciones negativas hacia un cuerpo del que se percibe que está acaparando las potencias comunales. Se sabe que el pueblo etoro, de la región Strickland-Bosavi de Papúa Nueva Guinea, mataba a las «criaturas-brujas» rollizas al nacer precisamente porque, como se les consideraba demasiado gordas, parecía que hubieran acumulado en sus cuerpos la fuerza vital que debería en principio circular por toda la comunidad[16]. En otras culturas, los cuerpos que portan marcas de fertilidad hinchada se piensan según la trayectoria de los procesos orgánicos. Empleando analogías tomadas directamente del conocimiento agrícola, en la Jamaica rural los cuerpos gordos son apreciados como una muestra de belleza y salud. Pero esta valoración se desvanece cuando los cuerpos que antaño tenían un aspecto robusto y rollizo empiezan a parecer «esponjosos, blandos, con colgajos y empieza a notarse que su forma física decae como si esa persona fuera un fruto pasado, que empieza a rajarse y se pudre»[17]. Esto revela cómo, en determinados contextos, la gordura puede señalar un momento dentro de un continuo, en el que la vitalidad y la fertilidad caen con facilidad en la muerte y la descomposición. En la medida en que las sustancias grasas pueden evocar imágenes de crecimiento y vida, así como de corrupción y sexualidad, son capaces de suscitar una serie de respuestas, negativas tanto como positivas.

El ejemplo jamaicano revela cómo la grasa puede *representar* el crecimiento y el aumento a la vez que sigue siendo una *instancia material* de dicho aumento. Este ejemplo también identifica situaciones en las que puede parecer que un crecimiento que se extiende más allá de la madurez se convierte en desecho y descomposición. Temas parecidos circulaban en el pensamiento agrícola europeo. Ya hemos visto cómo en Grecia y Roma se relacionaba el engorde de los seres humanos con el «engorde» de las tierras de cultivo. Mientras que cierto grado de gordura era beneficioso, había

16. Strathern, M., *Property, Substance and Effect: Anthropological Essays on Persons and Things*, Londres, 1999, pp. 45-63.

17. Sobo, E. J., «The Sweetness of Fat: Health, Procreation, and Sociability in Rural Jamaica», en *Food and Culture: A Reader*, Counihan, C.; van Esterik, P. (ed.), Nueva York, 1997, pp. 260-1.

límites que la sabiduría campesina tenía que reconocer. A pesar de acumular los elogios sobre la tierra pingüe o crasa, Columela advertía de que los extremos en los tipos de tierra de cultivo podían conllevar problemas. Mientras que la tierra muy magra tiende a la esterilidad, «la muy pingüe y muy rica sufre de exuberancia». Para demostrar su argumento, Columela recurre a la sabiduría del sentido común sobre el cuerpo humano:

> Se necesita [...] un gran equilibrio entre estas disparidades tan opuestas; el que requieren también nuestros cuerpos, cuya buena salud depende de una cierta y, por así decir, ajustada proporción de lo caliente y lo frío, de lo húmedo y lo enjuto, de lo compacto y lo suelto[18].

Cuando traza estas distinciones, especialmente la que separa las cualidades «caliente» y «fría» de la tierra, Columela revela su confianza en el modelo humoral del cuerpo que, basado en los precedentes hipocráticos, estructuraría el pensamiento médico europeo hasta el siglo XVII[19].

Si una gordura aceptable tenía la capacidad de resultar en podredumbre y no en fertilidad, es que también había algo potencialmente repulsivo en las sustancias que contribuían a que una determinada tierra fuera «pingüe». La tierra se fertilizaba habitualmente con materia orgánica podrida así como con excrementos, sustancias que a menudo se reciben con ambigüedad incluso aunque rindan resultados beneficiosos. El excremento graso, que «en Grecia, tanto en la época temprana como en la tardía, se consideraba inequívocamente [...] como sucio y asqueroso y desde luego como contaminante»[20] era un ingrediente imprescindible para abonar la tierra «magra». Así Columela describía «el mejor terreno» como pingüe (*pinguis*), precisamente por su carácter graso, así como «putrefacto» (*putris*) debido a la materia muerta y en descomposición que

18. Columela, *Libro de los árboles. La labranza*, p. 279-80.

19. Winiwarter, V., «Soils in Ancient Roman Agriculture: Analytical Approaches to Invisible Properties», en *Shifting Boundaries of the Real: Making the Invisible Visible*, Nowotnyand, H.; Weiss, M. (ed.), Zúrich, 2000, pp. 137-56.

20. Staden, H. von, «Women and Dirt», *Helios*, XIX/1/2, 1992, p. 9.

contenía[21]. Por lo tanto, la tierra fértil da la vida precisamente porque está compuesta por sustancias grasientas y en descomposición, alcanzando así ese estado de «putrefacción fecunda» que es el estadio intermedio de los procesos orgánicos de la muerte y el renacer[22].

De la misma manera que los tratados de agricultura tomaban prestados los descubrimientos de la medicina, la medicina hipocrática deducía buena parte de su conocimiento sobre la nutrición humana mediante la observación de lo que ocurría con las plantas[23]. Incluso si las sustancias y procesos que se describían no eran exactamente los mismos, aun así tenía sentido identificar las homologías entre la grasa de los animales y la grasa del suelo y de las plantas. Las comparaciones entre las cosechas y los seres humanos han sido una constante de la teoría educativa a partir de la Atenas del siglo v. Cuando se ampliaron a los cuerpos, estas analogías formaron la base de una serie de tropos que proliferarían en Occidente hasta bien entrada la Edad Moderna[24]. Si la gordura muchas veces parecía implicar la abundancia, por ejemplo, también podía denotar un exceso superfluo. Etimológicamente, la palabra latina *prosperus* apuntaba a una especie de «prosperidad» que se asociaba estrechamente con conceptos como «plenitud», «gordura», «incremento», «saciedad» y «maduración»[25]. Pero si la prosperidad implicaba la abundancia y el crecimiento, basándose en las observaciones de las plantas y los animales, el conocimiento agrícola defendía que el crecimiento por encima de los límites aceptables podía ser problemático. De ahí la *luxuria* u «exuberancia» u «opulencia», que para la sabiduría antigua era una consecuencia de una tierra demasiado grasa, refiriéndose al aumento de la materia orgánica que debía ser eliminado si no se quería que la tierra se volviera improductiva.

21. Columela, *Libro de los árboles. La labranza*, p. 174.

22. Tétart, G., *Le Sang des fleurs*, pp. 109-10.

23. Schiefsky, M. J., *Hippocrates, On Ancient Medicine*, Leiden, 2005.

24. Kronenberg, L., *Allegories of Farming from Greece and Rome*, Cambridge, 2009.

25. De Vaan, M., *Etymological Dictionary of Latin and the Other Italic Languages*, Leiden, 2008, p. 493.

La doctrina moral también cosechaba alguna de sus ideas clave en los modelos agrícolas. Además de denotar un crecimiento excesivo, *luxuria* era también el término que se usaba en Roma para describir la principal causa de la «corrupción» social y personal, siendo «corrupción» un término también basado en la experiencia agrícola. Tal y como lo define el Oxford English Dictionary, «corrupción» denota una descomposición física junto con la desagradable putrefacción que la acompaña, lo que parece implícito en las definiciones relacionadas que describen «la perversión de cualquier cosa con respecto a su estado de pureza original», ya sea orgánico o moral. Que la decadencia implica un estado preexistente de pureza o integridad se revela en el hecho de que *corruptio* es también un término bíblico que denota la mortalidad frente a la eternidad de Dios y que, por lo tanto, señala la distancia humana con respecto a la divinidad. De una forma más explícita que el concepto de «opulencia», «corrupción» apunta a la descomposición del cuerpo así como a las respuestas emocionales que este proceso puede suscitar[26]. Las cualidades que contribuyeron a explicar la abundancia agrícola podían entonces ser el origen de sus consecuencias negativas: exuberancia, podredumbre y esterilidad, en lugar de moderación y fertilidad. Como un producto de la imaginación agrícola, la gordura podía evocar impresiones de fertilidad así como de esterilidad y corrupción. Estas ideas también se aplicaban a los animales.

Fertilidad, cebado, animalidad

El mundo vegetal no era el único modelo para pensar sobre la reproducción[27]. Los animales no humanos fueron también un punto habitual

26. Gowers, E., *The Loaded Table: Representations of Food in Roman Literature*, Oxford, 1996; Génaux, M., «Social Sciences and the Evolving Concept of Corruption», *Crime, Law and Social Change*, XLII/1, 2004, pp. 13-24. La raíz *luxus* significa dislocado, como en luxación, pero se origina en la idea de lo «doblado». De Vaan, M., *Etymological Dictionary*, p. 356.

27. La cultura clásica describía el útero también como un fogón o como una vasija, de la misma manera que como un campo. King, H., *Hippocrates' Woman: Reading the Female Body in Ancient Greece*, Londres, 1998, pp. 33-5.

de referencia para las ideas de la Antigüedad sobre la generación. Aquí también gordura y fertilidad no siempre eran sinónimos. Las creencias tradicionales que vinculaban la fertilidad con el ciclo lunar jugaban un papel a la hora de determinar el mejor momento para cebar a animales concretos. Era más prudente engordar a las aves y otros animales durante la luna creciente, es decir, cuando la propia luna parecía crecer y «madurar» hasta su plenitud. Por lo tanto, tenía sentido que la castración se llevara a cabo en los días en los que la luna menguante parecía declinar o desaparecer[28]. Pero se creía que eliminar la capacidad sexual de un animal fomentaba su engorde. Las creencias antiguas defendían que se podían cebar cerdas y camellas extirpándoles el útero[29]. Se decía que los gallos engordaban después de que se los castrara[30]. Lo contrario era también cierto: el cebado disminuye la fertilidad. «Los machos cabríos se vuelven estériles por la gordura», señala Plinio[31]. Lo mismo se podía observar en los ciervos:

> Entonces los machos, tras salir del deseo del celo, buscan ávidamente los pastos y, cuando se sienten demasiado gordos, buscan lugares apartados, reconociendo el peso que los incomoda[32].

La medicina antigua intentaba dar respuestas a esta relación inestable entre la gordura y la fertilidad haciendo referencia a otras sustancias corporales vitales. La relación entre la sangre y la grasa era importante: la grasa se consideraba como algo fraguado a partir de la sangre y de los nutrientes que habían contribuido a crear la sangre. Por eso Plinio podía afirmar que «en los [animales] gordos [la sangre] es

28. Ager, B. K., «Roman Agricultural Magic», tesis doctoral, University of Michigan, 2010, pp. 188, 199.

29. Plinio el Viejo, *Historia natural. Libros* *vii-xi*, Del Barrio, E.; García Arribas I.; Moure, A. M. (trad.), Gredos, 2003, libro viii, p. 211.

30. *Ibid.*, p. 378.

31. *Ibid.*, pp. 206.

32. *Ibid.*, p. 167

menos abundante, porque la consume la grasa»[33]. Pero en la medida en la que el itinerario «normal» de la sangre es convertirse en esperma en el macho y en leche en la hembra, la presencia de grandes cantidades de grasa en el cuerpo puede indicar una cualidad incompatible con la fertilidad. Aquí, también, algunos animales arrojan luz sobre esta relación. Las cerdas «demasiado gordas acusan falta de leche»[34]. Como un «residuo» de otras sustancias corporales vitales, la grasa gozaba de un estatus doble: como un vehículo de vitalidad, por un lado, y como una forma de exceso que podía entenderse como «excremental» en la medida que se secreta del cuerpo, por otro. A diferencia de determinadas culturas africanas, en las que la gordura se cultiva deliberadamente como manera de almacenar las fuerzas de la vida y de la reproducción, las sociedades occidentales han defendido habitualmente que la producción de grasa y la producción de esperma están en una relación de tensión. En nuestra cultura, «la grasa se considera una desviación de lo que debería dedicarse a la actividad sexual»[35]. Aunque esto solamente sea cierto cuando se considera que la grasa es excesiva, esta afirmación resume con acierto algunas de las afirmaciones actuales sobre que las personas muy corpulentas son menos fértiles que el resto, ya sea por esterilidad o por impotencia. En la medida en la que esta desviación de la sangre de sus fines fértiles tiene como resultado la infertilidad, en el caso de los hombres gordos el exceso de nutrición se convierte en el equivalente simbólico de la castración[36]. La gordura hinchada puede denotar fertilidad y madurez a la vez que muerte y descomposición, como en el caso de la hinchazón de un cadáver.

Las fuentes clásicas desarrollan esta relación a veces inversa entre la gordura y la fertilidad. Aristóteles señalaba que «los animales grasos son más estériles por la misma causa, pues la parte de la sangre que

33. *Ibid.*, p. 561.

34. *Ibid.*, p. 210.

35. Héretier-Augé, F., «Étude comparée des sociétés africaines», *Annuaire du Collège de France*: *Résumé des cours et travaux 1989-1990*, París, 1991, p. 507.

36. Tétart, G. *Le Sang des fleurs*, p. 55; véase también Vialles, N., *Animal to Edible*, Underwood, J. A. (trad.), Cambridge, 1994, pp. 128-9.

debía pasar a germen y a semen se consume en la grasa y el sebo»[37]. Su descripción de cómo la gordura disminuye la fertilidad masculina se basaba en observaciones de las plantas tanto como en las de animales. Los hombres que ganan peso son como las vides que se «encabritan» porque «les ocurre lo mismo que a los machos cabríos [...] y es que los machos cabríos que están gordos copulan menos y por eso se les hace adelgazar»[38]. Además de corroborar esta idea, Plinio evoca el espectro de la decadencia física: «Todos los animales gordos son menos fecundos, tanto en lo que se refiere a los machos como a las hembras; los muy gordos envejecen además con mayor rapidez»[39]. Apoyando así una asociación entre la anatomías animal y la vegetal, Plinio defendía que:

> así que los arboles padecen hambre y crudeza, las cuales cosas suceden por la cantidad de humedad y también algunos por padecer demasiada gordura [*obesitate*], como todos los que llevan resina, que se convierten en tea con lo mucho pingüe que tienen y también cuando las raíces comienzan a engordar perecen, como los animales con el demasiado sebo[40].

Mientras que la gordura y la fertilidad van de la mano, se ha señalado desde la Antigüedad que los hombres y mujeres que son excepcionalmente grandes también puede ser tan infértiles como quienes tienen una delgadez excesiva[41]. Los animales que engordan

37. Aristóteles, *Las partes de los animales*, en *Las partes de los animales. Marcha de los animales. Movimiento de los animales*, Jiménez Sánchez-Escariche, E.; Alonso Miguel, A. (trad.), Gredos, 2008 p. 78.

38. «Las personas gordas, hombres o mujeres, parece que son menos fértiles que las que no son gordas, porque en los individuos bien alimentados una vez cocido el residuo, se convierte en grasa: pues la grasa también es un residuo, y saludable debido a la buena vida». Aristóteles, *Reproducción de los animales*, Sánchez, E. (trad.), Gredos, 1994, p. 65.

39. Plinio, *Historia natural*, libro XI, p. 556.

40. Plinio, *Historia natural*, libro XVII, p. 149.

41. Frisch, R. E., *Female Fertility and the BodyFat Connection*, Chicago, IL, 2002, pp. 1, 7, 19-20.

sucumben por lo tanto a los mismos problemas que los campos excesivamente crasos.

Si el engorde es un fenómeno ambiguo, lo mismo ocurre con la comida y el comer. Más allá de los beneficios evidentes, que la convierten en algo esencial para la vida, la comida es igualmente orgánica y, por lo tanto, está sometida a la adulteración y la descomposición. «La comida es sucia, es una sustancia altamente inestable», nos recuerda la socióloga Deborah Lupton; y

> su preparación, su disposición y sus productos colaterales son caóticos y sucios; se descompone inevitablemente, huele. A la comida deliciosa le quedan apenas unas horas o unos días para convertirse en materia podrida, o excremento[42].

Ingerir alimentos implica pues introducir dentro del cuerpo materias potencialmente dañinas y, al hacerlo, activa procesos que los seres humanos comparten con los animales no humanos. El acto de comer es ambiguo también de otras maneras. Implica una relación con los demás que también nos remite a la animalidad[43]. El Oxford English Dictionary muestra que el verbo «*to feed*» (alimentar) que durante un tiempo significó lo mismo que «*grow fat*» (engordar) se podía referir al pasto de los animales así como a «*feeding on*», alimentarse de alguien o vivir de manera parasitaria a expensas de otra persona. El verbo podía adoptar entonces una posición reflexiva (alimentarse; comer) o activa, como en la expresión del siglo XIX, *to feed off*, que significaba cebar (a un animal) para la venta o el matadero. Algo semejante ocurre en otras lenguas indoeuropeas, donde el verbo «alimentar» significa lo mismo que «engordar» y engordar tiene una relación directa con el engorde o cebado de los animales domésticos. En su estudio sobre las palabras que se refieren al comer, Christine Hénault observa que:

42. Lupton, D., *Food, the Body and the Self*, Londres, 1996, p. 3.
43. Probyn, E., *Carnal Appetites.*

> en los idiomas se produce sin duda un vínculo semántico entre, por una parte, la acción de comer y, por otra parte, las situaciones en las que el individuo se enfrenta a determinados acontecimientos que se le imponen y que tiene que sobrellevar[44].

La raíz latina del término «obesidad» refleja parte de esta ambigüedad. Como el participio pasado del verbo *obedere* (carcomer, comerse algo), el término *obesus* originalmente significaba «en los huesos, delgadísimo» pero, por razones que aún no están claras, evolucionó a lo largo del tiempo para referirse principalmente a «quien devora»[45].

Los procesos de cebar y devorar revelan un diferencial de potencia que, en la cultura griega y romana, jugaba un papel en las analogías que se hacían entre los animales humanos y no humanos, pero también entre los animales mismos. En la medida en la que hay una «jerarquía de simpatías» que estructura el grado de interés ético que una determinada sociedad concede a los organismos vivos que consume, la categoría de «animal» suele subdividirse en aquellos dignos del respeto humano o incluso de la emulación simbólica y aquellos que se consideran inherentemente innobles y merecedores de su estatus inferior[46]. De la misma manera que las plantas se hicieron para el consumo animal, se decía, los animales no humanos se hicieron para el uso humano[47]. Una jerarquía semejante, basada en el carácter depredador, se aplicaba a los animales mismos. Aristóteles señalaba que los animales «presentan diferencias relativas al carácter». Algunos son bravos y fieros. El león, por ejemplo, es «noble, bravo y bien

44. Hénault, C., «Eating beyond Certainties», en *From Polysemy to Semantic Change: Towards a Typology of Lexical Semantic Associations*, Vanhove, M. (ed.), Ámsterdam, 2008, p. 297.

45. *Ibid.*, p. 293.

46. Beardsworth, A.; Keil, T., *Sociology on the Menu: An Invitation to the Study of Food and Society*, Londres, 1997, p. 153.

47. Gilhus, I. S., *Animals, Gods and Humans: Changing Attitudes to Animals in Greek, Roman and Early Christian Ideas*, Londres, 2006, p. 40.

nacido»[48]. Aunque los animales «salvajes» peligrosos podían describirse de maneras muy distintas, estos depredadores pocas veces tenían como destino ser comidos y, por lo tanto, se les colocaba en un escalón superior de la jerarquía de los animales no humanos. No era el caso de los animales de «presa», como las vacas, las ovejas, los cerdos, las cabras y las aves de corral, que a menudo se cebaban para el consumo humano[49]. El estatus relativamente inferior del ganado en la jerarquía animal se ha reforzado desde la era neolítica, un tiempo en el que los animales domesticados se consideraban ya más una propiedad, en lugar de ser nuestros semejantes sentientes[50]. Aunque en la Antigüedad se podía representar a los animales de presa de maneras complejas, con frecuencia se los asociaba con rasgos como la mansedumbre, lentitud, docilidad e incluso la estupidez. Si durante los tiempos romanos a los animales de granja cebados se los catalogaba como esclavos y por lo tanto como objetos de desdén[51], en la Edad Media se calificaba de cobardes y estúpidas a criaturas como las ovejas y los corderos, casi merecedoras del hecho de que acabarían sacrificadas y devoradas por los seres humanos[52].

Estos desarrollos tienen sus implicaciones para las culturas humanas, no solamente porque tienen que ver con el estatus dentro de sistemas jerárquicos. Hablando en general, el historiador Keith Thomas propone que la domesticación de los animales «se convirtió en el patrón arquetípico para otros tipos de subordinación social»[53]. El desprecio que se ha acumulado sobre las cabezas de los animales de presa puede haber surgido del hecho de que la domesticación implica formas de restar poder relacionadas con el engorde. Además de sufrir unos cambios

48. Aristóteles, *Investigación sobre los animales*, p. 31.

49. Price, D.; Bar-Yosef, O., «The Origins of Agriculture: New Data, New Ideas. An Introduction to Supplement 4», *Current Anthropology*, LII/S4, 2011, pp. S163-74.

50. Harris, O. J. T.; Robb, J., *The Body in History*, p. 56.

51. Gilhus, I. S., *Animals, Gods and Humans*, pp. 48-9.

52. Salisbury, J. E., *The Beast Within: Animals in the Middle Ages*, Nueva York, 1994, p. 132.

53. Thomas, K., *Man and the Natural World: Changing Attitudes in England, 1500-1800*, Oxford, 1983, p. 46.

corporales graduales, con sus cerebros volviéndose más pequeños en relación con sus cuerpos a medida que aumenta su contenido graso[54], los animales domesticados pueden ser sometidos a la restricción de movimiento así como a una castración para garantizar que su carne sigue siendo gustosa y su temperamento moderado[55]. Para el agrónomo romano Varrón, las gallinas de corral demostraban cómo la gordura producida por el cebado podía funcionar como una especie de cárcel o esclavitud: «Las encierran en un lugar tibio, estrecho y oscuro, porque su movimiento y la luz son la liberación de su gordura [*quod motusearum et lux pinguitudinis vindicta*]»[56]. Los animales machos domesticados, como sabían perfectamente quienes los cuidaban, tendían a engordar una vez que habían sido castrados, y el resultado era que su carne se volvía más tierna y gustosa a la vez que se decía que su temperamento se ablandaba[57]. La figura del eunuco ilustra con claridad máxima esta asociación entre castración y engorde. Un texto de fisionomía latino del siglo IV enumera las señales que delatan a estos hombres: «Frente firme, mejillas suaves, boca relajada, cuello delgado, piernas gordas, pies gruesos como pedazos de carne, una voz femenina, palabras de mujer, miembros y articulaciones sin fuerza, laxos y desmadejados»[58].

Las relaciones entre el engorde y el ganado revelan lo que podríamos llamar una «tensión vertical» entre las tendencias terrenales hacia abajo del comportamiento «animal» y las aspiraciones ascendentes o trascendentes relacionadas con la existencia «humana»[59]. En este

54. Salisbury, J. E., *Beast Within*, p. 15.

55. Vialles, N., *Animal to Edible*, pp. 128-9; Ekroth, G., «Castration, Cult and Agriculture: Perspectives on Greek Animal Sacrifice», *Opuscula*, VII, 2014, pp. 153-74.

56. Varrón, *Las cosas del campo*, p. 275.

57. Vialles, N., *Animal to Edible*, pp. 128-9.

58. Horstmanshoff, M., «Who Is the True Eunuch? Medical and Religious Ideas about Eunuchs and Castration in the Works of Clement of Alexandria», en *From Athens to Jerusalem: Medicine in Hellenized Jewish Lore and in Early Christian Literature*, Kottek, S.; Horstmanshoff, M. (ed.), Rotterdam, 2000, p. 103.

59. El filósofo Peter Sloterdijk afirma que «los seres humanos están sujetos, ineludiblemente, a tensiones verticales, en todas las épocas y en todos los espacios culturales». Sloterdijk, P., *Has de cambiar tu vida*. Madrigal, P. (trad.), Pre-textos, 2012, p. 27.

sentido, el supuesto estatus «inferior» de la animalidad no humana se relaciona también con la presunción de inmanencia y con el rechazo, prácticamente por principios, de la trascendencia que sí exhibe el ser humano en masa. Esta tensión vertical está en el origen de la tradición filosófica occidental, que en sí misma se inauguró con un pronunciado recelo acerca de la encarnación[60]. El tipo de «vida que lleva la mayoría de la gente», explicaba Platón, consiste en regalarse y buscar siempre lo inferior y lo vulgar:

> Ni se han elevado para mirar hacia lo verdaderamente alto [...], sino que, como si fueran animales, miran siempre para abajo, inclinándose sobre la tierra, y devoran sobre las mesas, comiendo y copulando[61].

Esta «vida» que vivía la mayoría de la gente, entonces, era animalista y fugaz, despojada de las aspiraciones más elevadas. Claramente no era la «buena vida» que se adecuaba a los seres humanos. Platón se preguntaba cómo sería la gente en una sociedad que proporcionara de manera libre y gratuita las necesidades básicas y que eliminara la necesidad de esforzarse tanto para obtenerlas: «¿No les quedará a los que viven en un orden semejante ninguna tarea necesaria y muy apropiada, sino que cada uno debe vivir engordando a la manera del ganado?». En su opinión, esta gente se habrá hecho merecedora de ser degollada por tipos más fuertes y endurecidos: «Y lo que corresponde a un animal perezoso y engordado es ser destrozado por otro animal que se encuentre muy enjuto por los vigorosos ejercicios que ha realizado»[62].

El estoicismo amplió estas ideas mediante su afilada crítica del lujo que amenazaba con reducir a los hombres al nivel de la más abyecta de las bestias. Séneca describía cómo los hombres gordos y disolutos

60. Elizabeth Grosz señala que la «filosofía occidental se ha construido a sí misma sobre los cimientos de una profunda somatofobia». Grosz, E., *Volatile Bodies: Toward a Corporeal Feminism*, Bloomington, IN, 1994, p. 5.

61. Platón, *La república*, en *Diálogos vol. VIII*, Del Pozo Ortiz, A. (trad.), Gredos, 2000, p. 446.

62. Platón, *Las leyes*, en *Diálogos IX*, Lisi, F. (trad.), libro VII, p. 45.

que trasnochaban y no hacían ejercicio eran como aves a las que se las cebaba para su consumo. La diferencia clave era que, a diferencia de los animales, que habían sido capturados y cebados por los seres humanos, estos hombres eran personalmente responsables del hecho de que «la gordura les invade el cuerpo perezoso y en su orgulloso retiro les crece una grasa inútil»[63]. Mientras que engordar no era necesariamente el resultado de un exceso de gula —y, a la inversa, en aquella época no se equiparaba sistemáticamente la corpulencia con la gula—, la idea de que un hombre pudiera ser gobernado por sus apetitos parecía reducirlo al nivel de una bestia o de un esclavo. Así es como en *El banquete de los eruditos*, de Ateneo, Ulpiano puede entretener a sus compañeros trazando un paralelismo entre comer de manera opulenta y ser «atiborrado» como un animal de granja[64].

Hasta el punto de que puede sugerir ser el resultado de un proceso de cebado o engorde, la gordura por lo tanto puede pensarse de maneras contradictorias. La misma lógica que en la cultura grecorromana llevaba a vincular los terrenos «pingües» con los temperamentos «blandos», y a comparar los físicos y las personalidades de los animales y los seres humanos, ofrecía una potente forma de combinar estas cualidades para referirse a las personas gordas. Según los modelos clásicos del apetito, el acto de consumir podía deslizarse fácilmente desde el disfrute moderado de los placeres sensuales hasta los excesos que eran el reflejo de una sumisión «esclava» a los deseos individuales. La persona corpulenta podía ser descrita como física y moralmente «blanda», incapaz de adoptar una postura «firme» o «dura» en relación a los estímulos externos o a sus propias apetencias. Como aparentemente vivían, «en relación con la fuerza de los placeres, en un estado de no resistencia», podía parecer que estaban «en posición de debilidad y de sumisión»[65]. Además, como veremos más adelante, a estas personas se las podía considerar

63. Séneca, *Cartas Morales (Epístolas Morales a Lucilio)* en *Obras completas de Lucio Anneo Séneca*, Gallegos, J. M. (trad.), UNAM, 1951, p. 233.

64. Ateneo, *Banquete de los eruditos. Libros III-V*, p. 69.

65. Foucault, M., *El uso de los placeres. Historia de la sexualidad 2*, Soler, M. (trad.), Siglo XXI, 2011. p. 61.

«insensibles», como si la capa de grasa bajo su piel las convirtiera en personas mental o emocionalmente torpes.

Las situaciones en las que podía cuestionarse el control de la persona sobre su proceso de consumo —como se ha revelado en el caso de los animales «atiborrados»— podían implicar rasgos muy diferentes. Hay una razón por la que atiborrarse uno mismo o atiborrar a sus criaturas podía entenderse en la antigüedad grecorromana como algo que «pertenecía a la esfera de lo extraño y lo exótico»[66]. Esto último quedará aún más claro cuando analicemos cómo se percibía a los pueblos asiáticos durante este periodo. Si los cuerpos atiborrados se convirtieron en objetos de repulsión en el mundo helenizado —y estas respuestas contundentes no eran tan comunes en el entorno pagano como lo eran entre las primeras comunidades cristianas— habría tenido más que ver con el «asco ideológico» que suscitaban las violaciones de las normas que gobernaban las jerarquías sociales que con el tipo de sentimientos suscitados por la grasa o las heces[67]. Teniendo en cuenta que el asco a menudo se superpone con emociones semejantes, este asco ideológico bien podría haberse interpretado como desprecio, el «vecino de al lado» del asco[68]. La gordura y el engorde, por lo tanto, se confundían en las jerarquías de estatus en las que el ser humano se privilegiaba sobre el animal, lo masculino sobre lo femenino, lo libre sobre lo esclavo y lo familiar sobre lo exótico.

Aunque menos pronunciados, los vínculos entre la gordura y la animalidad abyecta son también evidentes en la Biblia hebrea. El Libro de los Jueces (3:12-22) cuenta la historia de lo que le ocurrió al Eglón, rey de Moab. El rey Eglón era un «hombre muy grueso» al que Yahvé hizo fuerte para que dominara a los israelitas durante 18 años porque estos habían vuelto a «hacer lo malo ante los ojos de Jehová». Este periodo de

66. Laes, C., «Writing the History», p. 592.

67. Phang, S. E., *Roman Military Service: Ideologies of Discipline in the Late Republic and Early Principate*, Cambridge, 2008, p. 35. Parece que algo semejante a la repugnancia ideológica hubiera estado operativo también en la cultura griega.

68. Bell, M., *Hard Feelings: The Moral Psychology of Contempt*, Oxford, 2013, p. 52. Miller, W. I., *Anatomía del asco*.

esclavitud terminó gracias a Aod, el enviado, que se alzó para asesinar al rey. Con un nombre que significaba «ternero grande [o joven]», Eglón sufriría el destino de los animales cebados para su sacrificio —la «palabra de Dios» que Aod transmitía adoptó la forma de una espada de doble filo hundida en el gordo vientre de Eglón. Tan corpulento era Eglón que su grasa (*ḥēlebh*) se tragó por completo la espada de Aod, empuñadura y todo. Aod no «sacó el puñal de su vientre», pero observó en cambio que «salió el estiercol». Además de simbolizar la corrupción de los ricos, los estudios han interpretado la gordura de Eglón como una manera de establecer un contraste entre los israelitas y los moabitas, lo humano y lo animal, lo masculino y lo femenino, lo dominante y lo subordinado, pero también entre la inteligencia y la estupidez[69]. Al señalar la aparición del excremento («estiércol») que fluye del vientre destripado de Eglón, el episodio da un paso más y relaciona la extrema gordura con la suciedad y la impureza de una forma que sin duda también suscitaría asco[70]. Colocada así la semilla en la Biblia hebrea, la relación entre la gordura y el excremento sería cultivada por los primeros escritos cristianos, como veremos en el próximo capítulo.

Las experiencias históricas con las cosechas y el ganado proporcionaron las fuentes más profundas de una intuición duradera y sin embargo tácita en Occidente: que engordar podía suponer una abdicación o restricción de la agencia que resultara en una subordinación o incluso en un encarcelamiento dentro de la carne. *Engordar* mediante una buena vida podía simbolizar agencia, estatus y disfrute. Podía incluso señalar un papel depredador, en el que una persona «devoraba» a otras de una manera acorde con su poder. Pero ser alguien que come contenía también la posibilidad de que otra persona adoptara el papel de quien alimenta. Cuando esto no implicaba una especie de posición infantil

69. Algunas de estas interpretaciones se glosan en Aitken, J. K., «Fat Eglon», en *Studies on the Text and Versions of the Hebrew Bible in Honour of Robert Gordon*, Khan, G.; Lipton, D. (ed.), Leiden, 2012, pp. 141–54; Gilman, S. L., *Fat Boys: A Thin Book*, pp. 45–6.

70. Hill, S. E., *Eating to Excess*, pp. 32–4; Selavan, B. L., «From Healthily Stout to Disgusting Decay: The Fat Context of Judges 3:12–30», 2016, manuscrito no publicado. Gilman, S. L., *Fat Boys*, pp. 45–6.

frente a la madre o a cualquier otra figura de cuidado, ser *engordado* por otra persona, como se hace con los cerdos o las cabras, podía sugerir pasividad y una semejanza con el ganado destinado al matadero. Como consecuencia de la ingestión metódica e incluso forzada y de la incorporación de cosas comestibles, engordar también llevaba consigo el perturbador recordatorio de que los seres humanos son también comestibles y que pueden ser «devorados» por quienes tienen más poder que ellos. El hecho problemático del carácter comestible del ser humano se actualizaba mediante los relatos de pueblos antiguos e indígenas que supuestamente cebaban a los presos con el fin explícito de disfrutar de su carne en un banquete[71]. Engordar es un proceso cuyas perturbadoras asociaciones con la subordinación, la animalidad e incluso la antropofagia nunca se han disipado del todo. Como analizaremos en la siguiente sección, también tiene vínculos con el «espesor» cognitivo y con la estupidez.

Necedad y estupidez

La asociación de la grasa con los animales «inferiores» se ampliaba también al ámbito cognitivo. Aquí también las connotaciones de animalidad se acentuaban por la materialidad ambigua de la grasa. Además de sus relaciones con lo pringoso y la blandura, la grasa se ha considerado desde la antigüedad como una sustancia insensible y gris que podía equiparar a los individuos corpulentos con formas poco halagadoras de animalidad, pero también con la estupidez. Cuando argumenta que la sangre en sí carece de percepción, como carece de ella cualquier cosa (como la grasa) que se fragüe a partir de esta, Aristóteles especulaba que «si todo el cuerpo fuese de esa substancia [grasa], no tendría ninguna sensibilidad»[72]. En Roma se adoptó una perspectiva similar en lo que

71. Avramescu, C., *An Intellectual History of Cannibalism*, Blythe, A. I. (trad.), Princeton, NJ, 2009.
72. Aristóteles, *Las partes de los animales*, pp. 77-78.

se refiere a los ejemplos animales. Explicando que «el lardo, en todos los animales, carece de sensibilidad [*adips cunctis sine sensu*], porque esta sustancia no tiene ni arterias ni venas», Plinio declaraba que la mayoría de los animales gordos son más o menos insensibles, «razón por la cual se dice que los cerdos sufren las mordeduras de las ratas aun estando vivos»[73]. El escritor del siglo III Claudio Eliano señala una barrera perpetua similar en el mundo acuático. «Cuando el pez grande engorda excesivamente, ni ve ni oye, ya que la enorme masa de su carne es un obstáculo para ver y para oír»[74].

Estos ejemplos presentan la grasa y la gordura como elementos intrusos en el cuerpo animal. En el caso de los seres humanos, las grandes masas de carne se entendían como un suplemento —y por lo tanto no parte real de este— del «auténtico» cuerpo, que se consideraba que no era ni demasiado delgado ni demasiado gordo[75]. Plinio argumentaba que fue debido a la insensibilidad de esta materia superflua por lo que al hijo del cónsul Lucio Apronio le operaron para quitarle la grasa y librar a su cuerpo de un peso inmanejable[76]. La afirmación de que las capas de grasa no eran en realidad parte del cuerpo humano queda ilustrada también en el cuento muy difundido de Dioniso de Heraclea, tirano de una ciudad-Estado en Asia Menor. La «voluptuosidad» y «voracidad cotidiana» le hicieron ganar tanto peso que le resultaba difícil respirar y, por vergüenza, concedía audiencias sentado detrás de un cofre que escondía todo su cuerpo con excepción de su rostro[77]. En la versión de Eliano de esta historia, los médicos de Dioniso recomendaron introducir largas agujas en su costado y en su vientre mientras dormía profundamente,

73. Plinio, *Historia natural*, libro XI, p. 556.

74. Claudio Eliano, *Historia de los animales, Libros I-VIII*, Díaz Regañón, J. M. (trad.), Gredos, 1984, Libro II. p. 124.

75. Karila-Cohen, K., «Les Gourmands grecs sont-ils bien en chair?» en *Le Corps du gourmand*, Karila-Cohen, K.; Quellier, F. (ed.), pp. 131-2.

76. Plinio, *Historia natural*, libro XI, pp. 556-7.

77. Ateneo, *El banquete de los eruditos*, libro XII, p. 199. Como veremos en el próximo capítulo, el que Dioniso fuera «asiático» reforzaba el estatus de curiosidad que el tirano habría tenido para griegos y romanos.

de modo que, atravesando la grasa — puesto que estaba «encallecida y que, de alguna manera, ya no era suya»—, pudieran descubrir dónde acababa la grasa y empezaba la carne. La idea era que el rey dormido se despertaría únicamente cuando las agujas tocaran algo «que todavía no se había convertido en extraño por el exceso de grasa»[78]. La grasa de Dioniso se podía eliminar porque, hablando con propiedad, era una forma de exceso que no estaba ligada a su cuerpo de la misma manera que lo está un miembro o un órgano interno. Pero esto no le libraba de las pullas de sus paisanos. Según Ateneo, algunos de ellos comparaban a su gobernador con un «grueso cerdo», al que le parecía bien «yacer gordo boca arriba, sin apenas hablar, jadeando, mientras como y digo: "me pudro de placer"»[79]. Siendo una consecuencia de su «voluptuosidad», la gordura de Dioniso de Heraclea conjuraba imágenes de animalidad y descomposición, así como de insensibilidad. Como explicaremos en el siguiente capítulo, también evocaba la extranjería exótica de las culturas asiáticas.

Bajo la forma de tejido adiposo, la grasa servía como una interfaz entre el yo y el mundo de maneras que podían afectar a la experiencia mental y emocional. Percibidas desde la antigüedad como un añadido excesivo sobre el cuerpo «verdadero», las capas de grasa se han imaginado habitualmente como algo que encofra el yo, que lo aísla de los golpes del mundo a la vez que funciona como una especie de manta de seguridad. La insensibilidad de la grasa se amplió entonces rápidamente a la personalidad de los individuos cargados con una forma de materialidad torpe que constreñía a la vez que escudaba. Si la blandura de la grasa denotaba una no-resistencia potencialmente perturbadora a los estímulos externos, su «espesor» insensible sugería una especie de aislamiento a través del cual las cosas pasaban con dificultad. En el tratado del siglo IV EC, *Fisionomía*, erróneamente atribuido a Aristóteles, la insensibilidad se ligaba estrechamente con los cuerpos que «tienen

78. Claudio Eliano, *Historias curiosas*, Cortés, J. M. (trad.), Gredos, 2016, libro IX, p. 197.

79. Ateneo, *El banquete de los eruditos*, libro XII, p. 200.

la zona que va desde el ombligo hasta la parte superior del pecho más grande que la distancia que hay desde esta última hasta el cuello». Las personas con este físico son

> glotonas e insensibles: glotonas porque tienen grande el receptáculo en el que reciben el alimento, e insensibles porque la sede de las percepciones es un lugar bastante estrecho y anexo al que recibe el alimento, de modo que las percepciones se ven entorpecidas por la abundancia de las comidas o por su carencia[80].

En estas personas, la capacidad para las emociones delicadas o incluso para la percepción misma se ve disminuida por la constricción de las regiones del cuerpo en las que están localizados los sentidos[81].

En algunos pensadores clásicos la insensibilidad se emparejaba también con las cualidades atribuidas a los animales domesticados para el consumo humano y, por lo tanto, deliberadamente cebados mediante la dieta y las restricciones del movimiento. Los movimientos corporales pesados e «indolentes» encontraban un paralelismo en la torpeza y modorra de la mente, fomentando así tal vez la idea de que «jamás se ha dado un ser vivo tal que tenga la apariencia de un ser y el temperamento de otro diferente, sino siempre el cuerpo y el alma del mismo, de modo que a un determinado cuerpo corresponde por necesidad un temperamento específico»[82]. Puede ser también por lo que Plinio defendía que los animales con un abdomen muy grande son «menos diligentes» que los que tienen un abdomen pequeño[83]. Esta asociación de la estupidez con los animales no humanos se conserva en la palabra francesa *bête*, que significa «animal», así como «tonto». Los análisis de la fisionomía antigua sobre la glotonería estaban llenos de analogías trazadas con los animales voraces no humanos, en particular cerdos y

80. Pseudo Aristóteles, *Fisionomía*, Martínez Manzano, T.; Calvo Delcán, C. (trad.), Gredos, 1999, p. 64.

81. Martin, D., *The Corinthian Body*, New Haven, CT, 1995.

82. Pseudo Aristóteles, *Fisionomía*, p. 40.

83. Plinio, *Historia natural*, libro XI, p. 550.

cocodrilos, cuyo pellejo especialmente espeso también contribuía a su estupidez. Al cerdo se le identificaba como la criatura más cercana al glotón porque ambos estaban menos interesados en su alma que en los placeres corporales[84]. La capacidad de la grasa para aislar de las fuerzas exteriores era literalmente así en el caso de los boxeadores y gladiadores, cuyo exceso de grasa se creía que funcionaba como una especie de acolchado[85]. Y nadie en la Antigüedad pensaba que los boxeadores y los gladiadores fueran los hombres más inteligentes.

Para los escritores clásicos el espesor de la grasa por lo tanto parecía producir una insensibilidad cognitiva así como una indolencia motora, y ambas cosas formarían estereotipos duraderos que circularían por Occidente durante siglos. El término latino *crassus*, que significa espeso, denso y groseramente estúpido, permitía deducir cosas sobre el temperamento y la inteligencia basadas en los rasgos corporales. Esto no se limitó al periodo antiguo. La palabra ingresa *crass* (grosero) y la palabra francesa *gras* (grasa), tienen ambas su raíz etimológica en *crassus*[86]. Aunque la sociedad romana a veces admiraba los cuerpos gordos como una prueba de estatus y riqueza, también apuntaba a que la inteligencia y la corpulencia eran rasgos que se excluían mutuamente. Como una referencia chistosa a la diosa del intelecto, una forma popular de hablar de alguien con pocas luces era decir que esa persona tenía una «Minerva gorda» (una Minerva *crassa* o *pingui*), dando a entender así el hiato entre corpulencia y sabiduría[87]. El médico Galeno ofrecía un respaldo a esta asociación popular de la grasa y la estupidez declarando que «es de lo más cierto que un estómago lleno no engendra una buena

84. Wilgaux, J., «Gourmands et gloutons dans les sources physiognomiques antiques», en *Le Corps du gourmand*, pp. 32-3.

85. Terencio, *El eunuco*, en *Comedias*, Fontana, G. (trad.), Gredos, 2008, p. 310; Curry, A., «The gladiator diet», *Archaeology*, LXI/6, 2008.

86. Fischler, C., *El (H)omnívoro. El gusto, la cocina y el cuerpo*, Merlino, M. (trad.), Anagrama, 1995, p. 301.

87. Plaza, M., *The Function of Humour in Roman Verse Satire: Laughing and Lying*, Oxford, 2006.

mente»[88]. Esta afirmación acabaría convirtiéndose en un refrán en la cultura occidental. Aunque las versiones posteriores de este dicho tienden a insistir en la gordura y no tanto en la saciedad, bien pudiera ser que Galeno se refiriera a la experiencia de indolencia y cansancio que puede seguir a una comida copiosa[89]. Si es así, con el tiempo esta experiencia fenomenológica de la indolencia que resulta de la saciedad acabo por aplicarse a los cuerpos gordos en general.

Si la insensibilidad pudo deslizarse desde lo literal hasta lo figurado así como entre lo animal y lo humano, fue igualmente capaz de meterse en el mismo saco junto con el resto de las cualidades de la grasa. Así se pudo decir con certeza de aquellos habitantes «blandos» y cobardes de las tierras «pingües» descritas por Hipócrates que eran «bastos, carentes de finura y sin agudeza»[90]. La buena vida que pudo haber contribuido a su corpulencia y, por lo tanto, a su «blandura» moral y física, pudo con la misma facilidad haber traído con ella la insensibilidad o la estupidez. Quejándose de la ruinosa opulencia que veía a su alrededor, el poeta del siglo I Persio describía a un hombre especialmente malvado diciendo: «A él le embrutece el vicio, y en el corazón le ha crecido la grasa (*fibris increvit opimum pingue*)», como si la sustancia se hubiera abierto camino hasta lo más íntimo de su cuerpo[91]. El poeta satírico Luciano describía como «*pacheis*» (gordas o estúpidas) a aquellas personas ricas que habían sido desplumadas durante el siglo II por el estafador místico Alejandro de Abonoteico[92].

88. Galeno, «Thrasybulus, On Whether Hygiene belongs to Medicine or Gymnastics», en *Hygiene*, Johnston, I. (trad.), Cambridge, MA, 2018, vol. II, p. 341.

89. Esto ocurre porque determinados «transmisores químicos liberados por el cuerpo cuando llegamos a la saciedad también pueden estimular las áreas del cerebro responsables del cansancio». Enders, G., *Gut: The Inside Story of Our Body's Most Underrated Organ*, Shaw, D. (trad.), Vancouver, 2015, p. 43.

90. Hipócrates, *Tratados hipocráticos II*, op. cit., p. 87.

91. Persio, *Sátiras*, en Persio y Juvenal, *Sátiras*, Balasch, M. (trad.), Gredos, 1991, p. 529.

92. «El término griego que usa [Luciano], *pacheis*, que significa literalmente "grueso" o "gordo" tiene connotaciones tanto de riqueza como de estupidez cuando se usa metafóricamente aplicado a las personas». Dickie, M. W., *Magic and Magicians in the*

Alejándose sorprendentemente del ideal griego de la belleza, la salud y la moralidad física, los boxeadores eran conocidos por su cuerpo amorfo y gordo. En la cerámica se les solía representar con mucha tripa y muslos gruesos. Nikosthenes, ánfora con figuras negras que representa un combate de boxeo.

Nada de esto era exclusivo de la tradición helenística. En la cultura hebrea se registra también la preocupación sobre los efectos embotantes de la grasa sobre la persona. En los textos bíblicos, las palabras que designan la grasa (como *ḥēlebh*) eran claramente positivas cuando se referían a la tierra de abundancia, pero adoptaban implicaciones negativas cuando se observaban en el cuerpo humano. Era así especialmente en el caso de los ricos, cuyo disfrute de las «cosas grasas» podía conducir a la arrogancia, el egoísmo o a la ruina financiera[93]. La insensibilidad era un

Greco-Roman World, Londres, 2001, pp. 216, n. 343; Luciano de Samósata, *Alejandro o el Falso profeta*, en *Obras*, vol II, Navarro, J. L. (trad.), Gredos, 1988, p. 392.

93. Hill, S., *Eating to Excess*, p. 32; Kottek, S. S., «On Health and Obesity in Talmudic and Midrashic Lore», *Israeli Journal of Medical Sciences*, XXXII/6, 1996, pp. 509-10;

rasgo fundamental de las personas ricas que no mostraban compasión por las personas necesitadas: se habían vuelto necias e insensibles por su propia prosperidad y sufrían los efectos negativos de las grasas con independencia de su corpulencia: «Cerrados con su grosura (*ḥēlebh*), con su boca hablan soberbiamente» (Salmos XVII:10). En una serie de pasajes bíblicos, la gordura es sinónimo de lentitud mental o de ser un «tarugo». Una vez más se manifiesta sobre todo entre las personas prósperas: «Encrasose (*taphash*, también poco receptivo o estúpido) el corazón de ellos como sebo (*ḥēlebh*)» (Salmos, 119:70). La gente así se volvía obstinada, sufría de un «endurecimiento» del corazón que también resultaba ser la sede del «espíritu». Así una persona dura de corazón tiene literalmente «sebo en el corazón» y, por lo tanto, está privada de la sabiduría espiritual[94]. En Deuteronomio 32:15, Moisés recita las palabras de Dios a los israelitas, explicando cómo, después de que se le hubiera proporcionado la abundancia de la tierra, Jacob se volvió complaciente y le dio la espalda a Dios. «Y engrosó [*šemen*] Jeshurun [es decir, el pueblo de Israel], y tiró coces: engordástete [*šemen*], engrosástete, cubrístete». Incluso si la abundancia y la buena vida habían causado que estos cuerpos tuvieran una apariencia más grotesca, la tradición hebrea estaba más preocupada por los efectos espirituales y cognitivos de este engorde.

*

Mientras que es cierto que el pasado remoto exhibía un enfoque más tolerante hacia el tamaño y la forma de los cuerpos, la historia cultural de la grasa en Occidente no revela ninguna era de la historia en la que la grasa, la gordura y el engorde se hayan apreciado sin matices. Más bien la grasa daba nombre a unas sustancias y procesos ambiguos que

Ringgren, H., «Semen», en *Theological Dictionary of the Old Testament*, Botterweck, G. J., H. Ringgren; Fabry, H.-J. (ed.), Green, D. E.; Stott, D. W. (trad.), Grand Rapids, MI, 2006, vol. XV, pp. 249–53; Berquist, J. L., *Controlling Corporeality: The Body and the Household in Ancient Israel*, New Brunswick, NJ, 2002, pp. 18–26.

94. Hartley, D. E., *The Wisdom Background and Parabolic Implications of Isaiah 6:9–10 in the Synoptics*, Nueva York, 2006, p. 141.

podían cubrir las categorías culturales de lo fértil y de lo podrido, de lo beneficioso y lo peligroso, de lo superior y lo inferior. Bajo una u otra forma, entonces, la grasa ha estado siempre implícita en la mayoría de las categorías principales de la cultura occidental: el placer y el dolor, el vicio y la virtud, la enfermedad y la salud, lo sucio y lo limpio, lo húmedo y lo seco, lo animal y lo humano. Las cualidades que se asocian con la grasa (blanda, pringosa, espesa) se cuentan entre los elementos que han estructurado muchas culturas antiguas y son, por lo tanto, parte de los marcos conceptuales a través de los cuales ven el mundo. La grasa es algo blando, suelto y fofo; capaz de pasar del estado líquido al sólido; es perturbadoramente inestable y proteica, cualidades que pocas veces se representan positivamente en la cultura occidental. Como mostraremos en el siguiente capítulo, muchas de estas cualidades se aplicaban a los cuerpos en Grecia y Roma, donde engordar mediante una vida de lujo implicaba abdicar del dominio de sí. Aunque los siguientes capítulos se centran más detenidamente en las percepciones de la corpulencia, veremos una y otra vez cómo la materialidad de la grasa, así como las connotaciones agrícolas del engorde, aparecen de manera recurrente como formas de pensar sobre la gordura.

3. APETITOS ANTIGUOS

La opulencia y la geografía de la blandura

Cuando Sócrates anunció que quería aprender a bailar, todos sus amigos en el banquete se echaron a reír. ¿Qué había de gracioso en sus palabras?, se preguntaba Sócrates. ¿Era porque bailar sería bueno para su salud y bienestar, porque ejercitaría todos sus músculos y haría su cuerpo más proporcionado y hermoso? O, preguntó Sócrates, señalando su oronda barriga, «¿os reís porque, teniendo demasiada tripa, quiero reducirla moderadamente?»[1]. Aunque estas preguntas fueran en buena parte retóricas, no es esta la primera vez que en los textos antiguos se habla del cuerpo de Sócrates. Caracterizado casi siempre como rechoncho y feo, a Sócrates se le comparaba a veces con el antiguo dios de los bosques, Sileno, al que se le solía representar en la estatuaria griega como gordo, calvo y borracho. Incluso se decía que Sócrates había sido examinado por el fisionomista Zópiro, que llegó a la conclusión de que era «estúpido y lerdo» y «un mujeriego», aunque no debido a su tripa[2]. Aunque se decía que no prestaba atención a la belleza o la fealdad de los demás, el envejecido filósofo no dejó pistas para saber si le preocupaban

1. Jenofonte, *Recuerdos de Socrates & Economico & Banquete & Apologia de Sócrates*, Zaragoza, J. (trad.), Gredos, 1993, p. 315.

2. Cicerón, *De fato*, en *Sobre la adivinación. Sobre el destino. Timeo*, Escobar, A. (trad.), Gredos, 1999, p. 299. Véase también McLean, D. R., «The Socratic Corpus: Socrates and Physiognomy», en *Socrates from Antiquity to the Enlightenment*, Trapp, M. (ed.), Londres, 2007, p. 66. El ejemplo de Sócrates sería recurrente en los siglos siguientes como prueba de que se podían superar las limitaciones físicas.

o no sus propios defectos físicos. Sus amigos estaban de acuerdo en que esos defectos —y en Grecia *sí* se consideraban defectos— se compensaban por la excelencia de su mente. Puede ser también que el estatus de Sócrates como un gran pensador lo protegiera de la clase de insultos que podría concitar la barriga de otro hombre[3].

Aunque sí se consideraba una desviación de las normas estéticas, tenemos que dejar claro desde el principio que el exceso de carne no era un tema médico o moral especialmente problemático en la Antigüedad. No estamos hablando de la patología dominante en la que se convertiría a finales del siglo XX. Es cierto que en Grecia se expresaba preocupación acerca de las posibles consecuencias de comer en exceso y llevar una vida sedentaria. Pero, aunque desarrollar un cuerpo gordo y blando era un resultado posible de la falta de moderación, lo que principalmente preocupaba eran los efectos morales que la «opulencia» pudiera tener sobre la persona. En *La república*, Platón defiende por boca de Sócrates que el «Estado afiebrado» de su tiempo, descrito como henchido e inflamado, padecía en parte por los refinamientos culinarios y por una pereza en aumento que generaba muchas enfermedades. Preocupado aquí por los cuerpos hinchados gracias a una acumulación, «como si fueran pantanos, de gases y tufos»[4], Platón también fruncía el ceño ante la gordura como una prueba tangible de la pereza, del consumo excesivo y de una actitud sumisa similar a la de las bestias. A pesar de esta imaginería, sin embargo, ni en Grecia ni en Roma se vinculaban los cuerpos corpulentos con los «gases y los tufos» o con ninguna otra sustancia abyecta. Para eso tendremos que esperar a la llegada del cristianismo. Por mucho asco que sintieran hacia la gordura, este era habitualmente del tipo «ideológico», algo más cercano al desprecio, centrado en que la persona que engordaba parecía «descender» al nivel de un esclavo, de una mujer o de un animal. Tampoco era principalmente una preocupación estética: la grasa era relevante en Grecia y Roma en parte porque se vinculaba a las ideas sobre el estatus.

3. Sobre el concepto del «escudo del estatus», véase Hochschild, A. R., *The Managed Heart: Commercialization of Human Feeling*, 2ª ed., Berkeley, CA, 2012, p. 163.

4. Platón, *La república*, pp. 127, 182.

A Sócrates se le comparaba a menudo con el rechoncho dios de los bosques, Sileno, aquí representado sosteniendo un *kantharos*, o copa de vino, siglo IV AEC.

Una vez que ya hemos cartografiado parte de las maneras en las que la grasa, la gordura y el engorde se abordaban en la Antigüedad, podemos ahora ocuparnos con más detalle de las percepciones grecorromanas de los cuerpos corpulentos. Empezando con un análisis de cómo los ideales corporales clásicos se complicaron por los problemas físicos y morales de la opulencia, así como de las dispensas otorgadas por el estilo de vida y la profesión, este capítulo explora las maneras en las que las ideas griegas y romanas sobre la «blandura» se construyeron en parte a partir de la angustia suscitada por los encuentros con las culturas asiáticas, que constituirían un contrapunto a los ideales e aspiraciones corporales occidentales durante los siglos siguientes.

Opulencia y afeminamiento

Cuando señalaba su barriga, Sócrates señalaba mucho más que el lugar en el que se digiere la comida. Ni en Grecia ni en Roma se pensaba la tripa como un mero referente anatómico, ni tampoco se asociaban la comida y la bebida únicamente con la nutrición. Desde los tiempos de Homero, los términos griegos *gaster* y *nedus* se referían al estómago, los intestinos, el útero y los genitales. Esto apunta a que la tripa se consideraba en general como la sede del hambre, así como el lugar de las vísceras abdominales y los órganos reproductivos. Sin designar a un órgano específico, *gaster* podía, por lo tanto, apuntar tanto a la idea de glotonería como a una barriga grande[5]. La cultura romana prolongó estas asociaciones, relacionando con frecuencia los cuerpos de las mujeres con la sexualidad y la comida, a menudo con un lenguaje bastante obsceno. Al útero se le llamaba el «vientre» (*uenter*, *aluus*), y mientras que se describía a menudo al «coño» (*cunnus*) como «devorando» a la «polla» (*mentula*), se podía decir de cualquiera de los dos órganos que era «comido» durante la práctica del sexo oral[6]. En la Antigüedad clásica, por lo tanto, el vientre y todo eso a lo que se aludía de manera eufemística como las partes «bajas» estaban íntimamente ligados, ilustrando a la vez lo escurridizo que resultaba distinguir desde el punto de vista anatómico entre el estómago y los genitales y la relación profunda entre el comer y el deseo sexual. Era una creencia muy difundida que un apetito desenfrenado por la comida provocaba también el deseo sexual[7]. Algo que menciona la moral pagana, así como la judía y la cristiana, es que la tripa es donde se localiza esa «íntima y profana trinidad» que comer,

5. Loraux, N., «Herakles: The Super-Male and the Feminine», en *Before Sexuality: The Construction of Erotic Experience in the Ancient Greek World*, Halperin, D. M.; Winkler; J. J.; Zeitlin, F. I. (ed.), Princeton, NJ, 1990, p. 31; Sissa, G., *Greek Virginity*, Goldhammer, A. (trad.), Cambridge, MA, 1990, p. 65.

6. Adams, J. N., *The Latin Sexual Vocabulary*, Baltimore, MD, 1982, pp. 100, 138–41. Muchas gracias a A. Corbeill por su asesoría en la traducción.

7. Miller, W. I., «Gluttony», *Representations*, 60, 1997, p. 95.

beber y la satisfacción sexual representaba en el mundo antiguo[8]. En la medida en que estos «apetitos» estaban entrelazados, la estimulación de uno de ellos se arriesgaba a despertar también al resto.

Si el vientre era el hogar de los apetitos sexuales así como de los alimentarios, la medicina creía que estos se satisfacían mejor con moderación. Lo que los autores hipocráticos señalaban acabaría también por determinar la medicina romana: «La saciedad, el hambre y todo en grado extremo es malo»[9]. Esta moderación debería caracterizar también a las sustancias que conformaban a una persona. En Grecia se clasificaban cuatro fluidos corporales, o «humores», que estaban presentes en todas las personas: la sangre, la flema, la bilis amarilla y la bilis negra. La proporción de los humores en el interior de una determinada persona difería, y cada individuo tenía una «complexión» o una composición humoral en la que predominaba uno de los humores. Una persona cuya complexión estuviera marcada por la predominancia de la flema podía ser de naturaleza más fría, húmeda y gruesa y, por lo tanto, más proclive a la corpulencia. La composición humoral afectaba igualmente al temperamento, por lo que se decía de la persona flemática que tenía una tendencia mayor a la pereza, a la frialdad y a la debilidad que el resto[10]. La acumulación de sustancias susceptibles de causar un «exceso de carne» podía también consistir en un exceso de humores que debían evacuarse en nombre del equilibrio. Más allá de identificar un temperamento flemático, una manera habitual de valorar los cuerpos gordos era haciendo referencia a la «plétora», o la acumulación excesiva de sangre. Otra manera era relacionarlos con lo que se llamaba «hidropesía» (lo que hoy llamamos «edema»), una forma patológica de retención de líquidos en la que los individuos experimentaban una sed insaciable incluso aunque sus tejidos estuvieran en realidad hinchados con el fluido. Esta tendencia a considerar la corpulencia en términos

8. Booth, A., «The Age for Reclining and Its Attendant Perils», en *Dining in a Classical Context*, Slater, W. J. (ed.), Ann Arbor, MI, 1991, p. 105.

9. Hipócrates, *Aforismos*, 2.4, en *Aforismos y pronósticos de Hipócrates*, Carpio, M. (trad.), México, 1823, p. 6.

10. Gilman, S. L., *Fat Boys: A Thin Book*, pp. 35-7.

de fluidos —como un efecto de la perniciosa acumulación de humores dañinos en el cuerpo— se prolongaría aproximadamente durante dos milenios más. Todavía encontraremos a principios del siglo XIX la fusión de la hidropesía con la «obesidad»[11].

Haber nacido con una tendencia hacia la corpulencia no eximía a una persona de tomar medidas para restaurar el equilibrio, lo que tendría como resultado un físico más moderado. Esta persona debía buscar asesoramiento para emprender un estilo de vida diseñado para contrarrestar dichas tendencias, lo que incluía comer alimentos que no produjeran flema y hacer más ejercicio[12]. No conseguirlo podía tener consecuencias lamentables: «Más pronto mueren los obesos por naturaleza que los flacos»[13]. La vigilancia de la dieta y el ejercicio se recomendaban por motivos de salud, pero también en nombre de esa fusión de belleza-y-bondad que en griego se denominaba *kalokagathia*. La *kalokagathia*, que se creía que era especialmente evidente en los cuerpos aristócratas, funcionaba como un marcador de estatus tanto como de belleza, de salud y de moralidad[14]. Hemos visto ya cómo funcionaba este concepto en la fisionomía antigua, que sostenía que el carácter de una persona se podía leer en la silueta y apariencia de su cuerpo. Una gran corpulencia se entendía como fea y, por lo tanto, como una ruptura de este ideal de belleza-y-bondad. Es posible que fuera esta violación de la lógica de la *kalokagathia* lo que provocaba que quienes admiraban a Sócrates sufrieran una decepción porque un alma bella como la suya estuviera encarnada en un físico tan poco impresionante.

Entonces, la gordura extrema, como señal de mala salud que podía conducir a problemas más importantes, podía entenderse como un fracaso estético y moral. Escribiendo en la época romana, Sorano de Éfeso pensaba que el «exceso de carne» (*polysarkia*) era un trastorno que desfiguraba. Tener «una cantidad excesiva y anormal de carne,

11. Vigarello, G., *Las metamorfosis de la gordura*, pp. 29-32.

12. Hill, S. E., *Eating to Excess*, pp. 66–74.

13. Hipócrates, *Aforismos*, 2.44, en *Aforismos y pronósticos de Hipócrates*, p. 11.

14. Weiler, I., «Inverted *Kalokagathia*», en *Representing the Body of the Slave*, Weidemann, T.; Gardner, J. (ed.), Londres, 2002, pp. 11–12.

que abulta con tanta prominencia» no era únicamente algo «feo» o «vergonzoso». Suponía también graves problemas de salud para el paciente, incluyendo sudoración, falta de aliento, aletargamiento y la sensación de «que tu propio cuerpo te ahoga». Sorano comparaba estos cuerpos grandes con los animales domesticados y encerrados en establos, donde se les alimentaba «para que sus cuerpos se volvieran enormes y abultados e hinchados». Así se enfrentaba a los médicos que tranquilizaban a sus pacientes diciéndoles que una gran corpulencia era una señal de salud:

> Sólo hay un tipo de buen hábito corporal, es decir, aquel en el que hay fuerza dentro de una cantidad de carne moderada; y esa es una condición que hay que conservar y no alterar[15].

Estar un poco entrado en carnes, de manera moderada, era algo natural y una prueba de buena salud. El influyente médico Galeno recomendaba una constitución que estuviera «a medio camino entre la delgadez y la corpulencia»[16]. Hemos visto antes que la *polysarkia* se contaba entre las enfermedades causadas por un exceso de sangre en el cuerpo. La medicina antigua razonaba que la sangre se creaba a partir de los alimentos que se ingerían, así que comer de más y no hacer ejercicio implicaban la amenaza de crear más sangre de la que se requiriera para un funcionamiento saludable. No sólo el exceso de sangre generaba numerosas enfermedades, opinaba Galeno, sino que también creaba sensación de pesadez, aletargamiento y dolores en la mente y en el cuerpo. Comer de más podía, por lo tanto, producir un letargo mental. Mientras que el ayuno moderado se consideraba una manera útil de minimizar los efectos inflamatorios de la plétora, una medida

15. Celio Aureliano [Sorano de Éfeso], *On Acute Diseases and On Chronic Diseases*, Drabkin, I. E. (trad.), Chicago, IL, 1950, pp. 992-3. Esta obra, cuyo original en griego se ha perdido, está únicamente disponible en la traducción latina del siglo V que hizo Celio Aureliano,

16. Galeno, *Hygiene*, Sigerist, H. E. (trad.), Springfield, IL, 1951, p. 20.

más eficaz eran las sangrías terapéuticas o flebotomías[17]. Otros tratados corroboran los puntos básicos de Galeno. En su compendio de medicina, Celso también señalaba que el cuerpo más saludable era moderado:

> El cuerpo cuadrado, ni delgado ni gordo, es el más adecuado; porque la altura, aunque en la juventud es grácil, se encoge con la plenitud de la edad; un cuerpo delgado es débil, un cuerpo gordo es torpe[18].

Las personas muy gordas, además, sufren determinados problemas de salud. Están «ahogadas por enfermedades agudas y tienen dificultad para respirar; a menudo mueren repentinamente, algo que pocas veces le ocurre a una persona más delgada». Por eso un hombre «que ha engordado y tiene mejor aspecto y un color más vivo [...] debería mirar con sospecha esas ganancias suyas»[19]. Sin moralizar acerca de quienes comen en exceso, Celso recomendaba diferentes regímenes de salud para que los individuos de diferentes constituciones pudieran cambiar sus estilos de vida y así aproximarse lo más posible a la media:

> Pero, por encima de todas las cosas, todo el mundo debería familiarizarse con la naturaleza de su propio cuerpo, pues algunos son magros, otros obesos [*obessi*]. [...] Por lo que un hombre delgado debería tratar de engordarse, un hombre robusto de adelgazarse[20].

Los autores clásicos también expresaban una preocupación con los cuerpos masculinos bien articulados y fruncían el ceño ante aquellos cuyas articulaciones y tendones no fueran inmediatamente visibles. Esta preocupación la desarrollaron más ampliamente los romanos, cuyo interés en la anatomía empujaba las fantasías sobre la musculatura

17. Kuriyama, S., *Expressiveness*, pp. 206-17.
18. Celso, *De medicina*, Spencer, W. G. (trad.), Cambridge, MA, 1935, vol. I, p. 89.
19. *Ibid.*, p. 97.
20. *Ibid.*, p. 57. Sobre el problema de la excesiva delgadez, véase Nisbet, G., «A Sickness of Discourse: The Vanishing Syndrome of Leptosune», *Greece and Rome*, l/2, 2003, pp. 191-205.

al centro de su cultura. Shigehisa Kuriyama interpreta, en el paso de Homero a Platón, el desarrollo gradual de un concepto de la agencia humana cuyas actividades musculares expresan la volición del alma:

> El auge de la preocupación por los músculos [...] está inseparablemente mezclado con la aparición de una noción concreta de la persona [...]. El interés por la musculatura corporal no se podía desentrañar de una preocupación por la agencia del yo[21].

El tejido graso ablandaba y redondeaba el cuerpo de maneras agradables, pero demasiada grasa hacía disminuir la visibilidad de la articulación de los músculos y podía contribuir a un aspecto «femenino» que contradecía los ideales de la dureza viril. Reflejando el concepto de *kalokagathia*, la ciencia de la fisionomía defendía que una carne excesivamente blanda y fofa podía decir muchas cosas sobre el carácter de una persona. La *Fisionomía* del Pseudo Aristóteles, que ejercería una enorme influencia sobre los análisis romanos y medievales del cuerpo, vinculaba el carácter individual con rasgos corporales como el movimiento, la silueta, el color, la expresión facial, la textura de la piel y la voz. En esa obra nos enteramos de que las marcas del hombre valiente incluyen huesos, costados y extremidades «vigorosos y grandes» y «el vientre plano y ceñido». El exceso de carne, sin embargo, indica estupidez y glotonería, pero también feminidad[22]. La escultura griega se apropió del conocimiento fisionómico sobre la grasa, los músculos y la proporción, como una forma de representar el modo en que la excelencia humana se manifestaba en los rasgos exteriores del cuerpo masculino. Este conocimiento quedó así tallado en piedra. Pero más que representar un ideal inalcanzable, la escultura en cambio buscaba captar lo universal y general, por lo tanto una instantánea del «hombre común» tal y como se le percibía en su época[23].

21. Kuriyama, S., *Expressiveness*, pp. 144, 146.
22. Pseudo Aristóteles, *Fisionomía*, p.50; Kuriyama, *Expressiveness*, p. 134.
23. Stewart, A., *Greek Sculpture: An Exploration*, New Haven, CT, 1990, vol. I, pp. 75-6.

Como cualquier otra cosa en el mundo, sin embargo, el Hombre común estuvo sujeto a cambios a lo largo del tiempo. En el siglo V AEC, esa perfecta fusión de cuerpo y mente que se había fomentado desde los tiempos más antiguos, había perdido el aprecio de la elite ateniense. La vida atlética ya no era un vehículo que condujera al ese equilibrio que recomendaban la mayoría de los médicos y Platón desaconsejaba dedicarse tanto al cuerpo sin prestar a la mente una atención semejante. Entre los atletas, hemos visto que los boxeadores eran famosos por ser especialmente deformes y gordos. Cuando se les representaba en las cerámicas solían aparecer con barriga y gruesos muslos. La presencia del pasado, al menos tal y como se imaginaba de forma nostálgica, jugaba también un papel en la manera en la que se concebía la gordura. Aunque es posible que en la vida cotidiana fuera una visión infrecuente, aun así se citaba la excesiva corpulencia como prueba de cómo la sociedad contemporánea se había apartado de los ideales antiguos. De esta manera, la gordura podía ser blanco de ridículo en las comedias griegas, donde los cuerpos gordos eran material para la sátira política dirigida contra los avariciosos y perezosos[24]. Siempre a la búsqueda de nuevo material, el comediógrafo Aristófanes lamentaba la laxitud moral y física que observaba en la juventud. Cuando su personaje Esquilo, en *Las ranas*, se queja de que hoy «nadie se ejercita», el dios Dioniso está de acuerdo:

> Seguro que no, por Zeus. Como que me sequé de risa en las Panateneas, cuando cierto individuo lento corría agachando la cabeza, pálido, bebido, perdiendo terreno y pasándolo fatal; y luego los del Cerámico, que estaban en las puertas, le daban golpes en la barriga, en el pecho, en los costados y en el culo, y él, ante esa lluvia de golpes, se tiró un pedo, con cuyo soplido apagó su antorcha, y se escapó[25].

24. Wilkins, J., *The Boastful Chef*, p. 27.

25. Aristófanes, *Las ranas*, en *Comedias III*, Macía Aparicio, L. M. (trad.), Gredos, 2007, p. 289; Bergdolt, K., *Wellbeing: A Cultural History of Healthy Living*, Dewhurst, J. (trad.), Cambridge, 2008, pp. 16, 35.

La supuesta decadencia de un ideal aún más antiguo era algo que se comentaba en otros lugares. Una vasija de principios del siglo v AEC describe a un varón gordo en la *palaestra*, tal vez avergonzado de su cuerpo, discutiendo con un joven esbelto mientras otros tipos más atléticos se ejercitan con la jabalina y los discos[26]. Aunque la corpulencia no fuera el signo corporal de blandura más habitual, estaba disponible para su escrutinio por parte de quienes criticaban el estado actual de los cuerpos.

Así pues, estableciendo un patrón que se repetiría durante los dos milenios siguientes, los griegos describían el estado actual de sus cuerpos como inferior al que se tenía en épocas anteriores. La opulencia (*tryphē*) era la causa más citada para esta decadencia, y el problema normalmente se rastreaba hasta el vientre. Comer en exceso o con demasiados refinamientos se consideraba la prueba más clara de que la población «moderna» había degenerado desde los tiempos antiguos, más duros. A Platón le preocupaban especialmente estas cosas y percibía problemas tanto físicos como morales en la proliferación de la grasa y en la atrofia del tejido muscular. Los panaderos, bodegueros y autores de libros de cocina, «llenando y engordando los cuerpos de la gente y recibiendo las alabanzas de ellos, terminarán por hacerles perder incluso sus antiguas carnes»[27]. La cultura romana, que se basaba en muchos ideales y ansiedades griegas y que los amplificó, también argumentaba que, en la época presente, el vicio y la lujuria campaban por sus respetos. Las cenas (*convivia*) eran en Roma lo que las fiestas de la bebida habían sido en la Atenas clásica, y se ha comentado con frecuencia el mayor énfasis (hay quien dice que excesivo) que en Roma se ponía en la comida. Los autores de sátiras solían contrastar las virtudes de la sencilla vida rural —que, como la mayoría de sus contemporáneos, creían que caracterizaba el pasado romano— y se burlaban de los gustos refinados y extravagantes de los gastrónomos y golosos que vertían toda su atención en el dinero y la comida. La afirmación del filósofo Epicuro de que «el inicio y la raíz de todo bien es el placer del estómago» se malinterpretaba muchas veces

26. Clark, K., *The Nude: A Study in Ideal Form*, Princeton, NJ, 1956, pp. 23-4.
27. Platón, *Gorgias*, en *Diálogos II*, Calonge, J. (trad.), Gredos, 1992, p. 133.

como un respaldo a los banquetes opulentos, incluso aunque el pensador prescribiera de manera explícita la virtud y la moderación. Contribuían a esto los rumores de que el propio Epicuro se solazaba en escapadas sensuales que iban desde la mesa al dormitorio[28]. En la cultura popular, los animales podían emplearse para describir el problema de los excesos golosos. Antes de que la escena se repitiera en la historia de Esopo de la comadreja en el granero —y de que, siglos más tarde, la repitiera Winnie the Pooh— una fábula romana contaba que un zorro, al descubrir el almacén de comida de un rebaño de cabras, escondido en el hueco de un árbol, comió y comió hasta engordar tanto que no pudo volver a salir[29].

Cerámica de figuras roja, de Fidipo, que muestra (en su borde externo) una secuencia de atletas de contrastadas formas corporales, c. 500 AEC.

La filosofía estoica que predominaba durante los últimos años de la República y en los primeros años del Imperio miraba con desdén este epicureísmo. Para la doctrina estoica, vivir para el vientre propio tenía implicaciones de egoísmo y no de virtud cívica y señalaba que

28. Hudson, N. A., «Food in Roman Satire», en *Satire and Society in Ancient Rome*, Braund, S. H. (ed.), Exeter, 1989, p. 86; Sandnes, K. O., *Belly and Body in the Pauline Epistles*, Cambridge, 2002, pp. 63-4; Hill S. E., *Eating to Excess*, pp. 81-102.

29. Morgan, T., *Popular Morality in the Early Roman Empire*, Cambridge, 2007, p. 73.

quienes se comportaban de esa manera no serían de ninguna utilidad para la comunidad en los momentos de necesidad. Los apetitos desenfrenados, por lo tanto, amenazaban con convertir a las personas en malos ciudadanos[30]. Esto era tanto una cuestión de fibra moral como de capacidad física. Ante los excesos culinarios, que tanta atención recibieron en el mundo grecorromano, no era raro ver cómo se alababa a Esparta por su famoso enfoque estricto ante los placeres sensuales. Según Plutarco, la mayor innovación del estadista espartano Licurgo fue la creación de mesas comunales en las que los hombres libres cenaban juntos en lugar de hacerlo en la soledad de sus hogares. Reflexionando sobre los vicios de su propia época, Plutarco admira el hecho de que la opulencia no pudiera hacer acto de presencia en cuerpos a los que se les impedía estar:

> reclinados en literas y ante mesas lujosas, como animales adéfagos, engordados en la sombra a manos de demiurgos y cocineros y echando a perder junto con sus costumbres también sus cuerpos, abandonados así a toda clase de apetitos y excesos que exigen largos sueños, baños calientes, mucha tranquilidad y, en cierto modo, una enfermedad diaria[31].

Parece que Plutarco admiraba también al general tebano Epaminondas, que derrotó a los espartanos pero que compartía su desprecio por los soldados gordos. De Epaminondas se dice que incluso expulsó a uno de esos soldados del ejército, afirmando con sarcasmo que «tres o cuatro escudos apenas le cubrirían el vientre a causa del cual no había visto sus partes»[32]. Como no parece probable que Epaminondas estuviera hablando de sus piernas y sus pies, mediante este eclipse

30. Sandnes, K. O., *Belly and Body*, pp. 149-50.

31. Plutarco, «Licurgo», en *Vidas paralelas I*, Pérez Jiménez, A. (trad.), Gredos, 1985, p. 296.

32. Plutarco, *Moralia III*, p. 84.

visual «de sus partes» el vientre ofrece un comentario mordaz sobre la virilidad de los soldados gordos.

La admiración de Epaminondas por el rigor espartano revela un motivo recurrente en la obra de los moralistas antiguos. Lo que los estudios clasicistas a veces denominan «el espejismo espartano» ha sido una fuente de fascinación a lo largo de toda la historia occidental, siendo una parte no pequeña de esa fascinación la intolerancia que en Esparta se mostraba ante la blandura corruptora[33]. Fue en parte por esta razón por la que Esparta se convirtió en «el modelo del utopismo de Platón y Aristóteles», así como en el de muchos otros autores morales a lo largo de los siglos[34]. Esparta, o al menos las cosas que se decían de sus guerreros, jugó un papel importante a la hora de conformar las ideas clásicas sobre la opulencia y la gordura. La tradición afirmaba que en Esparta se celebraban concursos de belleza para alabar a los hombres y mujeres más atractivos de su sociedad[35], pero que, a diferencia de Atenas, también se penalizaba a quienes se apartaban demasiado del ideal. Las anécdotas sobre el trato que recibían los hombres gordos en Esparta circulaban ampliamente. Ateneo escribía que cada diez días se les requería a los varones jóvenes presentarse desnudos ante los magistrados, que examinaban su físico en busca de señales de afeminamiento y vaguería, señales que incluían tener «barrigón». Relata entonces la historia de un magistrado, Nauclides, hijo de Polibíades, al que llevaron ante la Asamblea porque «se había puesto obeso por voluptuosidad». Después de ser sometido al escarnio público, a Nauclides

33. Ollier, F., *Le Mirage spartiate*: Étude *sur l'idéalisation de Sparte dans l'antiquité grecque de l'origine jusqu'aux cyniques*, París, 1933.

34. Gilchrest, E. J., *Revelation 21-22 in Light of Jewish and GrecoRoman Utopianism*, Leiden, 2013, p. 15. La idea misma de «un pueblo cuya respuesta a los estímulos fuera totalmente opuesta a lo que la naturaleza humana parecería dictarle» ha cautivado la imaginación occidental. Pomeroy, S. B. et al., *Ancient Greece*: *A Political, Social, and Cultural History*, Oxford, 1999, p. 157.

35. Hawley, R., «The Dynamics of Beauty in Classical Greece», en *Changing Bodies, Changing Meanings*: *Studies on the Human Body in Antiquity*, Montserrat, D. (ed.), Londres, 1998, p. 39.

se le amenazó con el destierro si no reformaba su modo de vida[36]. La población esclava de los ilotas supuestamente lo tenía mucho peor. Si engordaban demasiado se les podía matar y se castigaba a sus amos por permitir que eso ocurriera[37].

Aunque Esparta proporcionaba uno de los más tempranos modelos de una utopía corporal, uno que sería invocado en Occidente hasta el día de hoy, no era la idea que tenía la mayoría de la gente de un mundo perfecto. Se abrazaban los relatos de la austeridad espartana, pero en la vida romana las consecuencias sociales de los cuerpos gordos y fofos eran más complejas. A pesar de las connotaciones negativas de la carnosidad y de la suposición implícita de que una persona gorda podía ser también moralmente laxa, no hay apenas pruebas de que los pantagruélicos banquetes de los patricios romanos fueran siquiera condenados como una inmersión detestable en la *luxuria*. Solo se conservan informes de un caso de un censor que afrentó a un soldado de caballería por tener un sobrepeso que le impedía cumplir con sus deberes a caballo. Además de ser algo inusual para un censor, ninguno de los términos latinos que describen estar entrado en carnes parece invitar a la deshonra política. *Pinguis* describe un grado de corpulencia que se consideraba una prueba de prosperidad e incluso de salud, mientras que *obesus*, que se empleaba para las personas muy gordas, se consideraba un problema de salud más que una falla moral. El término más fuerte, *crassus*, con sus connotaciones de torpeza y estupidez, sin embargo, no era necesariamente peyorativo cuando se observaba entre las elites. Conocido por su desprecio de la opulencia y su tendencia a destacar los defectos físicos de sus oponentes, ni siquiera la lengua afilada de Cicerón explotaba la corpulencia en sus mordaces críticas de sus oponentes políticos. Más bien, como muchos romanos, se diría que había aceptado la gordura patricia como una prueba de estatus y riqueza. La relativa inmunidad de la que gozaban la mayoría de los

36. Ateneo, *El banquete de los eruditos*, libro XII, p. 201.

37. Cartledge, P., *Sparta and Lakonia: A Regional History, 1300-362 bc*, 2ª ed., Londres, 2002, p. 305.

nobles gordos frente a un ridículo que podía dañarlos políticamente muestra cómo la teoría griega no consiguió instruir la práctica romana[38]. Puede ser que aquí también el estatus protegiera a los patricios de la tipificación que sí se habría aplicado a otros.

Hay otros lugares en los que las ideas helénicas no consiguieron hacer tambalear las costumbres romanas. Los ideales atléticos griegos apenas penetraron en Roma, donde la medicina se interesaba más en ajustar los regímenes saludables a las necesidades individuales según el sexo, la edad, la clase y la profesión. No solamente el ejercicio atlético se consideraba poco propio de caballeros, sino que la mayoría entendía que los diversos cargos públicos que se les exigía ejercer a las elites dejaban a estas con poco tiempo para hacer ejercicio regularmente, ni siquiera para dormir las horas necesarias[39]. No obstante, aunque un vientre prominente podía funcionar como señal de buena vida —y esto a pesar de las advertencias médicas sobre los problemas de salud que producía un peso excesivo— seguía siendo un rasgo ambiguo que podía ser causa de ridículo dependiendo del estatus de la persona y de cómo se comportara esta en público. El tono moralizador de los oradores acerca de las trampas de la opulencia sin duda generaba respuestas complicadas entre las elites: «A los romanos les gustaba catalogar los variadísimos lujos que les trajo el Imperio, incluso aunque se castigaban a sí mismos o a otros por codiciarlos»[40]. Las investigaciones en la tradición retratista aristocrática apunta a que, desde al menos el final de la época republicana, la corpulencia era un rasgo personal que podía ser destacado e incluso exagerado para subrayar la personalidad de un individuo. Esta «respetable tradición de la minoría» podía incluso

38. Corbeill, A., *Controlling Laughter: Political Humor in the Late Roman Republic*, Princeton, NJ, 1996, pp. 139-43.

39. Rousselle, A., *Porneia: On Desire and the Body in Antiquity*, Pheasant, F. (trad.), Oxford, 1988, p. 8.

40. Dalby, A., *Empire of Pleasures: Luxuries and Indulgence in the Roman World*, Nueva York, 2000, p. 266; Schneider, R. M., «Image and Empire: The Shaping of Augustan Rome», en *Conceiving the Empire: China and Rome Compared*, Mutschler, F. H.; Mittag, A. (ed.), Oxford, 2008, p. 285.

aumentar las carnes del retratado para dar a entender fuerza, energía y poder[41]. Poniendo así las bases para un patrón que se prolongaría durante la Edad Media y, en cierto sentido, más allá, un líder que estuviera en cierta medida gordo podía concitar el aprecio de su pueblo siempre que siguiera demostrando energía y capacidad de trabajo. Si su corpulencia le impedía llevar una vida pública activa y asertiva, su gordura podía fácilmente metamorfosearse en un síntoma de blandura afeminada[42]. La gordura era capaz de evocar tanto un poder monumental como una blandura corruptora.

¿Cómo encajaban las mujeres dentro de estos esquemas de representación? La respuesta es complicada, especialmente si nos centramos en el mundo helénico en general. El antiguo Egipto, por ejemplo, mostraba una noción de la grasa con bastantes conflictos. Aunque el arte predinástico en torno al año 3000 AEC a menudo representaba mujeres rollizas, esta preferencia quedó eclipsada por la idealización artística de una juventud esbelta que duró más de 2000 años. Las descripciones de las mujeres en el arte egipcio a menudo enfatizaban su sexualidad y estaban aparentemente destinadas a la mirada masculina. Mientras que «las mujeres deben ser jóvenes, bien formadas y carentes de los estragos y las realidades de los partos», los cuerpos masculinos también se representaban idealizados, con miembros «musculosos y con unos bíceps [...] que se señalaban por un bulto prominente en la parte superior del brazo»[43]. Las excavaciones arqueológicas han revelado hasta qué punto esa fantasía de la belleza física podía desviarse de la realidad. Mientras que en el arte se representaba habitualmente a los faraones con físicos jóvenes y vigorosos, las momias de varios gobernantes (como Amenofis III y Ramsés III) han revelado grandes pliegues de piel que apuntan a que estaban bastante gordos cuando murieron. De hecho, el

41. Smith, R. R. R., «The Public Image of Licinius I: Portrait Sculpture and Imperial Ideology in the Early Fourth Century», *Journal of Roman Studies*, LXXXVI, 1997, pp. 191-2.

42. Phang, S. E., *Roman Military Service*, pp. 264-6.

43. Meskell, L. M.; Joyce, R. A., *Embodied Lives: Figuring Ancient Maya and Egyptian Experience*, Nueva York, 2003, p. 53.

recién descubierto cuerpo de la faraona Hatshepsut se ha descrito como habiendo sido «increíblemente obeso» en vida[44].

A pesar de lo que podríamos denominar un desprecio «oficial» por la grasa, otras importantes personalidades egipcias eran representadas en términos más «realistas» en el arte que adornaba sus tumbas, a veces con lorzas de carne, barrigas prominentes y pechos colgantes. Esta aparente desviación del ideal faraónico puede haberse correspondido con una descripción canónica de importantes varones egipcios que podrían haber disfrutado de la prosperidad sin necesidad de hacer ejercicio físico. Pero a pesar de esta relajación de las expectativas físicas para los varones de la elite, así como de la corpulencia real que a veces apuntan sus restos mortales, las esposas de los hombres importantes seguían siendo descritas en el arte funerario como altas, esbeltas y hermosas[45]. Esta información esquemática puede señalar que la corpulencia se consideraba indigna de quienes se creía que eran divinos (como lo eran los faraones) pero que era una forma más o menos aceptable de apariencia para los varones poderosos y ricos.

Aunque las mujeres griegas y romanas no recibieron mucha atención artística, también se las podía juzgar por su apariencia. Entre los rasgos físicos que se consideraban atractivos en una mujer romana estaban los pechos firmes, las caderas redondeadas y un estómago plano[46]. Si hacemos caso al poeta cómico Terencio, en el siglo II AEC a las mujeres se les animaba a estar muy delgadas y, si alguna mostraba la más ligera tendencia a rellenarse, se le podía preguntar en broma si estaba entrenando para boxeadora[47]. Las cosas no cambiaron demasiado

44. Hawass, Z., «The Search for Hatshepsut and the Discovery of Her Mummy», www.guardians.net, junio de 2007.

45. Nunn, J. F., *Ancient Egyptian Medicine*, Norman, OK, 2002, p. 82; Alcock, J. P., *Food in the Ancient World*, Westport, CT, 2006, p. 232; Weeks, K. R., «The *Anatomical* Knowledge of the *Ancient Egyptians* and the Representation of the Human Figure in Egyptian Art», tesis doctoral, Yale University, 1970.

46. Dalby, A., *Empire*, p. 263.

47. Véase Terencio, *El eunuco*, en *Comedias*, p. 310. En esta obra, Quéreas describe a su novia de dieciséis años como poseedora de un cuerpo «macizo y lleno de jugo».

en los tiempos del Imperio. Un personaje en uno de los epigramas satíricos de Marcial era explícito en este punto:

> No quiero, Flaco, tener una amante esquelética, a cuyos brazos puedan abarcar mis anillos, que arañe con su rabadilla a flor de piel y pinche con sus rodillas, a la que le sobresale una sierra en el torso, un punzón en el culo. Pero tampoco quiero una amante de mil libras de peso. Yo trajino con carnes, no trajino con grasas [*carnarius sum, pinguiarius non sum*][48].

Como solía ocurrir, los ideales de belleza estaban íntimamente ligados con las ideas sobre la salud y la moralidad. El consejo médico griego para las mujeres recomendaba vigilar la dieta y hacer ejercicio, así como evitar los baños calientes, para que no engordaran demasiado. Rufo de Éfeso pedía a las madres que monitorizaran a sus hijas para detectar señales de «plétora» o ganancia de peso. A las mujeres embarazadas se les advertía especialmente de que no subieran mucho de peso, para que no se volvieran, como escribía Sorano, pletóricas a la vez que «gordas y mal proporcionadas». A partir de las ideas de que el coito era una actividad que generaba un calor capaz de «fundir» la grasa y de que el exceso de carne era el resultado, hasta cierto punto, de la acumulación de humores, Sorano decía también que los coitos frecuentes y enérgicos eran un método ideal para que las mujeres conservaran la silueta. Era la falta de sexo lo que podía causar un aumento de peso, así como problemas menstruales[49]. Como ya hemos visto, los cuerpos femeninos, húmedos y menos activos, se consideraban más proclives a sucumbir a la blandura y el exceso de carne. Entre los varones, estas características se interpretaban a menudo como señales de vicio y afeminamiento, perturbadores fenómenos cuyas fuentes aparentes pueden cartografiarse al otro lado de la cuenca mediterránea.

48. Marcial, *Epigramas*, libro XI, e. 100, p. 268.
49. Rousselle, A., *Porneia*, pp. 35-6, 42, 44; *Soranus' Gynecology*, p. 29.

La geografía de la blandura

Las percepciones clásicas de la «blandura» eran relacionales y se basaban mucho en las creencias mediante las que Grecia y Roma se medían con otros pueblos del Mediterráneo y más allá. Grecia era especialmente sensible ante las cosas a las que se dedicaban las culturas vecinas. Percibían la profana trinidad de la comida, la bebida y el sexo a su alrededor, por todas partes, desde los sibaritas y sicilianos del sur de Italia, con sus famosos pasteles y recetarios, hasta los sirios, lidios y persas hacia Oriente. Imaginándose como una isla de virtud en mitad de un mar de corrupción física y moral, Grecia adoraba contarse cuentos acerca de la opulencia «afeminada» de otros pueblos de la región. La escandalizaba especialmente la «decadente» costumbre persa de regalar a sus gobernantes los alimentos y bebidas más deliciosos, refinados y costosos, procedentes de todo el imperio[50], y a menudo describían al ejército persa como rollizo, vago y regodeándose en la opulencia[51].

La blandura física y moral eran por lo tanto rasgos fundamentales en la manera en la que se percibía la diferencia cultural en Grecia. Buena parte de esto se explicaba haciendo referencia al medioambiente. En *Sobre los aires, aguas, lugares*, la medicina hipocrática defendía que «en general, el aspecto y las costumbres de los hombres se acomodan a la naturaleza del país». Con estas premisas medioambientales y climáticas en mente, Grecia juzgaba al pueblo escita, el antiguo pueblo nómada de Eurasia Central. Como residía en un medio frío, húmero y ventoso durante buena parte del año, el pueblo escita no experimentaba unas variaciones estacionales grandes, lo que le hubiera requerido desarrollar estrategias de resistencia.

> Pues no es posible que ni el cuerpo ni el espíritu soporten las fatigas, donde los cambios de las estaciones no son violentos. Por estos moti-

50. Sancisi-Weerenburg, H., «Persian Food: Stereotypes and Political Identity», en *Food in Antiquity*, Wilkins, J.; Harvey, D.; Dobson, M. (ed.), Exeter, 1995, p. 298.

51. Stewart, A., *Faces of Power: Alexander's Image and Hellenistic Politics*, Berkeley, CA, 1993, pp. 143-4.

vos, su aspecto físico es grueso, carnoso, sin articulaciones aparentes, húmedo y flojo [...], a consecuencia de su grasa y su cuerpo sin pelo, se parecen entre sí los varones con los varones, y las mujeres con las mujeres[52].

El típico hombre escita no se acercaba ni de lejos al ideal griego. No solamente carecía de la fuerza para lanzar la jabalina o para tensar adecuadamente un arco, sino que la fofa humedad de su cuerpo, cuando se combinaba con los efectos de estar siempre cabalgando, contribuía bastante a disminuir sus ardores sexuales. Se veía así reducido a una vida de impotencia y a lo que en Grecia se habría considerado un trabajo de mujeres. Incluso si los varones escitas pudieran ser obligados a intentar el coito, los cuerpos de las mujeres planteaban obstáculos por su parte: «La entrada de la matriz está cerrada como resultado de la grasa y no recibe el semen. Las mujeres son indolentes y gordas, y su vientre es frío y blando»[53].

La explicación hipocrática a por qué el pueblo escita difería del griego reflejaba los conceptos antiguos sobre la variación humana. La cultura y el medioambiente jugaban un papel más importante que las cualidades innatas e inmutables que más tarde se asociarían al concepto de «raza». Los cuerpos escitas entrados en carnes proporcionaban una prueba de esa misma *falta de articulación* que se atribuiría de manera tan general a la forma de hablar de los pueblos «bárbaros». Cuando los griegos entablaron conocimiento con otros pueblos asiáticos, a menudo veían en ellos réplicas de los escitas, cuyos físicos orondos y poco diferenciados eran una prueba de su personalidad blanda, fofa y cobarde[54].

Aunque buena parte de estas distinciones categoriales antiguas tenían un sesgo de género, estaban igualmente influidas por la potente retórica de la sumisión y de la servidumbre, ya fuera ante otra persona

52. Hipócrates, *Tratados hipocráticos* II, p. 77.
53. *Ibid.*, p. 79.
54. Kuriyama, S., *Expressiveness*, pp. 137, 142.

o ante los apetitos propios. Esto se puede encontrar en el núcleo del concepto aristotélico de esclavitud «natural», especialmente en las personas que procedían de sociedades no griegas, a las que se les consideraba personas cuyos deseos no se sometían a la razón práctica o a la deliberación. Formadas de esta manera por obra de los efectos del clima, eran incapaces de albergar la virtud que conduce a la buena vida y al florecimiento humano[55]. Las personas efectivamente esclavizadas se asociaban casi siempre con una cualidad física en bruto, con el trabajo manual y, por encima de todo, con las pasiones desatadas, que Aristóteles describía como aquella parte de la persona que más necesita dominarse. Tan persuasiva era esta equiparación de la esclavitud humana con la pura materia en el mundo helenístico que era habitual que a una persona esclava se la denominara sencillamente *soma*, es decir, «cuerpo»[56].

La *kalokagathia*, aquella noble fusión de belleza, salud y moralidad, se invocaba a menudo para mostrar simplemente lo rudos y vulgares que eran los cuerpos esclavos o, al menos, su apariencia. Los cuerpos esclavos eran objeto de mofa frecuente por su carencia de belleza y a los varones esclavizados se les solía retratar como deformes, feos y lampiños, con nalgas prominentes. La barriga era también un rasgo común asociado a los cuerpos esclavos. Incluso aunque podamos entender este rasgo como un resultado de la malnutrición en lugar de la buena vida, los vientres hinchados representaban una comprensible (y, para las elites, risible) obsesión con la comida[57]. Pero también era un defecto estético que provocaba hilaridad. Para divertir a los invitados, o para halagar su sentido de la superioridad, los bailarines esclavos y otros artistas que participaban en los sim-

55. Heath, M., «Aristotle on Natural Slavery», *Phronesis*, LIII, 2008, pp. 243-70.

56. Véase Montserrat, D., *Sex and Society in GraecoRoman Egypt*, Nueva York, 1996, p. 56; Glancy, J. A., *Slavery in Early Christianity*, Oxford, 2002, p. 10.

57. Cambiano, G., «Aristotle and the Anonymous Opponents of Slavery», en *Classical Slavery*, Finley, M. I. (ed.), Londres, 1987, p. 27.

posios a menudo subrayaban (o, mediante acolchados, exageraban deliberadamente) la desviación de su físico de los ideales clásicos[58].

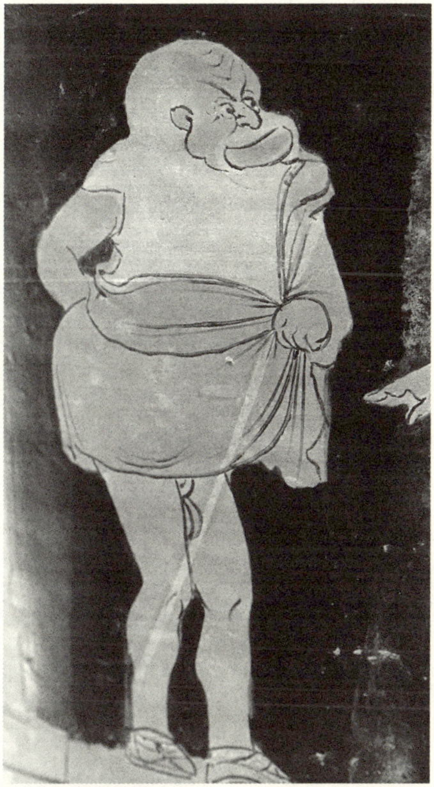

La barriga se asociaba habitualmente con los cuerpos esclavos, que a menudo eran objeto de mofa por su carencia de belleza. A los varones esclavizados se los solía representar como deformados, feos y lampiños, con nalgas prominentes. Algunos de ellos tenían que salir a representar a los simposios o, como en el caso de la imagen, al teatro. Esclavo vistiendo una túnica corta, en un cáliz de cerámica de figura roja siciliana, c. 350-340 AEC.

Esas barrigas evidentemente no estaban «gordas» de la misma manera que lo estaban otras forradas con tejido adiposo o hinchadas por el aire o los fluidos pero, en cualquier caso, señalaban una desviación de los criterios estéticos, así como una atención preferente a los apetitos. Se dice que

58. Fehr, B., «Entertainers at the *Symposion*: The *akletoi* in the Archaic Period», en *Sympotica: A Symposium on the Symposion*, Murray, O. (ed.), Oxford, 1990, pp. 185-95.

Esopo, el famoso autor de fábulas, había sido esclavo. Su biógrafo de la antigüedad lo describe como «una ruina manifiesta» debido a su vientre hinchado, su cabeza deforme, nariz aplastada y labios delgados. Casi de la misma manera que a Sócrates, a Esopo se le alababa la belleza y la sabiduría de sus ideas con plena conciencia de hasta qué punto la noble mente del fabulista contrastaba con su físico decepcionante[59].

Esta mujer, probablemente también una actriz esclava, teatralizaba la corpulencia como una desviación de los ideales estéticos griegos. Tipo teatral: mujer gorda. Terracota de Cirenaica, fabricada en Ática (¿), c. 350–320 AEC.

En su voluntad de emplear la diferencia física como una manera de diferenciarse de otros pueblos, el pueblo griego detectaba una especie de «*kalokagathia* inversa» entre las personas extranjeras, no ciudadanas

59. *Vida de Esopo, en Fábulas de Esopo, Vida de Esopo, Fábulas de Babrio,* Bádenas de la Peña, P. (trad.), Gredos, 1978, p. 189; Weiler, I. «Inverted *Kalokagathia*», p. 16.

y socialmente marginadas[60]. En Roma también se llamaba la atención hacia las diferencias físicas como una manera de justificar los hábitos sorprendentes de los pueblos vecinos, ya fueran los asentados al otro lado del Mediterráneo o simplemente los que compartían la península italiana. Cuando, hacia finales de la República, Roma se fijó en su vecino del norte, el pueblo etrusco, señaló que sus sarcófagos y sus urnas para las cenizas a menudo incluían estatuas de sus ocupantes (y a veces de sus esposas) reclinados en un banquete, muchas veces exhibiendo con orgullo las fofas barrigas de los varones[61]. Estos espectáculos de blanda opulencia instigaron a Catulo a ridiculizar a «un grueso umbro o un obeso etrusco»[62], aunque muchos romanos habían colocado unas figuras igualmente rollizas en sus propios sarcófagos. La opinión pésima que en Roma se tenía sobre el resto de culturas realzaba su propio sentido de la virtud y del autocontrol.

Las diferencias físicas apuntaban a los rasgos invisibles de la moralidad y el carácter y esto ocurría especialmente en los casos en los que desde Roma se reflexionaba sobre los pueblos asiáticos. Incluso algo tan aparentemente directo como la oratoria podía denotar diferencias físicas y morales en las diferentes culturas. En teoría, al menos, se esperaba que los oradores poseyeran destrezas físicas y verbales carentes del exceso y la blandura asociada con las culturas asiáticas. El retórico Quintiliano, de inclinaciones estoicas, afirmaba que para ser orador se requería:

> la robustez del cuerpo, para que nuestra voz no se adelgace como la de los capones, mujeres y enfermos, para lo cual sirve de mucho el paseo, el uso del baño, la continencia y la fácil digestión de la comida; esto es, la frugalidad[63].

60. Weiler, I., «Inverted *Kalokagathia*», p. 14.

61. Clark, K., *The Nude*, p. 10, fig. 7: Tumba etrusca. Il Obeso. Tarquinia. Véase también *Treasures from Tuscany: The Etruscan Legacy*, Edimburgo, 2004, pp. 129, 134-5.

62. Catulo decía «*pinguis Umber et obesus Etruscus*», en *Poemas*, Soler Ruiz, A. (trad.), Gredos, 1993, p. 101.

63. Quintiliano, *Instituciones oratorias*, vol. II, libro XI, Rodríguez, I.; Sandier, P. (trad.), Madrid, 1916, p. 255.

La cualidad de la voz surgía por lo tanto de manera natural a partir del estado físico del cuerpo. Cuando los romanos debatían sobre los diferentes estilos oratorios, especialmente sobre los que se podían remontar a Atenas más que a Asia, solían calificar a estos últimos como decadentes, opulentos y afeminados. Cuando Quintiliano analiza los estilos discursivos ático y asiático en *Instituciones oratorias*, su descripción de las diferencias evoca el contraste de los estados corporales:

> porque los atenienses, aunque limados, pero de pocas palabras, no podían sufrir cosa alguna superflua o redundante; y los asiáticos, gente por otra parte de más orgullo y jactancia, se dejaron llevar de la vanagloria de un estilo más hinchado[64].

La retórica asiática necesitaría un control y una dieta eficaz si es que quería aproximarse a la musculosa virilidad de la oratoria romana. En cierto sentido, por lo tanto, el libro de Quintiliano funcionaba como una especie de guía para ponerse en forma verbal.

Si la retórica asiática estaba supuestamente «hinchada», se pensaba que sus cuerpos aún lo estaban más. O al menos eso dan a entender los relatos acerca de los monarcas asiáticos. Ya hemos conocido a Dioniso de Heraclea, tirano de una ciudad-Estado de Asia Menor, cuya glotonería y opulencia habitual hicieron que ganara tanto peso que le costaba respirar y no digamos ya moverse. Pero se contaban otras historias de más tiranos gordos. Ateneo nos regala este llamativo retrato de Ptolomeo VII de Egipto: «Por voluptuosidad tenía el cuerpo destrozado debido a la obesidad y a las dimensiones de su barriga, que resultaba ser apenas abarcable»[65]. Para empeorar aún más las cosas, su túnica era diáfana, así que todo el mundo podía mirar lo que había bajo ella, una extravagancia que en Roma inmediatamente se habría entendido como «afeminada». Por estas razones, en Alejandría se referían a su rey como «Physcon» (barriga o vejiga), lo que era un elogio en una dinastía para

64. *Ibid.*, p. 339-40.
65. Ateneo, *El banquete de los eruditos*, libros XI-XIII, p. 200.

quien las exhibiciones lujosas de riqueza, abundancia y exceso eran una estrategia cuidadosamente orquestada de propaganda política[66].

Aún más fascinantes eran aquellos tiranos a los que la gordura había realmente incapacitado. Como su predecesor, el hijo de Ptolomeo VII, Alejandro, «a la obesidad se abandonó también», y se dice de él que estaba tan gordo que no podía dar un paseo tranquilo «si no caminaba sosteniéndose en dos personas». Como suele ser el caso en su vivaz escritura, las palabras de Ateneo estaban minuciosamente escogidas. Engordar hasta el punto de la incapacitación significaba impotencia ante los propios apetitos. Una subordinación así solo podía denominarse «abandono» o rendición, excepto que aquí había sido la propia gordura la que había conquistado y desarmado al rey. Peor, quizás, fue el destino del opulento rey Magas de Cirene. Aquí se trata de un gobernante que «se volvió extraordinariamente gordo en la fase final de su vida por sus acumulaciones de grasa, y murió asfixiado por la obesidad, debido a la inactividad física y a que se llevaba a la boca una cantidad de comida enorme»[67]. Además de sus capacidades de aislamiento, la grasa parece poder ejercer una especie de agencia propia, «ahogando» a quienes «se rinden» porque carecen de la capacidad de superar su «adicción a la opulencia». Diseñados para que los lectores se horrorizaran ante los casos extremos que se podían encontrar en los pueblos asiáticos, estos relatos funcionaban como advertencias para quienes pudieran sucumbir a vicios semejantes. En el caso de los cuerpos de la elite, hinchados por la vida opulenta, la gordura era un recordatorio de cómo los ideales y las prácticas de otros pueblos podrían acabar por ablandar a la propia Roma.

«Un vientre sin orejas»

Es posible que la cultura helenística experimentara desdén ante los supuestos excesos de otras culturas, pero el problema de la opulencia y

66. Alger, S. L., «The Power of Excess: Royal Incest and the Ptolemaic Dynasty», *Anthropologica*, XLVIII/2, 2006, p. 177.

67. Ateneo, *El banquete de los eruditos*, libros XI-XIII, p. 201.

de la vida regalada no era un asunto ajeno. No lo era, en concreto, porque buena parte de la exuberancia que preocupaba a los moralistas era una consecuencia de los lazos comerciales con el resto del Mediterráneo. Aunque se obtenía mucha diversión a costa de los esclavos, el hecho de que *cualquiera* pudiera ser esclavizado porque se le capturara en tiempos de guerra subrayaba la fluidez entre los estados de libertad y servidumbre, así como la indeterminación acerca de lo que convertía a una persona en un «esclavo natural»[68]. La mayor parte de la elite romana no se preocupaba por esas posibilidades, y el escenario más habitual en el que un hombre libre podía convertirse en esclavo era metafórico. «Es esclavo [...]. Muéstrame quién no lo sea: el uno es esclavo de la lujuria, el otro de la avaricia, el otro de la ambición; todos, del temor»[69]. Mientras expresa su preocupación por las almas de los hombres que se han esclavizado a sí mismos no haciendo ejercicio, comiendo y bebiendo en exceso y trasnochando, Séneca percibía las señales externas de este estilo de vida defectuoso en «el vientre distendido [*distentusque venter*] porque a la fuerza se le acostumbra a ingerir más de lo que puede»[70].

La aplicación de estas imágenes de hinchazón disoluta a la rápida expansión de Roma permitía a los moralistas combinar las raíces orgánicas de la *luxuria* como «sobrecrecimiento» con el concepto afín de descomposición, de una manera no muy diferente a la grasa que Séneca veía «trepar» por los cuerpos de todos los viciosos. Sin embargo, como la mayoría de la población romana vivía en niveles de subsistencia, las fiestas decadentes que se narraban en los textos satíricos nunca habrían sido una posibilidad para la mayoría de la gente[71]. Si en realidad Roma nadaba en el exceso y la opulencia, como se quejaban algunos, entonces la «Roma» que tenían en mente se refería como mucho a una minúscula elite gobernante, cuyos estilos de vida y hábitos de consumo se habrían convertido en el objeto del escrutinio público. Si la propia Roma se

68. Glancy, J. A., *Slavery*, pp. 72-3.

69. Séneca, *Cartas Morales (Epístolas Morales a Lucilio)*, pp. 243-5.

70. *Ibid.*, p. 225.

71. Gowers, E., *The Loaded Table*, p. 2.

hubiera convertido en un «vientre sin orejas», como había dicho Catón, entonces los ciudadanos serían microcosmos de este organismo voraz.

Cuando se percibieron las primeras señales de la indulgencia asiática en la propia Roma, los autores de sátiras estaban preparados. Las metáforas animales estaban al alcance de la mano para dar un toque de color a sus invectivas. Juvenal escribió sobre un abogado gordo que era uno de esos miembros de las elites ricas que «engullen patrimonios en una mesa solitaria. [...] ¿Cómo debe ser una gula que se manda servir jabalíes enteros, un animal nacido para convites entre amigos?», se maravilla. Estos glotones recibirán su merecido:

> Viene el castigo, sin embargo, cuando te despojas del vestido: estás abotargado, y llevas al baño un pavo no digerido todavía. De ahí la muerte súbita de viejos que no han hecho testamento[72].

Las amargas sátiras de Persio, aguzadas por la estoica visión del mundo de su autor, se adentraban en las entrañas de una elite corrupta cuyo símbolo de su degeneración eran las mesas recargadas y los vientres hinchados. Comentando periódicamente sobre las barrigas prominentes de los escritores y de la elite, Persio convocaba la imagen del estómago de un cerdo (*aqualiculus*) para describir esos barrigones, reforzando así las cualidades bestiales de los glotones romanos[73].

Esta es quizás una de las razones por las que los romanos se alarmaban en ocasiones por la expansión de las costumbres extranjeras a lo largo del Imperio. La virtud romana de la *gravitas* (gravedad, seriedad), suponía que un hombre se implicaba en las realidades y responsabilidades de su mundo, pero este ideal moral se relacionaba con el peso y la talla física sólo de manera contingente. Si un cuerpo grande y carnoso podía simbolizar estatus y logros, el exceso de carne podía igualmente apuntar a una especie de *levitas* (ligereza) moral que podría causar un comportamiento irresponsable. Los fastuosos banquetes públicos eran

72. Juvenal, *Sátiras*, en Persio y Juvenal, *Sátiras*, pp. 90-1.
73. Gowers, E., *Loaded Table*, pp. 119, 180-88.

bien conocidos por los emperadores y aristócratas y eran una costumbre que, más que entenderse como necesariamente inmoral, se entendía, por su naturaleza pública, como una extravagancia que aportaba un beneficio a la ciudad, un beneficio que indicaba la disposición del gobernante de asociarse con sus súbditos. Los emperadores Domiciano, Augusto y Vespasiano celebraron enormes banquetes para celebrar y compartir su abundancia, y estos derroches públicos, en general, se consideraron como un acto cívico de considerable generosidad. Incluso lo que se le reprochaba al hinchado y desvergonzadamente autoindulgente Nerón no era que invitara a sus compañeros de la elite. Sus fiestas se volvieron preocupantes cuando parecían distraerle de sus deberes políticos. Esto último se consideraba una inmersión puramente personal en la opulencia que no respetaba, y que aparentemente desdeñaba, las virtudes de la comensalidad y la jerarquía que cimentaban a la elite romana[74].

No se podía esperar compasión cuando la opulencia se convertía en algo puramente personal. En su búsqueda de algún tipo de defecto moral como explicación de la caída de tal o cual estadista, los historiadores de los últimos siglos de la Antigüedad usaban enseguida la acusación de glotonería para simplificar en exceso fenómenos sociales y políticos que, por otro lado, eran complejos. En la medida en que el apetito designaba a las pasiones y que se conceptualizaba como incompatible con la *gravitas*, acusar a los gobernantes de glotonería era una forma muy potente de mancillar su reputación[75]. Según Suetonio, el emperador Claudio era un conocido glotón y proclive a excederse en la sexualidad, la crueldad y la paranoia:

> Siempre con ganas de comer y beber en cualquier circunstancia y lugar. [...] Rara vez se retiró del comedor sin estar ahíto y ebrio, de suerte que al punto mientras se hallaba dormido cabeza arriba con

74. Goddard, J., «The Tyrant at Table», en *Reflections of Nero: Culture, History, and Representation*, Elsner, J.; Masters, J. (ed.), Chapel Hill, NC, 1994, pp. 67-82.

75. Grimm, V. E., «On Food and the Body», en *A Companion to the Roman Empire*, Potter, D. S. (ed.), Oxford, 2006, pp. 357-8.

la boca abierta, tenían que introducirle una pluma hasta la garganta para descargar su estómago.

A pesar de haber tenido que presenciar esta imagen, que era apenas coherente con la *dignitas* imperial, los lectores de Suetonio podían dar un suspiro colectivo de alivio. «Sentía una extraordinaria pasión por las mujeres», pero al menos Claudio «no tuvo ninguna relación homosexual»[76].

Al sucesor de Claudio, Nerón, no le incomodaba que se le representara como corpulento en el arte oficial. Más bien al contrario: en los retratos que él mismo encargaba, Nerón parece haber subrayado ese rasgo y sus retratos de la última época parecen incluso inspirarse en los estilos ptolomeicos en los que las caras rollizas buscaban expresar la abundancia y la bondad regia[77]. La carne que Nerón adoraba era alimento para los críticos dispuestos a reducir las hazañas al físico. El bosquejo que hace Suetonio de la cabeza a los pies del tirano incluye sus carnes abundantes como una prueba de su fisionomía aberrante:

> Era aproximadamente de mediana estatura, el cuerpo cubierto de manchas y exhalaba mal olor; su cabello tiraba a rubio, su rostro era más hermoso que atractivo, y sus ojos, azules y algo miopes; tenía el cuello grueso, el vientre abultado [*cervice obesa, ventre proiecto*], las piernas muy delgadas[78].

Los textos fisionómicos de la época, que probablemente influyeron en el retrato de Suetonio, habrían interpretado ese cuello grueso como una señal de fuerza, mal genio e insensibilidad y su vientre abultado

76. Suetonio, *Vidas de los doce césares II*, Agudo Cubas, R. M. (trad.), Gredos, 1992, pp. 110-111.

77. Varner, E. R., *Mutilation and Transformation: Damnatio Memoriae and Roman Imperial Portraiture*, Leiden, 2004, p. 49.

78. Suetonio, *Vidas de los doce césares II*, p. 182.

como prueba de libertinaje, de deshonestidad o de insensibilidad, embriaguez, falta de templanza y entrega al vicio[79].

Quienes sucedieron a Nerón no tuvieron mejor imagen ante los ojos de los historiadores. Cuando el emperador del siglo I EC Aulo Vitelio no consiguió vencer en una guerra civil desencadenada por su rival Otón, Tácito culpó de este fracaso a su torpeza moral relacionada por su gusto por la buena comida. Que Vitelio era un hombre bastante gordo es algo evidente por las estatuas y bustos suyos que han sobrevivido. Teniendo en cuenta las convenciones del arte del retrato de la elite en ese periodo, puede ser posible también leer esto como una proyección orgullosa del poder imperial[80]. Pero en cuanto el emperador cayó en desgracia, el escudo de su estatus también se desplomó. Lo que antes podría haberse interpretado como un rasgo positivo se convertiría ahora en la prueba de la debilidad y del vicio. Tácito afirmaba que a Vitelio le gustaba la compañía de Nerón porque veía en él a un espíritu afín: él también estaba «por placer, esclavizado y vendido a la gula»[81]. Casio Dio informaba de que «era insaciable a la hora de atiborrarse y estaba continuamente vomitando lo que comía, siendo alimentado por el mero pasaje de la comida». Suetonio observaba que Vitelio solía comer tres o cuatro grandes comidas al día, tenía una voracidad que era «insaciable, extemporánea e inmunda, ni siquiera durante un sacrificio o cuando se hallaba de viaje era capaz de contenerse»[82].

Estos historiadores moralizantes dieron mucha importancia a estos asuntos cuando Vitelio se encontró con su desgraciado final. Mientras el emperador, capturado y encadenado, era arrastrado por la Vía Sacra hacia el Foro, donde sería asesinado, los airados romanos arrojaban un chaparrón de insultos y escarnio sobre su carne hinchada:

> unos le tiraban estiércol y barro, otros le llamaban a voces incendiario y glotón e incluso parte del pueblo le echaba en cara sus defectos físicos;

79. Barton, T., «The Inventio of Nero: Suetonius», en *Reflections,* Elsner, J.; Masters, J. (ed.), p. 57.

80. Grimm, «On Food», pp. 357-8.

81. Tácito, *Libros de las historias,* Soler Franco, J. (trad.), Zaragoza, 2015, p. 94.

82. Suetonio, *Vidas de los doce césares II,* p. 251.

tenía, en efecto, una estatura enorme [*enormis*, que también puede querer decir «sin forma»], el rostro normalmente amoratado por sus excesos con el vino, el vientre prominente[83].

Cuando relata la misma humillante escena, Casio Dio subraya la relación percibida entre la glotonería y la gordura:

Algunos le daban cachetes, otros le tiraban de la barba; todo el mundo se burlaba de él y lo insultaba, haciendo comentarios, especialmente sobre su desordenada vida, puesto que tenía un vientre tan protuberante[84].

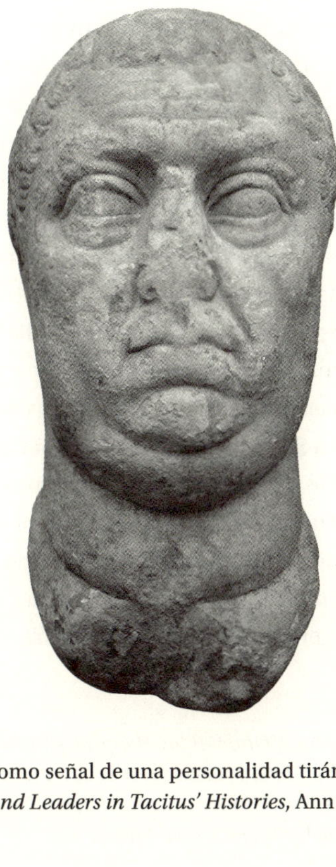

Cuando el emperador Vitelio cayó en desgracia, su cuerpo, antaño monumental, se convirtió en el blanco del ridículo y del desprecio. Mientras la multitud airada lo arrastraba hasta el lugar de su muerte, Casio Dio observa que «todos lo insultaban, haciendo comentarios, especialmente sobre su desordenada vida, puesto que tenía un vientre tan protuberante». Vitelio, 69 EC.

83. *Ibid.*, p. 257.

84. Sobre el barrigón de Vitelio como señal de una personalidad tiránica, véase Ash, R., *Ordering Anarchy: Armies and Leaders in Tacitus' Histories*, Ann Arbor, MI, 1999, pp. 101-2.

*

Lo que le ocurrió a Vitelio de camino al Foro no tenía ninguna gracia[85], pero la bronca multitud claramente disfrutó reduciendo a su antiguo líder a su rasgo físico más conspicuo. Como señala Mark Bradley:

> El exceso de carne en el mundo romano bebía de un conjunto de tradiciones muy subjetivas y altamente versátiles acerca de la relación entre la apariencia personal y el estatus social, político y económico. La grasa era importante[86].

Si Sócrates y Vitelio tenían algo en común era que ambos tenían vientres prominentes y que ambos acabarían asesinados por la voluntad de la mayoría. Pero sus vientres respectivos se percibían de maneras diferentes. La corpulencia de Sócrates no era en absoluto invisible. Más bien invitaba a los comentarios e incluso a alguna broma bienintencionada por parte de sus amigos. Pero esta desviación de los criterios estéticos y morales era perdonable puesto que la «belleza» de su mente le confería un estatus que probablemente le protegía de los estereotipos potencialmente dañinos. Daba igual lo que el fisiónomo Zópiro leyera en el cuerpo del filósofo. Sócrates podía lucir un vientre prominente y a la vez seguir gozando del aprecio de sus amigos. Aunque este círculo no fuera lo bastante amplio o poderoso como para evitar que se condenara a muerte a Sócrates por ser una amenaza para la sociedad, la barriga del filósofo nunca se mencionó como una prueba de sus supuestos delitos. Aunque el emperador Vitelio se hubiera en algún momento beneficiado de un estatus semejante, claramente lo había perdido con el tiempo. Para la turba romana que lo asesinó, el vientre gordo de Vitelio era un símbolo claro del fracaso político que había traído la

85. Alusión a *A Funny Thing Happened on the Way to the Forum*, título original de la obra teatral (1962)/película (1966) que aquí se llamó *Golfus de Roma* (N. de la T.).

86. Bradley, M., «Obesity, Corpulence and Emaciation in Roman Art», *Papers of the British School at Rome*, LXXIX, 2011, p. 3.

opulencia, la corrupción y la debilidad. Si hubiera sido un líder político con más éxito, su imponente físico habría irradiado poder monumental y un carácter intachable. Tal y como estaban las cosas, sin embargo, las circunstancias dictaron cómo sería percibida su gordura: si la acción de engordar podía connotar un animal que solo servía para el matadero, eso es exactamente lo que le ocurrió a Vitelio.

Además de bosquejar algunas de las maneras en las que la gordura se relacionaba con el estatus, este capítulo ha desvelado también otras cuestiones. Por ejemplo, hay que señalar una dimensión temporal: en Grecia y en Roma a menudo se describía su presente como marcado por vicios que supuestamente eran ignotos en otros tiempos anteriores, más sencillos. Junto con otras formas percibidas de debilidad física y moral, los cuerpos del presente invitaban a las comparaciones con los especímenes más en forma y más virtuosos que se suponía que habían habitado el pasado. Hay también una dimensión espacial o geográfica que tener en cuenta: observando que los entornos naturales podían ser literalmente «obesogénicos», la cultura grecorromana en ocasiones rastreaba el tipo de opulencia que había engordado a Vitelio hasta sus fuentes asiáticas. Desde esta perspectiva, el desgraciado Vitelio se habría parecido a Dioniso de Heraclea, a Ptolomeo VII de Egipto, a Magas de Cirene y a otros reyes gordos de Asia. Cuando esto ocurría, el desprecio helenístico por la corpulencia reflejaba una cultura que deploraba la «corrupción» interna tanto como la extranjera. Como explicaremos en el próximo capítulo, el cristianismo de los primeros años, así como el de la etapa medieval, pudo basarse en estas ideas a la vez que hacía aún más énfasis en los sentimientos de repugnancia que puede despertar la grasa. A diferencia de la cultura griega y romana, en la cristiana la viscosidad y el peso de la grasa podía representar un enganche perturbador con el mundo que revelaba que el alma pecadora aún no estaba lista para la trascendencia.

4. CRISTIANA CORPULENCIA

El vientre y lo que hay debajo de este

Cuenta una leyenda de los primeros tiempos del cristianismo que, en sus últimos días, Judas Iscariote era un hombre gordo, hinchado y repugnante. Aunque Mateo (27:3-8) dice que Judas se ahorcó acosado por sus remordimientos por haber delatado a Jesús a cambio de treinta monedas de plata, otras historias en circulación sobre Judas, durante los primeros días de la fe, contaban relatos diferentes. En el libro de los Hechos de los Apóstoles (1:18), por ejemplo, Lucas afirma que el vientre de Judas estalló en el campo que había comprado con sus mal conseguidas ganancias. Un destino como este no era lo suficientemente cruel para Papías, obispo de Hierápolis y un destacado líder cristiano de principios del siglo II. Ampliando la gráfica imagen de Lucas, Papías decía que el traidor se había «hinchado» de manera inexplicable pero monstruosa antes de su muerte, transformando así su cuerpo en un «terrible parangón de impiedad» que era tan enorme que «no podía pasar por donde un carromato pasaba con facilidad». Papías incluso desarrollaba el motivo hebreo del «corazón graso», espiritualmente entumecido, afirmando que los ojos de Judas estaban tan hinchados que «no era capaz de ver en absoluto la luz». En lugar de limitar sus comentarios a los temas espirituales, Papías se regodeaba en las problemáticas consecuencias físicas de la caída de Judas. No solamente el cuerpo del apóstol en desgracia se había hinchado desmesuradamente, sino que su pene «parecía más asqueroso y grande que cualquier otra cosa vergonzosa», tan repugnante, de hecho, que cuando se aliviaba vertía «pus con gusanos» al suelo. Cuando Judas finalmente murió, el hedor nauseabundo de su cuerpo corrupto penetró en la tierra misma, ensuciándola para siempre: hasta el día de hoy nadie puede pasar por ese lugar sin taparse la nariz con las manos. El efluvio de su carne era tan potente que brotaba incluso de la tierra[1].

Más cadáver que corpulento, el cuerpo abotargado de Judas tenía poco que ver con la falta de moderación en la comida y la bebida. Era más bien que su carne mostraba una corrupción tan extrema que se había vuelto rancia y podrida de parte a parte. Que Papías no desvele la causa del cuerpo hinchado de Judas es menos importante para lo que nos ocupa que la probable importancia de la propia inflamación. Jesús llevaba ya décadas muerto cuando se asesinó al emperador Vitelio en el año 69 EC, y el movimiento que había inspirado estaba evolucionando, desde una estricta secta del judaísmo hasta convertirse en una fe más «universal» en torno al Mediterráneo. Los abusos que los moralistas y los pensadores políticos cristianos observaban en la sociedad romana, y que entendían que en parte se encarnaban en las barrigas opulentas, eran datos ideológicamente útiles para un movimiento que empezaba a levantar el vuelo. Ya se hubiera hinchado por el orgullo o por los excesos, la imagen del cuerpo grotesco y distendido fue empleada de manera recurrente por los primeros cristianos para describir cómo morían los enemigos de Dios[2].

Hemos visto cómo, en los últimos años de la República, los nobles a veces se hacían representar oficialmente como corpulentos, para así fomentar los rasgos personales positivos, una práctica que fue después adoptada por varios emperadores del periodo. Esto permitió a los aduladores biógrafos paganos halagar la destreza en el campo de batalla del emperador Galerio (c. 260-311), cuyo enorme cuerpo denotaba una fuerza y potencia monumental. Como muestra el ejemplo de Vitelio, una interpretación así tenía sus detractores. Como se negaban a per-

1. Citado en Van der Horst, P. W., *Hellenism-Judaism-Christianity: Essays on Their Interaction*, Leuven, 1998, p. 158.

2. *Ibid.*, p. 159.

donar a Galerio porque había desatado las persecuciones de 303-11, los escritores cristianos, en cambio, interpretaban su enorme cuerpo como una prueba de gordura, enfermedad y animalidad. Lucio Cecilio Lactancio, que después asesoraría al emperador cristiano Constantino en los asuntos religiosos, describía a Galerio como:

> [una] bestia, dotada de una barbarie innata y de una fiereza ajena a la sangre romana. [...] Su cuerpo se correspondía con sus costumbres: de alta estatura y carnes abundantes, que hacían de él una horrenda masa hinchada y rebosante[3].

Dependiendo de la perspectiva de cada cual, la carne rebosante que oficialmente pretendía simbolizar el poder podía leerse también como un síntoma de vicio y corrupción. También podía ser una fuente de ridículo cruel, al menos para algunos autores paganos. Una de las formas más suaves de entretenimiento que ordenaba el bastante excéntrico emperador adolescente Heliogábalo (r. 218-22) era intentar que ocho hombres obesos se sentaran en un único sofá. Esto suscitaba «la risa general, puesto que tales comensales no podían emplazarse en un sólo lecho»[4].

Este capítulo analiza cómo los primeros cristianos volvieron la crítica romana de la *luxuria* en contra de las instituciones paganas a la vez que empleaban las ideas paganas para amoldar los escritos hebreos a su propia agenda[5]. La corpulencia, que en manos cristianas podía ser equiparada sin problemas con el pecado de la gula, también podía denotar una inflamación egoísta del yo más allá de lo que se consideraba adecuado para el mantenimiento de la comunidad. Mediante la

3. Lactancio, *Sobre la muerte de los perseguidores*, Teja, R. (trad.), Gredos, 1982, pp. 88-9. En los retratos oficiales y en las monedas los emperadores Balbino (c. 165-238), Galerio (c. 260-311) y Licinio (c. 250-325) se describieron a sí mismos como corpulentos.

4. «Antonino Heliogágalo», en *Historia Augusta*, Picón, V.; Cascón, A. (trad.), Akal, 1989, p. 365.

5. Peleg, Y., *Orientalism and the Hebrew Imagination*, Ithaca, NY, 2005, p. 65.

espiritualización de la tensión vertical que había aportado Platón, que lamentaba la animalidad ligada a la tierra de quienes parecían vivir únicamente para comer, el cristianismo afirmaba que la gordura ejercía una presión hacia abajo en las mentes e incluso en las almas, a las que se suponía capaces de hacer cosas «más elevadas» y más trascendentes. Basándose en las ideas de Filón de Alejandría, el desprecio que el cristianismo de los primeros tiempos arrojó sobre los cuerpos gordos se extendía tanto a los ámbitos pringosos de la vida orgánica como a las preocupaciones acerca del tamaño y la forma. Además, como indicaba la localización de los «apetitos» en el cuerpo de manera obsesiva, más específicamente en «el vientre y lo que hay debajo de este», el cristianismo relacionó el exceso de grasa corporal con el abdomen y los genitales como las sedes del deseo y el consumo, de la digestión y la excreción. Aunque aplicaba a la gordura parte del «asco ideológico» que las elites romanas asociaban con los esclavos, el carácter servil, la indisciplina, la cobardía y la «blandura»[6], también profundizó en los aspectos intrínsecamente grasientos y excrementales de la grasa de formas en las que pocas veces se había hecho en Grecia y Roma. De esta manera, el cristianismo relacionó la corpulencia con la grasa y la inmundicia del mundo material, estableciendo un conjunto de ideas que estarían operativas durante toda la Edad Media.

Esclavos del vientre

Como suele ocurrir cuando se examinan los primeros textos cristianos, es útil regresar a las fuentes hebreas. Al igual que los egipcios, los hebreos se imaginaban el vientre como un «cesto» que encerraba los pensamientos y el «corazón» de una persona. Este último incluía las emociones como el miedo, la alegría, la amargura, la avaricia y la

6. Phang, S. E., *Roman Military Service*, p. 35.

concupiscencia[7]. Por lo tanto, lo que una persona se metía en el vientre tenía una importancia considerable y, a medida que, con el tiempo, los hebreos entraban en un contacto mayor con las ideas helenísticas, iban refinando las reflexiones acerca de sus veteranas restricciones de la dieta. Basándose en los términos romanos, a los judíos apóstatas que desdeñaban esas prohibiciones se los podía llamar «esclavos de su vientre», porque parecía que permitían que su apetito por los alimentos ilícitos gobernara sus decisiones[8]. Estas reflexiones helenísticas eran una parte integral de la manera en la que el filósofo judío Filón abordó los textos mosaicos en Alejandría durante los primeros años del siglo I. Filón entendía la grasa de maneras diferentes. Por un lado, era una sustancia oleaginosa que conservaba los órganos vitales: «La grasa es la parte más rica y constituye una protección para las entrañas, puesto que las cubre, las engorda y las beneficia con la suavidad de su contacto»[9]. El enfoque médico de Filón sobre la grasa tenía sentido, entre otras razones, porque él creía que la preocupación por la salud había jugado un papel en la redacción de los códigos de la dieta mosaica. Después de todo, la grasa no solamente era sagrada, sino sabrosa. Y los animales más gordos y deliciosos eran los que más podían arrastrar a la gente a cometer excesos. Al colocar un tabú sobre la grasa, argumentaba Filón, Yahvé estaba haciéndole un favor al pueblo elegido. Prohibiendo comer la «parte más rica» del animal:

> la ley tiende vez más a enseñarnos la continencia e inculcarnos un firme deseo de vida austera, de una vida que renuncia a las cosas fáciles y al alcance de la mano, y sobrelleva con determinación los problemas y trabajos para la adquisición de la virtud[10].

7. Shupak, N., *Where Can Wisdom Be Found? The Sage's Language in the Bible and in Ancient Egyptian Literature*, Friburgo, 1993, pp. 292–7.

8. Sandnes, K. O., *Belly and Body*, p. 43.

9. Filón, *Sobre las leyes particulares* I, párrafo 216, en *Obras completas*, tomo IV, Triviño, J. M. (trad.), Buenos Aires, 1976.

10. *Ibid.*, *Sobre las leyes particulares* IV, párrafo 124.

Además de este ideal de moderación tan helenístico, Filón defendía que Yahvé también había prohibido que se comieran determinados animales por razones de salud, sabiendo que «la glotonería produce, en efecto, indigestiones, las que son origen y fuente de enfermedades y postraciones». Como un sabio doctor, entonces, Yahvé habría prescrito un régimen moderado que evitaba tanto la austeridad extrema de Esparta como los excesos sin freno de Sibaris[11].

Los temas de salud eran únicamente el inicio de las preocupaciones de Filón. A pesar de su guiño a la medicina clásica, la interpretación de Filón de los textos hebreos estaba guiada por un *ethos* puritano que tenía mucho más en común con el idealismo neoplatónico que conformó la teología cristiana de los primeros tiempos. En sus comentarios al libro del Génesis, Filón describe a Tobel, fabricante de herramientas de bronce y hierro, como un proveedor de armas que sabía que los ejércitos y los buques se enfrentan voluntariamente a «los más grandes peligros a causa de los placeres del cuerpo». Para ilustrar la estupidez de estas razones para la guerra, Filón señala que «la hermana de Tobel fue Noema (Gen. IV: 22), cuyo nombre significa "obesidad"». Haciéndose eco de Platón, que había defendido en *La república* que la búsqueda de la opulencia era el origen de la guerra, Filón afirmaba que «cuando aquellos que persiguen el bienestar corporal y las cosas materiales de que he hablado obtienen algo de lo que apetecen, el resultado es que se tornan obesos». Esa gordura que Filón tenía en mente se refería a los cuerpos y, metafóricamente, a las almas, que se hinchaban tanto por los excesos que parecían fruta pasada o cadáveres en descomposición: «Estos, pues, hinchados y abultados por la gordura y el deleite en creciente desarrollo, acaban por reventar». Pero no toda hinchazón era mala. En oposición al cuerpo gordo que evocaba la corrupción orgánica, Filón alababa «la opulencia de la inteligencia» porque «alcanza la inmortalidad». Esta opulencia estaba simbolizada por la grasa sacrificial que se ofrecía a Dios de manera ritual. Libre de la burda materialidad del mundo, esta «gordura» espiritual era cualitativamente superior a la hinchazón «del

11. Filón, *Sobre las leyes particulares* IV, párrafo 100, en *ibid.*

cuerpo y de las cosas exteriores». La razón era que esta última, siendo material, es efímera y pronto pierde su lozanía[12].

Implícita en los conceptos agrícolas del abonado y el cebado, Filón enfatizaba la asociación de la gordura con la descomposición de maneras que no eran habituales en la mayoría de los escritores paganos del periodo. La medicina grecorromana reconocía las cualidades blandas, untuosas y aislantes de la grasa, pero normalmente no relacionaba los cuerpos gordos con la inmundicia y mucho menos con la putrefacción. Con su insistencia en trascender el mundo material, la noción de grasa de Filón contenía la idea de un exceso de vida orgánica así como de las cualidades podridas, hinchadas y viscosas de un mundo caído en desgracia. Aun así, a pesar de esta aparente singularidad, Filón no era el único que pensaba sobre la grasa en términos de una tensión vertical entre la trascendencia del alma y la pegajosa inmanencia de la materialidad. Ideas similares hallaban un eco en *Sobre la abstinencia*, la obra de Porfirio que se escribió durante el último cuarto del siglo III y que es el texto más antiguo que se conserva sobre el ascetismo filosófico grecorromano. Para Porfirio, como para Filón, la grasa era una «cuestión filosófica»[13].

Sobre la abstinencia, que se estructura como un intento de convencer a un amigo que se había convertido al cristianismo de que volviera a adoptar la vida pagana y una dieta vegetariana, recomendaba moderación en la comida y la bebida como algo beneficioso para el alma y para el cuerpo. Había que evitar la carne animal porque nos hace gordos (*pachos*) a la vez que fomenta la fuerza física que, aunque es algo apropiado para luchadores y labradores, no contribuye en nada a fomentar la contemplación. Lastrado con el exceso de carne, el carnívoro puede volverse más fuerte, pero esta carne también puede «convertirse en perezosa y endeble en exceso para acometer sus funciones propias»[14]. La corpulencia es un obstáculo para la razón, así que es mejor engordar el alma «en vez de atiborrar con comidas

12. Filón, «Sobre la posteridad de Caín y su exilio», párrafos 119-23, en *ibid.*, tomo II.

13. Clark, G., «Fattening the Soul: Christian Asceticism and Porphyry on Abstinence», en *Studia Patristica*, Wiles, M. F.; Yarnold, E. J. (ed.), Leuven, 2001, vol. XXXV, p. 42.

14. Porfirio, *Sobre la abstinencia*, Periago Lorente, M. (trad.), Gredos, 1985, p. 73.

la carne de nuestro cuerpo». Había algo incómodamente pesado, contaminante e incluso parasitario en la materia grasa que la hacía incompatible con la trayectoria ideal, vertical y hacia arriba, del alma:

> Y un cuerpo gordo hace que el alma sufra por el ansia y nos aumenta nuestra condición mortal, causándonos daño y constituyendo un obstáculo para la vida inmortal y, además, contamina al alma, porque la hace corpórea y la arrastra hacia lo extraño[15].

Como el alma estaba destinada a cosas más elevadas y puras, la grasa y la gordura representaban formas de discapacidad e impureza espiritual que nos arrastraban de vuelta a la tierra.

Por lo tanto, Filón y Porfirio pensaban de manera similar y ambos tuvieron influencia sobre los primeros tiempos cristianos. La tendencia inherente de la grasa a adherirse al mundo material, ya fuera mediante su viscosidad o su peso, se complicaba aún más en la obra de Filón por su afirmación de que el vientre era la sede y el generador de los apetitos sensuales. El placer sexual parecía crecer y menguar dependiendo de si el vientre estaba lleno o vacío, un hecho que tenía cierto sentido, teniendo en cuenta la proximidad anatómica de los órganos reproductivos y digestivos. «Tal es, al parecer, el motivo por el cual la naturaleza ha colocado los órganos sexuales debajo del vientre», especula Filón, porque los genitales «despiertan para las actividades que les son propias una vez que se ha llegado a la saciedad en materia de alimentos»[16]. Como insistía Filón, y es algo con lo que muchos Padres de la Iglesia posteriores coincidirían, «el vientre y lo que hay debajo» era lo que planteaba los obstáculos más graves para la vida moral. Ya estuvieran obsesionada por la comida o por el sexo, las personas «centradas en el vientre» ponen su preferencia egoísta por los placeres carnales por encima de las necesidades de la comunidad. Incapaces de gobernar sus propios apetitos, estos individuos

15. *Ibid.*, p.223.

16. Filón, *Interpretación alegórica*, párrafo 38, *Obras completas*, tomo I; *Sobre la agricultura*, párrafo 38, en *ibid.*, tomo II.

no tienen ni la inclinación ni la capacidad de gobernar a otros. Además, en la medida en la que el vientre podía ser adorado y servido casi como si fuera una divinidad, la entrega a los placeres terrenales que simbolizaba una ingestión excesiva, también apuntaba a una negación de Dios.

El concepto de Filón de «persona centrada en el vientre» era más un comentario sobre la gula que sobre la corpulencia. Como ya hemos visto, las dos cosas no estaban necesariamente relacionadas en el mundo helenístico. Aunque era razonable suponer que comer en exceso podría causar la gordura en una persona, también podía ocurrir que alguien que llevara un estilo de vida frugal y modesto fuera de naturaleza robusta sin temer por eso que se le juzgara desde el punto de vista moral. Así como el vientre mismo tenía un espectro de referentes anatómicos, estar «centrado en el vientre» se refería a la localización de deseos que se expresaban en más cosas que en un amor sin límites por la comida. Por eso los eruditos comensales de Ateneo podían ridiculizar a un glotón, a una persona gobernada por sus apetitos, como un «glotón y adorador del vientre»[17]. Tan devoto a los placeres sensuales era un tal Arquéstrato, añade Ateneo, «que navegó alrededor del mundo llevado por su estómago, y por lo que está por debajo del estómago»[18]. Adorar el propio vientre como si fuera un dios no tenía ninguna gracia para quien tenía inclinaciones religiosas. Para escritores como Filón, el estómago y los genitales simbolizaban una «fuerza vital animal» que podía distraer a los humanos de sus trayectorias divinas más adecuadas[19]. Cuando se obsesionaba por la proximidad del vientre a los órganos reproductivos y excretores —y cuando subrayaba las perturbadoras propiedades viscosas de la grasa en cuanto sustancia— Filón apuntaba a que la indulgencia sin freno en los placeres de la carne venía envuelta en grasa, inmundicia y heces. Al someter las ideas helenísticas al «filtro bíblico», Filón destacaba las dimensiones putrefactas y excrementales de la comida, la grasa y el sexo, algo que, en las fuentes paganas, no destacaba tanto[20].

17. Ateneo, *Banquete de los eruditos*, libro III, p 70.
18. *Ibid.*, libro III, p. 122.
19. Sandnes, K. O., *Belly and Body*, p. 51.
20. *Ibid.*, pp. 13, 149-51, 153, 167.

Hasta el siglo XV, el judaísmo hegemónico se desarrolló ignorando más o menos las lecturas clasicistas de las Escrituras que había hecho Filón, un hecho que refleja la tendencia antihelenizante del movimiento rabínico temprano, así como la visión del cuerpo del judaísmo, en general más positiva. Sin embargo, las ideas de Filón resultaron atractivas para los primeros teólogos cristianos, que compartían sus inquietudes acerca de los vínculos entre la comida, la bebida y la sexualidad[21]. Pablo de Tarso había expresado preocupaciones semejantes en su obra misionera y en sus cartas a las primeras comunidades cristianas. Pablo no recomendaba ni el ayuno ni las restricciones de la dieta como caminos hacia la piedad cristiana, pero era inflexible ante el problema del vientre, cuyo culto entendía en términos similares a los empleados por Filón y otros. De la misma manera que los moralistas helenizantes criticaban a los esclavos del vientre por solazarse en sus propios apetitos a expensas de la comunidad, Pablo entendía que los glotones se hurtaban a sus responsabilidades hacia el rebaño. Eran malos ciudadanos del Reino de los Cielos. De esta manera podía Pablo acusar a la figura bíblica Onán de esclavitud del vientre. Al derramar su semilla en el suelo en lugar de preñar a la viuda de su hermano, Onán también buscaba el placer y descuidaba así sus deberes para con la familia, la ciudad y su Dios. Por lo tanto, nadie podía presumir de seguir a Cristo mientras que a la vez se sometía a los deseos personales, que eran una forma de esclavitud y a la vez de idolatría[22]. Aunque Pablo advertía en contra de apegarse abiertamente al vientre y a las partes bajas, le preocupaba menos la apariencia física que el deseo en sí. Pablo comparaba la lucha cristiana contra las pasiones con lo que haría un atleta, remodelando de esta manera el material helenístico para su retrato del cristiano modelo.

¿Cómo se posicionaba el propio Jesús frente a estas inquietudes? Según los Evangelios (Mateo 11:19; Lucas 7:34), a Jesús lo acusaron sus enemigos de ser tanto un glotón como un borracho porque cenaba con

21. Boyarin, D., *Carnal Israel: Reading Sex in Talmudic Culture*, Berkeley, CA, 1993.
22. Sandnes, K. O., *Belly and Body*, pp. 149-51, 153, 167.

publicanos y otros grupos desdeñados por las autoridades religiosas[23]. Pero estos textos no nos dicen literalmente nada acerca de la figura física del Hijo del Hombre. Aunque la razón de esta omisión no está clara, puede indicar un deseo de representar a Jesús como un hombre libre más que como un esclavo: según las convenciones literarias de la época, los cuerpos esclavos se describían a menudo con detalles que enfatizaban sus cualidades grotescas y deformes[24]. Lo que sí sabemos del cuerpo de Jesús es que casi nunca se ha representado gordo en el arte medieval y moderno. Puede que la Palabra se hubiera hecho carne, pero no *demasiada* carne. Si el cuerpo de Cristo pasa conspicuamente desapercibido en los Evangelios, no se puede decir lo mismo de los pecadores con los que se cruzaba Jesús en diversos episodios. Aunque la corpulencia no se contara entre las aflicciones a las que se atribuyó la curación a manos de Jesús, Lucas (14:1-6) relata un episodio en el que Jesús se encuentra a un hombre que sufre la hinchazón por efecto de la hidropesía (*oedema*). Señalando que la hidropesía aparece en una escena en la que Lucas está comentando las trampas del éxito socioeconómico, un investigador ha ofrecido una convincente lectura de esta enfermedad, caracterizada por una sed excesiva y artificial, con una conocida metáfora helenística del deseo ilimitado y, por lo tanto, como una «adicción a la opulencia»[25]. Ya estuviera físicamente hinchado por el exceso de agua o de carne, o metafóricamente inflado de orgullo, para los primeros cristianos el yo hinchado podía simbolizar muchas formas de exceso que lo apartaban de la virtud.

Botellas hinchadas y cuerpos resucitados

Las recomendaciones helenísticas sobre la moderación eran muy conocidas en el mundo antiguo, pero fue Clemente de Alejandría quien

23. Hill, S. E., *Eating to Excess*, pp. 36-8.

24. Conway, C. M., *Behold the Man: Jesus and GrecoRoman Masculinity*, Oxford, 2008, p. 150.

25. Braun, W., *Feasting and Social Rhetoric in Luke 14*, Cambridge, 1995, p. 38.

llevó la medicina pagana a un contexto cristiano a finales del siglo II EC. Dejando por escrito su respeto por el modo de vida espartano, Clemente destacaba las virtudes de la comida sencilla a la vez que advertía en contra de la opulencia que podría corromper el cuerpo y el alma[26]. En este contexto, la grasa y los alimentos grasientos planteaban problemas especiales. Cuando no se empleaban adecuadamente, advertía Clemente, el aceite y los productos derivados del aceite podían destruir la virilidad de los hombres y la moralidad de las mujeres. Las preocupaciones sobre el aceite se extendían a la carne grasa de determinados animales:

> La Ley divina, recordatorio de toda virtud, unge especialmente al hombre para la continencia; ella misma se pone como fundamento de las virtudes, y precisamente nos da una educación preliminar para la adquisición de la continencia, (comenzando) por el uso de los animales: nos prohíbe comer de todos aquellos que por naturaleza son grasos, como la especie del cerdo, muy carnosa. El uso de esos animales (o: de esas carnes), en efecto, es dejado para los que viven voluptuosamente[27].

A lo largo de la literatura patrística podemos encontrar variaciones de este mismo tema. Incluso el moralista teólogo Jerónimo reclutó a la autoridad médica pagana para señalar un punto religioso. Concediendo que «atiborrarse produce enfermedad» y despierta el deseo sexual, Jerónimo fue quien tradujo al latín la máxima de Galeno de que «El grueso vientre no engendra sutil entendimiento» (*pinguis venter no gignit sensum tenuem*)[28].

En un patrón que se repetiría a lo largo de la Alta Edad Media, sin embargo, todo lo que la medicina pudiera reclamar para regular

26. Temkin, O., *Hippocrates in a World of Pagans and Christians*, Baltimore, MD, 1991, p. 131; Hill, S. E., *Eating to Excess*, pp. 110-15.

27. Clemente de Alejandría, *Stromata*, libro II, capítulo XX, «La continencia», 105.1, Merino, M. (trad.), Ciudad Nueva, 1998.

28. San Jerónimo, *Cartas de San Jerónimo I*, Bueno Ruiz, D. (trad.), BAC, 1962, p. 421.

la conducta y fomentar las prácticas saludables podía superarse más aún por las obsesiones teológicas con el pecado y la condenación, que parecían concretizarse en la «pesadez» de la carne y de la materia en general. Por eso Clemente podía decir que «ayunar vacía el alma de materia y la vuelve, con el cuerpo, clara y ligera para recibir la verdad divina»[29]. La grasa y la comida se consideraban como algo que frustraba la trayectoria ascendente del alma, que literalmente la lastraban con sustancias inmundas y podridas. Otros autores empleaban también imágenes de una putrefacción hinchada y pesada. «Pero mi placer es no tener placer», declara el personaje «Pneuma» en el diálogo *Comparatio vitarum*, escrito por Gregorio Nacianceno en el siglo IV:

> no tener mi cuerpo hinchado con cosas que lo saturan, asqueado con la debilidad de los ricos, respirando por mi garganta el olor mórbido y dulzón de la inmundicia, constriñendo mi mente con el peso de mi grasa[30].

Entre los primeros cristianos, de la misma manera que ocurría con Filón y Porfirio, las cualidades negativas de la grasa incluían una adherencia grasienta y pesada a las cosas mundanas y corruptibles que impedían la trascendencia del alma. La grasa era un problema, como lo era toda la carne, pero lo era aún más porque la grasa, literalmente era *más carne*.

La gordura, la glotonería y la esclavitud del vientre afectaban en el mundo cristiano de manera diferente según se fuera clérigo o laico. Pensemos en los denominados Padres del Desierto, que formaban remotas comunidades monásticas en Egipto a partir del siglo III. Para estos hombres que renunciaban al mundo, la castidad y la mortificación

29. Bynum, C. W., *Holy Feast and Holy Fast: The Religious Significance of Food to Medieval Women*, Berkeley, CA, 1988, p. 36.

30. Citado en Musurillo, H., «The Problem of Ascetical Fasting in the Greek Patristic Writers», *Traditio*, XII, 1956, p. 16; véase también De Nie, G., «Images of Invisible Dynamics: Self and Non-Self in Sixth-century Saints Lives», en *Studia Patristica*, XXXV, 2001, pp. 52-64.

corporal eran elementos centrales de la vida cristiana. Lo que ellos llamaban «gula» consistía en ingerir algo más que la habitual y escasa ración a la hora de comer o incluso en pedir alguna verdura para acompañar el pan. En la medida en que una gran corpulencia era algo muy por debajo de las posibilidades para estos evasores del mundo (que de haber «pecado» habrían llegado a tener lo que el mundo exterior habría considerado una constitución saludable), la relación entre la gula y la grasa parece haber sido algo reservado para la población laica.

Esto era algo que a Juan Crisóstomo, que predicó en Antioquía en el siglo IV antes de ser nombrado arzobispo de Constantinopla, le resultaba bastante evidente. Apodado «boca de oro» por la elocuencia meliflua de sus sermones, lo que fluía de su pluma no siempre era tan dulce, especialmente cuando surgía el tema de la opulencia. Espoleado por los altos índices de pobreza con los que había convivido cuando era un joven sacerdote, Crisóstomo colocó la caridad como el tema central de su misión evangelizadora. Esto suponía quebrar la complacencia y el egoísmo que apretaban los cordones de las bolsas de los ricos. Crisóstomo despotricaba contra los prósperos cuyas opulentas costumbres los alejaban de sus hermanos y hermanas de menor fortuna. Al hacer esto, prestaba una inusual atención al cuerpo como una manera de animar a las personas a superar las barreras y crear una comunidad auténtica. Como la vulnerabilidad física era un rasgo universal compartido por todas las personas, «Juan predicaba a una hermandad de cuerpos en peligro»[31]. Algunos cuerpos estaban en un peligro mayor que otros, sin embargo. Crisóstomo expresaba una repugnancia en general hacia el cuerpo deseante definido como un contenedor que demasiado a menudo se llenaba por encima de sus límites: «Pues lo mismo que si una persona quiere llenar una tinaja perforada trabaja inútilmente, así también el que es voluptuoso achica el agua de una tinaja perforada»[32].

31. Brown, P., *The Body and Society: Men, Women, and Sexual Renunciation in Early Christianity*, Nueva York, 1988, p. 316; véase también Hill, S. E., *Eating to Excess*, pp. 115-20.

32. Juan Crisóstomo, *Homilías sobre la carta a los efesios*, Merino, M. (trad.), Ciudad Nueva, 2021, p. 237.

Como declaraba Crisóstomo en otro texto: «El cuerpo es como una botella hinchada que pierde líquido por todas partes»[33].

Entre todos los escritores cristianos de los primeros tiempos, tal vez Crisóstomo fue el más obsesionado con los vientres gordos y los miembros hinchados. Aparecen con frecuencia en sus escritos, habitualmente como la triste prueba de la gula, y muchas veces relacionados con la inmundicia y el excremento. En oposición a la dura austeridad que practicaban los ascetas que renunciaban al mundo, un estilo de vida que en su juventud Crisóstomo había intentado seguir sin conseguirlo, la Iglesia en general esperaba que el pueblo laico viviera con moderación. Las razones que Crisóstomo aducía para llevar una vida sobria combinaban argumentos médicos, espirituales y estéticos. Identificaba la opulencia como uno de los principales obstáculos para la caridad y no le incomodaba emplear la sabiduría pagana de Galeno para sacar una conclusión cristiana: «La opulencia y la sobriedad no pueden existir juntas: una destruye a la otra. Incluso los paganos dicen: "el grueso vientre no engendra un sutil entendimiento"»[34]. Sus propuestas de moderación en la comida y la bebida eran versiones moralizantes de las recomendaciones higiénicas grecorromanas: «¿Quieres alimentar el cuerpo? Quita lo superfluo, dale lo necesario y lo que pueda digerir; no lo agobies, para que no lo atormentes»[35]. De la misma manera que lo hacía Filón, sin embargo, la relación que hacía Crisóstomo de la grasa y la gula con el excremento era más acentuada de lo que habría sido lo normal para un autor pagano. En una homilía sobre la carta de Pablo a los Corintios, Crisóstomo pedía a los creyentes que no pensaran en los lujos mismos, sino en lo que les estaba reservado: «aquí sin duda la inmundicia y la obesidad, allí el gusano y el fuego»[36].

33. Juan Crisóstomo, *Homilias sobre las cartas 1-2 Timoteo, Tito y Filemón*, Merino Rodríguez, M. (trad.), Ciudad Nueva, 2023 (trad. propia).

34. *Ibid.*, p. 787.

35. Juan Crisóstomo, *Homilías sobre la carta a los hebreos*, Merino Rodríguez, M. (trad.), Ciudad Nueva, 2008, p. 492.

36. Juan Crisóstomo, *Homilías sobre la primera carta a los corintios*, en *Obras completas de San Juan Crisóstomo IV*, Delgado Jara, M. I. (trad.), BAC, 2012 (trad. propia).

La animalidad era otra metáfora pagana que empleaba Crisóstomo, de manera exagerada, en sus «melosas» homilías. Como otros autores clave en la época patrística, además de recelar de muchos de los placeres y pasatiempos que se disfrutaban en el mundo helenizado, Crisóstomo desconfiaba de la relativa fluidez que los autores paganos entendían que había entre los animales humanos y no humanos. La primera doctrina cristiana, por lo tanto, despotricaba contra «la ambigüedad de las especies y estableció como principio una diferencia cualitativa entre los seres humanos y los animales»[37]. Aún más, el cristianismo efectuó lo que se podría denominar una «operación de purificación» por la que los seres humanos se volvían «exteriores y superiores a la naturaleza» de maneras que no podían concebirse ni en Grecia ni en Roma[38]. Esta distinción purificadora entre seres humanos y animales se solidificaría con el tiempo. En el siglo XII, Tomás de Aquino declararía que la «vida de los animales [...] se conserva no para sí mismos, sino para el hombre»[39].

Como un efecto de esta transformación, las gráficas descripciones de los pecadores gordos que hacía Crisóstomo están cargadas con la materialidad y la animalidad que se suponía que los fieles debían transcender. A quienes aspiraran a la pureza se les animaba a leer las pruebas físicas del pecado sobre los cuerpos de los demás[40]. Gastar la riqueza propia en los placeres propios más que en hacer bien al prójimo podía reducir a una persona a un desastre tembloroso y maloliente que se diría que Crisóstomo se complace en describir: «Cuerpos grasientos, vómitos, ventosidades, abundancia de excremento, dolor de cabeza, debilidad de la carne, fiebre y debilitamiento»[41]. Aunque la mayoría de los Padres de la Iglesia condenaban los apetitos que podían impulsar tales excesos, Crisóstomo se regodeaba en el carácter repulsivo que podía adoptar el cuerpo después de tales apetitos. Se detenía en concreto en la derivada

37. Salisbury, J. E., *Beast Within*, p. 4.

38. Descola, P., *Pardelà nature et culture*, París, 2005, p. 103.

39. Citado en Salisbury, J. E., *Beast Within*, p. 177.

40. Shaw, T. M., *The Burden of the Flesh: Fasting and Sexuality in Early Christianity*, Minneapolis, MN, 1998, pp. 143-4.

41. Juan Crisóstomo, *Homilías sobre la carta a los efesios*, p. 237.

bestial que podía traer consigo la corpulencia. ¿Podía haber un «espectáculo más asqueroso»?, se preguntaba retóricamente Crisóstomo, que «un hombre que cultiva la obesidad, arrastrándose a sí mismo como una foca»? Por supuesto que no, se espera que respondan sus lectores. Pero Crisóstomo no se arriesga a ser malinterpretado. «No hablo de los que tienen de manera natural esa constitución», se apresura a añadir, «sino de los que por su vida opulenta han llevado a sus cuerpos hasta ese estado, de quienes naturalmente tendrían una constitución sobria». Estos últimos se transforman en «bestias» que se alimentan durante todo el día, «porque su único destino es el matadero». Un hombre que se comporta «como si fuera un cerdo en proceso de engorde» se convierte en «un espectáculo indecoroso, despojado de todo lo humano, y con toda la apariencia de una bestia con una silueta humana». Como habían hecho Porfirio y Filón antes que él, Crisóstomo invocaba el motivo del espíritu lastrado por una materialidad que lo inunda, pero lo adornaba con las imágenes de una bestialidad incapacitante: «el alma miserable, al igual que los tullidos, es incapaz de alzarse, arrastrando por ahí su masa de carne, como un elefante»[42].

A pesar de estas apariencias, en la concepción de la gordura de Crisóstomo cabían los matices. Ser corpulento por naturaleza, por lo visto, no era un problema en sí mismo. Teniendo en cuenta la vitriólica acusación de Crisóstomo —afilada como estaba con sus referencias a los cerdos, las focas o los elefantes—, es fácil preguntarse cómo él o cualquiera de sus lectores habría sido capaz de distinguir si la corpulencia de una persona concreta era el resultado de la gula o de su constitución, o incluso si se habrían molestado en intentar distinguirlo. A pesar de los propósitos trascendentes de sus ideas sobre la buena vida cristiana, hay algo inconfundiblemente «mundano» en la insistencia machacona de Crisóstomo en la apariencia, que apunta a eso que algunas teorías actuales designan como «la mirada» ya estaba bastante operativa cuando de lo que se trataba era de escrutar los cuerpos de los

42. Juan Crisóstomo, *Homilías a los hechos de los Apóstoles* 2, M. Merino (trad.), Ciudad Nueva, 2012.

creyentes. Esto puede explicar por qué Crisóstomo reservaba algunas de sus pullas más desagradables para las mujeres, cuya potencial caída en el pecado era una obsesión para él. Algunas de sus preocupaciones por la corpulencia femenina se relacionaban con la salud: «¿Por qué deberías tú, mujer, debilitar de continuo tu cuerpo con la opulencia y agotarlo? ¿Por qué echar a perder tu energía con la grasa? Esta grasa es flacidez, no fuerza»[43].

Como siempre en el mundo antiguo, sin embargo, la salud iba de la mano con la belleza y la moralidad: «En verdad la opulencia convierte a la mujer hermosa no solo en una enferma sino en algo horrible a la vista». La vista era únicamente uno de los sentidos a los que podía ofender la mujer pecadora gorda:

> continuamente emite desagradables exhalaciones, y su respiración apesta a vino rancio y está más rubicunda de lo que debería, y destroza la simetría que adorna a la mujer, y pierde todo su decoro y su cuerpo se vuelve fofo, sus párpados se distienden y se inyectan en sangre, su masa se hace indebidamente enorme y su carne es una carga inútil.

Insistiendo en que sus lectores compartan su repugnancia, Crisóstomo les pide que se imaginen por sí mismos «el asco que esto produce»[44]. Para dejar claro su argumento, Crisóstomo ofrecía una comparación antes-después que merece la pena citar por completo:

> Pues decidme, supongamos que alguien tenga una agradable figura, y que todo en él fuera bello y que la riqueza acudiera a él y le prometiera volverlo feo, y en lugar de saludable, enfermizo, en lugar de fresco, inflamado; y una vez hubiera llenado cada miembro de hidropesía,

43. Para tener salud «quita lo superfluo, dale [al cuerpo] lo necesario y lo que pueda digerir». Juan Crisóstomo, *Hebreos*, p. 492.

44. Juan Crisóstomo, *Homilías sobre la primera carta a los corintios* (trad. propia); Shaw, T. M., *Burden of the Flesh*, pp. 143-4; véase también Leyerle, B., «Refuse, Filth and Excrement in the Homilies of John Chrysostom», *Journal of Late Antiquity*, II/2, otoño de 2009, pp. 337-56.

> pasara a hinchar su rostro y a distenderlo por todas partes; y después le hinchara los pies y los volviera más pesados que un tronco, y le rellenara el vientre y lo hiciera más grande que un tonel cualquiera [...]. Decidme entonces, cuando la riqueza produce estos efectos en el alma, ¿cómo puede ser honorable?[45]

Si un fiel no lograra obtener en vida el tipo de cuerpo que Crisóstomo pensaba que era el más adecuado, ¿qué ocurriría cuando los cuerpos de los justos se alzaran de sus tumbas el día del Juicio? La creencia cristiana en la resurrección de los cuerpos podría tener un origen en los pueblos paganos helenísticos, que asociaban la inmortalidad corporal con los dioses, a la vez que esperaban con fervor que ellos mismos pasarían a otra vida en cuanto «sombras» incorpóreas[46]. Desgraciadamente, la vida eterna cristiana no carecía de determinados requisitos en cuanto al tamaño. En una variación del dicho de que le costaría más a un hombre rico entrar en el Cielo que a un camello pasar por el ojo de una aguja (Marcos 10:24-7), Tertuliano afirmaba que:

> Más fácilmente por la «puerta estrecha» de la salvación entrará la carne delgada; más rápidamente ascenderá la carne más ligera; más tiempo en el sepulcro retendrá su firmeza la carne más seca[47].

Aunque tiene cierta relación con los ideales corporales helenísticos, este énfasis en la delgadez, la ligereza y la sequedad tenía menos que ver con unos criterios estéticos de tamaño y forma como con la ansiedad provocada porque la carne humana estuviera condenada a los procesos de disolución y putrefacción, como cualquier otra forma de vida orgánica. La vida ascética por lo tanto prometía un cuerpo inmune a los estragos del tiempo y de los procesos orgánicos[48]. Es comprensible

45. Juan Crisóstomo, *Second Colossians*, en *Nicene*, vol. XIII, p. 518.
46. Endsjø, D. Ø., *Greek Resurrection Beliefs and the Success of Christianity*, Londres, 2009.
47. Tertuliano citado en Grimm, V. E., *From Feasting*, p. 136.
48. Bynum, C. W., *Resurrection*, pp. 31-2, n. 36

que esto suscitara preguntas acerca de la apariencia que tendrían los cadáveres reanimados de los justos en la Nueva Jerusalén. Pablo (I Corintios, 15:38-54) no daba demasiados detalles de cómo sería este «cuerpo espiritual», tan superior en gloria, poder e incorruptibilidad a su versión terrenal. Declarando «que la carne y la sangre no pueden heredar el reino de Dios», Pablo estaba seguro de que la carne humana era diferente de la carne animal y que Dios le daría a esta o aquella persona «el cuerpo como quiso». Los autores posteriores fueron algo más específicos. En sus primeros escritos, Agustín de Hipona no prometía nada sobre lo que los creyentes podían esperar después de la resurrección, concediendo únicamente que no estaba claro «que resuciten los delgados con su misma flaqueza, o los gruesos con su misma robustez». Incluso si Dios ha optado por una «razonable desigualdad» de formas y tamaños corporales, Agustín garantiza a sus lectores que los habitantes del Cielo serán agradables a la vista, porque «nada, ciertamente, habrá allí discordante, sino que todo estará bien, porque, si no fuera conveniente, ni siquiera existiría»[49].

Afirmaciones como estas, si bien apuntan a que los ideales celestiales respetaban los criterios estéticos grecorromanos, también revelan la insistencia de la primera época del cristianismo en que el cuerpo resucitado sería «perfecto» y estaría «completo» de maneras que el paganismo nunca imaginó en sus prospecciones de la otra vida[50]. Para cuando escribió *La ciudad de Dios*, Agustín ya lo tenía todo pensado:

> Y, por ello, los delgados y los gruesos no deben temer ser allí también como tampoco aquí *hubiesen querido ser* de haber podido [cursivas añadidas].

49. Agustín de Hipona, «Enquiridion», en *Obras escogidas de San Agustín*, tomo I, Ropero, A. (trad.), Clie, 2001. p. 314.

50. Moss, C. R., «Heavenly Healing: Eschatological Cleansing and the Resurrection of the Dead in the Early Church», *Journal of the American Academy of Religion*, LXXIX/4, 2011, pp. 991-1017.

Puesto que «todos los defectos no existirán» en el reino de Dios, es razonable pensar que «el tamaño de los cuerpos tendrá aquellas medidas que tenía la proporción establecida para el cuerpo de cada uno que debía alcanzarse, o ya alcanzada en la juventud, conservada también la belleza apropiada en las medidas de todos los miembros». Anticipando la intención, aunque no el procedimiento concreto, de la moderna técnica de liposucción conocida como «transferencia de grasa» o «lipomodelado», a Agustín le parecía lógico pensar que «si le fuera detraído a un tamaño inadecuado que se acumulase en alguna parte algo que fuera dispersado por el resto para que no desaparezca y se mantenga por doquier la proporción de las partes, no resulta absurdo que creamos que algo de allí también pueda añadirse a la estatura del cuerpo cuando esto se distribuye con todas las partes para que conserven la belleza, porque, si se hallase desproporcionadamente en una sola, sin duda no resultaría hermoso». Cualquier rasgo físico deforme, si se concentra en un lugar, simplemente se llevaría a otro lugar[51]. El cuerpo resucitado perfecto no se limitaría a ser proporcionado y atractivo —y, por lo que parece, helenizado—, sino que también sería inmune a la discapacidad y a la decadencia inherente a la corporalidad terrenal. En este sentido se podría decir que la cirugía plástica actual aspira a cumplir la obra de Dios.

La corpulencia en la Edad Media cristiana

Parecería entonces que a Agustín le preocupaba menos que a otros Padres de la Iglesia si se había sido o no corpulento en vida. Mientras que la persona hubiera vivido una vida virtuosa, su cuerpo en la resurrección asumiría su apropiada forma hermosa. Pero el siglo IV, en el que Agustín vivió y escribió, señalaría un punto de inflexión en la historia del cristianismo. No solamente se legalizó la fe y se creó la ortodoxia,

51. Agustín de Hipona, *La ciudad de Dios*, libro XXII, §19 y 20, Marina Sáez, R. M. (trad.), Gredos, 2023.

sino que la disminución de su estatus clandestino se acompañó de una revalorización del mundo material, incluyendo el cuerpo, como algo importante para la religión[52]. Pero si se puede decir que la grasa haya sido importante en el cristianismo de la Antigüedad y de la Edad Media, lo habría sido principalmente bajo la forma del aceite. La explicación que da Peter Cramer sobre la importancia de los óleos sagrados en el *Sacramentario Gelasiano*, del siglo VIII, subraya la manera en la que la teología se basó en las cualidades materiales de la grasa que ya habían captado la atención del mundo pagano y judío. Señalando cómo a menudo la antropología ha observado la importancia del aceite «en una amplia variedad de sociedades, con una multiplicidad que posee su propia exuberancia», Cramen propone que:

> Todo está en el aceite, el principio interno de lo vital que cuando se unta sobre el cuerpo —el crisma, una mezcla de aceite y bálsamo, que el sacerdote untaría en la frente de la persona bautizada en la vigilia de Pascua, después del baño bautismal— hace manifiesto su principio interno, lo saca a la superficie «para que todo el mundo lo vea»[53].

El aceite era tan importante que se creía que los cuerpos de determinados santos excretaban formas de este incluso después de su muerte[54]. En el siglo XIII, Cesario de Heisterbach señalaba las propiedades curativas del aceite que manaba de los cuerpos de santas como Isabel de Turingia, así como de los santos Demetrio, Catalina y Nicolás[55]. Incluso en los casos en los que la preciada sustancia que exudaba de los cuerpos de las mujeres santas no era aceite —como en el caso de la

52. Miller, P. C., *The Corporeal Imagination: Signifying the Holy in Late Ancient Christianity*, Filadelfia, PA, 2009, pp. 3-4.

53. Cramer, P., *Baptism and Change in the Early Middle Ages, c. 200-c. 1150*, Nueva York, 1993, pp. 212-13.

54. Bynum, C. W., *Holy Feast*, p. 211; Mullins, S. E., «Myroblytes: Miraculous Oil in Medieval Europe», tesis doctoral, Georgetown University, 2017.

55. Bartlett, R., *Why Can the Dead Do Such Great Things? Saints and Worshippers from the Martyrs to the Reformation*, Princeton, NJ, 2013, p. 249.

leche que se decía que brotaba de las místicas flamencas— la sustancia en cuestión seguía siendo grasienta y fuente de vida[56].

Bajo la forma de los sagrados óleos, la grasa conservaba su capacidad de expresar la vitalidad y la fertilidad, pero también hemos visto cómo, en cuanto alimento delicioso que se relacionaba con la sensualidad, adoptaba otros sentidos. Esto era cierto cuando la gordura corporal se relacionaba vagamente con el pecado de la gula. De hecho, fue también durante el siglo IV cuando la Iglesia recopiló la primera lista de pecados capitales. Debido al predominio de la renuncia al mundo en la primera época del cristianismo, la gula encabezaba la lista. Si se entendía en términos sociales, la persona glotona era aquella que cogía más ración de la que le correspondía, por lo que podía ocurrir que privara a otras personas de su alimento. Como ya hemos visto, la gula tenía normalmente más que ver con un apetito incontrolable que con la apariencia personal. Los individuos podían ser culpables de gula y la gula podía entenderse fácilmente como algo que se manifestaba mediante la corpulencia, pero no se les hacía necesariamente responsables morales de su gordura, que también podía entenderse, en términos médicos, como un efecto de la constitución humoral de cada individuo y de los estilos de vida ligados a profesiones que pudieran requerir más o menos ejercicio físico[57]. Como sugerían las diatribas de Crisóstomo, sin embargo, era tentador inferir el valor espiritual de una persona sólo a partir de las pistas corporales.

A pesar de su fijación con la gula, no era habitual encontrar en la Edad Media un ayuno comunitario que se pareciera demasiado al ascetismo extremo de los primeros días del cristianismo, incluso aunque algunas órdenes religiosas exigieran un grado de austeridad superior a otras. Las huertas y los huertos frutales, los campos de cereales, los viñedos y el ganado eran componentes habituales de los monasterios cenobitas de los siglos V y VI, lo que apunta a que los monjes que allí

56. Bynum, C. W., *Holy Feast*, p. 145.

57. Hill, S. E., «"The Ooze of Gluttony": Attitudes towards Food, Eating, and Excess in the Middle Ages», en *The Seven Deadly Sins: From Communities to Individuals*, Newhauser, R. (ed.), Leiden, 2007, pp. 57-70.

vivían disfrutaban de una dieta generosa para cuidar su salud[58]. Algunos monasterios incluso se convirtieron en infames centros de gula y pereza. Esto acabaría por hacer que los monjes adquirieran una reputación de tener cuerpos orondos, lo que generó dichos como «gordo como un monje», en paralelo a expresiones como «gordo como un cerdo». El tono de estas afirmaciones apunta a grados de corpulencia superiores a lo que se habrían tomado como simples indicadores de salud.

Algunos monjes se tomaban muy en serio sus banquetes. Cuando en el siglo X el obispo Ethelwoldo, de espíritu reformista, fue nombrado abad del monasterio de Winchester e intentó instituir un régimen algo más sobrio, los monjes aficionados a la comida y la bebida trataron de envenenarlo[59]. Las críticas a la vida opulenta de los otros monjes y las peticiones de una vuelta a la austeridad parecen haber sido el patrón allí donde surgían nuevas órdenes monásticas. «¿Se basa la salvación en los atuendos suaves y la gran vida o más bien en la ingesta frugal y el vestido modesto?» era la pregunta que planteaba el cisterciense Bernardo de Claraval a la orden de Cluny a mediados del siglo XII. Su respuesta a su propia pregunta —«¡El alma no se engorda con lo que sale de las sartenes!»— habría enorgullecido a Porfirio[60]. Aunque no podemos decir nada del estado de las almas de los monjes, la arqueología sí nos ofrece atisbos de la condición en la que estaban sus cuerpos. Una excavación reciente ha reforzado la idea de que «el estilo de vida monástico», que incluía una dieta rica en grasas saturadas de origen animal y bebidas alcohólicas, junto con un estilo de vida más o menos sedentario, predisponía a los monjes a un estado óseo que se ha relacionado con la corpulencia, la gota y la diabetes[61].

58. Grimm, V. E., *From Feasting*, p. 190.

59. Hagen, A., *AngloSaxon Food and Drink*, Hockwold cum Wilton, 2006, p. 417.

60. Citado en Patrick, P. J., «"Greed, Gluttony and Intemperance"? Testing the Stereotype of the "Obese Medieval Monk"», tesis doctoral, Institute of Archaeology, University College Londres, 2004.

61. Verlaan, J. J. et al., «Diffuse Idiopathic Skeletal Hyperostosis in Ancient Clergymen», *European Spine Journal*, XVI/8, 2007, pp. 1129-35; Patrick, P. J., «Greed, Gluttony and Intemperancy?»

Íntimamente relacionada con los temas de la moralidad y de los apetitos, la corpulencia era también una cuestión de apariencias en la Edad Media. Al menos entre los líderes espirituales, la belleza física seguía entendiéndose como un indicio de bondad. Se concebía que la santidad no solamente concedía determinadas ventajas espirituales sobre el resto de la humanidad, sino también siete dones corporales: belleza, agilidad, fuerza, libertad, salud, gozo y longevidad. En el sistema simbólico que estructuraba la iconografía medieval, los estómagos planos se privilegiaban por encima de los hinchados, no siendo la menor de las razones para ello que estos últimos se asociaban con un carácter pecaminoso[62]. Es posible que en la Edad Media la gente no tuviera claro qué aspecto tenía un cuerpo «moderado», pero sin duda reconocía la gordura extrema cuando la veía. En cualquier caso, la corpulencia por sí misma no bastaba para condenar a una persona como derrochadora. Debía más bien acompañarse de un comportamiento moralmente cuestionable que permitiera a los críticos proponer que sus fechorías, en realidad, podían leerse sobre su cuerpo.

Una conclusión así podría haber sido contraintuitiva para los más austeros de los ascéticos medievales, que imploraban a los fieles que no se dejaran seducir por la apariencia física de la salud y la prosperidad. La putrefacción, después de todo, era algo «inherente a la vida», y no tanto algo que ocurría después de la muerte, y se decía que sus efectos eran especialmente conspicuos en los cuerpos engordados por la buena comida y bebida[63]. «Un cuerpo bien alimentado y una constitución delicada», defendía el monje cisterciense Hélinand de Froimont, «no son sino una túnica de fuego y gusanos. El cuerpo es algo vil, maloliente y marchito»[64]. Morir con un cuerpo flaco y firme suponía no tener que

62. Le Goff, J., *La civlización del Occidente medieval*, G. González (trad.), Paidós, 1999, pp. 304; Alexandre-Bidon, D., «Trop gourmand? Le corps obèse dans l'iconographie médiéval», en *Le Corps du gourmand d'Héraclès à Alexandre le Bienheureux*, p. 136.

63. Camporesi, P., *The Incorruptible Flesh*: *Bodily Mutation and Mortification in Religion and Folklore*, Croft-Murray, T. (trad.), Cambridge, 1988, p. 78.

64. Citado en Le Goff, J., *The Medieval Imagination*, Goldhammer, A. (trad.), Chicago, IL, 1988, p. 84.

conocer nunca «el terror de la descomposición repentina» que esperaba a quienes habían sido mimados por una vida indulgente y blanda[65]. Pero estos pronunciamientos eran exagerados y nos desvían del hecho de que, a pesar de todas sus sospechas sobre la sexualidad y la decadencia, la teología medieval aún consideraba que la persona era una unidad psicosomática de la que el cuerpo era un componente esencial[66].

Así que las apariencias sí importaban, incluso aunque no fueran lo más importante. Las cuestiones sobre la belleza del cuerpo resucitado no terminaron con Agustín, sino que brotaron periódicamente a lo largo de la Edad Media[67]. Sopesando la misma pregunta, siglos más tarde, el doctor angélico de la Iglesia, Tomás de Aquino, estaba de acuerdo en que, en la vida eterna, «parece que se ha de tomar nuevamente lo que fue más perfecto, comprendido bajo la forma y la especie de la humanidad»[68]. Podríamos suponer entonces que el cuerpo resucitado de Aquino sería diferente al que lució en la Tierra. Aunque Aquino tenía la fama de haber estado tan gordo que no podía sentarse con comodidad ante una mesa a la que no se le hubiera recortado un espacio para su barriga, nadie duda de que observaba fielmente las austeridades requeridas por la orden dominica. Aunque algunos quizás hicieran comentarios a sus espaldas, no había razón ninguna para que la panza de Aquino implicara una cualidad negativa a los ojos de sus compañeros clérigos[69].

Sí, de una forma semejante a lo que ocurría con Sócrates, las credenciales espirituales y filosóficas de Aquino lo protegían del estigma que su cuerpo gordo hubiera podido atraer en cualquier otro caso, lo contrario era igualmente cierto en el caso del clero que se hubiera ganado la fama de vicioso. En algunos casos, la gordura extrema se definía como monstruosidad. El cronista alemán Lamperto de Hersfeld expresaba su

65. Camporesi, P. *Incorruptible*, p. 76.

66. Bynum, C. W., *Resurrection*, pp. 134-5.

67. Reynolds, P. L., *Food and the Body: Some Peculiar Questions in High Medieval Theology*, Leiden, 1999.

68. Tomás de Aquino, *Suma contra gentiles*, tomo II, libro IV, capítulo 81, BAC, p. 951.

69. Brosamer, M. J., «Medieval Gluttony and Drunkenness: Consuming Sin in Chaucer and Langland», tesis doctoral, Department of English, UCLA, 1998, p. 320.

horror cuando se le ofreció a Adalbero, un monje del monasterio de San Galo, el obispado de Worms, en 1065. Además de «ser completamente cojo de un pie», informaba Lamberto, Adalbero era

> en todos los sentidos un espectáculo para la vista. Porque era un hombre de extrema fuerza, de extremada gula y de tal gordura que sorprendía a los que lo contemplaban con horror más que con admiración.

Para transmitir a sus lectores la facha de Adalbero, Lamberto incluía citas parciales (aquí señaladas en cursiva) de escritores romanos como Livio, Horacio y Sulpicio Severo:

> Ni el *gigante de las cien manos* ni cualquier otro monstruo de la antigüedad, incluso *si emergiera del inframundo, atraería hacia sí mismo hasta tal grado el ojo y la mirada* del populacho asombrado.

El populacho no tendría mucho tiempo para asombrarse. Cinco años más tarde, el gordo obispo murió «ahogado (o eso dicen) por su propia gordura [*crassitudine*]»[70].

A pesar de esta relación percibida entre los monjes gordos y la gula, el exceso de carne no era un signo seguro de un apetito voraz. En el arte medieval, a los glotones se les solía representar como criaturas demacradas cuyos cuerpos parecían incapaces de colmarse nunca. Las preocupaciones teológicas sobre el pecado de la gula a veces se complementaban con advertencias médicas sobre los peligros de comer demasiado, pero la relación entre la glotonería y la gordura se desarrolló más lentamente. La figura alegórica de la Gula en la obra de William Langland *Piers Plowman* (c. 1379-90) sufría de achaques de salud (indigestión, flatulencia, vómitos), lo que era un indicio de la persistencia de

70. *The Annals of Lampert of Hersfeld*, Robinson, I. S. (trad.), Manchester, 2015, pp. 108, 133-4. Traducción modificada. Hersfeld, L. von, *Lamperti monachi Hersfeldensis opera*, Holder-Egger, O. (ed.), Hanover, 1894, pp. 100, 117.

la doctrina dietética de Galeno durante la época medieval[71]. El Bulero de *Los cuentos de Canterbury* (1387), de Chaucer, también entendía que la gula tenía implicaciones que iban más allá de lo estrictamente religioso. Era también un problema práctico porque provocaba olvidos y pérdida del ingenio, así como un desequilibrio poco saludable de los humores corporales:

> ¡Ah! Si un hombre supiera solamente cuántas enfermedades son consecuencia de la gula y las borracheras, cuánto moderaría su dieta al sentarse a la mesa[72].

A menudo el problema de la gordura era eclipsado por otros dolores físicos causados por la excesiva autoindulgencia, tanto como para que esta fuera casi invisible. En otros lugares, el vientre gordo se consideraba como el signo más conspicuo de la gula. En la visión del infierno de Dante, el tercer círculo se reservaba para los glotones, y allí estaba el demonio de tres cabezas, Cerbero, que, con su «gran vientre» [*I ventre largo*] se le reconocería como portados de lo que muchos habrían considerado un efecto de ese pecado en concreto[73].

Incluso si no tenía una relación coherente con la gula, la gordura sin duda estaba disponible para los comentarios morales en las circunstancias adecuadas. Escribiendo acerca de la formación apropiada para los novicios en las escuelas monásticas, a principios del siglo XII, Hugo de San Víctor animaba a los maestros a buscar los defectos ocultos del temperamento de sus estudiantes en los gestos involuntarios y en los rasgos corporales. En especial se les animaba a vigilar la gordura, que pronosticaba un carácter lascivo, cuando no la gula misma, así como los movimientos «sueltos» o rápidos que denotaban, respectivamente,

71. Gasse, R., «The Practice of Medicine in *Piers Plowman*», *The Chaucer Review*, XXXIX/2, 2004, p. 186.

72. Chaucer, G., *Cuentos de Canterbury*, Guardia Massó, P. (trad.), Cátedra, 2006.

73. Dante Alighieri, *Divina comedia*, vol. I: *Infierno*, canto VI, 16.

negligencia e incoherencia[74]. Unas pocas décadas después, un monje de la Abadía de Montecassino, conocido por sus ayunos estrictos, era motejado de «glotón» por los campesinos, precisamente porque estaba gordo[75]. Una descripción similar de la corpulencia como señal de corrupción se puede encontrar en la *Garcineida*, una sátira sobre la riqueza de la Iglesia que describe un mundo que representa la inversión de los valores que se predican en los Evangelios[76]. En los inicios del siglo XIII, el monje dominico Jean de San Gimignano soltaba verdades que ya eran de Perogrullo cuando afirmaba que una gran gordura no solamente «engendra las peores enfermedades», sino que «impide la actividad del alma» y es, por lo tanto, «un obstáculo para la sensatez y la inteligencia»[77].

En una construcción alimentada por las ideas que circulaban en las culturas judía y helenística, la gordura se había convertido en un problema para la mente, el cuerpo y el espíritu, mientras que la grasa, la sustancia que producía la corpulencia, conservaba sus vínculos con el excremento y la inmundicia. Como se podía espera, las imágenes del comer y defecar eran habituales en una cultura que seguía reconociendo un solapamiento entre el vientre como la sede de la reproducción, de la digestión y de la excreción. Cuando no se comparaban las enfermedades con malas hierbas que amenazaban con invadir la «huerta» del cuerpo, la medicina medieval describía las dolencias como animales salvajes que podían «devorar» a una persona. La muerte misma se imaginaba como un animal hambriento que devora. Según Bartolomeo Ánglico,

74. Goodich, M. E., *From Birth to Old Age: The Human Life Cycle in Medieval Thought, 1250-1350*, Lanham, MD, 1989, p. 110. Como se podría suponer, el ayuno se recomendaba como una cura para los pensamientos lascivos.

75. Rosé, I., «Le Moine glouton et son corps dans les discours cénobitiques réformateurs, début du IXe siècle-début du XIIIe siècle)», en *Corps du gourmand*, Karila-Cohen, K.; Quellier, F. (ed.), p. 200.

76. Bayless, M., *Parody in the Middle Ages: The Latin Tradition*, Ann Arbor, MI, 1997, pp. 137, 151.

77. Citado en Vecchio, S., «La Faute de trop manger: La gourmandise médiévale entre éthique et diététique», en *Trop gros? L'obésité et ses représentations*, Csergo, J. (ed.), París, 2009, p. 43.

«a la muerte [*mort*] se la llama así porque muerde [*mord*] de manera horrible»[78].

Si los justos al menos podían aspirar a la redención en el «vientre» del Paraíso, los pecadores sólo podían esperar seguir siendo devorados. El Diablo, se decía, era un «demonio-serpiente, retorcido, de muchas formas» que siempre «*va por ahí buscando* hombres y mujeres a *los que pueda devorar*»[79]. En las febriles visiones de algunos clérigos, el camino al Infierno era en sí mismo un proceso de ser devorado y excretado. De ahí el uso generalizado de la imaginería escatológica para representar a Satanás y el Infierno. En *Inferno* (c. 1410), de Giovanni da Modena, la impactante imagen de Satanás devorando pecadores y cagándolos dentro del Infierno expresa adecuadamente esta permanente imagen de la digestión como una inversión perversa de la gestación y la reproducción. Las canalladas se suceden ahí abajo, donde a los glotones que se han cebado a sí mismos como bestias se los alimentará a la fuerza ahora con animales sucios y otras apestosas vituallas durante toda la eternidad. Todavía en el siglo XV, el teólogo flamenco Dionisio Cartujano se imaginaba el Infierno como un vasto intestino hinchado, relleno de todo tipo de grasa e inmundicia, especialmente de grasa humana maloliente y putrefacta. En este lugar inmundo, los cuerpos de los pecadores serían «gordos y desesperados», así como «asquerosos, inclinados al sufrimiento, gruesos y lentos, pesados, apestosos y hediondos». Sorprendidos por su apariencia, «se asombrarían de su gran y horrible deformidad, de la fealdad y oscuridad de sus propios cuerpos». En pronunciado contraste con los cuerpos tumefactos de los condenados, los justos disfrutarían del Cielo como seres bellos, esbeltos, livianos y llenos de gracia, como Agustín y Aquino habían prometido[80].

78. Citado en Pouchelle, M.-C., *The Body and Surgery in the Middle Ages*, Morris, R. (trad.), New Brunswick, NJ, 1990, p. 172. Véase también pp. 168–72.

79. Dhuoda, *Handbook for William: A Carolingian Woman's Counsel for Her Son*, Neel, C. (trad.), Lincoln, NE, 1991, pp. 43–4.

80. Dionisio Cartujano, *Liber utilissimus de quatuor hominis novissimis*, París, 1548, p. 77; Camporesi, P., *The Fear of Hell: Images of Damnation and Salvation in Early Modern Europe*, Byatt, L. (trad.), Cambridge, 1990, p. 18. Gracias a Cara Polsley por la

La gordura de los pecadores se describe claramente en *El Juicio final,* de Taddeo di Bartolo (c. 1394), donde los glotones y los avariciosos son todos corpulentos. Íntimamente relacionada con la inmundicia y la decadencia de este mundo, la grasa era la sustancia de esa vida orgánica que los buenos cristianos esperaban superar algún día.

En la imaginación medieval el camino al Infierno pasaba por el cuerpo devorador y excretor de Satanás. La sección central del fresco de Giovanni da Modena, *Inferno,* muestra a esbeltos glotones comidos a la fuerza para toda la eternidad. Su delgadez puede apuntar a apetitos que nunca se sacian. Giovanni da Modena, *Inferno,* c. 1410. Cappella Bolognini, Bolonia, Italia.

traducción del latín. Véase también Oestigaard, T., «The Materiality of Hell», *Material Religion,* v/3, 2009, pp. 312–31.

*

Esto empieza a ser un poco confuso, así que merece la pena repasar lo que ha ocurrido hasta ahora. Las culturas griega, romana y hebrea relacionaron las implicaciones agrícolas y morales de la grasa, poniendo las bases para una permanente ambivalencia sobre la fertilidad, la animalidad y el consumo. Aunque se podía apreciar la corpulencia como una prueba de riqueza y poder, había otras ocasiones en las que, en Grecia y Roma, se podía percibir el cuerpo gordo como un objeto de ridículo y, a veces, de asombro. Pero sería excesivo argumentar que en estos casos la gordura fuera simplemente algo que suscita el asco. Las implicaciones excrementales de la acción de estercolar el suelo (o engordarlo), así como el potencial carácter desagradable de lo grasiento, no eran cosas que se prolongaran por sistema a las descripciones de las personas gordas. Estas potencialidades de la grasa, en otras palabras, no se actualizaron por completo en las concepciones helenísticas o hebreas de la corpulencia. A menudo citada como prueba de mala salud y como algo que había que evitar, la gordura era, en el peor de los casos, capaz de suscitar lo que se ha denominado un «asco ideológico». Este último, como hemos visto, se desencadenaba ante la subversión de las jerarquías establecidas y se superponía con el desprecio que se expresaba por los hombres cuyo sometimiento a los apetitos feminizantes los equiparaba con las mujeres, las personas esclavas y los pueblos asiáticos. Las referencias regulares al ganado cebado o engordado para su explotación por parte de los más poderosos ofrecía una forma de demostrar cómo engordar podía asemejar a una persona o a un grupo con el extremo «inferior» de una jerarquía.

La disminución de estatus y poder que a veces se asociaba con la corpulencia se acrecentaba por las maneras en las que las culturas helenística y hebrea empleaban la materialidad de la grasa. En la primera, la «blandura» femenina que implicaba la opulencia se encarnaba literalmente en el tejido graso de la persona corpulenta, como si su carne materializara el carácter débil y amoldable de quienes carecían de una firmeza viril. El hecho de que la blandura pudiera también sugerir

La corpulencia no era un signo inequívoco de gula en la cristiandad antigua y medieval, pero en la visión de Taddeo di Bartolo del Infierno señala a los glotones tanto como a los avariciosos. En este detalle de un fresco, a los glotones perpetuamente hambrientos se les impide comer la comida que tienen delante. Taddeo di Bartolo, *El Juicio Final*, c. 1394. Collegiata di San Gimignano, Toscana, Italia.

putrefacción y corrupción no era algo que se destacara a menudo en las descripciones helenísticas y hebreas de los cuerpos gordos. La falta de sensibilidad del tejido adiposo se identificaba también como algo que proporcionaba un aislamiento material que reducía la sensibilidad tanto como la cognición y, en el caso hebreo, la espiritualidad. Así se explicaba la supuesta idiotez o estupidez de las personas gordas: haciendo referencia a una barrera física de la percepción, así como a la docilidad boba del ganado. La gordura podía ahora relacionarse con lo insalubre, lo feo y lo inmoral; podía apuntar a una especie de debilidad «femenina» ante los apetitos del cuerpo; y podía evocar los rasgos de carácter, así como los rasgos físicos, de las criaturas no humanas que ocupaban los escalones más bajos de la jerarquía animal. Podía incluso emplearse como una manera de cartografiar aquellas regiones del mundo en las que se decía que predominaban dichos rasgos abyectos. Para algunos autores, las visiones de la utopía férrea de Esparta se alzaban, como un espejismo, en el contrapunto extremo de la blandura insidiosa que podía representar la grasa. Al localizar la grasa, la gordura y el engorde dentro de las tensiones verticales interrelacionadas entre lo animal y lo humano, el esclavo y el amo, lo femenino y lo masculino, y lo europeo y lo asiático, el mundo helenístico dotó a la imaginación cultural con estereotipos claros que persistirían en diversas formas hasta el siglo XX.

El cristianismo de los primeros años bebió de las bases hebreas y helenísticas a la vez que añadía importantes elementos nuevos. Agudizó las implicaciones agrícolas de la grasa, la gordura y el engorde radicalizando la división animal/humano y acentuando la transcendencia que se encontraba de manera potencial en el platonismo. Las tensiones verticales entre las diferentes manifestaciones de lo «alto» y lo «bajo» se conservaron y de dotaron de imágenes nuevas. Platón se lamentaba de que la mayoría de las personas se comportaban como animales de presa que, mientras se complacían en sus apetitos y se cebaban con comida, siempre miraban hacia abajo y despreciaban lo que era superior. De la misma manera, el cristianismo insistiría en que se deben trascender los apetitos animales para buscar las cumbres de la verdad. Una diferencia clave es que entre los primeros cristianos (y en los pensadores que los inspiraron) la grasa estaba íntimamente vinculada con la inmundicia pesada, colgante y putrefacta del mundo material, que literalmente lastraba y frustraba la trayectoria ascendente del alma. Esta conexión

En este detalle del fresco, el castigo de los avariciosos incluye ser alimentados a la fuerza con oro cagado por un demonio. Taddeo di Bartolo, *El Juicio Final*, c. 1394. Collegiata di San Gimignano, Toscana, Italia.

privilegiada entre la grasa y la inmundicia no se limitó a la era patrística, sino que se reforzó y refinó en la teología medieval que continuó evocándola como una manera de materializar su obsesión con la carne, el pecado y la decadencia. La grasa se localizó dentro de nuevas tensiones verticales entre lo limpio y lo sucio, lo sagrado y lo profano, y el Cielo y la Tierra. Si en Grecia y Roma se podía mirar a los cuerpos gordos con algo de admiración, pero en la mayoría de los casos con humor y desprecio, los escritores cristianos eran totalmente capaces de contemplarlos con asco. Al hacerlo así, contribuyeron a la esperanza de alcanzar un cuerpo perfeccionado que no es un cuerpo en absoluto, un paradójico cuerpo incorpóreo. En un grado u en otro, estas imágenes e ideas prefigurarían y estructurarían los estereotipos culturales occidentales sobre las personas gordas para los siglos venideros.

5. ¿GRASAS NOBLES?
La corpulencia en la Edad Media

Durante el siglo IV EC, más o menos a la vez que los gordos pecadores de Antioquía recibían una buena reprimenda procedente del pico de oro de Juan Crisóstomo, en el Imperio romano de Occidente, Vegecio escribía su influyente tratado sobre la formación y estrategia militar. Dirigido a un emperador desconocido, el *Epitoma rei militaris* hablaba de la importancia de la disciplina y del ejercicio a la hora de forjar soldados hábiles. Como los mejores habían sido entrenados desde su juventud, había que prestar una minuciosa atención a los chicos candidatos a la vida de soldado. Aplicando los conocimientos de la fisionomía de la época, Vegecio reflexionaba sobre los rasgos que los seres humanos comparten con otros animales y, por supuesto, buscaba únicamente las cualidades más nobles. Vegecio pensaba que las criaturas que mejor ilustraban la diferencia entre las fisionomías nobles e innobles eran las abejas, que tenían una fama muy positiva en el mundo antiguo. Estos pequeños insectos laboriosos e inteligentes no sólo poseían ejércitos y la capacidad de librar una guerra, sino que su organización social consistía en tres tercios, formados por zánganos, obreras y un «rey». En la sociedad apia, los zánganos eran quienes eran más despreciados, al menos cuando se calcaba sobre las jerarquías humanas. Puesto que consumían lo que producían otras abejas sin que ellos trabajaran en nada, encajaban con facilidad en los modelos antiguos del consumo parasitario y las jerarquías de estatus. Como los zánganos consumían bastante, Vegecio advertía que era muy probable que cualquier chico que «arrastrara vil su vientre abultado» poseyera las vergonzosas cualidades de un zángano. Además de ser discretos de vientre, los aspirantes a soldado deberían tener ojos despiertos, dedos largos, pecho ancho, hombros musculosos y brazos fuertes. Deben ser magros de nalgas y «con pantorrillas y pies que no estén henchidos de excesiva carne, sino contraídos por la firmeza de los músculos»[1].

Saturado como está de los valores clásicos, el *Epitoma rei militaris* se convertiría en un manual muy leído para la formación de los caballeros medievales, de quienes se esperaba que sus cuerpos fueran estéticamente agradables a la vez que curtidos y preparados para el combate. Estas ideas antiguas no se transmitieron de golpe y por completo a los lectores medievales. Más bien se fueron produciendo una buena cantidad de préstamos, condensaciones y reorganizaciones de las traducciones disponibles a lo largo de los siglos, lo que implicó que el pensamiento clásico tuvo una recepción fragmentaria y selectiva, a medida que se ajustaba para funcionar en un contexto cristiano. Los autores medievales podían escoger y seleccionar a partir de un amplio abanico de textos, a menudo abreviándolos como mejor les parecía[2]. Este capítulo muestra cómo las elites medievales y modernas se basaron en las ideas clásicas sobre el cuerpo a la vez que las ajustaban para sus propias necesidades. Después de un análisis general de las maneras culinarias, médicas y estéticas en las que se abordaba la grasa, estudiaremos las tensiones que rodearon a los cuerpos de los reyes medievales, cuyo gran tamaño era o bien alabado o bien condenado dependiendo de las circunstancias. Terminamos echando un vistazo a las formas en las que en la Baja Edad Media y en la Edad Moderna se empleaba la corpulencia como manera de denotar o bien un defecto moral o bien una importancia monumental.

1. Vegecio, *Compendio de técnica militar*, Paniagua, D. (trad.), Cátedra, 2006, p. 144. Grant, R. M., *Early Christians and Animals*, Londres, 1999, pp. 29-30.

2. Cadden, J., *Meanings of Sex Difference in the Middle Ages*, Cambridge, 1993, pp. 39-42.

Lo magro y lo graso

Hay muchas razones para creer que la distinción entre lo magro y lo graso señala «una tensión que recorre el cuerpo medieval»[3]. Los ciclos de hambruna y de comilonas sin duda contribuyeron a reforzar el simbolismo del atracón y de la privación, especialmente entre los estamentos inferiores. Pero la gordura corporal no siempre se relacionaba con las grasas comestibles. Lo que se consumía principalmente en los días festivos y «grasos» era carne más que las grasas en sí, y los tipos de grasa que se consumían dependían de una serie de factores. Si en Roma se había privilegiado el aceite de oliva como la marca de una dieta civilizada, las tribus germánicas que con el tiempo derrocarían al Imperio compartían una clara preferencia por la manteca que se prolongó durante la Edad Media, en especial en el norte de Europa, donde en general el aceite de oliva no estaba disponible. Considerado como un alimento inadecuado para los numerosos días sin carne que exigía el calendario católico, la manteca se sustituyó por aceites vegetales y después por la mantequilla como el condimento preferido[4]. De hecho, mediante el empleo de mantequilla y aceite, se podía consumir tanta grasa en los tiempos «magros» como durante los periodos de abundancia.

Las preferencias gustativas se podían formular en términos morales. Quienes se habían acostumbrado al sabor dulce de las grasas animales a veces no conseguían entender el gusto mediterráneo por el intenso sabor del aceite de oliva. En una visita a Constantinopla, el obispo Liutprando de Cremona sintió repulsión ante comidas que consideraba «viles y obscenas, saturadas con aceite como si uno quisiera emborracharse con él»[5]. Entre los estamentos inferiores, cuya dieta se basaba principalmente en cereales, la relativa escasez de las sabrosas grasas las convirtieron, como era de esperar, en la materia de

3. Le Goff, J.; Truong, N., *Una historia del cuerpo en la Edad Media*, Pinto, J. M. (trad.), Espasa, 2005.

4. Montanari, M., *Medieval Tastes*, p. 94.

5. Citado en *ibid.*, p. 95.

la fantasía culinaria. De ahí la importancia de la gordura como símbolo de abundancia durante las festividades del Mardi Gras (el Martes de Carnaval o «martes gordo»), que animaba a una irreverente «batalla» entre la gordura del Carnaval y la delgadez de las austeridades de la Cuaresma, programada para empezar el Miércoles de ceniza[6]. De ahí también la abundancia de las carnes grasientas y de los cuerpos cebados en los relatos populares del País de Jauja, un mundo mítico y fantástico rebosante de comida y libre de trabajo. Tan abundantes eran las grasas disponibles en esta «utopía del cuerpo» que los gansos y los cerdos se asaban a la manera de los antiguos cazadores, en lugar de hervirse en una cazuela (como dictaban las prácticas campesinas cotidianas) para conservar toda la grasa posible[7].

El valor simbólico de la grasa como indicio de placer sensual y abundancia y, por lo tanto, de las alegrías de la vida material, quedaba en cierto sentido mitigado por lo que la medicina tenía que decir al respecto. Por una parte, las grasas animales habían conservado su lugar en la farmacopea europea. En la Edad Media, al igual que en la Antigüedad, se recetaban como ungüentos para tratar asuntos relacionados con los nervios así como para diversas afecciones y dolencias[8]. Por otro lado, la medicina medieval y moderna recelaba de las grasas comestibles y recomendaba no consumirlas en exceso. Muchos preferían tratar las grasas como un condimento y no como la pieza central de una comida[9]. El filósofo y médico Moisés Maimónides no se limitaba a hacerse eco de las normas dietéticas judías cuando advertía en contra de

6. Pleij, H., *Dreaming of Cockaigne*: *Medieval Fantasies of the Perfect Life*, Webb, D. (trad.), Nueva York, 2001, pp. 152-62.

7. Quellier, F., *Gourmandise*: *Histoire d'un péché capital*, París, 2010, pp. 56-75. Sobre las «utopías del cuerpo» —es decir, «la utopía humana básica de un estómago lleno y una ropa y alojamiento adecuados»— véase Sargent, L. T., «Everyday Life in Utopia: Food», en *Food Utopias*: *Reimagining Citizenship, Ethics and Community*, Stock, P. V.; Carolan, M.; Rosin, C. (ed.), Londres, 2015, p. 14.

8. Klemettilä, H., *Animals and Hunters in the Middle Ages*, Londres, 2015, pp. 76-7.

9. Flandrin, J.-L., «Le Goût et la nécessité: Sur l'usage des graisses dans les cuisines d'Europe occidentale, XIVe-XVIIIe siècle)», *Annales*: *Histoire, sciences sociales*, XXXVIII/2, 1983, pp. 369-401.

cantidades excesivas de grasa, en particular cuando eran derivadas de determinados pescados y especialmente de cordero, cuya grasa es «toda mala: produce hartazgo, estropea la digestión, suprime el apetito y genera humor flemático»[10]. Al menos a partir del siglo XIV, los recetarios recomendaban prudencia en el empleo de las grasas, lo que en Francia solía implicar desengrasar las salsas antes de servirlas. Parece que incluso las personas pudientes en la Edad Media habrían consumido menos grasa que sus equivalentes en el siglo XVII. Esto en parte se debía a su relativa escasez y precio, pero también a que el refinamiento culinario medieval en general no se orientaba mucho hacia la grasa. Las recetas de salsa inglesas, francesas e italianas durante la Edad Media no usaban apenas o en absoluto el aceite y la mantequilla y en su lugar pedían ingredientes ácidos como el vino, el vinagre y el zumo de limón y espesantes como pan, frutos secos, yemas de huevo, hígado o sangre. Así, a pesar de todas las celebraciones medievales de lo «graso» sobre lo «magro», el gusto culinario por la grasa (así como por el azúcar) no se desarrollaría hasta más o menos el siglo XVI. Como veremos más adelante, en torno a esta fecha fue cuando en Europa se empezó a destacar el refinamiento gastronómico que conduciría al desarrollo del «buen gusto» y a expresar aún más incomodidad ante los cuerpos muy corpulentos[11].

Los compendios de consejos dietéticos medievales reforzaban lo que ya se decía en la literatura culinaria, aunque este género solamente empezó a florecer después de que se tradujeran al árabe los textos de la Antigüedad, durante el siglo XI[12]. Tuvo una especial importancia para el desarrollo de la dietética europea la obra del médico y filósofo persa

10. Maimónides, M., «Two Treatises on the Regimen of Health», Bar-Sela, A.; Hoff, H. E.;Faris, E. (trad.), *Transactions of the American Philosophical Society*, LIV/4 1964, p. 19.

11. Flandrin, J.-L., «Le Goût», pp. 369-401; Hoffmann, V. von, *From Gluttony to Enlightenment: The World of Taste in Early Modern Europe*, Urbana, IL, 2016; Rambourg, P., «Manger gras: Lard, saindoux, beurre et huile dans les traités de cuisine du Moyen Age au XXe siècle», en *Trop gros? L'obésité et ses représentations*, p. 81.

12. Nicoud, M., *Les Régimes de santé au Moyen Age: Naissance et diffusion d'une* écriture *médicale (XIIIe-XVe siècle)*, Roma, 2007, pp. 15-16.

Ibn Sīnā, más conocido en Occidente como Avicena. En su traducción latina del siglo XII, las obras de Avicena proporcionaron un importante conducto para la difusión del pensamiento médico griego en toda la cristiandad. Avicena señalaba cómo muchas enfermedades se producen cuando las personas que han pasado largos periodos sin comer por la hambruna se ven impulsadas a comer de más durante las estaciones más fértiles, lo que les produce muchos problemas de salud[13]. El ejercicio moderado era su recomendación para restaurar el equilibrio corporal y para expulsar impurezas y residuos. Las recetas de Avicena para perder peso se basaban en parte en razones de salud —aquí coincidía con Aristóteles y Galeno— pero también se proponían para salvar las apariencias. En su opinión «una delgadez o gordura indebida» eran no tanto enfermedades como «desfiguraciones» del cuerpo, «situaciones en las que la belleza de la forma del cuerpo se daña, ya sea al respecto de su vellosidad, color, olor o forma». Por estas razones, Avicena dedicaba todo un análisis a las técnicas de pérdida y ganancia de peso como parte de lo que denominaba «cultura de la belleza» en el cuarto libro de su *Canon*[14]. Aquí, además, de explayarse acerca de los problemas de salud que comporta el exceso de grasa, daba consejos acerca de cómo «engordar» determinadas partes del cuerpo (incluyendo las manos, la nariz, el prepucio y el pene) frotándolos hasta que enrojecían, que era, afirmaba Avicena, una manera de redirigir la nutrición hacia aquellas partes del cuerpo que parecían demasiado pequeñas[15].

El impacto de Avicena y de otros médicos no occidentales sobre la literatura dietética europea fue considerable. En el siglo XI, el monje árabe Constantino el Africano mezclaba a Avicena con Aristóteles para defender que la gordura hace más vulnerable al cuerpo ante la enfermedad porque bloquea el flujo de los espíritus y reduce la cantidad de sangre, una opinión que seguiría citándose durante los siglos siguien-

13. Avicena, *The Canon of Medicine* [libro I], Gruner, O. C. (trad.), Londres, 1930, verso 761, p. 395.

14. *Ibid.*, *Canon*, verso 221, p. 168.

15. Avicena, «On Cosmetics», *Canon of Medicine*, Roma, 1593, pp. 173-4.

tes[16]. El manual de salud medieval más influyente, el *Regimen sanitatis Salernitatum,* se basaba también en Avicena. Invocando la teoría de los cuatro humores que había conformado el pensamiento médico a lo largo de la Edad Media, el *Regimen* explicaba que la combinación concreta de los humores dentro de una persona no cultiva en sí misma el vicio o la virtud (aunque puede dar a una persona una inclinación a hacer determinadas cosas). Las personas con complexión «sanguínea» —lo que quería decir que la sangre era el humor predominante en su cuerpo— podían tender a la gordura, pero también eran alegres y amables. Más inclinadas «a su comodidad, a descansar y vaguear», y en general con una tendencia al tedio mental, las personas flemáticas también «solían estar bastante gordas y anchas»[17]. Se redactaron después muchos más regímenes, a menudo con consejos semejantes sobre la importancia de la moderación. Basándose generosamente en Avicena, el médico Nicolaus Falcuccio aconsejaba a sus lectores que «aborrecieran la grasa» en su compendio de 1484 del conocimiento médico de la época[18].

Aunque es verdad que la posesión de un físico rollizo podía entenderse como algo que reflejaba en parte el hábito natural del propio cuerpo, nada de esto suponía que los atributos personales y físicos de las diferentes complexiones se valoraran de la misma manera. Como mostraba en el siglo XIV Henri de Mondeville, cirujano real de Felipe el Hermoso de Francia, las diversas cualidades asociadas con la complexión se ordenaban de manera jerárquica, con lo húmedo y lo blando figurando, de manera típica, en posiciones subordinadas, aunque complementarias, que a menudo se correspondían con las divisiones de la sociedad medieval. Así como hay partes concretas del cuerpo que son blandas y carnosas (nalgas, hombros), mientras que

16. Ziegler, J., *Medicine and Religion, c. 1300: The Case of Arnau de Vilanova,* Oxford, 1998, p. 165.

17. *The School of Salernum: Regimen sanitatis Salernitanum,* Harington, J. (trad.), Nueva York, 1920, pp. 134, 138.

18. Citado en Stolberg, M., «"Abhorreas pinguedinem": Fat and Obesity in Early Modern Medicine (*c.* 1500-1750)», *Studies in History and Philosophy of Biological and Biomedical Sciences,* XLIII, 2012, p. 372.

otras son duras y sólidas (huesos, tendones, cartílago), así los individuos se caracterizaban según sus ocupaciones y sus estilos de vida, así como según los efectos correspondientes de esto sobre sus cuerpos. Quienes vivían habitualmente en condiciones duras y ejercitaban su cuerpo con vigor se contaban entre los miembros más «sólidos» y «firmes» de la sociedad y, por supuesto, aquí se incluía al campesinado, a los trabajadores, a los marineros y a los soldados. Si este grupo reunía las ocupaciones más «masculinas», la categoría de lo blando y rollizo era una categoría más inclusiva, poblada por «criaturas, mujeres, eunucos, varones flemáticos o afeminados, pescadores de agua dulce, eruditos, burgueses, monjes y todos aquellos que pasan la mayoría de su tiempo a la sombra, entregados a una vida tranquila y relajada»[19]. En este retrato del cuerpo social, la jerarquía feudal más conocida de clero, nobleza y gleba interseccionaba con otra que dividía a los grupos entre firmes y blandos, varoniles y femeninos. De una manera que no se distinguía tanto de la sociedad antigua, la grasa medieval ocupaba un lugar subordinado en una jerarquía social de texturas y temperamentos con sesgo de género.

La problemática blandura de la grasa aumentaba por sus capacidades de aislamiento. Aquí, como en la Antigüedad, se decía que el espesor y la falta de sensibilidad de la grasa corporal planteaba obstáculos materiales a la inteligencia e incluso a la moralidad. No solamente en la Edad Media se registra por primera vez el término insultante *fathead*, sino que el erudito del siglo XIII Bartolomeo Ánglico defendía que la composición de la cabeza humana consistía en poca carne y poca grasa para así poder fomentar «la agudeza del ingenio y ayudar al entendimiento»[20]. Puesto

19. Pouchelle, M.-C., *Body and Surgery*, p. 112.

20. «But þe heed in his owen composicioun haþ litil fleissch and fatnes in comparisoun to oþir members; and þat for scharpnesse of witte and help of vndirstonding [Pero la cabeza en su propia composición tiene poca carne y grasa en comparación con otros miembros y eso es para agudizar el ingenio y ayudar a la comprensión]». Bartholomaeus Anglicus, *On the Properties of Things: John Trevisa's translation of Bartholomaeus Anglicus, De proprietatibus rerum*, Seymour, M. C. (ed.), Oxford, 1975, vol. I, p. 170.

que se creía que la apariencia externa del cuerpo era un reflejo fiel del carácter interno, se recurría a la fisionomía para encontrar pistas de cómo leer estos rasgos externos[21]. Una guía de prestigio para descifrar las apariencias era el *Secretum secretorum*, o *Poridat de las poridades*, que se difundió en muchas versiones más o menos en la misma época que el *Regimen sanitatis* y que, durante siglos, se confundió con la *Política* de Aristóteles. En este texto, el reputado filósofo le enseña a Alejandro Magno los puntos más sutiles de la lectura corporal. Como muestran las diferentes versiones del *Secretum*, las inferencias antiguas sobre el temperamento se pueden lograr mediante un minucioso estudio de los rasgos físicos: «Els que a la cara gruessa e ancha es torpe e de gruessa natura»[22]. Otras versiones del *Secretum* se hacían eco y se extendían en esta opinión: «Quien tiene el rostro rollizo no es sabio. Es lento, inoportuno y mentiroso [...]. Mucha carne muestra un ingenio e intelecto graso»[23]. El vientre de un hombre debería ser «menely fatte and not grete [apenas gordo y no grande]», recomendaba otro texto de esta tradición. Si lo tiene grande, entonces lo más probable es que sea «un idiota, sin seso, orgulloso y lascivo»[24]. Una autoridad del calibre de Alberto Magno estaba de acuerdo en esto y declaraba que los hombres con barrigas grande eran descuidados, estúpidos, vanidosos y lascivos[25]. Imbuida del conocimiento fisionómico antiguo, la gordura continuaría denotando un abanico de cualidades personales poco favorecedoras.

21. Ziolkowski, J., «Avatars of Ugliness in Medieval Literature», *Modern Language Review*, LVVIX/1, 1984, pp. 1-20.

22. *Poridat de las poridades*, en *Secreto de los secretos; Poridat de las poridades: versiones castellanas del Pseudo Aristóteles Secretum secretorum*, Bizzarri, H. O. (ed.), Universidad de Valencia, 2010, p. 149. *Certeyne Rewles of Phisnomy* [siglo XV], en *Secretum secretorum: Nine English Versions*, M. A. Manzalaoui (ed.), Oxford, 1977, p. 12.

23. *The Secrete of Secretes* [versión «Ashmole», siglo XV] en *Three Prose Versions of the Secreta secretorum*, Yonge, J. (trad.), Londres, 1898, pp. 108, 110.

24. *The Gouernance of Prynces, or Pryvete of Pryveteis* [1422], en *Secretum secretorum*, pp. 227, 235.

25. Citado en Ziegler, J., «The Physiognomist's Kidney in the Fifteenth Century», *Journal of Nephrology*, XVII/4, 2004, p. 601.

Además de señalar la idiotez y la inmoralidad, los criterios estéticos medievales sostenían que la gordura podía afear el cuerpo, incluso aunque esto no se representara habitualmente en la pintura[26]. Mateo de Vendôme, defendiendo que «hay que detallar la apariencia al máximo» cuando buscaba describir a los individuos en verso, se basaba en la *Eneida* de Virgilio para ilustrar las diferencias entre la belleza y la fealdad en las mujeres. Alababa a la hermosa Elena de Troya porque poseía un cuerpo que «se estrecha [desde] el descenso del tronco hacia abajo, hasta el lugar donde surge la curva del vientre abundante» y «su mano distinguida no tiembla con una piel floja». La hermosa Elena contrastaba radicalmente con la noble Beröe, que había sido poseída por Iris para orquestar (de parte de la diosa Juno) la quema de las naves de Eneas en la playa. El hecho de que Virgilio no hubiera escrito nada acerca de la apariencia física de Beröe no detuvo a Mateo, que decidió que una mujer así debería haber sido «obra de una naturaleza delirante», putrefacta y supurante, con un vientre que «se hincha con deseo»[27]. Mateo había dejado claro qué rasgos debería poseer una mujer hermosa, pero a los hombres se les juzgaba igualmente por las apariencias. En el *Libro del caballero de la Torre*, escrito en el siglo XIV por Geoffrey IV de la Tour Landry para instruir a sus hijas sobre los modales adecuados, se incluía el relato de la esposa de un cordelero sorprendida en una relación adúltera con un gordo prior. En lugar de condenarla por su infidelidad —y nada menos que con un sacerdote— a los vecinos parecía molestarles más su carencia de buen gusto a la hora de escoger un amante. Puesto que ya había sido bendecida con un marido que era «tan bello y bueno, sabio y rico», ¿cómo podía «haber entregado su corazón a un prior así, que tenía una barriga tan grande y estaba tan gordo y seboso, con una cara tan oscura y fea y tan poco refinado»?[28]

26. Vecchio, S., «La Faute de trop manger», p. 44; Klemettilä, H., *Epitomes of Evil: Representations of Executioners in Northern France and the Low Countries in the Late Middle Ages*, Turnhout, 2006, p. 206.

27. Mateo de Vendôme, *El arte del verso*, Neira Piñeiro, R. (trad.), Arco, 2012, pp. 71-5, 83.

28. Barnhouse, R., *The Book of the Knight of the Tower: Manners for Young Medieval Women*, Basingstoke, 2006, p. 193.

En lugar de ser una prerrogativa no problemática del estatus de la elite, entonces, la corpulencia encajaba con dificultad en los criterios estéticos y morales de la aristocracia. A lo largo de la Alta Edad Media, los nobles guerreros exhibían su poder en parte mediante la calidad y la cantidad de la comida que consumían. La fuerza física, que se asociaba tan estrechamente con la casta guerrera de la nobleza, así como la carne, que distinguía la dieta noble de las comidas en su mayor parte basadas en el cereal del campesinado, colocaban un gran énfasis en la capacidad de comer hasta saciarse. William Miller nos recuerda que se suponía que, cuando los guerreros comían de más, su glotonería estaba impulsada por un espíritu guerrero:

> Los festines se organizaban bajo la forma de competiciones de bebida y fanfarronadas, de manera que la glotonería acababa reclutada para la causa del valor; el guerrero se daba un homenaje con el producto de sus saqueos, el héroe se deleitaba en sus sesiones de bebida, pero no eran glotones en el sentido de que una buena comida figurara en el primer puesto de sus deseos[29].

Este enérgico enfoque del gesto de comer también legitimaba un figurado derecho a «devorar» que expresaba en términos alimentarios la capacidad del noble de dominar y, por lo tanto, de superar en gordura al resto[30]. La predominancia social de la nobleza sobre el vulgo se predicaba así sobre una antropofagia simbólica o «canibalismo». Incluso aquellos aristócratas que habían perdido el contacto con su pasado militar podían participar de estos símbolos. Los nobles de Lombardía, por ejemplo, se enorgullecían enormemente de su oronda figura, especialmente en la cara y las manos, que los distinguía de los que eran socialmente inferiores. Algunos se enorgullecían tanto de

29. Miller, W. I., *The Mystery of Courage*, Cambridge, MA, 2000, p. 187.

30. Montanari, M., «Peasants, Warriors, Priests», en *Food: A Culinary History from Antiquity to the Present*, Flandrin, J.-L.; Montanari, M. (ed.), Nueva York, 1999, p. 179; Riera-Melis, A., «Society, Food, and Feudalism», *ibid.*, p. 260.

su corpulencia que hacían grabar en sus lápidas descripciones de sus cuerpos. Un noble deseaba ser recordado como alguien que fue «florido y robusto», mientras que otro hizo saber a la posteridad que disfrutaba de una «forma admirable» en el momento de su muerte[31]. Pero los nobles diferenciaban también entre una corpulencia saludable y una excesiva. La tendencia a emplear la comida como una señal de distinción social podía militar en contra del desarrollo de cuerpos que se consideraran adecuados para el servicio. Algunos ricos italianos aumentaron tanto de tamaño con la edad que les avergonzaba dejarse ver en público, y a alguno incluso le avergonzaba posar para un retrato[32]. Tener sobrepeso en la juventud podía también plantear problemas. En Lombardía, se veía mal que las jóvenes de buena familia tuvieran un exceso de grasa, y se esperaba de ellas, en cambio, que fueran bonitas y dóciles. El encanto físico dejaba de importar a medida que las mujeres se hacían mayores y se ocupaban de llevar el hogar[33]. Y, como ya hemos visto, los chicos que tenían en mente el sacerdocio podían ser examinados en busca de señales de un carácter lascivo o vago que bien podían ser un cuerpo rollizo.

El cuerpo que se mortificaba en la teología se exaltaba en la aristocracia guerrera. Por razones prácticas, tener «los miembros repletos» era algo crucial para quienes aspiraban a la caballería[34]. Aunque la nobleza del espíritu o del alma siempre se reconocía, un nacimiento o «sangre» noble siguió siendo la forma preferida de señalar el estatus aristócrata. Las versiones medievales del texto de Vegecio recordaban a los lectores que el exceso de grasa señalaba a una persona innoble,

31. Squatriti, P., «Personal Appearance and Physiognomics in Early Medieval Italy», *Journal of Medieval History*, XIV/3, 1988, p. 195.

32. Véase Butler, S., «Visconti, Filippo Maria, Duke of Milan [1392-1447]», en *The Late Medieval Age of Crisis and Renewal, 1300-1500: A Biographical Dictionary*, Drees, C. J. (ed.), Westport, CT, 2001, p. 493; Alexandre-Bidon, D., «Trop gourmand?», p. 138.

33. Lubkin, G., *A Renaissance Court: Milan under Galeazzo Maria Sforza*, Berkeley, CA, 1994, p. 9.

34. Karras, R. M., *From Boys to Men: Formations of Masculinity in Late Medieval Europe*, Filadelfia, PA, 2003, pp. 64-5.

y ofrecían una manera de distinguir a los verdaderos caballeros de la plebe enriquecida que pretendía hacerse pasar por aristócrata[35]. En el siglo XIII, este lenguaje llevaba consigo una distinción social más específica entre nobles y plebeyos, como dejaba claro Chrétien de Troyes en su descripción del burgués «grande y gordo» en *Yvain o el Caballero del león*, cuya corpulencia era un símbolo de lo cobardes que eran estos hombres y de lo poco preparados que estaban para portar las armas[36].

Los libros de caballería reforzaban esta impresión. El filósofo y teólogo catalán Raimon Llull defendía que al verdadero caballero se le conocería por rasgos físicos destacados. Insistiendo en que únicamente quienes tenían cuerpos «completos» estaban preparados para ser caballeros, Llull excluía a aquellos que tenían rasgos físicos «malignos»:

> Hombre contrahecho o demasiado grueso, o que tenga otro defecto en su cuerpo por el cual no pueda usar de oficio de caballero, no debe estar en la orden de caballería[37].

El cuerpo en su conjunto debía ser agradable a la vista tanto como funcional en la batalla. Además de simbolizar la limpieza de los pecados, es probable que los baños que los futuros caballeros tomaban en compañía de otros la noche anterior a su nombramiento les permitieran exhibir sus cuerpos sin tacha[38]. Los estereotipos corporales, por lo tanto, señalaban las distinciones entre nobles y plebeyos, tanto en términos de hermosura como de capacidad de combate. ¿Sería diferente en el caso de los reyes?

35. Vegecio, *Knyghthode and Bataile*, Londres, 1935, estrofa 22, pp. 9-10.

36. Thomas, J., *Corps violents, corps soumis: Le policement des mœurs à la fin du MoyenAge*, París, 2003, p. 43.

37. Llull, R., *Libro de la orden de caballería*, Martín Lalanda, J. (trad.), Siruela, 2009, p. 86.

38. Karras, R. M., *From Boys to Men*, pp. 64-5.

Reyes gordos

En la Edad Media, los cuerpos de los reyes, a los que en ocasiones se les acreditaban milagrosos poderes de curación, se consideraban sagrados. Se encontraban también posicionados entre ideales e intereses en competición, algunos de ellos construidos sobre los ideales clásicos de moderación. En un libro sobre comida escrito en torno al año 530 se le advertía al rey franco Teodorico que

> nosotros, que jugueteamos con diferentes alimentos y diferentes delicias y diferentes bebidas, debemos regularnos para que nuestra indulgencia no nos desordene, sino que podamos mantener nuestra salud viviendo de manera moderada[39].

Las apelaciones clásicas a la moderación encontraban un potente complemento en la antigua sospecha de que los largos periodos de paz y comodidad eran contrarios a las virtudes guerreras que muchos consideraban esenciales para gobernar un reino. Aunque el rey tenía el innegable derecho de devorar todo lo que se le antojaba, engordar el cuerpo regio podía reducir a un monarca a una innoble forma de animalidad e incluso de «corrupción» con aromas de putrefacción orgánica.

La idea de que la regularidad de las campañas y las guerras era buena para los reyes era algo que había planteando siglos antes Plutarco en su *Moralia*. Ahí el admirador de Esparta describía cómo el antaño valiente rey Átalo II de Pérgamo, «se había relajado por completo debido a un largo período de inactividad y paz» y había sufrido la desgracia de que Filopemén, su primer ministro «se dedicaba a cuidarlo lisa y llanamente cebándolo»[40]. El trovador Bertran de Born se hacía eco de este temor de la corrupción gracias a un exceso de paz en el siglo XII, un

39. Citado en Scully, T., *The Art of Cookery in the Middle Ages*, Woodbridge, 1995, p. 180.

40. Plutarco, «Sobre si el anciano debe intervenir en política», en *Moralia* X, Gredos, 2003, p. 260.

periodo marcado por «un profundo malestar con el cambio orgánico, una época que asociaba la nutrición y el crecimiento con el proceso de descomposición»[41].

> La guerra no es una palabra noble cuando se libra sin fuego ni sangre para un rey o un gran potentado a quien cualquiera puede despreciar y llamar mentiroso y que se queda ahí tranquilo engordando. Un joven que no se alimenta de la guerra pronto se vuelve gordo y podrido (*gras et savais*)[42].

Quizás fuera esa la causa del desprecio que sintió John Mandeville cuando sus viajes en el siglo XIV le llevaron a «la tierra del Gran Can» (China). Allí se encontró a nobles ricos que pasaban sus días «sin fazer ningun bel fecho d'armas, mas assi siempre biuir a su aisa como vn puerco qui se engrassa»[43].

Lo que hacía que estos ideales guerreros fueran algo complicados de llevar a cabo era el hecho de que solazarse en comer y beber era justamente lo que se esperaba que hicieran los gobernantes de pro. Lograr el equilibrio adecuado entre estas imágenes en disputa del monarca era un desafío para los reyes así como para sus cronistas. Los relatos sobre Carlomagno, el rey de los francos, por ejemplo, presentan informes en conflicto acerca de las cualidades que poseía tan gran gobernador. Mientras que algunos comentaban con aprobación la capacidad de Carlomagno de meterse entre pecho y espalda enormes cantidades de carne a diario, su consejero Alcuino destacaba las ideas clásicas sobre el cuerpo bien ejercitado y armonioso que evitaba todo tipo de excesos y brutalidades[44]. El más famoso de los cortesanos de este rey, Einhard, jugaba con los mismos ideales antiguos en su halagador retrato *La vida de Carlomagno* (c. 830). A pesar de adoptar un enfoque por lo

41. Bynum, C. W., *Resurrection*, p. 219.
42. Pfeffer, W., *Proverbs in Medieval Occitan Literature*, Gainesville, FL, 1997, p. 56.
43. Mandevilla J. de, *Libro de las maravillas del mundo*, Rodríguez Temperley, M. M. (ed.), SECRIT, 2005. p. 161.
44. Pleij, H., *Dreaming*, p. 131; Thomas, *Corps violents*, p. 106.

general moderado ante la comida y la bebida, impulsado en parte por su desprecio de la embriaguez, el Carlomagno de Einhard era un fanático de la natación y del arte ecuestre, que no podía pasarse demasiado tiempo sin comer y que se quejaba de que los ayunos religiosos le hacían enfermar. Aquí teníamos un rey con un físico «amplio y poderoso» lastrado únicamente por un cuello bastante corto y grueso y un vientre «que parecía sobresalir». Afortunadamente, no obstante, «la simetría del resto de las partes [de su cuerpo] escondía estos [defectos]»[45].

Con independencia de los hábitos de comida y bebida que en realidad tuviera Carlomagno, en la Francia medieval los ideales de la moderación regia se infringían día sí día también. En su calidad de noble más poderoso de todos, se esperaba naturalmente que el rey comiera... como un rey y muchos tenían fama de tragar cantidades sorprendentes de comida. Tan enraizada estaba esta idea que se contaban relatos de nobles que no conseguían acceder al trono debido a su *restricción* alimentaria. Una de estas historias sucede después de la fragmentación del Imperio que sobrevino tras la muerte de Carlomagno. Según Liutprando de Cremona, la verdadera razón por la que la dinastía carolingia llegó a su fin en el año 888 fue porque Guido, el duque de Spoleto, que era un candidato al trono, era un comedor demasiado frugal para lo que debería ser un rey franco apropiado. Esta opinión de los apetitos francos también fue recogida en otros lugares. «Nadie que se contente con una cena modesta puede reinar sobre nosotros», se decía que había declarado el arzobispo de Metz[46].

Evidentemente, el último emperador carolingio, conocido para la historia como Carlos el Gordo (Carlos III) había marcado un buen precedente. Pero ¿la majestuosa panza necesariamente generaba admiración? En su caso, ser gordo parece haber sido su cualidad más destacada. A Carlos se le ha considerado en general un desventurado ocupante del trono; carecía especialmente de virtudes marciales y de

45. Einhard, *The Life of Charlemagne*, en *Charlemagne's Courtier: The Complete Einhard*, Dutton, P. E. (trad.), Orchard Park, NY, 1998, pp. 30-31.

46. Montanari, M., «Peasants, Warriors, Priests», p. 180.

buen juicio. Carlos prestaba sistemáticamente oídos a los malos consejos y no consiguió establecer una defensa adecuada contra las invasiones vikingas, por lo que trajo la vergüenza a su ejército. Incluso hay quien se pregunta si no estaba loco. Cuando era joven, Carlos tuvo una visión mística que lo condujo a declarar que quería abandonar el mundo y que ya no quería tener relaciones sexuales con su esposa. (Ella afirmaba que había cumplido su voto, lo que podría explicar por qué Carlos no dejó un heredero legítimo). El caso es que el perturbado monarca fue derrocado por sus propios nobles en el año 887 y murió (lo más probable es que asesinado) al año siguiente[47]. Se piense lo que se piense de la trayectoria como rey de Carlos, sin embargo, no era un hombre gordo que hubiera actuado de manera innoble. La corpulencia que se convertiría en su rasgo más distintivo se desarrolló poco *después* de que perdiera el poder, así que, más tarde, cuando al rey caído en desgracia se le apodó *Karolus pingus* (no parece que haya sido antes del siglo XII) no es probable que la etiqueta se concibiera como un honor. «Gordo», fue una caracterización retroactiva —y negativa— de su corto y patético reinado[48]. Mientras fue rey, por lo que parece, Carlos era un hombre gordo atrapado en el cuerpo de un hombre más delgado.

Aunque Carlos no haya sido el último rey gordo, otros que se volvieron corpulentos con la edad al menos habían hecho notables hazañas durante sus años jóvenes y más esbeltos. Guillermo el Conquistador ya se había hecho famoso por invadir Inglaterra antes de engordar tanto que decidió ponerse a dieta. Para sorpresa de nadie, el régimen bastante contraintuitivo que se dictó a sí mismo (descansar en la cama y tomar mucho alcohol) no funcionó, por lo que, en el momento de su muerte, en 1087, Guillermo era tan grande que tuvieron que desmembrar el

47. Nelson, J. L., *Courts, Elites, and Gendered Power in the Early Middle Ages*, Aldershot, 2007, pp. 17-19; Maclean, S., *Kingship and Politics in the Late Ninth Century: Charles the Fat and the End of the Carolingian Empire*, Cambridge, 2003.

48. Maclean, S., *Kingship and Politics*, p. 2; a Carlos aún no se le llamaba «el Gordo» en la crónica de Abbo del siglo IX. Véase Abbo of Saint-Germain-des-Prés, *Viking Attacks on París*, Dass, N. (trad.), París, 2007.

cadáver para que pudiera encajar dentro del sarcófago[49]. La talla que Guillermo había terminado por alcanzar era mayor de la que se habría considerado adecuada para los reyes y, en los siglos siguientes, se compararía desfavorablemente al hinchado y viejo monarca con el joven león que había conquistado Gran Bretaña. En España los reyes gordos se enfrentaban a problemas similares. En el siglo x, Sancho i de León estaba tan gordo que no podía montar a caballo e incluso caminaba con gran dificultad. Su panza se convirtió en una desventaja política cuando, poco después de ascender al trono, se vio envuelto en una disputa con el califa omeya, al que exigía que respetara una tregua pactada con su antecesor. El califa rechazó la tregua y atacó León, lo que llevó a los nobles a sustituir al rey. Sancho huyó a Pamplona y cursó una petición al califa para que le ayudara a recuperar el trono, algo que solo se llevó a cabo una vez que Sancho perdió peso bajo la supervisión del médico judío Hasdai Ibn Shaprut. Aunque en el año 960 un Sancho ahora más delgado recuperó el trono con un gran ejército musulmán, la historia continuaría recordando al rejuvenecido rey como «el Gordo»[50]. En la medida en la que esta imaginería se basaba en una fuente helenística común, no es de extrañar que esta apareciera tanto en el occidente latino como en el mundo bizantino. Las descripciones de los cronistas del breve reinado de Juan Comnenos, también conocido como «el Gordo», apilaban insulto tras insulto sobre la cabeza del usurpador sudoroso y barrigón cuya avaricia era tan grande como «grasa tenía en la cabeza»[51].

La dinastía Capeto que subió al poder después de la caída carolingia no mejoró los registros de la delgadez regia. Como muchos reyes capetos, Luis vi (1078-1137) era también un hombre grande. Su padre Felipe i (a veces llamado «el Gordo») había sido corpulento, pero también era considerado en general por los cronistas débil e ineficaz: por lo visto

49. Gilman, S. L., *Diets and Dieting: A Cultural Encyclopedia*, Nueva York, 2008, p. 286.

50. Reuter, T. (ed.), *The New Cambridge Medieval History*, vol. iii, *c*. 900-1024, Cambridge, 1999; O'Callaghan, J. F., *A History of Medieval Spain*, Ithaca, ny, 1983, p. 679; pp. 123-4; Collins, R., *Early Medieval Spain: Unity in Diversity, 400-1000*, Basingstoke, 1995, p. 238.

51. Hatzaki, M., *Beauty and the Male Body in Byzantium*, Nueva York, 2009, p. 36.

su apetito por la comida y el sexo era más potente que su afición a la guerra. En una época en la que el celo religioso y la pasión conquistadora conducían a muchos nobles a lograr gloriosas hazañas, Felipe en lugar de ello se embebía en sus propios placeres y pasatiempos. Estos incluían retozar con mujeres mucho más jóvenes y delgadas que su esposa, Berta de Holanda, a la que el corpulento Felipe tuvo la hipocresía de repudiar porque estaba demasiado gorda. Por estas y otras razones, los cronistas de la época no fueron amables con Felipe. William de Malmesbury lo ridiculizaba como un glotón «eructando su exceso diario de comida», mientras que Orderico Vitalis lo llamaba «vago, gordo e inútil para la guerra»[52]. Su hijo Luis, ¿sacaría mejores notas?

La mayoría de lo que sabemos sobre Luis VI nos ha llegado a través de las palabras de su consejero Suger, el abad de Saint Denis, que esperaba aumentar el prestigio de su abadía exagerando las virtudes de su señor. Conocido como «el Justiciero» y «el Batallador» en su tiempo, en la biografía de Suger se alababa a Luis como «el Glorioso» (*gloriosus*). Suger buscaba obtener el favor de los sucesores de Luis para asegurar la prosperidad de su abadía, por lo que mentía un poco para dar un giro positivo al reinado del monarca. Tal vez pensando en la futura panza del protagonista, Suger apuntaba a un paralelismo entre el crecimiento del cuerpo regio y la expansión del reino. Nos enteramos de que el joven y virtuoso Luis tenía un cuerpo hermoso y «grácil» que crecía tanto que «su futuro prometía que el reino sería honorablemente ampliado». A pesar de su tamaño, Luis tenía el apetito por la guerra del que su padre carecía. Cuando llegó el momento de reunir su ejército para aplastar a los traidores condes de Auvernia en 1122, «su cuerpo era pesado, lastrado como estaba por los molestos pliegues de carne». A partir de esas masas de carne, Suger tejió un relato de autotrascendencia heroica. Un hombre inferior se habría doblado bajo la presión de ese peso, porque «nadie más, ni siquiera un mendigo, habría querido o habría podido ser capaz

52. Luchaire, A., *Les Premiers Capétiens (987-1137)* [1911], París, 1980, p. 176; Bradbury, J., *The Capetians: Kings of France, 987-1328*, Nueva York, 2007, pp. 113, 118; Orderico Vital, *Ecclesiastical History*, Chibnall, M. (trad.), Oxford, 1978, vol. V, p. 212.

de montar un caballo cuando le estorbaba un cuerpo tan peligrosamente grande». Si no hubiera sido por su «sorprendente fervor espiritual», Luis se habría resignado a una humillante inmovilidad, pero pudo superar tanto el peso de su cuerpo como las quejas de sus amistades. No solamente Luis volvió a subirse al caballo, sino que ejecutó arduas tareas en pleno verano, «algo de lo que intentan zafarse incluso los jóvenes». El infatigable Luis incluso «se burlaba de quienes no podían resistir»[53].

Pero, cuando ya había cumplido los 46 años, Luis había engordado tanto que ya no podía cabalgar en su corcel. Aunque Suger permite que el rey de su versión atraviese momentos menos dignos —como cuando Luis «tuvo que ser transportado por estrechos pasajes de las marismas sobre los fuertes brazos de sus hombres»— en la mayoría de los casos el abad únicamente expresa una exagerada admiración por la firmeza de carácter de su señor. Esta actitud se evidencia, por ejemplo, en el relato de la horrible venganza que ejecutó el rey sobre el pendenciero Thomas de Larle, señor de Coucy, que era conocido por su trato brutal hacia el campesinado. Liderando el ataque al castillo de su enemigo, Luis «convocó un increíble celo y, a pesar del peso de su cuerpo, condujo a sus huestes por empinadas laderas y caminos cegados por árboles, sin prestar atención ninguna al peligro». Pero ni siquiera el poderoso Luis podía soportar este nivel de penalidades. Cuando finalmente le llegó su hora, no fue porque su espíritu hubiera vacilado. Más bien «el peso de su carnoso cuerpo y de las infinitas tareas había vencido al señor rey Luis»[54].

Como cabría esperar, los enemigos de Francia no refrenaron sus pullas cuando se enteraron de la muerte de un rey que parecía tan patético como su padre. El cronista inglés Henry of Huntington se preguntaba, «¿Qué se puede decir de Felipe, el rey francés, y de su hijo Luis, que reinaron en nuestro tiempo, cuyo dios era el vientre, un enemigo mortal sin duda?». Henry había seleccionado algunas cosas que decir sobre el padre y el hijo:

53. Suger, *The Deeds of Louis the Fat*, Cusimano, R.; Moorhead, J. (trad.), Washington, DC, 1991, pp. 24, 135.

54. *Ibid.*, pp. 143, 151-5.

> Pues comían tanto que perdieron su fuerza por la gordura [*pinguedine*] y no podían ponerse de pie. Felipe murió de gordura [*pinguedine*] hace mucho. Luis acaba de morir de gordura [*pinguedine*] siendo aún un hombre joven[55].

Incluso los cronistas franceses parecen haber sentido repugnancia por su señor. Cuando los desencantados clérigos cambiaron posteriormente el apelativo de Luis por *grossus*, el nuevo nombre se quedó fijado[56]. A pesar de todos los esfuerzos de Suger para glorificar al rey, la posteridad conocería a su regio mecenas como «Luis el Gordo».

El exceso de carne jugaba un papel en la construcción de las reputaciones de los reyes medievales, pero el significado de esa carne dependía en gran medida de si sus contemporáneos tenían una buena o mala opinión de ese rey. También motivaba las plumas envenenadas de los enemigos extranjeros, que buscaban cualquier excusa para vilipendiar sus nombres. A pesar de las afinidades políticas que habrían mancillado cualquier retrato de un monarca enemigo, los cronistas a menudo se irritaban ante una barriga tan enorme que dejara incapacitado a su poseedor. En un mundo en el que las proezas de los caballeros estaban estrechamente ligadas a sus monturas, ser incapaz de cabalgar o incluso de montar era una situación potencialmente dañina. Aunque el banquete se entendiera en general como una prerrogativa regia, nadie pensaba que eso debiera distraer al rey de sus deberes políticos y militares. Por eso al «francés cabeza hueca» al que maldecía William of Malmesbury se le describía también como ese «tonel Luis [*Ludouicum, hominem*

55. Henry, Archdeacon of Huntingdon, *Historia anglorum*: *The History of the English People*, D. Greenway (trad.), Oxford, 1996, pp. 606-7, traducción modificada. Henry, Archdeacon of Huntingdon, *Historia anglorum* [*c.* 1154], Arnold, T. (ed.), Londres, 1879, p. 312.

56. Bradbury, J., *Capetians*, pp. 130, 147.

aqualiculi] que solía quedarse con su gordura en la cama»[57]. Aunque Luis VI fue un rey mucho más eficaz que su padre, su desafortunado mote parece haber sido inventado por escribas resentidos (los que después alterarían el título de la biografía de Suger) y reforzado por los maliciosos cronistas ingleses.

Alabado por su fiel biógrafo como *gloriosus* («el Glorioso»), sus enemigos cambiaron el sobrenombre de Luis VI por *grossus* («el Gordo»).

57. William of Malmesbury, *Gesta regum anglorum*: *The History of the English Kings*, vol. 1, R.A.B. Mynors (trad.), Oxford, 1998, pp. 732-3.

La transformación de «Luis el Glorioso» en «Luis el Gordo» puede reflejar también los cambios históricos en las expectativas sobre el cuerpo regio. Los cuerpos de los reyes se colocaron bajo un escrutinio médico más riguroso a medida que el género de los *regimen sanitatis* se propagaba durante el siglo XII. Fue en este momento cuando se motejó retroactivamente al decepcionante Carlos III como «Carlos el Gordo». Además, después de la Peste Negra del siglo XIV, los médicos pasaron a tener una presencia más o menos permanente en las cortes principescas[58]. Las analogías antiguas entre la gestión de los apetitos de un hombre y su capacidad para gobernar una ciudad recibieron una vida nueva. «Un rey que no puede gobernarse en su dieta», advertía la versión inglesa del *Regimen sanitatis Salernitatum*, «difícilmente gobernará su reino con paz y tranquilidad»[59]. La literatura fisionómica también jugaba un papel en las tentativas de dominar los apetitos regios. Las diversas versiones del *Secretum secretorum* estaban plagadas de consejos de salud que implícitamente se dirigían a los reyes, de los que se esperaba que interpretaran el papel de Alejandro Magno recibiendo la sabiduría de manos de Aristóteles. Podemos detectar otros cambios en las percepciones de la gordura regia a lo largo de este periodo. Aunque el historiador Froissart comentaba con aprobación las comidas formidables del noble Gaston de Foix y no vinculaba este régimen con su muerte por apoplejía en 1388, las muestras de desaprobación de dichos excesos eran cada vez más aparentes a finales del siglo XV. No es que la esbeltez se hubiera vuelto repentinamente *de rigueur* —los cuerpos excesivamente delgados nunca se consideraron convenientes ni para hombres ni para mujeres— pero los cuerpos claramente corpulentos sin duda se consideraban problemáticos, tanto en términos médicos como estéticos. En contraste con el retrato de Gaston de Foix que hacía Froissart, la historia que escribió Philippe de Commynes sobre el Rey Eduardo IV de Inglaterra critica al gordo monarca que abandonó su trono y murió de apoplejía sin dejar un heredero[60].

58. Nicoud, M., *Les Régimes*, pp. 150-3, 283-4.

59. *School of Salernum*, p. 109.

60. Vigarello, G., *Le Sain et le Malsain : Santé et mieuxêtre depuis le Moyen Age*, París, 1993, pp. 61-2.

Nada de esto puso punto final a los excesos monárquicos. Los tronos de Europa seguían crujiendo bajo el peso de los reyes gordos. Pero estas extravagancias corporales seguirían siendo signos ambiguos del privilegio real. Tal vez el más famoso de los reyes gordos, Enrique VIII, había sido un deportista activo cuando era joven, pero ganó peso después de una caída del caballo en 1536. En cuatro años, la cintura de Enrique había pasado de 94 centímetros a 137 según las medidas de su armero, y se había dejado crecer la barba, habitualmente corta, para cubrir sus prominentes mofletes[61]. Con el tiempo, el peso de Enrique se convirtió en tal carga que se diseñó un sillón de brazos mecánico para poder transportarlo entre sus diversos palacios. Era necesario gestionar la impresión pública del volumen de Enrique por medios estéticos, transformando lo que podía entenderse como una masa de carne debilitadora en una formidable montaña de fuerza, una impresión a la que, en cierto modo, contribuía la gran estatura del monarca. El famoso retrato frontal de Hans Holbein de Enrique VIII (1540) despejaba cualquier asociación negativa entre la panza y el poder regio, con su imponente retratado confrontándose y retando al espectador como un tirano con el que mejor no meterse[62]. Esta ilusión pictórica no convenció a todo el mundo. En el extranjero, a Enrique se le conocía en ocasiones como el «Nerón inglés»[63], un epíteto que mezclaba su reputación tiránica con las connotaciones negativas de su tamaño y sus apetitos. A diferencia de otros reyes gordos, sin embargo, a Enrique se le podía aún subir al caballo para practicar la cetrería o para ver cómo sus cazadores cercaban a los ciervos para matarlos, aunque estaba demasiado gordo como para caminar o quedarse de pie[64]. Quizás por ello nadie lo recuerda como «Enrique el Gordo».

61. Brooke, X.; Crombie, D., *Henry VIII Revealed: Holbein's Portrait and Its Legacy*, Londres, 2003, p. 19.

62. Grosvenor, B. (ed.), *Lost Faces: Identity and Discovery in Tudor Royal Portraiture*, Londres, 2007, p. 54

63. Brooke, X.; Crombie, D., *Henry* VIII, p. 22.

64. Ridley, J., *Henry* VIII, Londres, 1985, pp. 348-9, 409.

Incapaz de moverse por sus diversos palacios sin un sillón de brazos mecánico, el gordísimo Enrique VIII aparecía monumental y poderoso en las manos de Holbein. Hans Holbein, *Enrique* VIII, 1540.

La representación de la corpulencia

No mucho después de la muerte de Enrique VIII, se describía a otro rey gordo en la popular obra de Pierre Boaistuau, *Histoires prodigieuses* (1560), «una especie de enciclopedia de las maravillas repleta de todo tipo de historias raras y monstruos»[65]. En una actualización del relato de Ateneo sobre Dioniso de Heraclea adaptado al gusto de la Edad Moderna, Boaistuau escribía sobre un tirano al que llamaba «Dionisio Heracleo», un antiguo rey que «se dio tanto al ocio, y al no hacer ningún ejercicio; más solo se empleaba en comer, beber y dormir, que engordó tanto y se hizo tan grueso y monstruoso que tenía empacho de que sus vasallos le viesen y temía ser por ello escarnecido». Algunos detalles se modificaron para encajar con los lectores de la Baja Edad Media: en lugar de agujas, «se hacía continuamente chupar el humor con sanguijuelas, porque no le ahogase»[66]. Pero el efecto general era el mismo.

La inclusión de Dionisio Heracleo en las *Histoires prodigieuses* puede extrañar. Aunque sin duda el rey protagonista de la fábula no era un caso habitual, tampoco era una maravilla de la naturaleza como el resto de las criaturas que se describen en el libro de Boaistuau. No podía compararse, por ejemplo, con el ave-pez hermafrodita manco y con alas de murciélago conocido como el Monstruo de Ravena, que figura en otro lugar del libro de Boaistuau. Más que un ser absolutamente singular, como se sabía que eran el resto de los monstruos, Heracleo representaba una categoría emergente de personas de las que se predicaba que se habían convertido a sí mismas en monstruos por sus acciones inmorales[67]. Era su desordenada vida y su carencia

65. Smith, N. R., «Portentous Births and the Monstrous Imagination in Renaissance Culture», en *Marvels, Monsters, and Miracles: Studies in the Medieval and Early Modern Imaginations*, Jones, T. S.; Sprunger, D. A. (ed.), Kalamazoo, MI, 2002, p. 282.

66. Boaistuau, P., *Historias prodigiosas y maravillosas de diversos svcessos acaescidos en el mundo,* Pescioni, A. (trad.), 1586, parte I, capítulo XXVI, pp. 94–5.

67. Davies, S., «The Unlucky, the Bad and the Ugly: Categories of Monstrosity from the Renaissance to the Enlightenment», en *The Ashgate Research Companion to Monsters and the Monstrous*, Mittman, A. S.; Dendle, P. J. (ed.), Londres, 2012, pp. 70–71.

de comedimiento lo que había causado que Heracleo por sí mismo se volviera «grueso y monstruoso». Aunque poseyera una predisposición humoral al sobrepeso, Heracleo «se hizo» un monstruo porque llevaba una vida de exceso, personificando así la perversidad de ese mundo desequilibrado que Boaistuau percibía en todo lo que le rodeaba. Además, el devastador retrato de Heracleo se hace eco de la posterior condena de aquellos «glotones que hacen a su vientre Dios»[68]. Cada vez más, las referencias a la monstruosidad autoinducida pueden entenderse como la marca de una nueva evolución en el enfoque médico frente a la gordura, donde los relatos ejemplarizantes del pasado se exhibían con regularidad para espantar a los cuerpos vacilantes del presente[69].

Con independencia de las implicaciones más generales de sus comentarios, Boaistuau se aseguró de incluir una litografía de Dionisio Heracleo en su libro. Esto tampoco era algo habitual en la época. De hecho, la tradición occidental cuenta con muy pocas representaciones artísticas de personas muy gordas con anterioridad al Renacimiento. El gordo vinatero de *Las bodas de Caná* (1304-6) de Giotto di Bondone, uno de los frescos de la Cappella Scrovegni, fue una de las primeras descripciones europeas de la corpulencia desde los tiempos antiguos, e ilustra algunas de las ideas que había enseñado la fisionomía medieval. Ajeno al milagro por el que Jesús había transformado el agua en vino, el vinatero concluye que el novio se había apartado de las convenciones porque había reservado el mejor vino para el final. Con su cuerpo orondo, que replicaba la forma de las vasijas que lo rodeaban, su figura es un grotesco e idiota contrapunto de los fieles y obedientes invitados. Como es el caso de otras figuras de la necedad en la pintura de Giotto, el gordo vinatero no era un personaje destinado a ser contemplado con compasión o simpatía. En la Edad Media solía haber barra libre para reírse de los cuerpos grotescos, especialmente cuando la deformidad física se empleaba para representar vicios y maldades. En el retrato de este hombre gordo e idiota no se trasluce ninguna alegría. La risa que

68. Citado en Hoffmann, V. von, *From Gluttony*, p. 42.
69. Vigarello, G., *Las metamorfosis de la gordura*, p. 72.

este personaje grotesco hubiera podido suscitar no habría sido «ni inocente ni bienintencionada, sino deliberada y condenatoria»[70].

En el siglo XVI, el tirano de la Antigüedad Dioniso de Heraclea resucitó como el «monstruo» hecho a sí mismo Dionisio Heracleo. Pierre Boaistuau, *Histoires prodigieuses les plus mémorables* (1560).

70. Laddis, A., «The Legend of Giotto's Wit and the Arena Chapel», en *The Cambridge Companion to Giotto*, Derbes, A.; Sandona, M. (ed.), Cambridge, 2004, pp. 227-8.

Las bodas de Caná, de Giotto, proporcionan una de las primeras descripciones europeas de la corpulencia desde la Antigüedad. Con su orondo cuerpo replicando la forma de las vasijas que le rodean, el incrédulo vinatero compone una figura grotesca e idiota que se contrapone a los fieles (y esbeltos) invitados. No hay alegría evidente en la descripción de este hombre gordo e idiota. Giotto di Bondone, *Vida de Cristo: Las bodas de Caná,* 1304–6. Cappella Scrovegni, Padua, Italia.

Hay una dimensión social en estas representaciones que no se puede pasar por alto. Aunque lo que a menudo se ha denominado el «renacimiento» del siglo XII fue testigo de una recuperación de las ideas de la Antigüedad sobre la vida saludable, fue también el momento en el que las recomendaciones acerca del adecuado comportamiento del cuerpo se codificaron para formar un género explícitamente destinado a pulir los modales de las elites. No se trataba simplemente del hecho de que los doctos empezaran a hablar de los cuerpos en términos de «fortalezas» y «ciudades». Era más bien que, de la misma manera que las ciudades se construían con murallas para separar a los habitantes urbanitas del campesinado, se estaban erigiendo también barreras emocionales para distinguir los estilos de vida urbanos, cada vez más refinados, de los hábitos más rudos de la vida rural[71]. Estas fronteras eran al mismo tiempo sociales y personales, y las desviaciones de lo que con el tiempo se llamaría «urbanidad» cada vez se asociaban más con los modales toscos de las gentes del campo. Lejos de ser retratos realistas de la vida rural, las representaciones del campesinado tenían a menudo una intención satírica y buscaban expresar una crítica social. Siendo habitualmente obra de miembros de los estamentos superiores y destinadas a estos mismos, esas representaciones solían halagar la superioridad que dichas elites percibían en sí mismas con relación a las gentes del campo, una práctica que se emparenta con el placer que los antiguos extraían de representar a las personas esclavizadas como seres grotescos, informes y gordos. La literatura de la época refuerza el estereotipo, con el Molinero de los *Cuentos de Canterbury* de Chaucer representado como extremadamente robusto y tosco[72]. Las litografías bajomedievales de Hans Weiditz también reforzaban esta idea, revelando cómo la corpulencia podía entenderse como una señal delatora de pereza, inmoralidad e intemperancia entre los groseros estamentos inferiores[73]. Incluso las escenas de ocio pastoril a menudo subrayaban su tendencia a la falta de moderación en el comer y el beber, así como la violencia sin sentido, retratando al vulgo en términos poco favorecedores[74].

Las tensiones sociales entre los cuerpos grotescos y los refinados se complementaban con la guerra de imágenes que acompañó a la

71. Pouchelle, M.-C., *Body and Surgery*, pp. 126-7; Thomas, *Corps violents*, p. 106.

72. Mellinkoff, R., *Outcasts: Signs of Otherness in Northern European Art of the Late Middle Ages*, Berkeley, CA, 1993, vol. I, pp. 138-40.

73. Pleij, H., *Dreaming*, p. 376.

74. Moxey, K., *Peasants, Warriors and Wives: Popular Imagery in the Reformation*, Chicago, IL, 1989, pp. 46, 63-4.

Reforma protestante. Con independencia de las ideas acerca de la belleza física, los gordos miembros del clero eran blancos favoritos de la ira reformista, no siendo la menor de las razones que su corpulencia se consideraba, en general, como un símbolo de la corrupción de la Iglesia. Uno de los primeros seguidores de las ideas reformistas de Jan Hus, Petr Chelčický, criticaba la hipocresía de los papas y obispos gordos que vivían en la abundancia mientras otros morían de hambre. Flagelaba a los principales miembros de la jerarquía católica, esos «hombres honorables, que se sientan en mansiones, esos purpurados, con sus bellas sotanas, sus capirotes, sus barrigones»[75]. En un gesto común desde la Antigüedad, Chelčický condenaba la corpulencia como una señal más de opulencia y corrupción. La idea de que un grupo de personas se cebara a sí misma a expensas de otras resonaba en diversos ámbitos. Por ejemplo, los usureros figuraban entre los pecadores corpulentos condenados en el mural del siglo XV sobre El Juicio Final de la Catedral de Santa Cecilia en Albi, Francia[76]. Afirmaciones similares se podían explotar para azuzar en contra de la población judía, cuya existencia marginal en la Europa medieval se reforzaba mediante todo tipo de supersticiones y persecuciones. La descripción de líderes judíos gordos se convirtió en un rasgo habitual del arte religioso durante los siglos XV y XVI. El cuadro de Albrecht Dürer, *Jesús a los doce años en el Templo* (1497), representa a un rabino muy robusto aparentemente perplejo ante la sabiduría del niño, como si la «gordura» necia de su corazón hubiera crecido hasta cubrir su cuerpo por completo. Estos rasgos exagerados iban de la mano con otras representaciones convencionales de los judíos, que a menudo incluían narices ganchudas, labios carnosos, bocas grandes y ojos saltones[77].

75. Citado en Hutton, J. E., *A Short History of the Moravian Church*, Londres, 1895, p. 16.

76. Alexandre-Bidon, D., «Trop gourmand?», p. 143.

77. Mellinkoff, R., *Outcasts*, pp. 122, 128.

En la representación que hace Dürer de la escena de *Jesús a los doce años en el Templo*, un rabino robusto se asombra de la sabiduría espiritual del niño. Basado en motivos bíblicos, es como si la «gordura» necia de su corazón hubiera acabado por cubrir todo su cuerpo. Albrecht Dürer, *Los siete lamentos de María: Jesús a los doce años en el Templo*, c. 1494-7.

En la batalla de imágenes al servicio de la Reforma protestante, los aliados de Martín Lutero transformaron su enorme cuerpo en un icono de firmeza. Lutero mismo veía una diferencia entre la «buena» grasa, que era sólida y la «mala» grasa, fofa y con tendencia a la hinchazón, e incluso bromeaba con «entregar a los gusanos al orondo doctor para que se dieran un festín». Lucas Cranach el Viejo, *Martín Lutero*, 1551.

A pesar de estas mordaces descripciones de la corpulencia, la representación de los cuerpos grandes seguía estando sujeta a interpretaciones múltiples. Aunque los cuerpos gordos de los obispos, los papas y los judíos podían explotarse como comentarios sobre la opulencia y el vicio, los cuerpos robustos aún podían ser objeto de admiración como signos de plenitud saludable y de monumentalidad, al menos cuando se representaban de manera correcta. Esto es evidente en el caso del reformista religioso Martín Lutero. Aunque en su juventud había sido delgado, en la época de la Dieta de Augsburgo en 1530, Lutero ya había aumentado su tamaño y acabó estando tan gordo que, en sus últimos años, estuvo prácticamente inmovilizado en el Castillo de Wartburg. Citando el inevitable carácter comestible (y corruptible) de las cosas «cebadas», Lutero incluso bromeaba con que «cuando regrese a Wittenberg, me introduciré en mi ataúd y daré de comer a los gusanos un orondo doctor»[78]. En sus escritos, sin embargo, Lutero distinguía entre la «buena» y la «mala» grasa, trazando la línea entre lo que él entendía

78. Oberman, H. A., *Lutero: un hombre entre Dios y el Diablo*, Alianza, 1992. p. 21; véase también Camporesi, P., *The Incorruptible Flesh*, pp. 80-81.

como cuerpos admirablemente sólidos y otros que estaban fofos e hinchados. Al defender que todas las personas estarían siendo cebadas para su posterior «sacrificio» mediante la muerte, Lutero invocaba la vieja imagen campesina para condenar a quienes reventaban a fuerza de banquetes y parrandas[79].

Las representaciones del campesinado en la Edad Moderna a menudo eran satíricas y destinadas a halagar la supuesta superioridad de las elites, en un reflejo del gusto antiguo por describir a las personas esclavizadas como deformes, grotescas y gordas. Hans Weiditz, *Un hombre gordo y una carretilla*, c. 1521.

Las representaciones protestantes de Lutero contribuyeron a cimentar la imagen que muchos se harían del famoso reformista. Como había hecho Holbein con Enrique VIII, los partidarios de Lutero transformaron

79. Gilman, S. L., *Fat Boys: A Thin Book*, pp. 54–7.

En una rara descripción insultante de la gordura de Lutero, un grabado antiprotestante usa al reformador y a su esposa Katharina von Bora para simbolizar el exilio de los luteranos de Bohemia después de la batalla de la Montaña Blanca en 1620. Eduard Fuchs, *Die Karikatur der europäischen Völker vom Altertum bis zur Neuzeit* (1901).

su volumen en un icono de firmeza. Aunque una imagen póstuma, en una evidente emulación del grabado de Weiditz de 1521, describía a un gordísimo Lutero llevando en una carretilla su propia barriga hinchada por la cerveza[80], la impresión general del carácter monumental de Lutero fue convincente y duradera. Ni siquiera los enemigos católicos de Lutero, cuyos rechonchos cuerpos eran a menudo azuzados en su prosa, tuvieron la tentación de usar la gordura en su contra. Aunque estaban encantados de retratar como a un cerdo al hereje reformista, en la mayoría de los casos su cuerpo se describía como esbelto. Como Lyndal Roper propone en su penetrante análisis de la polémica visual de la Reforma:

80. Christin, O., «La Foi comme chope de bière: Luther, les moines, les jeûnes», en *Trop gros?*, Csergo, J., (ed.), p. 47.

Tan lograda había sido la propaganda luterana a la hora de presentar la presencia de Lutero como físicamente poderosa que al catolicismo le costó torcer este sentido para poder expresar corrupción o flojera[81].

*

Las tradiciones iconográficas paralelas que coexistieron durante la Reforma revelan la inestabilidad que persistía aún en Occidente a la hora de representar los cuerpos gordos. Lutero no fue la única figura que generó división en el periodo y que tenía un físico apropiado para fines polémicos. El médico, botánico y ocultista suizo, Paracelso, escandalizó a muchos al rechazar por completo la tradición galénica, así como las ideas antiguas acerca de los cuatro elementos, defendiendo en cambio que el mundo se componía principalmente de sal, azufre y mercurio. En una estrategia no muy diferente de la que siguió el luteranismo, los defensores de Paracelso también libraron una guerra de palabras e imágenes que incluyó la deliberada representación de su héroe como una persona gorda. Al describir a Paracelso en términos monumentales, esperaban realzar las impresiones de su formidable reputación y la credibilidad de sus ideas. La gordura significaba gravedad y poder, más que debilidad[82].

Aunque no está claro cómo se sentía Paracelso al ser descrito de este modo, lo que el controvertido médico tenía que decir sobre la gordura revela la tensión entre la monumentalidad de la corpulencia y los problemas que podía traer la carne adicional. «Una naturaleza sólida y firme consiste en un cuerpo seco», escribía Paracelso, «no en un cuerpo gordo, adiposo y húmedo. Un cuerpo seco y musculoso

81. Roper, L., «Martin Luther's Body: The "Stout Doctor» and his Biographers», *American Historical Review*, CXIV/2, 2010, p. 362.

82. Cunningham, A., «Paracelsus Fat and Thin: Thoughts on Reputations and Realities», en *Paracelsus: The Man and His Reputation, His Ideas and Their Transformation*, Grell, O. P. (ed.), Leiden, 1998, pp. 53-77.

es el mejor y más saludable»[83]. Que la corpulencia era un tema moral además de médico se expresaba brevemente en su *Opus paramirum*. Además de dañar la digestión, explicaba Paracelso, comer de más vuelve «demasiado ricas» (*zugeyl*) determinadas partes del cuerpo, y hace la carne excesivamente grasa, aceitosa y blanda/afeminada (*lind*). Un cuerpo así es como

> un campo que se ha vuelto demasiado pingüe y que, por lo tanto, está arruinado porque los frutos se pudren demasiado rápido; o como un campo que se ha echado a perder por demasiada lluvia y los frutos se pudren en él o manifiesta su naturaleza de algún otro modo.

Este fenómeno, decía, se entendía mejor mediante el concepto de *luxus*, que cargaba con todas las connotaciones sensuales de la opulencia, la indulgencia y el relajo que denotaba el término latino *luxuria*[84]. Al hacer esta vinculación entre los cuerpos gordos y el exceso de crecimiento orgánico que conduce a la descomposición, Paracelso se inspiraba en el pensamiento agrícola antiguo que había seguido operativo a lo largo de la Edad Media. Como analizamos en el siguiente capítulo, Paracelso no era el único que pensaba sobre la grasa haciendo referencia al suelo, a las plantas y a los animales.

83. Paracelso, *Hermetic and Alchemical Writings*, vol. I: *Hermetic Chemistry*, Waite, A. E. (ed.), Londres, 1894, p. 261.

84. Paracelso, *Opus paramirum*, en *Essential Theoretical Writings*, Weeks, A. (trad.), Leiden, 2008, pp. 466-7.

Al describir a Paracelso como un monumental hombre gordo, los partidarios del controvertido médico esperaban proyectar su formidable reputación. El mismo Paracelso decía que los cuerpos secos y musculosos eran los más saludables y comparaba el cuerpo gordo y húmedo a «un campo que se ha vuelto demasiado rico, y que por lo tanto está perdido porque los frutos se pudren demasiado rápido». A partir de Metsys Quentin, *Portrait présumé du médecin Paracelse,* 1465.

6. LA GROSURA DE LA TIERRA

O por qué un buen gallo nunca está gordo

El dicho «un buen gallo nunca está gordo [*un bon coq n'est jamais gras*]» es uno de esos proverbios populares cuyos orígenes son difíciles de determinar. Aunque se registró por primera vez a principios del siglo XVII, como la mayoría de los refranes probablemente se empleaba mucho antes de que se apuntara en un papel[1]. Y, como se puede intuir, esta perla de sabiduría funcionaba en una serie de niveles semánticos y pocos de ellos tenían que ver con la buena forma física de las aves de corral. En la sociedad rural tradicional, el hombre viril era aquel cuyo cuerpo conservaba unas curvas moderadas gracias a la labor extenuante y a la frecuencia de la cópula, que eran dos actividades que se suponía que impedirían que engordara. Como cualquier otro ejercicio susceptible de fatigar, el acto sexual implicaba un esfuerzo que generaba calor y se pensaba que, naturalmente, esto llevaba a perder peso. Como un gallo entre las gallinas, un hombre así era capaz de engendrar descendencia, ejercer su dominio sobre las hembras y las criaturas y conservar su estatus entre sus pares machos. Aunque el hombre gordo podría haber sido un símbolo de niveles envidiables de prosperidad y salud, también

1. Joseph Dejardin localiza el origen del dicho en una canción registrada en *Le Nouveau entretien des bonnes compagnies* (1635), aunque su núcleo, o semilla ideológica es ya evidente en la glosa de Girolamo Mercuriale sobre Aristóteles: *pinguia corpora sunt veneri inepta* (los cuerpos gordos no son aptos para Venus). Dejardin, J., *Dictionnaire des spots ou proverbes Wallons*, Lieja, 1891, p. 214; Mercuriale, *Praelectiones Patauinae cognoscendis et curandis humani corporis affectibus*, Venecia, 1603, p. 429.

podría haber sido asociado con la pereza, como alguien que evitaba el trabajo agotador que, en condiciones normales, habría conservado la delgadez de su cuerpo. En esta cultura del trabajo duro, como dice otra variante del proverbio, «un buen gallo siempre está delgado [*un bon coq, c'est toujours maigre*]». Para quienes piensen aún que el *coq* en cuestión es efectivamente un gallo, otros refranes dejan claro el tema en términos más crudos: «Trabajando nadie engorda [*Celui qui travaille ne doit être obese*]»[2]. A semejanza de los zánganos de Vegecio, los hombres gordos consumen lo que producen otras abejas mientras que ellos apenas trabajan o incluso no lo hacen en absoluto[3].

Refranes como estos se han repetido a lo largo de los siglos porque resumen lo que mucha gente considera que es el conocimiento de sentido común sobre el mundo. Funcionan como «estrategias de sabiduría comprobadas durante generaciones» y parecen hablarnos «reclamando continuamente una autoridad moral y una intención didáctica»[4]. Los refranes también pueden migrar de su lugar de nacimiento. De hecho, las ideas rurales sobre la grasa y la potencia resonaban en los contextos urbanos mucho después de que el conocimiento médico hubiera dejado de trazar analogías entre el cuerpo humano y el mundo agrícola. En una fecha tan tardía como la década de 1880, la medicina francesa aún invocaba la sabiduría del establo para recalcar un tema médico: «Entre los hombres obesos el instinto sexual en general apenas se ha desarrollado; algunos son completamente impotentes», apuntaba uno. «Como se dice, un buen gallo nunca está gordo»[5]. Arraigadas en las tradiciones orales, las fuentes de los refranes a menudo son difíciles de localizar

2. Loux, F. ; Richard, P., *Sagesses du corps: La santé et la maladie dans les proverbes françaises*, París, 1978, pp. 17-18, 266. Aunque estos refranes se recogieron en el siglo XIX, tienen una coherencia con los dichos que circulaban en los siglos anteriores.

3. Si tuviéramos que transponer estas ideas a la Edad Media, descubriríamos que el único lugar adecuado para «un parásito, un innoble tubo digestivo que engorda, que se niega a trabajar y que cuestiona el orden natural de la sociedad» sería el País de Jauja. Quellier, F., *Gourmandise*, p. 65.

4. Mieder, W., *Proverbs: A Handbook*, Westport, CT, 2004, p. 15.

5. Demange, E., «Obésité», en *Dictionnaire encyclopédique des sciences médicales*, Dechambre, A. (ed.), París, 1864-80, vol. XIV, p. 14.

con precisión. ¿La idea que inspiró «un buen gallo nunca está gordo» procede de un contexto agrícola en el que las observaciones acerca de los gallos en el corral formaron una base metafórica para hablar de los hombres? ¿O son sencillamente versiones rurales de ideas formuladas y extendidas por las elites, en este caso por la profesión médica y sus pacientes, para interpretar los cuerpos masculinos?

Resolver el enigma de qué fue primero, si el gallo o el hombre, no es la intención de este capítulo. Hay una cuestión más relevante que es cómo los conceptos europeos de la grasa, que desde la Antigüedad se habían pensado mediante referencias a las ideas agrícolas, siguieron imaginándose así hasta el siglo XVIII. De hecho, las metáforas agrícolas para explicar la fertilidad y la esterilidad son habituales en la cultura occidental, y se ha recurrido a ellas para explicar una gran variedad de fenómenos, desde la reproducción sexual y la formación intelectual hasta los problemas de la abundancia y la moralidad. Antigua era también la idea de que el acto sexual es una forma de esfuerzo físico que genera calor y que, si se lleva a cabo con regularidad, impide aumentar de peso. Ya hemos visto que Sorano de Éfeso recomendaba copular a las mujeres gordas como una técnica de adelgazamiento. En el siglo VII, Isidoro de Sevilla incluso afirmaba que «*macer* (delgado) deriva de *macies* (delgadez); y *macies*, por su parte, deriva de *moechia* (concubinato), porque una actividad sexual inmoderada produce delgadez»[6]. En la medida en que la grasa se ha relacionado estrechamente con las formas en las que se han representado las plantas y los animales en nuestra cultura, esta evoca conceptos de crecimiento y exceso que tienen un origen agrícola.

Este capítulo aborda estos temas, de una manera casi literal, de abajo hacia arriba. Sabemos que desde la Antigüedad la grasa se ha identificado como una cualidad oleaginosa propia de determinados tipos de tierra, y que el pensamiento analógico, que facilitó una transcodificación cultural de los cuerpos, las plantas y los campos, se amplió también para abarcar a los animales no humanos. El abono de los campos, su engorde, que podía tener como resultado la fertilidad o la

6. Isidoro de Sevilla, *Las etimologías*, tomo I, J. Oroz Reta (trad.), BAC, 1982, p. 835.

descomposición, se trasladaba a los animales, con efectos similares, representando, como apunta el concepto romano de *luxuria*, una forma de «crecimiento desmesurado» que estaba cargada de connotaciones morales. Esta ambigüedad se manifiesta también en los refranes acerca de la gordura, que son capaces de afirmar y a la vez negar sus vínculos con la fertilidad, tanto en los campos como en los cuerpos. Este marco agrícola incluso posibilitó imaginar la «gordura» de otras tierras y pueblos mediante un marco mental medioambientalista cuyos elementos centrales, aunque se actualizaron en el siglo XVII, son también antiguos. Sobre todas estas dimensiones se cierne la intersección perturbadora pero también duradera de la feminidad y la descomposición, que está indefectiblemente vinculada con muchas nociones de la fertilidad. La pura ubicuidad de las imágenes agrícolas convertía a la grasa en una sustancia muy rica para pensar con ella y al proceso de engorde en una actividad realmente complicada.

«La madurez lo es todo»[7]

En 1573, el cirujano regio francés Ambroise Paré describía cómo el cuerpo humano funcionaba como un microcosmos de los fenómenos que ocurren en el mundo natural. Así, mientras explicaba cómo se pueden discernir unas ocurrencias naturales como la esterilidad y la sequía en las personas demacradas por la fiebre, decía lo siguiente:

> Ejemplo de fertilidad: se reconoce en quienes están gordos, con grandes nalgas y barrigas, hasta el punto de que estallan dentro de su piel [*ils creuent en leur peau*] [...] y necesitan estar siempre tumbados o sentados porque no pueden transportar la inmensa masa de su cuerpo[8].

7. Shakespeare, W., *El rey Lear*, Acto V, escena 2, Cátedra, 1995. p. 249. Traducción modificada

8. Paré, A., *Monstruos y prodigios*, Malaxecheverría, I. (trad.), Siruela, 1993: «*Exemple de fertilité: on la connoist à ceux qui sont fort gras, fessus, et ventrus, tant qu'ils creuent en leur peau, force leur est de demeurer tousiours couché ou assis, pour ne pouuoir porter*

En acusado contraste con las figuras casi esqueléticas que representaban la escasez en la Europa medieval, el cuerpo que conjuraba Paré estaba tan maduro y lozano que parecía ligado a la tierra misma, incluso hasta el punto de que era incapaz de alzarse desde una posición reclinada o sentada. Se parece a los cuerpos saciados y llenos que figuran en el lienzo de *El país de Jauja*, de Pieter Brueghel (1567), pintado apenas unos años antes.

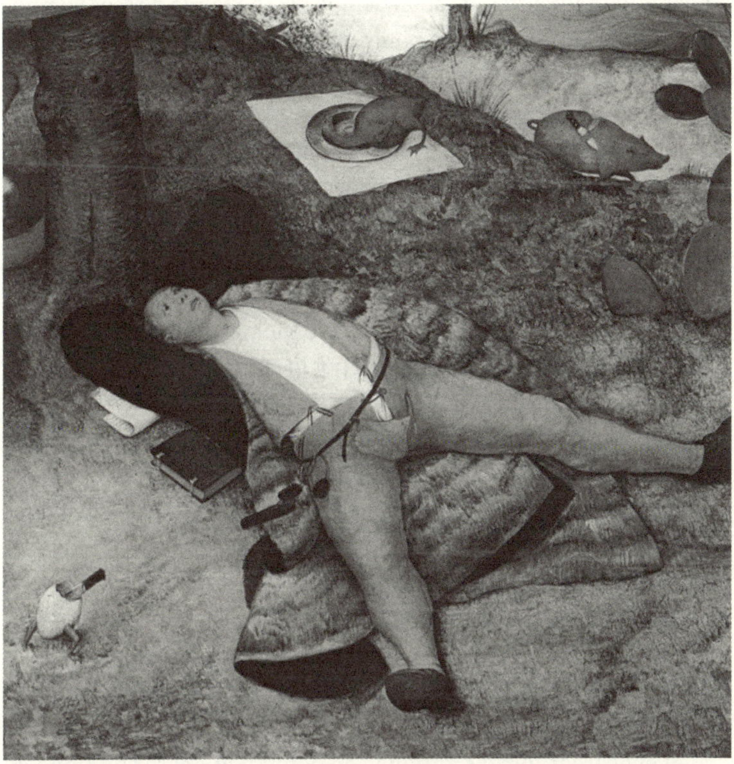

Las carnes grasas y los cuerpos cebados abundaban en los relatos populares del país de Jauja. Pieter Brueghel el Viejo, *El país de Jauja*, 1567.

la grosse masse de leur corps». Trad. propia, este capítulo es el único que no figura en la ed. castellana (N. de la T.).

Lo que Paré expresaba mediante este retrato de la fertilidad hinchada era más complejo que una imagen de abundancia benefactora, aunque eso estaba también presente. Un determinado grado de gordura podía de hecho interpretarse como una señal de plenitud y salud. Por ejemplo, las curvas podían ser un criterio para elegir a una buena ama de cría porque eran síntoma de que la mujer estaba repleta de leche[9]. Mientras que unas carnes moderadas podían denotar salud y belleza, sin embargo, los moralistas llevaban tiempo desconfiando de esos cuerpos tan hinchados que parecían a punto de explotar. Además del sentido de reventar o explotar mediante un relleno excesivo o un atracón, el verbo francés *crever* que emplea Paré se refiere también a la alimentación forzada de los animales con destino al matadero, un destino reforzado por el hecho de que *crever* también significa «morir». Hinchado como fruta madura, el ejemplo de Paré de una fertilidad exuberante se confabulaba de manera implícita con la descomposición y la muerte. Era pues una vinculación semejante a la que establecía Paracelso entre los cuerpos gordos y el suelo demasiado pingüe y el producto putrefacto. Vincular la gordura con la fertilidad, por lo tanto, era situarla a lo largo de un continuo orgánico en el que la vida y la muerte, la fertilidad y la descomposición se relacionaban entre sí. Entonces, cuando Shakespeare declaraba en *El Rey Lear* que «la madurez lo es todo», lo que apuntaba era a que todo lo que está en camino a la «madurez» puede entenderse como desarrollo e inmadurez, más allá de lo cual espera el declive, la muerte y la descomposición. Shakespeare en ese momento no estaba escribiendo sobre la grasa. No obstante, su concepción de la madurez puede también aplicarse a la idea de la grasa como un concepto fronterizo localizado en el punto de inflexión entre la fecundidad y la putrefacción.

Al evocar las formas antiguas de definición del ser humano en relación con la tierra y las plantas, la observación de Paré descansaba sobre siglos de opiniones acumuladas sobre la grasa, la fertilidad y la descomposición, una constelación de ideas a las que Piero Camporesi

9. Alexandre-Bidon, D., «Trop gourmand?», p. 140.

denomina «superfetación excremental»[10]. El hecho de que las percepciones clásicas de los cuerpos humanos se hayan transfertilizado siempre con el conocimiento agrícola no era algo que se perdiera en el pensamiento medieval. Familiarizados con el relato bíblico de la creación de la raza humana a partir de la tierra, los pensadores medievales adquirieron su conocimientos de agronomía clásica a través de los escritos de Paladio, en el siglo IV[11]. Figuras como Paracelso podían por lo tanto extasiarse ante los beneficios potenciales de la descomposición, ya fuera la que tenía lugar de manera natural o mediante la intervención de las artes humanas, «es decir, mediante la Alquimia». Naturalmente, estos procesos podían generar angustia porque, después de todo, la putrefacción sugiere «el cambio y la muerte de todas las cosas». Pero, puesto que dicha descomposición era también «el primer paso y el inicio de la generación», claramente tenía una dimensión positiva[12]. El suelo fértil es fuente de vida y es beneficioso precisamente porque se compone de materia grasienta y en descomposición, logrando así la «putrefacción fecunda» que es esencial para los procesos orgánicos[13]. Las respuestas ambivalentes que suscitaba el suelo excesivamente pingüe encontraban una analogía en los cuerpos corpulentos, como articulaba con claridad el proverbio anglosajón atribuido a los Padres del Desierto: «Así como la tierra grasa

10. Camporesi, P., *Juice of Life: The Symbolic and Magic Significance of Blood*, Barr, R. R. (trad.), Nueva York, 1995, p. 114. Sobre la relación etimológica entre «humano» y «humus», véase Sax, B., «What Is this Quintessence of Dust? The Concept of the "Human" and its Origins», en *Anthropocentrism: Humans, Animals, Environments*, Boddice, R. (ed.), Leiden, 2011, p. 23.

11. Pouchelle, M.-C., *Body and Surgery*, p. 161; Paladio, *Tratado de agricultura*, Moure Casas, A. (trad.), Gredos, 1990, vol. I.

12. Paracelso, *Hermetic and Alchemical Writings*, vol. I: *Hermetic Chemistry*, Waite, A. E. (ed.), Londres, 1894, p. 120.

13. Tétart, G., *Le Sang des fleurs*, pp. 109-10: «El aceite engorda [la tierra] porque es espeso y untuoso». Camus, J.-P., *Les Diversitez*, Lyon, 1610, vol. V, p. 482: «La tierra es baja, como dice el saber campesino, no solo porque hay que doblar el espinazo, sino porque ella misma puede ser incluso más vil que aquello a lo que desprecia». Laporte, D., *Historia de la mierda*, Pérez de Lara, N. (trad.), Pre-Textos, 1998. p. 46.

[*fœtt eorpe*] saca lo que está en ella oculto, así la carne grasa [*flœs fœtt*] produce el vicio [*leahter*]»[14].

Los sentimientos ambiguos que despertaba la generación y la descomposición pudieron concentrarse especialmente en las sustancias que se solían usar para mejorar o «engordar» una tierra insuficientemente fértil alterando su composición y su textura. Para estos fines, los excrementos animales eran especialmente efectivos, a veces fermentados con paja para aumentar su potencia, así como las heces humanas o, como se le decía, la «cosecha nocturna», que se traía en carros desde las ciudades vecinas[15]. La lógica de esta antigua técnica agrícola era evidente para Paracelso. La «quintaesencia» de una cosa viva, escribía, está ligada con su «residencia» material y

> si este lugar de residencia se va a disolver mediante la putrefacción, entonces la quintaesencia es recibida por el lugar en el que yace. [...] Así ocurre que los campos se vuelven pingües y fértiles, no por la corrupción, sino por la quintaesencia que hay en el estiércol[16].

Si a la tierra que ha sido bien fertilizada o «estercolada» se la describía habitualmente como «gorda» (o pingüe) era porque se pensaba que la «gordura», que designaba la riqueza y la fertilidad, además del espesor y la untuosidad, era una propiedad intrínseca de las heces que

14. «Swa swa fætt eorþe cenð þæt behydd ys on hyre, ealswa flæs fætt forðgelætt leahter» [*sicut pinguis terra germinat quod absconsum est in ea sic et caro pinguis producit vitium*]. Rhodes, E. W. (ed.), *Defensor's Liber scintillarum with an Interlinear AngloSaxon Version Made Early in the Eleventh Century*, Londres, 1889, p. 104. La palabra anglosajona *leahter* se solía emplear para traducir el término latino *vitium* (delito, pecado, falta, enfermedad y herida) pero también puede significar «risa [*laughter*]». Muchas gracias a Jan-Frans van Dijkhuizen por señalarme esta expresión.

15. Comet, G., «The Development of Farming Implements between the Seine and the Rhine from the Second to the Twelfth Centuries», en *Medieval Farming and Technology: The Impact of Agricultural Change in Northwest Europe*, Astill, G.; Langdon, J. (ed.), Leiden, 1997, p. 26.

16. Paracelso, *Hermetic and Alchemical Writings*, vol. II: *Hermetic Medicine and Hermetic Philosophy*, Waite, A. E. (ed.), Chicago, IL, 1910, p. 45.

podía transmitirse a la propia tierra. Con un argumento procedente de una tradición científica muy diferente, el filósofo de la naturaleza Francis Bacon sostenía una idea parecida cuando advertía a los agricultores de que no dejaran demasiado tiempo el estiércol en el suelo antes de mezclarlo con la tierra: «El *sol* se llevará buena parte de la *gordura* del *estiércol*»[17].

Las palabras de Bacon reflejan una visión del mundo que hoy nos parece extraña. Los vínculos «modernos» entre la corpulencia y el excremento se explican a menudo haciendo referencia al énfasis que el capitalismo industrial coloca en la eficacia y el beneficio, en un modelo económico de cuerpo y sociedad que fomenta las equivalencias *metafóricas* entre la grasa y la mierda como formas de exceso o «desperdicio»[18]. La cultura premoderna ofrecía una perspectiva mucho más *literal*. Más allá de su estatus médico como un tipo determinado de excreción corporal, la grasa se relacionaba materialmente con las formas de excremento que parecían a la vez grasientas y engordantes. Paracelso y Bacon se limitaban a señalar lo que en el entorno campesino se sabía por experiencia propia: la material fecal es capaz de abonar los campos gracias a las propiedades intrínsecas vinculadas a su composición nutricional y su consistencia untuosa. Así, de la misma manera que las referencias a una tierra pingüe implicaban el carácter grasiento de la materia misma, la «grasa» del excremento no era una metáfora. Los campos fértiles, así como el estiércol que se empleaba para mejorarlos, eran literalmente grasientos, a la vez que «ricos», lo que tal vez explica por qué los conceptos de «exceso» y «grasa» parecen implicarse mutuamente tan a menudo. De hecho, el concepto agrícola de «riqueza» parece necesitar, como insistía el agrónomo Walter Blith, sustancias que porten las cualidades del espesor y la «inmundicia»[19].

17. Bacon, F., *Sylva sylvarum, or, A Naturall Historie*, Londres, 1635, p. 147, par. 595.

18. Schwartz, H., *Never Satisfied*.

19. Blith escribía con aprobación acerca de las aguas que regaban las tierras menos fértiles. «Thicknesse, Soyle or Filth, which I call Richnesse [espesas, sucias o inmundas, lo que yo llamo ricas]». Blith, W., *The English Improver, or, A New Survey of Husbandry*, Londres, 1649, p. 27.

Otros autores agrícolas están de acuerdo en este punto. Uno de ellos explicaba que la mejor manera de convertir una arcilla estéril en tierra fértil era mezclar en ella parte de esas «sustancias grasientas, gordas y podridas» que se encuentran por las cocinas y los lavaderos. Puesto que «no hay nada más adecuado ni mejor para el suelo que el excremento humano», hay que asegurarse de que se incluyen ahí «los restos de los desagües comunes, especialmente aquellos por los que pasa buena parte de la orina humana. [...] No hay estiércol mejor que se pueda utilizar en ese tipo de suelos»[20].

Incluso si el estiércol era literalmente grasa, merece la pena sopesar las extensiones metafóricas de esta imaginería. De la misma manera que a menudo se dice de una sustancia «rica» que es espesa o viscosa, y de la tierra «rica» que ha sido «engordada» con estiércol, así también las riquezas financieras (por ejemplo, el oro) se podían describir en términos de la acumulación o distribución de la gordura excremental[21]. El adivino griego Artemidoro así lo decía en su libro de sueños del siglo II AEC, un texto que se citaba mucho en la Edad Moderna. Describiendo el estiércol como un «gran exceso», afirmaba que

> es así mismo positivo para un pobre dormir sobre detritos, pues supone que conseguirá riquezas y que vivirá rodeado de ellas.

En la realidad, el excremento solamente se convierte en oro cuando se aparta de la persona, que es por lo que ese mismo excremento, si es rociado en el cuerpo por otra persona, presagia «enemistad, disparidad de criterio y una ofensa»[22]. Siempre ambiguas, estas asociaciones tenían la capacidad de sugerir riqueza y abundancia así como exceso y desperdicio. Se piense lo que se piense acerca de las asociaciones psicoanalíticas entre el erotismo anal infantil y el concepto del dinero

20. Markham, G., *Markham's Farewel to Husbandry, or, The Enriching of All Sorts of Barren and Sterile Ground in Our Nation*, Londres, 1676, pp. 26-7.

21. Laporte, D., *Historia de la mierda*, p. 46.

22. Artemidoro, *La interpretación de los sueños*, p. 346-7.

como «sucio lucro», mediante el fomento de una relación entre la gordura del excremento y el carácter excremental de la grasa, la lógica agrícola ofrecía maneras propias de imaginar la sucia riqueza y a los «asquerosamente ricos». Si es correcto decir que «el olor a estadizo se transforma en perfume y la podredumbre se convierte en oro»[23], entonces tal vez la corpulencia estereotipada de las personas ricas resuena sutilmente en la fábula de la gordura de la tierra.

La ambigüedad de la gordura y del excremento se extendía a las cuestiones espirituales. En la medida en la que implicaba el manejo del estiércol, que era grasiento, apestoso y mezclado con materia podrida, el acto de estercolar la tierra era un trabajo sucio con unas connotaciones inevitablemente escatológicas. Las heces son, después de todo, una potente sustancia vital capaz de evocar fuertes reacciones, incluso si a largo plazo los beneficios de abonar solían superar cualquier posible incomodidad que esto pudiera suscitar. Los campos pingües se entendían como una señal del potencial de la tierra para dar la vida y los autores cristianos a veces animaban a sus lectores a considerar los sufrimientos que podrían experimentar como formas de excremento enviadas por un dios amoroso para garantizar el desarrollo de sus almas, de la misma manera que lo haría un campesino cuando fertiliza sus tierras. El puritano inglés Jeremiah Burroughs comparaba así los actos cometidos por hombres malvados con las heces que los ganaderos esparcían para que el terreno fuera más fructífero. «Dios tolera que los hombres malvados reúnan toda la inmundicia que se pueda y que la arrojen sobre su pueblo, porque no es sino la deyección que engorda la tierra y los corazones del pueblo de Dios»[24]. Después de todo, como John Bunyan recordaba a sus lectores, un siglo más tarde, ¿no había dicho el propio Cristo en una de sus parábolas que abonaría la tierra para que la higuera estéril diera frutos? «Sabéis que el estiércol es una sustancia más cálida, más grasa, más rica y más nutritiva y ahí suele ser el lugar en

23. Laporte, D., *Historia de la mierda*, p. 41.

24. Burroughs, J., *Moses His Choice, with His Eye Fixed upon Heaven*, Londres, 1641, p. 362.

el que se plantan los árboles»[25]. Pronunciadas siglos después de que lo hicieran Filón y Porfirio, estas referencias a «engordar» el alma se hacen eco de algunas de las distinciones que hacían los primeros cristianos entre la «buena» grasa del espíritu y la grasa corrupta de la carne.

El hecho de que hubiera que recordar a los lectores los beneficios del graso excremento sugiere que su reacción inicial no habría sido la admiración. Aunque las respuestas europeas ante las heces se hayan agudizado a partir de la Edad Moderna, no debemos dar por sentado que a los pueblos antiguos y medievales no les perturbara la vista, el olor y el tacto de la mierda[26]. Entre las poblaciones cristianas, la peste del estiércol y de las tierras excesivamente fértiles habría suscitado reacciones de asco al menos desde finales del siglo II. Ya entonces, algunos apologetas cristianos habían desafiado las convenciones acerca de la bondad inherente de la tierra señalando lo manchada que está con excrementos y cadáveres. Estas opiniones no desaparecieron en la Edad Media, cuando las preocupaciones por la podredumbre y el excremento continuaban provocando alarma entre los teólogos, a los que repugnaba la idea de que los cuerpos de los creyentes tuvieran primero que pasar por la putrefacción en el entierro antes de que se les resucitara al final de los tiempos[27]. A partir de sus vínculos con la putrefacción y el fango, la grasa se deslizaba con facilidad en la carnalidad en general. Afirmando que el nombre «Getsemaní» se refiere a un «valle de cosas grasas» —un lugar bajo hacia el que los desechos fluyen para hacerlo «rico»— Antonio de Padua pensaba que tenía sentido que Jesús hubiera sido traicionado en un lugar frecuentado «por aquellos que ambicionan mandar a los demás y no serles útiles, y que descansan en el valle, o sea, en los placeres de la carne, engordados como puercos

25. Bunyan, J., «The Barren Fig-tree, or, The Doom and Downfall of the Fruitless Professor», en *The Works of the Eminent Servant of Christ, Mr John Bunyan*, 3ª ed., Londres, 1767, vol. I, p. 825.

26. Staden, H. von, «Women and Dirt», *Helios*, XIX/1/2, 1992, p. 9; Morrison, S. S., *Excrement in the Middle Ages: Sacred Filth and Chaucer's Fecopoetics*, Nueva York, 2008, p. 7.

27. Bynum, C. W., *Resurrection*, pp. 31-2, n. 36.

entre los excrementos de las cosas temporales»[28]. Y, como ya hemos visto, la teología medieval usaba las imágenes de la grasa, la gordura y la inmundicia para que quien pecaba se hiciera una idea de lo que le esperaba en las tripas del Infierno.

Todo esto contribuye a explicar por qué los campos demasiado pingües podían simbolizar la descomposición y la suciedad a la vez que la abundancia productora de vida. Como William Langland había señalado en *Piers Plowman*, los campos más fértiles eran aquellos capaces de generar un crecimiento excesivo y no deseado: «En la tierra grasa llena de estiércol crecen las hierbas más inmundas»[29]. De la misma manera, en *La nave de los necios* (1494) el humanista alsaciano Sebastian Brant era capaz de condenar el pecado de la gula sin ni siquiera mencionar la corpulencia. Podía aún evocar el mal olor de las sustancias espesas y grasas para señalar una cuestión moral sobre la avaricia. Los hombres que se casaban con mujeres mayores por su dinero, afirmaba, eran como necios que «como les huele bien el aroma de la manteca, se atreverían también a desollar el burro y, cuando ha pasado mucho tiempo, no encuentran más que estiércol y excremento»[30]. Esta imaginería encontraba con facilidad un camino de vuelta a los propios cuerpos a medida que otros escritos acudían a las dimensiones menos sabrosas de la gordura y el excremento para criticar así la corpulencia. El caballero y erudito alemán Ulrich von Hutten criticaba a los deportistas «cuyo arte consiste únicamente en cebarse». Además de arriesgarse a llegar a su tumba antes de tiempo, insistía, estos hombres permiten que sus mentes «se queden enterradas en sangre y grasa como si estuvieran en una montaña de mierda, [...] incapaces de aspirar a nada más elevado»[31].

28. El nombre Getsemaní es, de hecho, la denominación en arameo de «prensa de aceite». A. de Padua, «Segundo domingo después de Pentecostés», en https://www.santaclaradeestella.es/BIBLIOTECA/MISTICOS/Sermones_de_san_Antonio, consultado el 10 de junio de 2025.

29. Langland, W., *Piers Plowman III: The C Version*, Russell, G.; Kane, G. (ed.), Londres, 1997, C.12.224, p. 449.

30. Brant, S., *La nave de los necios*, Regales Serna, A. (trad.), Akal, 2011. p. 215.

31. Citado en Bergdolt, K., *Wellbeing*, p. 178.

La transcendencia moral y espiritual se frustraba por la carne y la sangre, por la grasa y la mierda.

Las respuestas de la Edad Media y de la Edad Moderna ante la grasa, las heces y otras sustancias vitales eran por lo tanto complejas y a menudo contradictorias. La lógica agrícola que daba mordiente al sarcástico comentario de Hutten acerca de los atletas, le permitía también articular una dimensión ulterior de la grasa y de la agricultura: los cuerpos extremadamente corpulentos pocas veces producían mentes perspicaces o sutiles. Las raíces de esta idea también se remontan a la antigüedad. En la época grecorromana, la enseñanza y la cultura solían conceptualizarse mediante el imaginario campesino de la plantación de la semilla y se comparaba a los estudiantes con el «suelo» y la enseñanza de la virtud se asemejaba explícitamente con el cultivo[32]. Estas ideas se reforzaban con las observaciones hebreas y helenísticas sobre el carácter insensible de la grasa, así como sobre la insensibilidad perceptiva e incluso moral que a veces parecía derivarse de esta, todo lo cual convocaba el apoyo de las fuentes antiguas para ofrecer una imagen de la persona gorda como necia e incluso estúpida. Las cosas no mejoraban cuando se analizaban las analogías que se trazaban a menudo entre la letargia y torpor de determinados animales domesticados y los procesos mentales percibidos como espesos, lentos y «groseros» (es decir, sin refinamiento). Los refranes proporcionaban un vehículo importante para la transmisión selectiva de las ideas antiguas en la Europa medieval y moderna. El epíteto inglés *fathead* resumía la imagen de una mente atrapada en una espesa masa insensible, y los refranes posteriores simplemente reforzaron los estereotipos acerca de cómo los cuerpos gordos pocas veces producían mentes poderosas. Una variación del viejo dicho de Galeno sobre la estupidez de la grasa se registró en francés en 1358: «El vientre lleno nunca aprende» (*Ja ventre plein n'apprendra*)[33].

32. Mack, B. L., *A Myth of Innocence: Mark and Christian Origins*, Minneapolis, MN, 2006, pp. 159-60.

33. Hassell, J. W., *Middle French Proverbs, Sentences, and Proverbial Phrases*, Toronto, 1982, p. 246.

Otros proverbios semejantes proliferaban en inglés: «una tripa llena y glotona nunca estudiará con afán», «una tripa gorda no produce una mente fina», «en panzas llenas, cráneos vacíos», «cuerpo gordo, cerebro escaso», «la barriga gorda tiene poca cocorota», y muchos más[34].

Las dimensiones agrícolas de la gordura abarcaban algo más que las plantas y el suelo. Si «la madurez lo es todo», como decía Shakespeare, es también el momento en el que se considera que muchas de las cosas que crecen están listas para su cosecha y consumo. Esto enfatiza la relación desigual entre lo que ha sido abonado o cebado y quienes lo consumen. Un término de uso común en francés para el estiércol grasiento, *l'engrais*, se refiere también al gesto de llevar a los animales a pastar para que engorden antes de llevarlos al matadero (*mettre à l'engrais, tenir à l'engrais*). Además de evocar el olor de la mierda, cuando se contempla desde la perspectiva de los cuerpos animales, cebar lleva consigo un tufillo de subordinación y violencia. Pensemos en los buenos sentimientos que se habrían conjurado durante los meses de verano en la Inglaterra medieval, en un momento que a menudo se le llamaba el *pinguedo* («el tiempo de la grasa»), porque era entonces cuando el venado estaba más gordo y sabroso[35]. No cuesta demasiado detectar las relaciones de poder implicadas en este término. A pesar de los relatos fantásticos del País de Jauja donde, entre otros regalos, los pescados, patos y pollos vivos se prestaban libremente para el consumo humano, todo el mundo sabía que era más probable que los cazadores y los comensales saborearan los placeres del *pinguedo* más que los propios venados. Su papel se limitaba a engordar para poder ser matados y comidos, que era lo que se esperaba también que ocurriera con muchos otros animales que se criaban para el consumo humano[36]. En la imaginación ganadera, por lo tanto, el proceso de engorde señalaba una relación desigual y muchas

34. Strauss, E. (ed.), *Dictionary of European Proverbs*, Londres, 1994, vol. I, p. 18.

35. Marvin, W. P., *Hunting Law and Ritual in Medieval English Literature*, Cambridge, 2006, p. 78.

36. Salisbury, J. E., *Beast Within*, pp. 132, 177.

veces inestable en la que el «aumento» ocurría para beneficio de otra persona y la mayoría de las veces a expensas de lo que se engordaba.

Esta relación desigual se aplicaba también a los seres humanos. Incluso cuando se había engordado a fuerza de banquetes, una acción que, bajo las circunstancias correctas, podría afirmar el dominio de los comensales sobre su comida, el engorde de los seres humanos nunca se ha visto libre de los sutiles lazos con la animalidad y la violencia. Ya hemos visto con qué desprecio escribían Platón y Séneca acerca de quienes se cebaban a sí mismos por pereza o por exceso de indulgencia. Cuando así lo hacían, apuntaban estos autores, estas personas revelaban una servidumbre frente a sus propios apetitos y pasiones y tal vez el sometimiento a la voluntad de otras. Teniendo en cuenta las inquietudes generales sobre el dominio y la servidumbre que estructuraban el pensamiento clásico, es lógico pensar que —de manera no muy diferente a los corderos que se sometían con mansedumbre al cebado y al matadero— estas personas complacientes podrían en realidad *ser merecedoras de* cualquier violencia que recayera sobre ellas. Los paralelismos que proponían cómo determinados seres humanos podían ser *como* otros animales en otros tiempos se expresaban en escenas de seres humanos siendo empleados *en el lugar de* las bestias. Los viajeros medievales relataban escenas de canibalismo en tierras remotas y ofrecían un lúgubre recordatorio de que quien engordara podía terminar siendo literalmente consumido. John Mandeville hablaba de unos mercaderes en la isla de Lamori (Sumatra) que vendían criaturas humanas a las que se las cebaba antes de ser comidas: «lieuan criaturas por vender adaquellos de la tierra et eillos las compran. Et si eillos son gordos eillos los comen luego, et si eillos son magros eillos los fazen engordar, et dizen que es la meior carne et la mas dolz del mundo»[37]. La antropofagia simbólica tan habitual en Occidente —el hecho de que la dominación de un grupo sobre otros se pueda imaginar como una manera de devorar— apenas logra ocultar estos perturbadores recordatorios del carácter animal y comestible del ser humano.

37. Mandevilla, J. de, *El libro de las maravillas,* 2005, p. 93.

«La madurez lo es todo». El engorde de los seres humanos pocas veces se ha librado de unos vínculos sutiles con los procesos agrícolas del crecimiento, la madurez y la descomposición, todos los cuales apuntan a la posibilidad de ser consumido por otros seres humanos. La antropofagia simbólica, tan habitual en Occidente, apenas logra esconder los perturbadores recordatorios del carácter comestible del ser humano. Detalle de Pieter Brueghel el Viejo, *La batalla entre el Carnaval y la Cuaresma*, c. 1600.

Esta actitud explica en cierto modo parte del desprecio que hemos visto arrojar sobre los reyes medievales que estaban demasiado gordos como para luchar, cabalgar o incluso caminar. Las imágenes aparentemente positivas de la riqueza, el estatus y el poder que irradiaban de la corpulencia de la elite se complicaban con irritantes preguntas sobre las circunstancias que rodeaban dicho engorde, así como sobre los fines a los que servía este engorde. En la Inglaterra medieval, los descriptores extravagantes como «hijo de perra tripa gorda» o «patán de barriga hueca» podían lanzarse como insultos precisamente por las sospechas populares de que los vientres de los ricos estaban hinchados por cosas que antaño pertenecían al pueblo[38]. El «devorar», que fue la causa de este preocupante engorde y que asediaba las concepciones medievales de la jerarquía social, estaba sujeto a múltiples interpretaciones: como un acto depredador por el cual el débil era consumido por el poderoso o como un comer insensato que reducía al depredador al nivel de una bestia, peligrosa pero boba[39]. De ahí, tal vez, las parodias latinas que se produjeron durante el siglo XIII, como los denominados Money-Gospel, en los que los gordos y sudorosos obispos crean un agudo contraste con la esbeltez de los devotos pobres[40].

Hemos visto ya que estas imágenes y otras parecidas proliferaron aún más durante la Reforma, cuando las imágenes anticlericales de los monjes solían oscilar entre los cerdos atiborrados por el exceso de comida y bebida y los lobos hambrientos que devoraban como caníbales al vulgo[41]. Como apunta *La batalla entre el Carnaval y la Cuaresma* de Brueghel (c. 1600), la gordura y el engorde eran, entre otras cosas, recordatorios del carácter animal, mortal y comestible del ser humano. La afirmación de Shakespeare de que «la madurez lo es todo» puede por lo tanto tener cierta relación con la incómoda verdad que se desvela en *Hamlet*: «Nosotros cebamos animales para cebarnos a nosotros, y nos cebamos a nosotros para cebar gusanos. Un rey gordo y un flaco mendigo no son sino mesa variada, dos platos, para un mismo mantel» (IV.3)[42].

Gordura e infertilidad

Hay otra dimensión en el ambiguo símbolo de la fertilidad de la grasa de Ambroise Paré que merece la pena explorar. Como el propio ci-

38. Neal, D. G., *The Masculine Self in Late Medieval England*, Chicago, IL, 2008, p. 67.

39. Pouchelle, M.-C., *Body and Surgery*, p. 173.

40. Bayless, M., *Parody in the Middle Ages: The Latin Tradition*, Ann Arbor, MI, 1997, pp. 137, 151.

41. Christin, O., «La Foi comme chope de bière: Luther, les moines, les jeûnes», en *Trop gros? L'obésité et ses représentations*, p. 53.

42. Shakespeare, W., *Hamlet*, Conejero, M. A.; Talens, J. (trad.), Cátedra, 1995, p. 501.

rujano sabía, es posible que la asociación de una gran corpulencia con la fertilidad tuviera sentido simbólico, pero también contradecía casi 2000 años de sabiduría médica. Paré señalaba en otro lugar que, aparte de los obstáculos que el exceso de carne puede plantear en el coito, se gasta tanta sangre en crear la *graisse* que la producción de semen y de sangre menstrual disminuye[43]. Solo tres años después de que Paré ofreciera su imagen de superfetación orgánica, el médico Laurent Joubert publicaba su conocida obra *Erreurs populaires* (1578), en un intento de acabar con los errores habituales sobre la salud y la enfermedad. En este libro Joubert defendía que era sin duda posible, aunque fuera inusual, que una mujer pudiera parir *nueve criaturas a la vez*, siempre que la mujer fuera lo bastante grande —«el tamaño más grande imaginable»— con «un amplio y cómodo vientre libre al que no presionara la grasa de las partes que lo rodean». Puesto que la grasa procedía de la sangre fraguada, un exceso de grasa impediría que una mujer así tuviera «suficiente rica sangre que circulara por el cuerpo [...] como para alimentar a varias criaturas a la vez». Por razones similares, el compañero de esta mujer necesitaría ser tan grande como ella pero sin estar «gordo y fofo». La sangre que no se canalizaba hacia la producción de semen naturalmente se convertiría en grasa, «pues donde hay mucha grasa hay poco esperma»[44]. Otros médicos estaban de acuerdo. Apuntando hacia las tendencias contradictorias de los refranes, Louis de Serres defendía que el dicho popular de que «la buena grasa nunca se agarra a la mala carne» (*iamais bonne graisse ne seprend à mauvaise chair*) simplemente no se sostenía en lo que se refiere a la fertilidad humana[45]. En la medida en que la ambigüedad de la grasa generaba tantos proverbios positivos como negativos, este autor podría haber recurrido a otros cuantos dichos campesinos para respaldar sus

43. Paré, A., *De la génération de l'homme*, libro 23, cap. 44, en Œuvres *d'Ambroise Paré*, París, 1579.

44. Joubert, L., *Erreurs populaires au fait de la médecine et régime de santé*, Burdeos, 1578, pp. 240-41, 243.

45. Serres, L. de, *Discours de la nature, causes, signes, & curation des empeschemens de la conception, & de la stérilité des femmes*, Lyon, 1625, p. 437.

afirmaciones, como «carne grasa, carne helada» (*Chair graisse, chair de glace*)[46] o «El más gordo es el que primero se pudre» (*Le plus gras est le premier pourri*)[47].

Como de costumbre, las raíces de estas ideas se remontan a periodos anteriores. Esta creencia médica en la esterilidad potencial de las personas gordas se originaba en los autores hipocráticos y posteriormente la desarrolló Aristóteles. Se abrió camino hacia la Edad Media en los escritos de Aecio de Almida, en el siglo VI[48]. La grasa, como ya hemos visto, se concebía como un fraguado concreto de la sangre que, bajo diferentes circunstancias, se habría convertido bien en semen, bien en leche para mamar. Su presencia en grandes cantidades implicaba un déficit potencial de estas otras sustancias vitales. Uno de los pioneros de la fisionómica medieval, Michael Scot, declaraba por lo tanto que los hombres y las mujeres que estaban gordos (*pinguis*) no podían purgarse del exceso de humores a través del coito (como los miembros del clero, en teoría al menos) y, naturalmente, enfermaban[49]. El obispo de París, Guillermo de Auvernia, defendía en el siglo XIII que los hombres gordos tenían una discapacidad sexual. Después de reunir pruebas anecdóticas a partir de las mujeres que habían compartido sus problemas bajo secreto de confesión, una lectura de Aristóteles y Avicena acabó por convencer a Guillermo de la veracidad de estos informes[50]. Otro ávido lector de Aristóteles, Tomás de Aquino, había llegado a la misma conclusión, declarando que:

> los animales muy corpulentos, que necesitan mucho sustento, son de sustancia seminal escasa en proporción al volumen de sus cuerpos; y

46. Loux, F., *Le Jeune Enfant et son corps dans la médicine traditionnelle*, París, 1978, p. 75.

47. Recogido en torno a 1423, citado en Hassell, J. W., *Middle French Proverbs*, p. 129.

48. Aecio de Amida, *The Gynaecology and Obstetrics of the VIth Century AD*, Ricci, J. V. (trad.), Filadelfia, PA, 1950, p. 60.

49. Lepp, A. J., «The Rooster's Egg: Maternal Metaphors and Medieval Men», tesis doctoral, University of Toronto, 2010, p. 226n.

50. Biller, P., *The Measure of Multitude: Population in Medieval Thought*, Oxford, 2000, p. 253.

son poco prolíficos. Esto sucede también en los hombres obesos, por la misma causa[51].

Otros autores proponían que la escasez de semen era únicamente parte del problema, señalando que era más probable que los hombres corpulentos tuvieran penes más cortos y que por ello fueran incapaces de sembrar la poca semilla que tenían. ¿Por qué iba a ser esto así? Alberto Magno explicaba que la pequeña cantidad de carne que podría haber alargado el miembro del hombre gordo ya se había depositado en otra parte de su cuerpo[52].

A partir de esta dotación desigual del cuerpo del hombre gordo, no había sino un pequeño salto para pasar a comentar sobre su virilidad. Hildegarda de Bingen no ahorraba pullas en su devastadora descripción de los hombres gordos. Naturalmente alegres y de buena disposición, observaba, los hombres gordos flemáticos, puesto que «son débiles, aman sinceramente a las mujeres que también son débiles». Estos hombres «no tienen la perfección del arado para levantar la tierra y no pueden unirse a las féminas como otros varones fértiles, porque son estériles». Insistiendo en que la gordura y la potencia generadora nunca pueden ser términos sinónimos, Hildegarda llega a la única conclusión posible: «no se les llama viriles»[53]. No era una opinión aislada, y las implicaciones de la debilidad masculina que implicaba la corpulencia podían ser graves. Al menos en la Irlanda medieval, una mujer podía divorciarse de su marido si este era impotente o si estaba tan gordo que era incapaz de practicar el coito[54].

51. Tomás de Aquino, *Suma de teología*, tomo 1, sección VIII, cuestión 119, artículo 2. BAC, 1988, p. 992.

52. Lindgren, A., «The Wandering Womb and the Peripheral Penis: Gender and the Fertile Body in Late Medieval Infertility Treatises», tesis doctoral en Historia, University of California, Davis, 2005, p. 121; Cadden, J., *Meanings of Sex Difference in the Middle Ages*, Cambridge, 1993, pp. 242-3.

53. Santa Hildegarda de Bingen, *Libro de las causas y remedios de las enfermedades*, Puyol, J. M.; Rettschlag, P. K. (trad.), Hildergadiana, 2013, p. 72.

54. Kelly, F., *A Guide to Early Irish Law*, Dublin, 1988, p. 74.

Esta tensión entre la gordura y la fertilidad se ampliaba a las mujeres tanto como a los hombres. Las explicaciones medievales para la infertilidad femenina se hacían eco de lo que la medicina había estado diciendo desde los tiempos de Hipócrates. El exceso de grasa podía plantear un obstáculo para la concepción o bloquear el canal de parto e impedir el nacimiento[55]. Los métodos prescritos para superar el problema variaban desde los potencialmente agradables hasta los directamente incómodos. Algunos recordaban el antiguo consejo de Sorano de Éfeso, que había recomendado que las mujeres que necesitaban perder peso practicaran el coito con más frecuencia[56]. Según las directrices del compendio médico que se le atribuye a una mujer llamada Trótula, sin embargo, una mujer gorda que acudiera en busca de ayuda podía esperar que se le ungiera el cuerpo con buen vino y boñiga de vaca antes de ponerla a sudar abundantemente en un baño turco. Si hacía esto varias veces por semana, debería perder el peso suficiente como para poder concebir. Otros manuales recomendaban las sangrías, dormir en una cama dura o incluso alterar el estado emocional de la mujer para perder peso: la ira, la angustia y la tristeza eran todas ellas emociones útiles para reducir la gordura del vientre. Los hombres gordos infértiles podían esperar un tratamiento semejante, aunque sudarían en un agujero tipo «tumba» excavado a orillas del mar. Ahí, medio enterrado en la arena durante las horas más calientes del día, el hombre corpulento podía sudar hasta alcanzar la paternidad[57].

De la misma manera que una tierra fértil se describía como grasa, también los pueblos medievales imaginaban el vientre como un «campo» en el que tenía lugar un proceso de fertilización. Acompañando a esta metáfora estaba el concepto de que, de la misma forma que en la agricultura, la fertilidad requería la presencia de productos de desecho

55. Lemay, H. R., «William of Saliceto on Human Sexuality», *Viator*, XII/12, 1981, p. 173; Santa Hildegarda de Bingen, *Libro de las causas y remedios de las enfermedades*, p. 91.

56. *Soranus' Gynecology*, p. 29.

57. *The Trotula: A Medieval Compendium of Women's Medicine*, Green, M. H. (trad.), Filadelfia, PA, 2001, pp. 113-15, 121-3; Lindgren, A., «Wandering Womb», pp. 31, 194-5.

que eran esenciales para que la «semilla» germinara, una ampliación del concepto medieval de que toda generación ocurre *ex putri* (a partir de la putrefacción)[58]. Algunos textos médicos del siglo XII incluso afirmaban que el vientre era «el campo de la naturaleza», que funcionaba como un receptáculo para la nociva «agua de cloaca» que se acumulaba con regularidad dentro del cuerpo de una mujer y que así la volvía fértil[59]. Aunque esto era una perspectiva medieval bastante común de los «profundamente equívocos» cuerpos de las mujeres[60], tuvo un influjo permanente en la imaginación cultural, al menos mientras la reproducción sexual siguió entendiéndose en términos de «generación» orgánica. Las homologías entre la tierra y los cuerpos se emplearían durante siglos para explicar la fertilidad, y las mismas advertencias que se aplicaban a la agricultura se aplicaban también a las mujeres. En su *Philosophical Discourse of Earth* (1675), el horticultor John Evelyn advertía de que el terreno que era «disipado» o «demasiado maloliente (porque se puede ser demasiado graso, así como demasiado magro)» tenía una tendencia a la esterilidad. Evelyn invitaba a sus lectores a meditar sobre el carácter contraintuitivo de esta afirmación: «Aunque parece una paradoja que haya un terreno demasiado rico», explicaba, «es sin duda una verdad indubitable y se aplica igualmente bien a las plantas y a los animales, que cuando engordan demasiado pocas veces son prolíficos»[61].

En la medida en que la procreación se conceptualizaba a menudo mediante las imágenes agrícolas, es fácil entender cómo el concepto

58. Camporesi, P., *The Incorruptible Flesh*, p. 78.

59. Lindgren, A., «Wandering Womb», p. 127.

60. Pouchelle, M.-C., *Body and Surgery*, p. 191. «Aunque se temían todos los cuerpos, porque eran rebosantes, mudables y desmenuzables, el cuerpo femenino se temía especialmente. De él salían fluidos y excrecencias, y estos productos se consideraban como una putrefacción más que como muestras de crecimiento y de nuevas vidas. Para la teología, la hagiografía y la literatura médica, la fertilidad en sí misma se convertía en descomposición». Bynum, C. W., *Resurrection*, p. 221.

61. Evelyn, J., *A Philosophical Discourse of Earth*, Londres, 1675, pp. 90-91.

de *husbandry*[62] (refiriéndose tanto al arte de cuidar el ganado como a la gestión de los recursos del hogar) estaba implícito en la idea del «*husband*/marido» como un cultivador de los campos y un sembrador de «semilla». Dada la supuestamente impureza natural de los cuerpos femeninos, «arar» esos «campos» era un trabajo potencialmente «sucio» para cualquier hombre que lo llevara a cabo. Tan atrincheradas estaban esas ideas en la imaginación cultural que tanto la medicina como el saber popular describían el vientre como un «campo» hasta bien entrado el siglo XVIII:

> Puesto que no todas las semillas responden igual en un campo, algunas requieren un *terreno* pingüe y suelto, otras un *suelo* magro y fino; igual ocurre con el vientre y la semilla allí inyectada[63].

Una vez más, la sabiduría campesina iba en paralelo con los consejos de la medicina:

> Lo que es siempre mejor, que es lo que está entre los dos extremos, y que no contenga las dos cualidades diferentes de lo blando y lo duro mezcladas, de lo grosero y lo suave, de lo húmedo y de lo seco; tampoco demasiado untuoso ni demasiado magro[64].

Aunque con el tiempo el conocimiento ginecológico acabaría por liberarse de la dependencia de los modelos agrícolas para conceptualizar la reproducción, la agronomía seguiría pensando en el suelo haciendo referencia a los cuerpos animales durante bastante tiempo. Y así lo harían también algunos comentarios sobre la salud humana, como los

62. En inglés *husband* adquiere su sentido actual de «marido» a partir de la característica de gestionar el hogar familiar y no de la de ser varón, como en español. *Husbandry* se sigue utilizando para referirse a la actividad ganadera (N. de la T.).

63. Maubray, J., *The Female Physician, Containing all the Diseases Incident to That Sex*, Londres, 1724, p. 384.

64. Switzer, S., *Ichnograpia Rustica, or, The Nobleman, Gentleman, and Gardener's Recreation*, Londres, 1718, vol. III, p. 145.

del doctor escocés George Cheyne. Escribiendo en los primeros años del siglo XVIII, Cheyne afirmaba que el arte de cebar los cuerpos que eran demasiado delgados se basaba en los modelos que nos ofrecía el mundo natural en general:

> Debemos primero hinchar y ampliar, y después endurecer y fortalecer. Esta en la manera en la que procede la naturaleza en la vegetación. Y es también cómo la creación animal, privada de razón, cría a sus cachorros[65].

Con o sin las analogías agrícolas explícitas, la medicina seguirían considerando la gordura extrema como algo que no se correspondía con la fertilidad humana o no humano a lo largo de la edad moderna y más allá[66].

La grosura de otras tierras

Si el concepto de la «grosura de la tierra» parece hoy bastante pintoresco, en parte es porque nuestra idea del mundo moderno urbanizado ha cortado los vínculos significativos con el universo agrícola en el que se situaban nuestros ancestros. En el siglo XIX, a medida que la ciencia moderna del suelo basaba sus hallazgos cada vez más en la química, estas ideas tradicionales acabaron por verse como las reliquias de un mundo perdido. Casi como un testimonio de dichos cambios, a principios de la década de 1800, el filólogo inglés Walter Whiter llevó a cabo un inmenso estudio etimológico que buscaba relacionar un espectro de

65. Cheyne, G., *An Essay of Health and Long Life*, 10ª ed., Londres, 1745, p. 113.

66. Toulalan, S., «"To[o] Much Eating Stifles the Child": Fat Bodies and Reproduction in Early Modern England», *Historical Research*, LXXXVII/235, 2014, pp. 65-93; véase también Toulalan, S., «"If slendernesse be the cause of unfruitfulnesse; you must nourish and fatten the body": Thin Bodies and Infertility in Early Modern England», en *The Palgrave Handbook of Infertility in History: Approaches, Contexts and Perspectives*, Davis, G.; Loughran, T. (ed.), Londres, 2017, pp. 171-97.

palabras a conceptos derivados de las relaciones antiguas con el mundo material. En este estudio fantasioso pero fascinante, Whiter defiende que son las tendencias físicas del *pudge* (tierras bajas pantanosas y fangosas) lo que motivan una serie de términos que se refieren a la hinchazón hacia arriba o hacía afuera, mientras que la consistencia y otras propiedades del *pudge* (como su plasticidad, pegajosidad, soltura y suavidad) estructuran muchas otras[67]. Es posible que Whiter no se diera cuenta de que estaba describiendo un mundo lingüístico que ya estaba desapareciendo. A finales del siglo XVIII, el adjetivo *pudgy*, que efectivamente había señalado las cualidades de las tierras bajas pantanosas, ya se estaba usando para describir los cuerpos que eran bajos, regordetes y torpes. A medida que la cultura moderna empezaba a lavarse las manos de su herencia agrícola, la sucia gordura de la tierra se colaba dentro del vocabulario empleado para describir a los cuerpos corpulentos.

Además de proporcionar maneras de pensar sobre los cuerpos, se decía que la gordura de la tierra tenía implicaciones directas para los cuerpos y las mentes de quienes la habitaban. Las raíces de este pensamiento tienen antecedentes clásicos. La autoridad romana en cuestiones de agricultura, Columela, había dictado que «el mejor suelo» era el que tenía una buena combinación de lo *pinguis* y lo *putris*, «puesto que, rindiendo al máximo, exige lo mínimo, y lo que pide se cumple con poco esfuerzo y coste»[68]. La cara inversa de esta imagen de abundancia era la afirmación de que, puesto que pocas veces tenían que emplearse a fondo para ganarse el sustento, lo más probable era que los pueblos que habitaban estos terrenos pingües fueran débiles, perezosos y cobardes. Así es como escritores de la Antigüedad, como Arriano y Diodoro Sículo, describían a quienes habitaban las sorprendentemente fértiles tierras fuera de las regiones «templadas» a las que la mayoría de los griegos y romanos llamaban su hogar. En su análisis de la India, Arriano explicaba

67. Whiter, W., *Etymologicon universale, or, Universal Etymological Dictionary*, Cambridge, 1822, vol. I, p. 92.

68. Columela, *Libro de los árboles. La labranza*, p. 176.

que el intenso calor y la humedad del ambiente tenía como resultado una fecundidad extrema así como el desarrollo acelerado de todas las cosas vivas. Así como se decía que los frutos maduraban y se pudrían a un ritmo inimaginable, los seres humanos y los animales crecían, procreaban y morían también aceleradamente. Según Diodoro, así de fértil era esa tierra que sus habitantes nunca tenían que trabajar duro para disfrutar de los frutos. Según los modelos clásicos del medioambiente y el carácter, una vida tan relajada por supuestos los volvería blandos y complacientes. Estas ideas, que circularon ampliamente en el siglo XV, contribuyeron al esquema mental que Colón llevó consigo a las Indias, una región que descubrió «fértil hasta un grado impensable» y cuyos habitantes, aparentemente incontables, eran, en su opinión, prolíficos pero de corta vida, cobardes e indolentes[69]. La gordura podía afectar al carácter y ni siquiera tenía que estar dentro del cuerpo para hacerlo.

Así, durante la Baja Edad Media, a medida que amanecía la Era de los Descubrimientos, desde Europa se invocaba la herencia clásica para cartografiar la antigua geografía de la blandura sobre las regiones del mundo que hasta entonces estaban fuera de los mapas. Estas ideas se sistematizarían con la recuperación de las ideas hipocráticas a finales del siglo XVII, que produjeron una doctrina que refinaba las antiguas explicaciones sobre la variabilidad humana basadas en la combinación del clima, el medio ambiente y la cultura[70]. Aunque la mayoría de las interpretaciones se cuidaban mucho de reducir por completo la cultura humana a los efectos del clima o de la tierra, la teoría medioambientalista validaba una serie de creencias muy asentadas acerca de las fuentes de la variabilidad humana. Ampliaba la explicación hipocrática de por qué los escitas eran físicamente fofos y mentalmente torpes y la convertía en una manera de justificar las diferencias entre la población europea moderna y otros pueblos del mundo. Esto ya había ocurrido

69. Gómez, N. W., *The Tropics of Empire: Why Columbus Sailed South to the Indies*, Cambridge, MA, 2008, pp. 214-23.

70. Goliński, J., *British Weather and the Climate of the Enlightenment*, Chicago, IL, 2007, p. 171.

en una fecha tan temprana como el siglo XIII, cuando el explorador flamenco Guillermo de Rubruck juzgaba que las mujeres mongolas era feas y «sorprendentemente gordas»[71]. Como se verá en los próximos capítulos, no sería en absoluto el último europeo que se permitiera estas observaciones sobre determinados pueblos no occidentales.

La recuperación de las ideas hipocráticas fue fundamental también para la formación de lo que se acabaría por conocer como «los Trópicos» en el siglo XVIII, un espacio conceptual y geográfico que permitía a Occidente definir lo que le resultaba ajeno tanto en términos medioambientales como culturales[72]. Cuando abordaban las diferencias físicas, los pioneros de la medicina tropical afirmaban que los climas cálidos tendían a disminuir, en lugar de aumentar, el tamaño corporal, añadiendo que esta tendencia se podía alterar mediante prácticas culturales. Como defendía el médico John Arbuthnot, las personas que vivían en dichos entornos «no deberían estar gordas, pues la sudoración potente evita que los animales lo sean», aunque se apresuraba a añadir que las excepciones a esta regla se derivan principalmente de una «dieta copiosa e inactividad»[73]. Si las personas de las regiones cálidas engordaban, se le atribuía a la costumbre, más que al clima, como se observaba ocasionalmente en zonas tórridas como África. Los mismos extremos de temperatura y humedad que causaban la relajación muscular contribuían también a defectos de carácter, como la timidez, la pereza y la sensualidad. Ya fuera el resultado del clima o de la cultura, la gordura podía entenderse como un emblema de una constitución «blanda» fomentada por unas condiciones materiales específicas. Estos entornos eran por lo tanto «obesogénicos» mucho antes de que se acuñara este término contemporáneo.

71. Citado en Phillips, K. M., *Before Orientalism: Asian Peoples and Cultures in European Travel Writing, 1245-1510*, Filadelfia, PA, 2014, p. 102.

72. Arnold, D., *Colonizing the Body: State Medicine and Epidemic Disease in Nineteenthcentury India*, Berkeley, CA, 1993, pp. 28-9.

73. Arbuthnot, J., *An Essay concerning the Effects of Air on Human Bodies*, Londres, 1733, p. 155.

Una manera de entender cómo ocurrió esto es echar un vistazo a los encuentros de los viajeros europeos con Egipto, una tierra que ocupaba un lugar especial en las percepciones europeas de la carne y la grasa. El hogar de Filón de Alejandría, que para Roma había sido una tierra de sensualidad y exceso, pródiga en historias de tiranos gordos como Ptolomeo VII, se imaginó después como una vasta «tierra del cuerpo», en la que se decía que las pasiones dominaban sobre el espíritu[74]. Escribiendo en el siglo III, Eliano registraba que en Egipto se afirmaba que «no es saludable [...] beber siempre del Nilo. Esta agua dulce es buena para adquirir gordura de carnes»[75]. Los encuentros de la Edad Moderna con Egipto dieron nueva vida a estas viejas imágenes y parece que se basaron en hechos reales[76]. Durante sus viajes en la década de 1580, el botánico veneciano Prospero Alpini se sorprendió por cómo las mujeres egipcias practicaban «el arte de engordar» tomando baños calientes y diversas pócimas así como inyectándose enemas llenos de salvado, aceite de sésamo y grasa animal. Ampliando los estereotipos clásicos sobre cómo la blandura y la indolencia eran dominantes en Egipto, Alpini concluía que este cultivo deliberado de la corpulencia «allí abajo» reflejaba la prevalencia del «vicio de la carne» (*carnis vitium*) que había invadido «los tuétanos de la gente»[77]. Los ejemplos de la sensualidad egipcia se multiplicaron en el siglo XVII. Hubo quien, como Shakespeare en *Antonio y Cleopatra*, recordaba a su público que esta era la tierra feminizada en la que Julio César «engordó a base de festines»[78]. En una vena similar, un relato de viajes holandés actualizaba la fama de Egipto como lugar en el que se transgredían los límites entre los sexos cuando decía que los hombres de El Cairo estaban

74. Pearce, S. J. K., *The Land of the Body: Studies in Philo's Representation of Egypt*, Tubinga, 2007.

75. Claudio Eliano, *Historia de los animales*, libros IX-XVII, Díaz-Regañón, J. M. (trad.), Gredos, 1984, libro IX, p. 91.

76. Katz, M. H., «Fattening Up in Fourteenth-century Cairo: Ibn al-Ḥāǧǧ and the Many Meanings of Overeating», *Annales Islamologiques*, XLVIII/1, 2014, pp. 31-54.

77. Alpini, P., *De medicina Aegyptiorum*, Venecia, 1591; Alpini, *La Médecine des Egyptiens* [1581-4], Fenoy, R. de (trad.), El Cairo, 1980, pp. 294-5.

78. Shakespeare, W., *Antonio y Cleopatra*, Talens, J. (trad.), Cátedra, 2001, Acto II, escena 6, p. 307.

tan gordos «que tenían pechos más grandes y abundantes que los de las mujeres»[79]. Egipto era, por lo tanto, una tierra de afeminamiento y flacidez en la que, como había dicho Hipócrates acerca del pueblo escita hacía mucho tiempo, apenas se podía distinguir a los hombres de las mujeres.

Lo que quizás sea más sorprendente es que la conocida gordura de Egipto no se reducía a los cuerpos de sus habitantes. Después de casi 2000 años de leyendas sobre los poderes casi mágicos del Nilo, la mayoría de los geógrafos conocían bien la sorprendente fecundidad de los terrenos de su ribera. Tan rica y pingüe era esta tierra que, como explicaba un escritor francés del siglo XVII, la población local tenía que «adelgazarla [*l'amaigrissent*] mezclándola con arena»[80]. Como solía ocurrir en los casos de fecundidad extremada, sin embargo, la gordura de la tierra egipcia perturbaba a los europeos. La riqueza del suelo suponía que sus cualidades untuosas y olorosas podían vaporizarse bajo las altas temperaturas y permear la atmósfera. Esto naturalmente conducía a decir que el aire mismo estaba gordo. «El *aire* del país es muy caliente», se quejaba Patrick Gordon en 1737, «y en general se considera bastante malsano, porque está infectado siempre de vapores nauseabundos, que ascienden de las tierras grasas y fangosas del país»[81]. El conocimiento geográfico dictaba también que las lluvias y la nieve derretida podían transportar parte de esa gordura de la tierra y así formar ríos cuyas aguas eran también demasiado «grasas»[82]. Esto llevó a algunos viajeros a proponer que beber las aguas del Nilo hacía que la población egipcia ganara peso a pesar de tener una dieta por otra parte modesta[83]. Se diría que la gordura grasienta era omnipresente en

79. Dapper, O., *Description de l'Afrique*, Ámsterdam, 1686, p. 94.

80. D'Avity, P., *Description générale de l'Afrique*, París, 1637, p. 264.

81. Gordon, P., *Geography Anatomiz'd, or, The Geographical Grammar*, Londres, 1732, p. 303.

82. Al señalar que el agua dulce contenía «grasa y partículas aceitosas», el geógrafo alemán Bernhard Varen (o Varenius) afirmaba en 1650 que el Sena era un río bendecido por «aguas blandas y grasas» que hacían también que la tierra fuera fértil.

83. Varenius, *A Compleat System of General Geography*, Dugdale, M. (trad.), 2ª ed., Londres, 1734, pp. 328, 344.

Egipto: en la tierra, el aire y el agua, así como en los cuerpos. No es de extrañar que estuviera también en las mentes de sus habitantes. Era tal solo cuestión de tiempo antes de que la sabiduría tradicional acerca del «espesor» cognitivo de las personas gordas se aplicara a los países cuya tierra parecía ser demasiado fértil, como si disfrutar de la abundancia de la tierra necesariamente volviera a una persona tan «blanda» de cuerpo como de mente[84]. «Una tierra gorda produce un entendimiento gordo», espetó John Arbuthnot en un juego de palabras demasiado obvio con el famoso proverbio de Galeno[85].

Estas observaciones acerca de la gordura de Egipto hallaron un eco en otras afirmaciones sobre otros entornos ajenos a Occidente. Hubo quien pensó que no había límite a los vicios que podía generar una fertilidad exorbitante, incluso aunque el resultado no fuera la esterilidad o la infertilidad. Citando la prosperidad como un factor que podía causar que la gente se apartara de Dios, un autor declaraba que «el ateísmo casi nunca crece, de no ser en una tierra pingüe. La persona afligida puede olvidarse de Dios; pero la *Prosperidad de las necias las destruye*»[86]. La gente que no necesitaba luchar por la supervivencia parecía carecer del tipo de virtud que acompaña a las penalidades y el trabajo duro. «El esfuerzo y el trabajo hacen al hombre vigilante y virtuoso», defendía el historiador jesuita Jean-Baptiste Du Halde en su estudio sobre China. La ociosidad y las delicias de la tierra, por otro lado, suscitan el vicio: «Los pueblos que habitan tierras pingües y fértiles normalmente son voluptuosos y no muy laboriosos»[87]. Mediante la resurrección de los antiguos modelos de clima y cultura, quienes postulaban la doctrina medioambientalista ampliaron a varias regiones no occidentales del planeta los estereotipos clásicos acerca de la blandura y afeminamiento

84. Abbé [Maria Dominicus] de Binos, *Voyage par l'Italie, en Egypte au MontLiban et en Palestine, ou Terre Sainte*, París, 1787, vol. I, p. 290.

85. Arbuthnot, J., *Essay*, p. 124.

86. Boyle, R., «The Divine Original and Incomparable Excellence of the Christian Religion», en *A Defence of Nature and Revealed Religion*, Dublin, 1737, vol. II, p. 377.

87. Halde, J.-B. du, *Description géographique, historique, chronologique, politique et physique de l'Empire de la Chine et de la Tartarie chinoise*, París, 1735, vol. II, p. 670.

de los pueblos que habitaban tierras pingües. Cuando se trataba de lugares no occidentales, entonces, la gordura de la tierra podía producir mucho más de lo que se esperaba y, en ocasiones, más de lo que se consideraba adecuado.

*

Las tierras pingües, puesto que movilizaban las múltiples connotaciones que la cultura europea había relacionado con los conceptos agrícolas de la fertilidad —desde el suelo grasiento y la grasa del estiércol hasta los vapores apestosos que emanaban de la tierra— eran una dudosa bendición para quienes las habitaban y las trabajaban. Lo mismo se podía decir de los cuerpos humanos cuya excesiva fecundidad y sobremaduración a menudo parecía fomentar la descomposición en lugar de la vitalidad. Naturalmente, las percepciones de la fertilidad extranjera eran variables. Para algunos viajeros la extremada fecundidad con la que se toparon en tierras lejanas, especialmente en los escenarios tropicales, era suficiente como para despertar «las fantasías utópicas de una vida sostenida sin trabajo», que evocaba gran cantidad de antecedentes míticos, desde el Jardín del Edén hasta el País de Jauja[88]. Pero en otros casos esa fertilidad conjuraba los espectros acechantes de la *luxuria* y la corrupción y generaban los temores de un excesivo crecimiento, en los que la abundancia, que en su momento había sido algo manejable, se convertía en un impulso autodestructivo. Aunque a partir del siglo XVI en adelante las imágenes de la tierra como un cuerpo femenino perdieron el favor de la ciencia, puede que sea imposible separar esas visiones febriles de una fecundidad peligrosa de los temores perennes a una feminidad incontrolada[89]. Dependiendo de la perspectiva de cada cual, la tierra pingüe podía entenderse como una madre nutricia

88. Sheller, M., «Natural Hedonism: The Invention of Caribbean Islands as Tropical Playgrounds», en *Tourism in the Caribbean: Trends, Development, Prospects*, Duval, T. (ed.), Londres, 2004, p. 24.

89. Merchant, C., *La muerte de la naturaleza. Mujeres, ecología y Revolución científica*, Martí Escayol, M. A.; Ciannella, R. (trad.), Siglo XXI, 2023.

desprendida que da gratis sin pedir nada a cambio, o como una puta lasciva que se ofrece con promiscuidad a cualquiera que pase por ahí, infectándolos con su voluptuosidad y corrupción a la vez que devora con avidez su semilla. Quienes se suscribían a esta última opinión habrían estado de acuerdo con Heródoto, que decía que «en las regiones con clima suave [...] suelen criarse hombres de idéntico carácter, ya que es de todo punto imposible que un mismo territorio produzca frutos maravillosos y hombres valerosos en el terreno militar»[90]. Como decía el mismo Hipócrates: «Con descanso e indolencia crece la cobardía»[91].

Podemos por lo tanto detectar en las viejas ideas sobre la gordura de la tierra algunos ingredientes claves de una preocupación de la Edad Moderna por los cuerpos fuertes, firmes y de proporciones moderadas. Puesto que en la imaginación agrícola el gesto de estercolar disminuía a pesar de que aumentaba, había algo extrañamente atrayente en los entornos duros que obligaban a sus habitantes a racionar unas existencias escasas que convertirían sus cuerpos en esbeltos, fibrosos y virtuosos. Para continuar con la metáfora sexual que a menudo se aplicaba a la tierra, algunos de los más elocuentes defensores de la virtud clásica preferían tierras cuyos beneficios requirieran técnicas más «masculinas». Las personas que habitan la imaginaria isla de Utopía en la obra de Thomas More de 1516 son saludables, fuertes y virtuosas en parte porque la tierra no es excesivamente fértil y el clima es algo duro, lo que les exige laboriosidad y recursos, pero no estar sometidos a un trabajo extenuante en condiciones de esclavitud[92]. Conociendo la influencia clásica en la obra de More, no nos sorprenderá saber que este tenía Esparta en mente cuando describía su utopía. En el siglo XVIII este rudo ideal guerrero circularía como parte de la corriente neoclásica que definiría esa época. El modelo espartano fue fundamental para el pensamiento de aquel influyente defensor de la teoría medioambientalista, Montesquieu, que

90. Heródoto, *Historia, libro IX. Calíope*, Shrader, C. (trad.), Gredos, 1989, p. 447.

91. Hipócrates, *Tratados hipocráticos II*, op. cit., p. 85.

92. Moro, T., *Utopia* [1516], Rodríguez Sanchidrián, P. (trad.), Alianza, 1984, p. 162; véase también Africa, T. W., «Thomas More and the Spartan Mirage», *Historical Reflections/Réflexions Historiques*, vi/2, 1979, pp. 343-52.

se hacía eco de Heródoto y escribía que «la aridez del suelo hace a los hombres industriosos, sobrios, curtidos en el trabajo, valientes y aptos para la guerra, pues es preciso que busquen lo que la tierra les niega». Peores eran los pueblos a quienes la buena tierra ofrecía su botín sin exigir una labor interminable: «La fertilidad de un país da, junto con la comodidad, cierta blandura y cierto amor por la conservación de la vida»[93]. Gracias a su relación con los conceptos del bienestar y la felicidad material, la gordura de la tierra podía facilitar la flacidez moral que desde Europa se observaba con ambivalencia y que se atribuía a menudo a las tierras no occidentales, un tema que analizaremos más adelante en este libro. En el siguiente capítulo nos centraremos en cómo las supuestas virtudes de las penalidades e incluso de la incomodidad confirmaron la desconfianza hacia la gordura.

93. Montesquieu, *Del espíritu de las leyes* [1748], libro XVIII, cap. 4, Blázquez, M.; De Vega, P. (trad.), Alianza, 2015, p. 344.

7. ESPEJISMOS ESPARTANOS

Los cuerpos utópicos y los desafíos de la modernidad

En 1602 el sacerdote dominico Tommaso Campanella imaginó una sociedad utópica en la que se acabaría por eliminar a las personas gordas. Su «Ciudad del Sol» era una república platónica de virtud, adecuadamente moralizada mediante una inyección de piedad cristiana y austeridad espartana, donde sus habitantes se criaban según los principios que se aplicaban a los animales. No solamente los hombres y las mujeres se desnudaban para participaban en los juegos públicos «a la manera de la Grecia antigua», sino que ambos practicaban las artes militares para evitar la indolencia y la complacencia. También presentaban sus cuerpos desnudos ante la magistratura, que tenía la misión de decidir quiénes se emparejarían para producir las criaturas más atractivas. En este modelo eugenista de sociedad, explicaba Campanella, «no unen a las mujeres grandes y hermosas más que con los varones grandes y esforzados, a las gruesas con los flacos y a las flacas con los gruesos, para que se equilibren bien y de manera útil». Gracias a esta intervención reproductiva la ciudad solar iría eliminando los cuerpos inmoderados mediante la selección, creando así una sociedad habitada por personas hermosas que podían esperar llegar a vivir hasta un siglo[1].

Ni los sueños utópicos ni los conceptos de la perfectibilidad humana que los acompañaban eran habituales en la Edad Moderna. Fue durante esta época cuando los miedos generados por las catástrofes naturales

1. Campanella, T., *La ciudad del Sol*, M. A. Granada (trad.), Técnos, 2007, p. 30.

(como los incendios y las tormentas) y los fenómenos sobrenaturales (como la magia y la brujería) «nutrieron el ideal de un cuerpo sano, invulnerable, fuerte y longevo»[2]. De hecho, un renovado aprecio por las ideas clásicas y una atención cada vez más centrada en las materias seculares avivaron el interés por la prolongación de la salud y la vitalidad mucho más allá de lo que se esperaría normalmente bajo las condiciones sociales dadas. En el siglo XVI vemos el inicio del surgimiento de los manuales de salud, como el muy conocido de Luigi Cornaro *Discursos sobre la vida sobria* (1563), que enseñaba a la gente cómo vivir para superar los cien años. No es de extrañar que hubiera quien imaginaba sociedades que deliberadamente adoptaban medidas para garantizar la salud de la ciudadanía, incluso aunque eso supusiera fomentar un control intrusivo del gobierno que, ante nuestros ojos actuales, puede parecer «la visión de un temprano Estado policial»[3]. De hecho, unas pocas décadas antes de que Campanella describiera su mundo perfectamente gobernado, el filósofo Nicolò Vito di Gozze ya había propuesto que las ciudades deberían cerrar sus puertas a las personas gordas y monitorizar minuciosamente los cuerpos de las personas jóvenes. Argumentando que no había que escatimar esfuerzos para instilar hábitos saludables en las criaturas, advertía que quienes no hubieran dejado de mamar a edad temprana (dieciocho meses para las niñas, dos años para los niños) se arriesgaban a engordar y volverse idiotas cuando crecieran. Buscando revivir lo que él decía que era una antigua costumbre espartana, Gozze recomendaba que las criaturas que aún estuvieran muy rollizas a la edad de catorce años deberían ser exiliadas[4].

Aunque estas ideas radicales no llegaron a ponerse en práctica, la fantasía de adoptar medidas duras contra la corpulencia es digna de reseñarse. La nostalgia de los mundos perdidos de una virtud física, moral y marcial se puede sin duda rastrear hasta los relatos de la propia Esparta,

2. Bergdolt, K., *Wellbeing*, p. 179.

3. *Ibid.*, p. 220.

4. Bell, R. M., *How to Do It: Guides to Good Living for Renaissance Italians*, Chicago, IL, 1999, p. 168.

cuya utopía de hierro se predicaba sobre la monitorización regular de los cuerpos buscando señales de blandura y corrupción. Los hombres gordos, o así contaba la historia, podían ser castigados o incluso expulsados, mientras que a los esclavos gordos se los ejecutaba rutinariamente y a sus amos les caía una multa. Por supuesto que no todo el mundo admiraba la dureza espartana. A lo largo de los siglos ha habido muchas críticas que se centraban en el desprecio que sentía esa sociedad por la cultura, el comercio y la comodidad. El humanista Lorenzo Valla, por dar un ejemplo, ridiculizaba a la sociedad espartana por su peculiar actitud hacia el placer: «En esto eran doblemente necios, porque defraudaban a sus propias naturalezas, y porque sentían una inclinación hacia la muerte»[5]. Pero muchos comentarios, a lo largo de los siglos, se han mostrado impresionados por este aparente compromiso con la virtud, la virilidad y la forma física que parece haberse perdido en sociedades que se han entregado a la opulencia. En la Edad Moderna, estos desacuerdos acerca de lo que constituye una adecuada vida «humana» reflejan un resurgimiento del «espejismo espartano», de ese haz de mitos, medias verdades y malos entendidos que ha generado relatos polarizados acerca lo que era en realidad la vida en ese Estado militar y, algo más fundamental, acerca de si parte de ello, o nada, podría ser adoptado por una sociedad no espartana. Aunque la admiración periódica por Esparta ya se había producido durante la Edad Media, la visión que antaño había fascinado a Jenofonte y a Plutarco reapareció en la Edad Moderna a medida que las poblaciones europeas se identificaban aún más estrechamente con lo que entendían que era su herencia clásica. Esta puede ser una razón por la que los teóricos serios de la utopía, de la antigua tanto como de la moderna, a menudo tomaban prestados ingredientes procedentes de Esparta a la vez que rechazaban los mundos fantásticos dedicados a los placeres sensuales, en especial la leyenda medieval del País de Jauja[6].

5. Valla, L., *On Pleasure* [*De voluptate*] [1431], Hieatt, A. K.; Lorch, M. (trad.), Nueva York, 1977, p. 130.

6. Jendrysik, M., «Fundamental Oppositions: Utopia and the Individual», en *The Individual and Utopia: A Multidisciplinary Study of Humanity and Perfection*, Jones, C.; Ellis, C. (ed.), Londres, 2015, p. 30.

Más o menos al mismo tiempo que Gozze imaginaba un precedente antiguo para poder expulsar a las criaturas gordas de la ciudad, en Francia estaban construyendo su propio puente hacia un mundo perdido de la virtud. Para esto se basaron en el geógrafo griego Estrabón, que había registrado lo que el historiador Eforo de Cima tenía que decir hacía siglos acerca del pueblo galo. Supuestamente siendo «filohelenos», los pueblos galos «tratan de no ser gordos ni barrigones, y al joven que supera una medida de cintura prefijada le imponen una multa»[7]. Cuando esta afirmación apareció de nuevo a principios del siglo XVII se la citó como una de las razones por las que la población francesa solía ser más delgada que otros pueblos europeos[8]. En Alemania se emprendía una búsqueda similar de una edad de oro pagana. Allí Ulrich von Hutten condenaba la gula y la decadencia de sus paisanos del siglo XV, cuyas comidas diarias «rezumaban grasa» a medida que sus cuerpos se iban volviendo cada vez más orondos. De la misma manera que la crítica de la opulencia francesa fantaseaba con el carácter austero de los pueblos galos, Hutten se inspiraba en las antiguas tribus germánicas buscando lecciones de potencia y sencillez[9].

Numerosos estudios han demostrado cómo la Edad Moderna impuso nuevas reglas sobre el tamaño y el peso adecuados del cuerpo. Uno de los efectos de estas reglas fue estigmatizar la corpulencia como una desviación de los ideales estéticos emergentes[10]. Este capítulo, que navega con cierta libertad entre varios siglos y diversas culturas, complementa estos hallazgos proponiendo un enfoque diferente a este cambio en las actitudes europeas. Analiza cómo un renovado interés en la virtud clásica, que a veces se acompañaba de una admiración profesa por la austeridad «espartana», aceleró la desconfianza preexistente sobre la «laxitud» y la «blandura» emocional y corporal, una descon-

7. Estrabón, *Geografía, libros III–IV*, IV.6, Piñero, F. (trad.), Gredos, 1992, pp. 183-4.

8. Dupleix, S., *Mémoires des Gaules*, París, 1619, p. 53; Bussy-Rabutin, R. de, *Histoire amoureuse des Gaules*, Lieja, 1680, p. 1. Sin embargo, Estrabón insistía en que los detalles de los que informaba Éforo «nada tienen que ver con la situación actual».

9. Bergdolt, K., *Wellbeing*, p. 177.

10. Véase Levy-Navarro, E., *The Culture of Obesity in Early and Late Modernity*.

fianza que tendría consecuencias importantes para las percepciones de la gordura, especialmente a la luz de la validación de la comodidad material y del consumismo que también estaba ocurriendo durante esta época. Después de delinear los contornos aproximados de la «cultura de la concentración» que se desarrolló en el siglo XVI y el énfasis en el control del cuerpo y de la apariencia que esta implicaba, el capítulo mostrará que la gordura planteaba un desafío que era emocional a la vez que estético. Apoyará esta afirmación analizando la cambiante relación entre la grasa y felicidad desde la Edad Media hasta el siglo XVIII. Después demostrará cómo los peligros de la felicidad material se reflejaban en los comentarios políticos sobre cómo una aceptación moderna de la «opulencia» amenazaba con hinchar el propio cuerpo político y enfermarlo. El denominador común de todas estas preocupaciones era una creencia en el valor profiláctico de las penalidades e incluso del dolor, que podía curtir a una persona contra la persistente flacidez de la vida moderna. A pesar de la expansión de los placeres del consumo que la modernidad hizo posible, la «felicidad» no dependía de abandonarse a la satisfacción de los deseos materiales, sino de una voluntad de exponerse a privaciones diseñadas para curar y elevarse. Si no hay dolor, ya decían entonces, no hay ganancia.

Una cultura de la concentración

«La concentración caracteriza la modernidad». Con esta frase, Georges Vigarello resume hábilmente los diversos procesos de constricción y reforzado que se aceleraron en varios ámbitos superpuestos de la cultura de la Edad Moderna[11]. La frase es muy cierta. Es algo generalmente admitido que, durante el siglo XVI, las transformaciones sociales dieron paso a muchos inventos nuevos que tenían que ver con la apariencia física y con un nuevo énfasis en el yo individual, como un objeto estético

11. Vigarello, G., *Historia de la belleza. El cuerpo y el arte de embellecer*, Cardoso, H. (trad.), Nueva Visión, 2009, p.23.

tanto como un sujeto de autocontrol. Una inquietud mucho más elaborada por la apariencia física, inspirada en parte por las nuevas formas de sociabilidad que se promulgaban en la vida cortesana, brindaba a las elites nuevas oportunidades para la exhibición personal así como una aguda sensibilidad ante las opiniones ajenas. Aunque algunas facetas de esta preocupación por la apariencia ya se podían encontrar en épocas anteriores, el cambio que se produce en el siglo XVI tiene que ver con la minuciosidad del detalle y con el refinamiento de las técnicas para alcanzar la belleza y para leer el cuerpo. Nuevos mandatos sobre la postura corporal correcta, junto con un vestuario más restrictivo y complementos prostéticos para poder lograrla, reforzaron las asociaciones entre la rectitud física y moral, lo que a su vez recibió un apoyo suplementario procedente de los nuevos ideales de belleza, que dirigían la atención hacia la altura y las partes superiores del cuerpo femenino, especialmente hacia la cara. El aumento de la autonomía individual se modelaba por lo tanto a partir de una mayor limitación personal, a medida que la belleza se iba gradualmente describiendo como un «logro» y la modernidad acababa por definirse mediante las numerosas formas en las que fomentaba los intentos de constreñir y encerrar el cuerpo[12]. La cultura de la concentración también imponía nuevas distinciones entre la ciudad y el campo, entre lo refinado y lo contaminado, que iban abriendo un abismo cada vez mayor entre el polvo y el barro de las realidades agrícolas y los cuerpos «limpios» de las elites «civilizadas» que habitaban las ciudades.

Por adecuado que sea el término, sin embargo, la «concentración» no es el único hito de la modernidad. En la medida en la que también se suscitó una cultura de consumo opulento a una escala cada vez mayor, la Edad Moderna se caracteriza al mismo tiempo por las cualidades opuestas, es decir, por la sensualidad y la autoindulgencia que potencialmente podían conducir a la laxitud y la blandura. Fomentando la laxitud a la vez que la limitación, la Edad Moderna creaba condiciones en las que

12. Vigarello, G., *Corregir el cuerpo. Historia de un poder pedagógico*, Cardoso, H. (trad.), Nueva Visión, 2005, p. 21; Vigarello, G., *Historia de la belleza*.

los individuos se veían empujados en direcciones diferentes. Por una parte, se les animaba a buscar las comodidades materiales y los placeres mientras que, por otra, se les exhortaba a frenar sus apetitos y a ejercitar el autocontrol. Como ha vuelto evidente el neoliberalismo de nuestra propia época, esta dialéctica de la concentración y la laxitud señala una paradoja central del impacto de la modernidad sobre el cuerpo y sus placeres. Si la nuestra es sin duda una «cultura de la bulimia», sus fuentes son muy anteriores al siglo XX. Como veremos más adelante, la atención al exterior del cuerpo dependía de algunas suposiciones correspondientes sobre las pasiones, emociones y hábitos, en particular porque estas nuevas limitaciones surgieron durante un periodo que fue testigo de una aceptación creciente de las comodidades materiales y de los placeres sensuales.

Aunque la Edad Moderna sea hasta cierto punto una cultura de la concentración, también es una cultura de la ligereza. «El cuerpo moderno», como señala correctamente Steven Connor, «habita y busca lo etéreo»[13]. El auge de la gastronomía y del disfrute culinario durante la Edad Moderna ilustra un toma y daca entre la indulgencia y la contención mientras que, a la vez, traza un rumbo por el que las elites aspiraban a elevarse por encima del carácter animal. Esta trayectoria es evidente en la elevación gradual del concepto de «gusto», que durante el siglo XVIII se desplazó desde un sentido burdamente material y bestial hasta convertirse en el signo de una forma de discernimiento casi espiritual digna de las elites cultas[14]. La purificación del sentido del gusto se acomodaba perfectamente a la revolución culinaria del siglo XVIII. Uno de los principales propósitos de la *nouvelle cuisine* que surgió en esa época era «aligerar el alimento, liberarlo de todos los materiales dañinos que, pensaban los cocineros, harían más sana

13. Connor, S., *The Matter of Air: Science and the Art of the Ethereal*, Londres, 2010, p. 328; véase también Lipovetsky, G., *De la ligereza. Hacia una civilización de lo ligero*, Prometeo Moya, A. (trad.), Anagrama, 2016; y Gilman, S., *Stand Up Straight! A History of Posture*, Londres, 2018.

14. Hoffmann, V. von, *From Gluttony*, pp. 101-36.

la comida y se digeriría mejor»[15]. Esta purificación e incluso espiritualización de la comida requería desconectarla de sus vínculos con su carácter terrenal. Se dibujaron contrastes entre los comensales tradicionales, cuyos cuerpos se veían lastrados por la comida grosera y terrenal y los comensales modernos que se deleitaban con las «esencias» refinadas que la *nouvelle cuisine* posibilitaba. Aunque no se ocupaba explícitamente de la corpulencia, la *nouvelle cuisine* también buscaba mejorar los cuerpos que la consumían. El refinamiento de la comida facilitaba la digestión, liberando así al comensal moderno de esos «espíritus animales» que causaban problemas de digestión. Como ha observado un comentarista contemporáneo: «La *nouvelle cuisine* podía satisfacer los gustos y necesidades físicas del comensal a la vez que lo liberaba de su cuerpo»[16]. Incluso el concepto de una «delicadeza» culinaria incluía premisas de ligereza y de un carácter etéreo que, aparentemente, podrían transferirse al cuerpo[17]. «Por lo tanto, más vigor y agilidad para los cuerpos», prometía un escritor, «más viveza y fuego en la imaginación, más amplitud y fuerza en el genio, más delicadeza y finura en el gusto»[18]. Se pavimentaba así el camino para una noción más desarrollada de la gastronomía, que a inicios del siglo XIX ya había elevado al comensal refinado por encima de quienes parecían impulsados únicamente por el mero apetito. Los animales «pacen», en el famoso dicho de Brillat-Savarin, pero las personas civilizadas «comen»[19].

Durante la Edad Moderna, los modales en la mesa se convirtieron en un foco de atención especial de los manuales de etiqueta, que buscaban distanciar a las elites civilizadas de los aspectos más groseros de la vida animal, tanto en los términos de la cantidad que comían como de la manera en la que lo hacían. La acción y los ruidos del estómago

15. *Ibid.*, p. 144; véase también Spary, E. C., *Eating the Enlightenment: Food and the Sciences in París, 1670-1760*, Chicago, IL, 2012, pp. 17-50.

16. Spang, R. L., *The Invention of the Restaurant: Paris and Modern Gastronomic Culture*, Cambridge, MA, 2000, p. 48.

17. Connor, S., *Matter of Air*, p. 312.

18. Citado en Spary, E. C., *Eating*, p. 204.

19. Brillat-Savarin, J. A., *Fisiología del gusto* [1825], Óptima, 2001, p. 15.

se reducían a medida que los manuales de conducta buscaban borrar el proceso de la digestión de la sociedad educada[20]. Los libros sobre dietética se habían puesto de moda y, aunque no se obsesionaban por los cuerpos moderadamente rollizos, sí advertían de los peligros de la gordura extrema. Las dietas de los siglos XVI y XVII recomendaban reducir la cantidad de comida que se consumía, con la receta de que se seleccionaran carnes que secaran el cuerpo. Específicamente, no se recomendaban los animales cuya carne fuera grasienta porque la medicina tendía a «leer el peligro en la menor señal de grasa o baba»[21]. Aunque la aversión a la grasa se explorará con más detalle en el capítulo 8, consejos semejantes figuraban en los manuales médicos que había en los hogares. Este género popular ofrecía una mezcla ecléctica de recetas y consejos que permitían a las mujeres nobles que sabían leer gestionar la salud y el bienestar de los hombres y las criaturas a su cargo[22]. Aunque la gordura podía denotar prosperidad y poder, el proceso y los efectos corporales del engorde seguían evocando imágenes indignas de animalidad que estaban marcadas, en parte, por la percepción de una pérdida de control sobre los apetitos. Junto al desarrollo del entendimiento gastronómico, la inculcación sistemática de los modales en la mesa reflejaba un proceso de largo alcance para eliminar el carácter bestial del cuerpo del aficionado a la buena mesa[23].

En este periodo empezaron a emplearse nuevas palabras. Refiriéndose tanto a las preocupaciones estéticas como a las de salud, el término francés del siglo XV, *embonpoint*, denotaba un equilibrio entre los extremos de la delgadez y la gordura. Se refería a la condición

20. Quellier, F., «Du ventre au palais: Le corps du gourmand dans les traites de civilité (XVIe-début XIXe siècle)», en *Le Corps du gourmand*, Karila-Cohen, K.; Quellier, F. (ed.), pp. 58-61.

21. Vigarello, G., *Las metamorfosis de la gordura*, p. 71.

22. Jeanneret, M., *A Feast of Words: Banquets and Table Talk in the Renaissance*, Whiteley, J.; Hughes, E. (trad.), Chicago, IL, 1991, p. 80; Nunn, H. M., «Home Bodies: Matters of Weight in Renaissance Women's Medical Manuals», en *The Body in Medical Culture*, Klaver, E. (ed.), Albany, NY, 2009, pp. 15-36.

23. Quellier, F., «Du ventre au palais», p. 59.

moderadamente rolliza de quienes estaban más o menos «bien hechos»[24]. La elaboración del concepto médico de *obésité* en el siglo XVI (a partir del término latino *obesitas*, que no encontraría su equivalente inglés hasta un siglo más tarde) se refería al estado de «gordura excesiva»[25]. Cuando la medicina señalaba que la gordura era perjudicial para la salud, la belleza, la virilidad, la fertilidad y la inteligencia, se basaba en buena parte en los conocimientos antiguos y contemporáneos para enmarcar la «obesidad» como una enfermedad[26]. La aparición de una terminología nueva se acompañaba de cambios importantes en el modelo médico del cuerpo, que ya no se imaginaba tanto en los términos de los fluidos de los cuatro humores sino que se fijaba en la firmeza o laxitud de las fibras de los nervios y de los músculos. La modernidad se caracterizaba por el movimiento, así como por la purificación, o, mejor dicho, por la purificación mediante el movimiento. Haciéndose eco de suposiciones antiguas sobre que las grandes cantidades de grasa en realidad no formaban parte del cuerpo mismo, la gimnasia de la modernidad se concebía como un proceso de purga del propio cuerpo de todo lo que es innecesario, incluyendo el exceso de grasa así como los malos humores, para revelar «el puro grano» del cuerpo saludable escondido detrás de esa «cáscara»[27]. Estos avances de la medicina y la gimnasia añadían aún más complejidad e urgencia a los tipos de problemas morales y físicos que se habían vinculado con el consumo desde la Antigüedad. Tomados en su conjunto, contribuyeron a la idea, que tanto ha perdurado, de que

24. El inglés toma prestado el término *embonpoint* del francés para definir esa condición corporal ambigüa entre la gordura y la voluptuosidad, la advertencia y la admiración que en español podría expresar la palabra «hermosa/o» o incluso expresiones como «estar de buen año» y similares. Dada la importancia que este concepto tiene para la argumentación de este capítulo y los siguientes, la conservamos en el texto en su forma original y en cursiva (N. de la T.).

25. Vigarello, G. *Las metamorfosis de la gordura*, p. 133.

26. Stolberg, M., «"Abhorreas pinguedinem"», pp. 370-78.

27. Joubert, L., citado en Gleyse, J., «La Renaissance de la «fabrication du corps» par l'exercice physique au XVIe siècle: Discours, pratique, preservation d'un patrimoine, ou transgression d'un interdit?» *Annales canadiennes d'histoire/Canadian Journal of History*, XLI/1, 2011, pp. 1-33.

la «civilización» moderna es un fenómeno inherentemente ambiguo que destruye a la vez que crea, que resta a la vez que suma y que quizás esté en la raíz de muchos de los problemas físicos y emocionales que se resumen en las tan citadas «enfermedades de la civilización» y que se harán sentir con una urgencia cada vez mayor a partir del siglo XVII[28].

El arte de la Edad Moderna se implicó en muchos de estos temas. Aunque no tenemos espacio aquí para profundizar en la cultura visual, la pintura renacentista se deleitaba representando cuerpos juveniles y atléticos, a veces como atisbos esperanzadores de la vida eterna o como deseos para el aquí y el ahora. *La fuente de la juventud* (1546) de Lucas Cranach el Viejo, por ejemplo, muestra a mujeres mayores con canas y cuerpos flácidos sumergiéndose en una piscina de la que salen habiendo adoptado la apariencia de unas mujeres jóvenes, con curvas y carne rosada, y que, después de vestirse, son recibidas y festejadas por cortesanos complacidos. Aunque la Fuente de la Juventud podía lamentablemente desdeñarse como un mero sueño, los y las fieles podían aspirar a la resurrección de los cuerpos al final de los tiempos que prometía el cristianismo. Para describir la vida eterna, se podía recurrir a las ideas estéticas clásicas. Como ya hemos visto, aunque los autores cristianos ofrecieran una información muy sucinta acerca del aspecto que tendría el perfecto cuerpo resucitado, es evidente que proyectaban los ideales estéticos helenísticos de equilibrio y progreso en sus imágenes de la vida eterna. Un claro ejemplo renacentista es el fresco de Luca Signorelli en la Cappella Nuova de la catedral de Orvieto, que describe la resurrección de la carne con sorprendente detalle. Los esqueletos hacen cola para recibir carne nueva y surgen de la tierra con unos físicos juveniles y en sorprendente forma[29]. De la misma manera que nos lo habían garantizado Agustín y Aquino en los siglos anteriores, el cuerpo de la resurrección sería hermoso, completo y bien proporcionado, nunca feo, discapacitado o gordo.

28. Vigarello, G., *Historia de la belleza*, pp. 174-5.

29. Boia, L., *Forever Young: A Cultural History of Longevity*, Selous, T. (trad.), Londres, 2004, pp. 70-73.

En consonancia con los ideales del primer cristianismo, algunas pinturas del Renacimiento proyectaban los ideales estéticos helenísticos de equilibrio y proporción en sus imágenes de la vida eterna. En este escena del fresco de Luca Signorelli para la Cappella Nuova, los muertos se levantan al final de los tiempos para recibir la carne nueva, saliendo de la tierra con unos cuerpos sorprendentemente juveniles y en forma. Luca Signorelli, *Resurrección de la carne*, 1499-1502, Cappella Nuova, Umbría, Italia.

Ya fueran producto del rejuvenecimiento o de la resurrección, estos cuerpos idealizados tal vez reflejaran la visión estética dominante de la corporalidad en el Renacimiento. Aunque estos cuerpos no alcancen nuestras propias expectativas contemporáneas de belleza, pocos de ellos podrían haberse considerado gordos en el momento. El pintor flamenco Pieter Paul Rubens prestaba una atención inusual a los cuerpos carnosos, especialmente los de las mujeres, que parecían representar «la energía de la vida» de maneras que exploraban los excesos y la ambigüedad[30]. Pero, a pesar de la carnalidad que dominaba en sus lienzos, Rubens estaba tan fascinado por la austeridad y la forma física espartana como el resto de sus contemporáneos europeos. Él proponía también que los antiguos estaban más cerca de la belleza natural que los individuos modernos y degenerados de su propia época, cuyo deterioro físico era un reflejo de su decadencia intelectual. Rubens citaba los malos hábitos como la razón principal para el declive corporal de los hombres modernos. «La principal causa de la diferencia entre los hombres de nuestra era y los antiguos», escribió, «es la pereza y la falta de ejercicio de quienes viven hoy; de hecho hoy comemos y bebemos y no ejercitamos cuidado ninguno sobre el cuerpo». Las cosas estaban mucho mejor en los tiempos antiguos, cuando «todo el mundo se ejercitaba diaria y agotadoramente en palestras y gimnasios»[31]. Rubens citaba con aprobación el código espartano que amenazaba a los hombres gordos con el exilio y lamentaba que tantas personas de su tiempo tuvieran grandes barrigas y miembros escuálidos y que no se parecieran en absoluto a los espléndidos especímenes de los tiempos antiguos[32].

Rubens tenía unos criterios diferentes para los cuerpos femeninos, que tradicionalmente se consideraban más carnosos que los cuerpos masculinos. Aunque más tarde se le criticaría por mostrar demasiada preferencia por la carne femenina, Rubens no tenía la impresión de que

30. Laneyrie-Dagen, N., *Rubens*, París, 2003, p. 120.

31. Citado en Muller, J. M., «Rubens's Theory and Practice of the Imitation of Art», *The Art Bulletin*, LXIV/2, 1982, p. 232.

32. Rubens, P. P., *Teoría de la figura humana*, Temes, A. (trad.), Casimiro, 2014.

los cuerpos que pintaba fueran excesivamente gordos o, al menos, no de maneras que pudieran violar las normas de género. Más bien, explicaba, las proporciones femeninas deberían idealmente ser «más débiles y pequeñas», porque cuando se trata de la perfección de las formas «la mujer ocupa el segundo lugar después del hombre». Aunque sea más carnosa por naturaleza, la mujer sin embargo debe exhibir moderación en todos sus aspectos, bien «ni muy delgada ni muy escuálida, tampoco demasiado grande o gorda, sino mantenerse en un moderado *embonpoint* según el modelo de las antiguas estatuas». Rubens por lo tanto defendía que las caderas y los muslos de la mujer deberían ser «grandes y anchos», sus pechos ligeramente separados para que se «proyecten moderadamente desde el torso». La piel del estómago «no debe estar floja, ni el estómago caído, sino que [debe ser] fina y con un contorno suave y fluido». Puesto que no debe haber nada en la forma femenina que pudiera confundirse con la masculina, lo importante es evitar cualquier apariencia de rigidez o musculatura. En general, el cuerpo femenino debe parecer un círculo: «redondo, delicado y liviano, y de todo punto opuesto a la forma masculina robusta» (que, por cierto, debería aproximarse a un cubo)[33]. El exceso de carne aumentaba, no disminuía, el atractivo de las mujeres y las separaba aún más del tipo de cuerpos que deberían poseer los hombres. Así, lejos de alabar acríticamente las virtudes de la carne o de representar una preferencia cultural perdida por la grasa, sería más exacto decir que Rubens «expresaba cierto gusto oscuro y personal por la exuberancia de la carne sin olvidar [...] la voluntad clásica por la estilización de la silueta».[34]

En la medida en la que era capaz de simbolizar lo superfluo, la gordura se criticaba en otros ámbitos de la cultura europea. Por ejemplo, en el estilo literario se recomendaba también una nueva firmeza. Aquí también se trazaban correspondencias de manera rutinaria entre la tensión de la escritura y la condición del cuerpo autorial. En realidad, nada de esto era completamente nuevo. Las metáforas de los cuerpos

33. *Ibid.*, pp. 89-91.
34. Vigarello, G., *Las metamorfosis de la gordura*, p. 88.

femeninos y masculinos habían invadido los debates sobre los estilos literarios y oratorios en los tiempos romanos y estas metáforas aplicaban un sesgo de género a las maneras en las que se evaluaba el «buen» estilo y el «mal» estilo. Siguiendo el modelo clásico que Quintiliano articuló mejor que nadie, los escritores neoestoicos como Justus Lipsius defendían que un estilo «masculino» se caracterizaba por los tendones (*nervi*) y, por lo tanto, por el vigor, la fuerza y la potencia. Un estilo «afeminado», por contraste, era *enervis* (carente de nervio) o *factum* (roto, impotente). Lo viril y lo tenso se contrastaban así con lo afeminado, lo flojo y lo hinchado. Como ya había afirmado Quintiliano hacía siglos, el estilo literario estaba totalmente relacionado con la forma física[35].

Las diosas rollizas de *Las tres Gracias* de Rubens serían denostadas un siglo más tarde por su carencia de «gracia». Pieter Paul Rubens, *Las tres Gracias*, c. 1635.

35. Parker, P., «Virile Style», en *Premodern Sexualities*, Fradenburg, L.; Freccero, C. (ed.), Nueva York, 1996, pp. 202-3.

Estas distinciones, junto con las inevitables relaciones entre el estilo literario y los cuerpos materiales, podían aplicarse a los escritores de la época. En su libro *Timber, or Discoveries Made upon Men and Matter* (1640), Ben Jonson defendía también un estilo de escritura más llano, despojado de todas las cosas superfluas que observaba a su alrededor. «El lenguaje muestra sobre todo al hombre», declaraba; «Habla para que pueda verte». Jonson se quejaba de la poesía verbosa, que le parecía «gratuita» y «rolliza» y que, mediante el puro exceso, se arriesgaba a volverse «gorda y corpulenta [...] llena de sebo y grasa». Esta punzante petición de una poesía que fuera esbelta y austera, una tendencia recurrente en la historia literaria de Occidente, se repetiría después para acosar al propio Jonson a medida que este se volvía más corpulento con la edad. Para entonces sus enemigos se dieron prisa en utilizar las ideas de Jonson en su contra, aduciendo que el estilo de vida excesivo y las amplias proporciones del «decadente Ben» eran ahora la prueba de su hinchado estilo poético. Incluso sus defensores manifestaron una aversión a la grasa de orientación clásica cuando trazaron distinciones entre el cuerpo «grotesco» del poeta y las cualidades internas que describían como castas, limpias y puras. Los amigos de Jonson reconocían la decadencia física de su héroe, pero, de la misma manera que lo habían hecho los defensores del rechoncho Sócrates, terminaban insistiendo en que lo importante es lo que llevamos dentro[36].

«Ríe y engorda»

Los refranes, como decíamos en el capítulo anterior, perduran en parte porque transportan el conocimiento de sentido común sobre el mundo. Pero a veces el conocimiento que transmiten es en sí mismo complejo e incluso contradictorio, o, como mínimo, depende muchísimo del contexto. «Ríe y engorda» es otro proverbio en el que tenemos que

36. Brumley, A., «"As Horace Fat" in a Thin Land: Ben Jonson's Experience and Strategy», en *Historicizing Fat*, p. 118.

pensar, en este caso porque implica una relación entre la felicidad rebosante y el proceso de ganancia de peso. Hay varias maneras en las que podemos entender qué sentido puede haber tenido este refrán. Una búsqueda digital sobre las metáforas en el idioma inglés revela una fuerte correlación entre las palabras que designan la riqueza y los correspondientes estados corporales y emocionales de la gordura y la felicidad. La pobreza, por otra parte, evoca las metáforas en contraste de la delgadez y la infelicidad[37]. Junto con otros dichos relacionados como «la alegría del corazón ilumina la cara» o «la risa es la mejor medicina», los proverbios acerca de la gordura y la felicidad activaban la lógica de la medicina humoral, que entendía la grasa como una elaboración de la comida que se «cocía» en el estómago. Más importante aún, la teoría de los humores sostenía que las personas que poseían una complexión flemática eran individuos más o menos risueños que por naturaleza tendían a ser más rollizos que el resto. El mismo modelo inspiraba la idea de que las personas delgadas estaban más o menos «consumiéndose» a sí mismas, en parte debido a sus propias disposiciones humorales (en el sentido de que la grasa se funde con el calor) y por el estado de sus emociones. Se decía de las personas que habían perdido mucho peso que se quedaban «áridas» o «secas» o «enjutas» por las preocupaciones y las penas[38]. Si tener un cuerpo moderadamente rollizo implicaba salud y satisfacción, en términos culinarios la grasa se consideraba como una sustancia comestible muy placentera. El campesinado francés, por ejemplo, percibía una lógica natural entre la grasa y la felicidad: su dieta, basada en buena medida en los cereales, hacía que las grasas fueran un lujo escaso que atraía a los sentidos y disparaba la imaginación. Las carnes se hervían, como se había hecho ya en los tiempos de Roma, para extraer de ellas toda la grasa posible y *la soupe grasse* (la sopa grasa) era un plato de fiesta en varias provincias. En algunas regiones,

37. Alexander, M.; Bramwell, E., «Mapping Metaphors of Wealth and Want: A Digital Approach», en *Proceedings of the Digital Humanities Congress, 2012: Studies in the Digital Humanities*, Mills, C.; Pidd, M.; Ward, E. (ed.), Sheffield, 2014.

38. Isidoro de Sevilla, *Las etimologías*, tomo I, p. 817; Vigarello, G., *Las metamorfosis de la gordura*.

los labios brillantes de grasa después de una buena comida eran señal de un intenso disfrute gustativo y *joie de vivre*. Los relatos medievales del País de Jauja contribuyeron a cimentar estas asociaciones culturales entre las grasas, la gordura y el bienestar material[39]. Y, como hemos visto ya, la imaginación agrícola fomentaba la idea de que las tierras pingües pueden dar frutos que produzcan placer sensual y felicidad.

Desde la Edad Media, entonces, las grasas y la gordura se vinculaban con la felicidad de maneras que tienen sentido médico, además de sentido común. El filósofo y médico Avicena había contribuido a sentar las bases conceptuales de estas ideas defendiendo que el que una persona fuera rolliza o delgada dependía en cierta medida de su estado emocional. «Una gran alegría hace que el cuerpo florezca de salud», declaraba, añadiendo que un determinado grado de gordura era una prueba de «florecimiento». Como la mayoría de médicos que predicaban las virtudes de la moderación, Avicena reconocía que existía algo que era florecer en exceso, al menos en la medida en la que un desborde de satisfacción genera «demasiada» carnosidad. Para compensar estas situaciones, Avicena entendía que unas dosis medidas de preocupaciones y tristezas tenían algunos beneficios médicos. Aunque fueran potencialmente mortales para las personas muy delgadas, podían ser «útiles para quienes necesitaban perder unos kilos»[40].

El bienestar emocional estaba íntimamente ligado al estilo de vida. La doctrina médica de los seis «no naturales», centrándose en el aire, la nutrición, el movimiento, el sueño, las evacuaciones y las emociones, validaba la idea de que la moderación en la nutrición debía corresponderse con una templanza de las «pasiones del alma», de la misma manera que la moralidad religiosa solía argumentar que el bienestar material era un pobre sustituto de esa felicidad mucho mayor que esperaba a la gente en el Cielo. Este consejo tuvo una enorme influencia a lo largo de

39. Pellegrin, N., «Corps du commun, usages communs du corps», en *Histoire du corps. 1. De la Renaissance aux Lumières*, Vigarello, G. (ed.), París, 2005, p. 488n.

40. Avicena, *Poème de la médecine*, Jahier, H.; Noureddine, A. (trad.), París, 1956, verso 60, p. 15 y 211-12, p. 25.

la cristiandad latina. Con el tiempo, los expertos en fertilidad acabaron por recomendar que a las mujeres corpulentas que desearan tener criaturas se les debía provocar deliberadamente la ira, la angustia y la tristeza como métodos para reducir la gordura de sus vientres[41].

Actuar sobre las emociones como método de alteración corporal era algo que se recomendaba también fuera de los círculos de la salud reproductiva. El humanista Petrarca bosquejó la relación entre la grasa y las emociones en su libro *De los remedios para próspera y adversa fortuna* (1365). Desdeñando con amabilidad la idea de que engordar a medida que se cumplían años era necesariamente una razón para alarmarse, Petrarca insistía en que quien realmente quisiera librarse de la carne no deseada debería «alzarse con su ingenio rápido y reducir su peso. Libraos de ello con laboriosidad; implicaos en muchos proyectos difíciles para ejercitar la mente y el cuerpo y evitad todos los placeres». Esto suponía dedicarse por completo a un régimen que evitara cuidadosamente todas las comodidades ordinarias:

> Desterrad el reposo; dedicaos al trabajo; desdeñad los deseos, odiad la ociosidad; amad la preocupación por las cosas; olvidaos del descanso; abrazad la dura disciplina; disfrutad de lo que es difícil; e insistir siempre en la moderación en la comida, la bebida, el tumbarse y el reposo y dormid poco y ligero[42].

Al exigir un distanciamiento consciente de sí mismo con respecto a los hábitos y experiencias que nos vuelven complacientes y blandos, la pérdida de peso requería un cultivo metódico de la autonegación y de la incomodidad para que pudiera suceder. Despojarse de la grasa era tanto un estado mental como una cuestión de dieta y ejercicio.

41. Lindgren, A., «The Wandering Womb and the Peripheral Penis: Gender and the Fertile Body in Late Medieval Infertility Treatises», tesis doctoral, University of California, Davis, 2005, p. 31.

42. Petrarca, F., *Remedios contra la desdicha*, Ruiz Vila, J. M. (trad.), Guillermo Escolar, 2023 (trad. propia).

Esta idea de que las emociones poderosas podían causar una ganancia o una pérdida de peso siguió viva y saludable a lo largo de la Edad Moderna, y se creía que era así con independencia de la complexión humoral. Reconociendo que era probable que las personas flemáticas estuvieran más gordas que el resto, en *The Castel of Helth* (1534) (El castillo de la salud), Thomas Elyot declaraba que la alegría o «felicidad de corazón» prolonga la vida y «engorda el cuerpo que adelgaza con los problemas»[43]. Laurent Joubert ampliaba esta idea unas pocas décadas más tarde observando que esas personas flacas

> que por naturaleza son coléricas, cuando se entregan al descanso, sin preocupaciones ni tristezas, y si comen bien y se cuidan bien, fácilmente engordan y pierden su delgadez natural[44].

Ambroise Paré estaba de acuerdo y afirmaba que la alegría moderada engorda y aumenta el cuerpo de maneras saludables[45], mientras que Giovanni Battista Della Porta asociaba la «gordura de la carne que es causada por la sangre» con la amabilidad, el disfrute, la canción, la risa y el amor. Si había un tipo de «ligereza» en determinadas personas pesadas, proponía, era principalmente porque su sangre misma está «aireada»[46].

Pero estaba la otra cara de la felicidad gorda que era un motivo de preocupación. Quienes sienten satisfacción hacia lo que ya tienen, se decía en ocasiones, pocas veces se esfuerzan en lograr más, y la felicidad de un tipo meramente material puede engendrar la estupidez. Por eso, haciendo un guiño al autor romano Plutarco, el Julio César de Shakespeare dice que prefería estar rodeado de consejeros que fueran gordos, antes que delgados. Siendo en buena medida complaciente y perezosa, es menos probable que la gente gorda se dedique a las conspi-

43. Elyot , T., *The Castel of helth*, Londres, 1534, p. 70.

44. Joubert, L., *Treatise on Laughter* [1579], De Rocher, G. D. (trad.), Tuscaloosa, AL, 1980, p. 125.

45. Paré, A., Œuvres, libro 1, cap. XVIII, p. 33.

46. Citado en Camporesi, P., *Juice of Life*, p. 41.

raciones, mientras que hombres como Casio, «con su aspecto escuálido y hambriento… Piensa demasiado. Hombres así son peligrosos» (*Julio César*, I.2)[47]. Además de reflejar la proverbial estupidez del hombre corpulento, esta perspectiva encajaba en general con las concepciones contemporáneas de la melancolía, una forma de depresión que afectaba habitualmente a aquellos eruditos cuyos cuerpos estaban en general demacrados y secos en lugar de húmedos y rollizos. Por eso Joubert podía señalar en su *Tratado sobre la risa* que las personas melancólicas, frías y secas, «son las que menos ríen» y «casi nunca se vuelven gordas»[48]. Y aunque Della Porta había observado con indulgencia la «gordura de la carne que es causada por la sangre» también instruía a sus lectores para que interpretaran «el cuello gordo y grande, y la tripa oronda, la que es grande, blanda y colgante» como señales de una persona «torpe y estúpida»[49].

Esta distinción entre felicidad gorda y melancolía delgada nos invita a repensar la estabilidad de un dicho como «ríe y engorda» a la luz de las tendencias contradictorias de los refranes. Por atractivo que pueda parecer, los beneficios de ser una persona gorda y feliz pueden eclipsarse si la gente piensa también que «barrigas llenas, cráneos vacíos». Esto puede entenderse como un problema en una cultura que valoraba cada vez más la educación y el intelecto como vías hacia el éxito. Por eso, en los círculos cultos, la melancolía era una enfermedad de la que se podía presumir, porque funcionaba como una especie de medalla de honor que afirmaba la inteligencia así como la seriedad que parecía acompañarla[50]. Además, tal y como hemos descrito antes, la cultura de la concentración se acompañó de una transformación de los modales que buscaba constreñir las exhibiciones emocionales de maneras que incluso cuestionaban la virtud de la risa espontánea. Como demostró Mijaíl Bajtín en su conocida obra, el «cuerpo grotesco» popular que se

47. Shakespeare, W., *Julio César*, J. M. Márquez (trad.), EDAF, 1990, p. 198.

48. Joubert, L., *Treatise*, p. 125.

49. Della Porta, G., *La Physionomie humaine*, Rouen, 1655, p. 530.

50. Van Lieburg, M. J., *The Disease of the Learned: A Chapter from the History of Melancholy and Hypochondria*, Speer, D. M. (trad.), Oss, 1990.

celebraba habitualmente durante el Carnaval, con su tripa redonda y su boca enorme, contrastaba radicalmente con el ideal corporal mucho más regulado y «cerrado» que destacaba la burguesía emergente. Un importante producto colateral de esta evolución fue la «degradación» de la risa estridente, que se produjo solapadamente en el siglo XVI a medida que, en las sociedades europeas, la «seriedad» burguesa se convertía cada vez más en la norma[51]. La carcajada profunda, la que brota del vientre, asociada con el vulgo, era justamente la que se les animaba a reprimir a las elites de buenos modales dentro de su mundo cada vez más calculado y limitado. El fantástico País de Jauja, con su glotonería, no podía servir como el modelo de las utopías corporales que se imaginaban en la Edad Moderna.

Hay que tener precaución para no exagerar los cambios que estaban teniendo lugar durante este periodo, muchos de los cuales ya se habían iniciado en la Edad Media. Tampoco debemos hacer oídos sordos a las formas desiguales e incompletas en las que se desarrollaban dichos cambios. Para entender algunos de los mensajes contradictorios que se emitían acerca de la gordura y la felicidad, debemos analizar brevemente los libros de sueños de la Edad Moderna. Estos textos guiaban a las elites para que dieran un sentido a las perturbadoras imágenes y transformaciones que podían ocurrir durante el eclipse de la mente consciente. La famosa interpretación de José del sueño del Faraón en el libro del Génesis (aquel sueño en el que siete vacas gordas y siete vacas flacas profetizaban, respectivamente, siete años de abundancia y siete de hambruna) se repetía ampliamente en este género literario, y la misma lógica se aplicaba al soñar con personas gordas. Un ejemplo de este género del siglo XVI demostraba la naturaleza en general auspiciosa de la gordura como símbolo onírico. Soñar con un hombre con la cara o el vientre gordo, o imaginarse a sí mismo gordo significaba cosas buenas como amistad, alegría o riquezas[52].

51. Bajtín, M., *La cultura popular en la Edad Media y el Renacimiento. El contexto de François Rabelais*, Forcat, J.; Conroy, C. (trad.), Alianza, 1987, pp. 251-272.

52. Julian, A., *De l'art et jugement des songes, et visions nocturnes*, Lyon, 1557, sin paginar.

Hasta aquí, todo bien. Así como los campos pingües podían prometer un aumento beneficioso y abundancia, soñarse uno mismo como gordo era un buen augurio de futura riqueza y felicidad. Pero las mismas carnes abundantes que predecían estas cosas buenas podían generar problemas en otros lugares. Merece la pena analizar estos pasajes sobre la interpretación de los sueños en paralelo con los breves tratados fisionómicos que a menudo figuraban como anexos de estos manuales. A partir de las técnicas de la Antigüedad para la lectura de los cuerpos, el interés por la interpretación de las señales externas en busca de los rasgos de carácter correspondientes adquirió una nueva importancia a medida que la cultura europea se orientaba cada vez más hacia lo visual. Volverse gordo en un sueño podía de hecho querer decir que «se disfrutaría de la riqueza» y de las ropas finas, como sostenía un texto inglés del siglo XVII. Pero bastaba con llegar a las últimas secciones del libro para descubrir lo que la gente pensaría de ti si engordabas mucho en la vida real. Con análisis que nos recuerdan a los textos medievales del *Secretum secretorum*, aprendemos ahí que las personas con buena memoria tienen cuerpos cuya parte superior es «pequeña, modesta, bien formada, proporcionada, carnosa pero no gorda, porque si es corpulenta es una señal de que la persona es estúpida y olvidadiza». La gordura podía ser también una señal de intemperancia, porque las personas con este rasgo se distinguían por «la boca ancha, la barriga grande y fofa, colgante»[53]. Un texto francés escrito para diversión de las elites argumentaba de manera similar, describiendo a las personas con grandes barrigas como «cotillas, necias, arrogantes y groseras», y a la persona de cara gorda como «un hombre ignorante entregado en exceso a los placeres sensuales». El bienestar material era algo bueno, sin duda. Pero cuando se llevaba al exceso, la resplandeciente satisfacción que una moderada corpulencia podía connotar se volvía la «prueba de

53. Vulson, M. de, *The Court of Curiositie*, Londres, 1669, pp. 66-7, 191, 195. Afirmaciones semejantes figuraban en otros libros de sueños, como Hove, F. van, *Oniropolus, or, Dreams Interpreter*, Londres, 1680, pp. 58, 71.

ser un hombre aturdido y olvidadizo»[54]. El conocimiento fisionómico de la Antigüedad acerca de la relación inversa entre la gordura y la inteligencia, no sólo se había actualizado durante la Edad Media, sino que se seguía citando en el siglo XVII y posteriores[55].

Así pues, ¿era mejor estar gordo y ser feliz (y arriesgarse a que se te percibiera como grosero, perezoso, estúpido y sensual) o delgado y hambriento (pero potencialmente más refinado, inteligente y laborioso)? Para cuando llegó el siglo XVIII —momento en el que, como veremos, la idea de la «felicidad» terrenal experimentó un súbito aumento de valor— se les habría ya perdonado a las elites el haber estado algo confusas. Muchos británicos habrían recurrido a ese influyente árbitro del gusto, Lord Chesterfield, que confirmaba sin florituras que la gordura y la estupidez «se entienden como compañeros inseparables, tanto que se emplean como sinónimos»[56]. Puesto que ajustarse a las opiniones del resto era algo fundamental en el mundo de la sociabilidad de Chesterfield, sus muy leídas cartas a su hijo combinaban las connotaciones de «pulirse» y «vigilarse» que eran fundamentales para lograr el ideal de la cortesía. En la medida en la que engordar es «cosa malsana, penosa y desagradable», Chesterfield sostenía que era mejor que su hijo, de natural rollizo, se ejercitara más e incluso fingiera estar enfermo antes de disfrutar de la rica cocina con la que se le festejaba en París[57]. Que este autocontrol pudiera privarlo del placer era algo irrelevante. «La real felicidad» era cualitativamente diferente de la «satisfacción inmediata y ciega de una pasión o un apetito»[58]. El mejor consejo que podía dar

54. Sorel, C., *Les Récréations galantes*, París, 1672, pp. 242, 247-8, 260.

55. Una instantánea muy útil de las ideas fisionómicas vigentes entre 1503 y 1694 acerca del rostro virtuoso se puede encontrar en Porter, M., *Windows of the Soul: Physiognomy in European Culture, 1470-1780*, Oxford, 2005, pp. 184-6.

56. Dormer, P., Conde de Chesterfield, *Miscellaneous Works*, Dublin, 1777, vol. II, p. 28. Este ensayo sin título se publicó originalmente en *Common Sense*, 37, 19 de febrero de 1737.

57. Dormer, P., Conde de Chesterfield, cartas CLI, 2 de agosto de 1748 y CCLXV, 16 de marzo de 1752, en *Cartas completas de Lord Chesterfield*, Maneyro, L. (trad.), Alfonso Lemale, 1845, tomo I, p. 269 y tomo ii, pp. 196-8.

58. Chesterfield, carta CLIV, 5 de septiembre de 1748, *ibid.*, tomo I, p. 280.

Chesterfield a su hijo era la recomendación del poeta satírico del siglo II, Juvenal:

> *Mens sana in corpore sano* es la definición mas verdadera que yo conozco de la felicidad humana; y me figuro que tú posees actualmente ambas ventajas; procura conservarlas visto que solo depende de tu voluntad[59].

La grasa del cuerpo político

La felicidad humana, que nunca se ha entendido como algo que consistiera por completo en el bienestar material o en la satisfacción de los apetitos animales, se definía como basada en parte en la limitación, un efecto de la moderación que había sido promocionada como integral para la buena vida desde la Antigüedad. De hecho, la tensión entre la vida orgánica y la «buena vida» es un rasgo recurrente de la cultura occidental. Y, por supuesto, la moderación nunca equivalió a un rechazo absoluto del placer. Más bien animaba a disfrutar de la vida a la vez que se conservaba un respeto por los requerimientos de la salud, la belleza y la moralidad[60]. Pero aunque la corriente republicana del Renacimiento, de influencia clásica, denostara a menudo el concepto de «opulencia», este experimentaría una profunda transformación en la época de la Ilustración. Mientras que Aristóteles entendía la condición del «florecimiento humano» como la representación de una vida sin ninguna deficiencia, una en la que todos los deseos concebibles hubieran sido satisfechos, durante la Ilustración la filosofía empezó a cuestionarse si una vida terrenal sin deseos sería preferible o incluso concebible. El filósofo David Hume defendía los deseos porque nos espoleaban hacia acciones que los pudieran satisfacer y eran así un importante antídoto

59. Chesterfield, carta XCV, 8 de agosto de 1745, *ibid.*, tomo I, p. 142.
60. Platina, B., *On Right Pleasure and Good Health*, Milham, M. E. (trad.), Asheville, NC, 1999.

contra la indolencia. Tenía cosas que decir a quienes glorificaban la antigua *askesis* (autodisciplina). Es posible que Esparta hubiera sido poderosa porque carecía de comercio y de opulencia, pero también era una sociedad brutal dedicada a la guerra constante. Carecía de la «blandura» refinada que una cultura más «civilizada» habría podido ofrecer. El economista político Adam Smith estaba de acuerdo y veía en la «opulencia» y en la «comodidad corporal» las pruebas de una condición social positiva. Aunque es posible que la medicina y la instrucción gimnástica de la época no estuvieran de acuerdo con ellos, ambos autores sostenían que el «espíritu marcial» y por lo tanto la belicosidad masculina no se veían necesariamente disminuidos por esta relajación de la vida[61].

En la cultura material se estaban también produciendo cambios. Este fue el periodo durante el cual las sociedades occidentales empezaron a abrazar la idea de la *comodidad* como una relación físicamente agradable entre el cuerpo y su inmediato entorno físico. Esto reflejaba un aprecio renovado de los placeres terrenales, que incluía la búsqueda de bienes de consumo así como de exquisiteces culinarias[62]. El apoyo generalizado al consumismo no fue algo que ocurriera de la noche a la mañana, como tampoco sería completa su victoria. Los vínculos que aún quedaban entre la masculinidad y la belicosidad garantizarían una relación conflictiva entre la virilidad y el consumismo que se prolonga hasta el día de hoy. Más que hablar de un sencillo viraje desde una crítica clásica-republicana de la opulencia hasta un respaldo sincero del consumo, es más útil enfatizar las tensiones y las ambivalencias que cubrieron ambos lados de estos debates[63]. Incluso en mitad de la

61. Berry, C. J., *The Idea of Luxury: A Conceptual and Historical Investigation*, Cambridge, 1994, pp. 113, 145-6, 164, 170-71.

62. Crowley, J. E., *The Invention of Comfort: Sensibilities and Design in Early Modern Britain and Early America*, Baltimore, MD, 2001, pp. 3-7, 69-73; Hoffmann, V. von, *From Gluttony*, p. 163.

63. Sassatelli, R., «Consuming Ambivalence: Eighteenth-century Public Discourses on Consumption and Mandeville's Legacy», *Journal of Material Culture*, II/3, 1997, pp. 339-60.

aparente victoria del consumismo, estas tensiones seguirían incrustadas en las sociedades occidentales, desde este momento de la historia hasta el presente. Podrían explicar nuestra tendencia a vacilar entre las presiones enfrentadas para que por un lado satisfagamos nuestros deseos mediante el consumo y para que por otro los dobleguemos mediante técnicas de autocontrol. El siglo XVIII fue el momento en el que estos temas empezaron a debatirse. Por supuesto, la corpulencia

> estaba en el centro de las tensiones y contradicciones de una sociedad dividida entre las peticiones de moderación formuladas en el interior de la cultura de la cortesía y los intereses y pasiones inscritos en la ética del comercio y del consumo[64].

Algunas de estas tensiones se pudieron dramatizar en la esfera artística. La celebración de los cuerpos clásicos que surgió durante el Renacimiento alcanzó su máxima expresión en el siglo XVIII. Durante esta época, influyentes estetas como Johann Winckelmann entendían cualquier desviación de su ideal físico como una fuente de repugnancia. Como había hecho Rubens antes que él, Winckelmann defendía que los cuerpos hermosos y armónicos de la escultura griega eran reflejos precisos de los pasos que dio el pueblo griego para crear una progenie saludable y bella: «Gracias a estos ejercicios, los cuerpos adquirían el contorno grande y masculino que los maestros griegos daban a sus estatuas, sin brumas ni añadidos superficiales»[65]. Las reglas de Winckelmann para la descripción del cuerpo se hacen eco de las recomendaciones que la fisionomía antigua hacía sobre los rasgos físicos nobles. Aunque el rostro aún llevaba el peso de representar el carácter de una persona, unas nalgas estrechas y un vientre plano eran también elementos importantes. El estómago, cuyos sonidos no eran bienvenidos en la

64. Dacome, L., «Useless and Pernicious Matter: Corpulence in Eighteenth century England», en *Cultures of the Abdomen: Diet, Digestion and Fat in the Modern World*, Forth, C. E.; Carden-Coyne, A. (ed.), Nueva York, 2005, p. 199.

65. Winckelmann, J. J., *Reflexiones sobre la imitación de las obras griegas en la pintura y la escultura,* Mas, S. (trad.), FCE, 2008, p. 80.

mesa, se esperaba también que pasara desapercibido en el arte. «Incluso en las figuras masculinas», señalaba Winckelmann, «el abdomen es el mismo que tiene una persona después de un sueño reparador y después de una digestión saludable, es decir, sin tripa, y del tipo que la fisiología considera un síntoma de una larga vida». El cuerpo en forma y musculado que Winckelmann celebraba era una superficie suave y sin costuras, prístinamente libre de órganos, sangre, vientre, excrementos o cualquier otra cosa que pudiera recordar a la vista la vergonzosa confusión de la vida orgánica[66].

El amor neoclásico por las formas bellas desnudas ha sido descrito en ocasiones como una renovada apreciación del cuerpo en el arte occidental. Es sin duda cierto si nos fijamos en la frecuencia con la que el arte medieval minimizó lo humano. Pero, como ocurría con la celebración neoplatónica del ideal que ya prevalecía durante el Renacimiento, el «cuerpo» que aquí se apreciaba tenía muy poco en común con las imperfectas vasijas que las personas poseían en realidad. Como apunta el caso de Winckelmann, eran los vergonzosos rasgos orgánicos de los cuerpos lo que los ideales estéticos a menudo deseaban apartar de la vista, especialmente aquellos que giraban en torno a la comida, la sexualidad y la excreción, pero también los que evocaban la muerte y la descomposición[67]. Hemos visto que se estaban llevando procesos similares de purificación en la gastronomía y la dietética. Ser «civilizado» suponía ser recto y moral, capaz de controlar las emociones propias y, mediante un abanico de técnicas para la exhibición personal, poder gestionar las emociones que se causaba en el resto. Pero suponía también una retirada más pronunciada de los aspectos más desconcertantes de la existencia corporal. Cartografiando la historia del asco estético, Winfried Menninghaus ha visto en el arte neoclásico los inicios de un marco mental que aún opera hoy en día:

66. Citado en Menninghaus, W., *Disgust: The Theory and History of a Strong Sensation*, Eiland, H.; Golb, J. (trad.), Albany, NY, 2003, p. 71.

67. Elias, N., *El proceso de la civilizacion. Investigaciones sociogenéticas y psicogenéticas*, García Cotarelo, R. (trad.), FCE, 1987.

> Este cuerpo subsumido en la ilusión estética, con su juventud normativa, su suave piel sin mancha ninguna, su elasticidad esbelta y atlética y su desnudez no obscena, anticipa la regulación del cuerpo que hoy predomina, con sus formas más pulidas procedentes del mundo de la publicidad, la cosmética y —como análogo de la antigua gimnasia que tan entusiastamente evocaba Winckelmann— el gimnasio con sus diversas máquinas[68].

En este cultivo del aprecio por las formas idealizadas, vemos también una devaluación correspondiente de lo vulgar, así como una huida de la confusión de lo mundano. Los observadores contemporáneos señalaban, con una alarma en aumento, que la salud, la belleza y la moralidad parecían haber declinado abruptamente en comparación con los criterios establecidos en los tiempos clásicos. Destacado adorador de estos ideales, Winckelmann lamentaba que los hombres de su tiempo se desviaran tanto de las estatuas que admiraba. «Nuestro cuerpo más bello tal vez no sea más semejante al más bello cuerpo griego de lo que Íficles lo fue de su hermano Hércules», se lamentaba[69]. La desviación estética que suponía la gordura apuntaba principalmente a un problema de carácter. Incluso el político inglés William Hay, que en la década de 1750 defendía a las personas con discapacidad y que escribía apasionadamente sobre la primacía del carácter y la amabilidad por encima de la belleza o de la fealdad, estaba de acuerdo en que «un vientre prominente» era un objeto de ridículo más lógico que cualquier rasgo físico con el que se hubiera nacido. Una protuberancia así era, después de todo, «en general el efecto de la intemperancia y de la propia creación del hombre más que el resultado de la naturaleza»[70]. Si la gordura se podía entender como una forma de discapacidad, era, como en el retrato de Boaistuau de la monstruosidad de Dionisio Heracleo, algo que una persona se hacía a sí misma.

68. Menninghaus, W., *Disgust*, p. 92.
69. Winckelmann, J. J., *Reflexiones*, p. 779.
70. Hay, W., *Deformity: An Essay*, Londres, 1754, p. 35.

Considerado por Winckelmann un ejemplo perfecto de la escultura clásica, el Apolo de Belvedere poseía un cuerpo ideal cuyo «abdomen es el mismo que el de una persona después de un sueño reparador y después de una digestión saludable, es decir, sin tripa, y del tipo del que la fisiología considera un indicador de una larga vida». Apolo de Belvedere, 120-140 EC, copia romana de un original de bronce perdido de 350–325 AEC.

Lamentando el declive de la virtud y del carácter en medio de la revolución en marcha del consumo, los críticos de la opulencia evocaban la corpulencia como una manera de imaginar cómo el cuerpo político degeneraba a partir de la firmeza de la virtud hasta la flacidez del vicio. Entre la fascinación por los valores clásicos que dominaba este periodo, no sorprende encontrar ejemplos antiguos reclutados para los debates sobre la grasa, especialmente cuando las razones médicas para ello no estaban del todo claras. Por ejemplo, el artículo de la *Enciclopedia* sobre la «Obesidad» recordaba a sus lectores, sin razón aparente, que en Esparta «no se toleraría este *embonpoint* generalizado» entre la juventud y que impondrían estrictos regímenes para mantenerla en forma[71]. El autor de este artículo, el caballero Louis de Jaucourt, adversario de la opulencia, habría aprobado el espíritu de dichas medidas, porque en otro lugar declaraba que el mismo nombre de «Esparta» naturalmente evocaba «las mayores virtudes» de todas las ciudades-Estado griegas[72]. Por razones igualmente misteriosas, el anónimo autor del artículo sobre la «Corpulencia» se sintió obligado a mencionar que a ojos de los espartanos un exceso de carne era «infame»[73].

La imaginación cultural de los cuerpos colectivos a menudo reflejaban las observaciones de los cuerpos personales. Los republicanos clásicos que seguían desconfiando del comercio y la opulencia a pesar del aumento del consumo, a veces describían el cuerpo político como si estuviera atrapado en una espiral de corrupción. El resueltamente pro espartano Jean-Jacques Rousseau vinculaba grasa y gordura con la blanda sensualidad de París, que planteaba un radical contraste con la rústica firmeza que alababa en países como Córcega o Polonia. Mucho más allá que el cuerpo personal, la grasa era, para Rousseau, una cuestión de importancia nacional. «Equiparo las finanzas a las grasas [*la graisse*] del cuerpo político, que acumulándose en ciertos retículos musculares sobrecargan el cuerpo con una gordura [*enbompoint*] inútil y lo vuelven más pesado que fuerte»[74]. Los imperios que se expandían demasiado rápido y de manera indiscriminada estaban más expuestos a este peligro, especialmente cuando la expansión implicaba la importación de lujos extranjeros a la metrópolis. Se solían dar por buenas

71. Jaucourt, [L., caballero de], «Obésité», en *Encyclopédie, ou, Dictionnaire raisonné des sciences, des arts et des métiers,* Neuchatel, 1751, vol. XI, p. 300.

72. Jaucourt, [L., caballero de], «Sparte ou Lacédémone», en *Encyclopédie, ou, Dictionnaire raisonné des sciences, des arts et des métiers,* Diderot, D.; D'Alembert, J. le Rond (ed.), Lausana, 1781, vol. XXXI, p. 548.

73. «Corpulence», en *Encyclopédie, ou, Dictionnaire raisonné des sciences, des arts et des métiers,* Neuchatel, 1754, vol. IV, p. 269

74. Rousseau, J.-J., «Proyecto de constitución para Córcega [1765]», en *Estudios constitucionales,* Hermosa Andújar, A. (trad.), Tecnos, 1988, p. 46. Véase también Garrard, G., *Rousseau's CounterEnlightenment: A Republican Critique of the Philosophes,* Albany, NY, 2003, pp. 66–7.

las afirmaciones de que la antaño gloriosa Roma había acabado por sucumbir debido a la afeminada opulencia y había quien relacionaba el gran tamaño del Imperio con un cuerpo decadente e hinchado. Como defendía otro *philosophe*, al adoptar las costumbres decadentes de las tierras que Roma había conquistado (es decir, de Egipto y de la India), el Imperio rápidamente se había hinchado con el «*enbompoint* de la opulencia, una enfermedad que presagia el declive de la potencia. Este gran imperio cayó por su propio peso»[75].

Las críticas ilustradas de la corpulencia reiteraban las que desde Roma se habían hecho ya cuando se reflexionaba sobre el tamaño enorme e inmanejable de su imperio así como de los vicios morales que dicha expansión parecía fomentar. Pero el uso del lenguaje corporal para describir naciones enteras no debería distraernos de las muy literales maneras en las que la medicina se reclutaba para los proyectos sociales de la Ilustración[76]. En sus planes eugenésicos para «perfeccionar la especie humana», Charles-Augustin Vandermonde defendía en 1756 que, al igual que la excesiva delgadez, «tenía que evitarse *trop d'enbompoint* si se quería producir criaturas ideales. No solo no era atractivo estar demasiado gordo, sino que «los hombres y las mujeres de este tipo [*complexion*] normalmente son estériles, o poco dispuestos a la generación»[77]. Casi veinte años después, en un influyente texto sobre la salud en relación con el matrimonio, el jesuita Joseph-Adrien Lelarge de Lignac presentaba una valoración bastante condenatoria de un hombre con un temperamento flemático o, como cada vez se le llamaba más, «pituitario». Debido al exceso de humedad en su cuerpo, todas las características de un hombre así anunciaban ante el mundo su «debilidad de Naturaleza». Pero el hombre flemático era aún más problemático. Puesto que su «cuerpo es débil e incapaz de soportar los

75. Raynal, G.-T.-F., *Histoire philosophique et politique des* établissements *des Européens faits les deux Indes*, La Haya, 1774, vol. I, p. 84.

76. Vila, A. C., *Enlightenment and Pathology: Sensibility in the Literature and Medicine of Eighteenthcentury France*, Baltimore, MD, 1998, pp. 81, 233.

77. Vandermonde, C.-A., *Essai sur la manière de perfectionner l'espèce humaine*, París, 1756, vol. I, pp. 67-8.

trabajos duros», Lignac proponía un enfoque medioambientalista de la formación de los temperamentos: «El hombre de su constitución no está en la Naturaleza, puesto que es tan escaso en el campo», donde la vida exige esforzarse más[78]. Quienes estaban gordos solamente podían ser abyectas criaturas de la ciudad —de la misma manera que los melancólicos, cuyo estilo de vida libresco y sedentario también fomentaba sus peculiaridades constitutivas.

Lignac cuestionaba también la inteligencia y la virilidad de los hombres gordos, cuya incapacidad para generar fuerza física se emparejaba con su debilidad intelectual (estos hombres «son incapaces de producir las obras maestras que anuncian el genio») y carencia de potencia moral. Incapaz de resistirse o incluso de entender las sensaciones fuertes, este hombre blando y maleable es el terreno de juego de fuerzas internas y externas y «voluntariamente recibe las impresiones que estas le dan». Esto no es un hombre, como había afirmado Hildegarda de Bingen hacía siglos. Lignac proclamaba:

> Es una carga, tal vez, para la Naturaleza, porque esta no ha esparcido a los hombres sobre la tierra con el germen de la melancolía ni de la pituitaria. ¡Depravación moral! ¡Opulencia! ¡Afeminamiento! ¡Contemplad vuestra obra!

Para Lignac, las «causas ordinarias de la abundancia de la pituita» (es decir, del temperamento flemático/pituitario descrito antes) son comer demasiada comida grasa, beber demasiado alcohol, demasiado reposo y dormir demasiado. Haciéndose eco de la crítica que feminizaba al flemático, apuntaba que los hombres que eran «fofos, blandos y cubiertos de grasa» no eran en realidad capaces de reproducirse:

> Son demasiado débiles como para extraer su subsistencia del seno de la tierra, demasiado débiles como para atreverse a servir a su país

78. Lelarge de Lignac, J.-A., *De l'homme et de la femme, considérés physiquement dans l'état du mariage*, Lille, 1774, vol. I, pp. 56-61.

con las armas en la mano, son malos trabajadores y malos soldados, ¿podrían acaso ser buenos maridos?

Por si la esterilidad no fuera una solución lo bastante expeditiva para el problema de la corpulencia excesiva, Lignac tenía otra idea. Recurriendo a las políticas que Campanella había imaginado para su Ciudad del Sol, recomendaba el emparejamiento eugenésico de las personas gordas y delgadas de forma que con el tiempo se eliminaran los extremos[79].

*

Lo que llamamos «modernidad» se caracteriza por la ambigüedad y la paradoja. Una cultura de la concentración, así como de la ligereza, la modernidad promete las virtudes del autocontrol a la vez que crea las condiciones para la indulgencia y el exceso. Mientras que supuestamente encarna lo nuevo, la modernidad sin embargo saquea el pasado buscando la mayoría de sus modelos. El permanente atractivo de la Antigüedad en la historia de la gordura es un ejemplo pertinente. La última sección del capítulo anterior ofrecía un adelanto de cómo los «espartanos» de última hora como Tomás Moro y Montesquieu cantaban las alabanzas del trabajo y las penalidades, en oposición a la corrupción que podía producir la tierra demasiado pingüe. Este es el mismo periodo que los estudios identifican habitualmente como el inicio de un desprecio específicamente «moderno» por la corpulencia, y es fácil ver por qué. Con la excepción de los espartanos, nos sería difícil encontrar expresiones en broma, y mucho menos en serio, que recomienden la eliminación de las personas gordas de la sociedad antes del siglo XVI. La modernidad no inventó los estereotipos sobre las personas gordas, pero sin duda los agudizó.

Los cambios que tuvieron lugar en esta época fueron por lo tanto fundamentales para la creación de los estereotipos contemporáneos

79. *Ibid.*, pp. 56-61.

acerca de la gordura. El espejismo espartano era una de esas ideas antiguas que «renacieron» durante el Renacimiento, recibiendo una nueva dosis de vida que persistiría a lo largo de la Edad Moderna[80]. Uno de los rasgos centrales de este espejismo —la afirmación de que en Esparta se valoraba tanto la forma física y la virtud que se expulsaba a los hombres gordos de la sociedad— resultaría ser especialmente convincente entre

Al rollizo rey Louis XVI se le comparaba sistemáticamente con un cerdo en la desagradable retórica de la Revolución francesa. Carl de Vinck y Michel Hennin, «Ah, este maldito animal...», 1791.

quienes buscaban la regeneración de la cultura occidental a medida que esta aceptaba cada vez más los placeres materiales. Las propuestas claramente eugenistas para mejorar la sociedad de algunos autores franceses del siglo XVIII pueden en parte explicar esta fascinación con

80. Sobre la persistencia de estas imágenes en los inicios del siglo XX, véase Forth, C. E., «Spartan Mirages: Fat, Masculinity, and "Softness"», *Masculinidades y cambio social/Masculinities and Social Change*, 1/3, 2012, pp. 240-66.

la erradicación de los cuerpos «incapaces». Afirmando que «demasiada gordura destruye la belleza», el polémico médico Antoine le Camus despotricaba contra la corpulencia en su campaña para la reforma de los cuerpos y las mentes de las mujeres, condenándola como una fuente de «asco» así como un síntoma de debilidad, estupidez o incluso de infertilidad[81]. Aunque no llegaba al punto de recomendar la expulsión de las personas gordas, Le Camus no podía evitar admirar cómo «esa sabia nación», Esparta, solía castigar la gordura porque estas personas eran sospechosas de carecer de «prudencia o de entendimiento»[82].

Apenas unas pocas décadas después Francia expulsaba alegremente a algunas de las personas «gordas» más decadentes. La caída de la Bastilla en 1789 desencadenó un torrente de afirmaciones de que el ciudadano (varón) regenerado se estaba convirtiendo rápidamente en un ser duro y en forma como los espartanos o los antiguos galos. El ciudadano desdeñaba la opulencia y se volcaba para dotar a Francia de un nuevo «régimen», en el doble sentido del orden político y el estilo de vida ordenado. Aunque no se puede decir que la gordura se singularizara como un rasgo corporal problemático entre la población en general, sí circulaba como un potente símbolo de la riqueza acumulada del clero (que debía ser reclamada, como prometía una viñeta, mediante un «desengrasante popular») o el aristócrata hinchado y «parásito» («el hombre que se ha engordado a sí mismo matando de hambre al pueblo») o del «imbécil» e «impotente» «rey-cerdo», Luis XVI («una gorda masa de carne que come y bebe, pero cojea»)[83]. A medida que las sociedades europeas buscaban vías hacia el futuro mediante una recuperación imaginativa del pasado, la percibida decadencia del presente se condenaba mediante imágenes de la corrupción, la deformidad, la animalidad, el afeminamiento y la gordura que se reforzaban mutuamente. Según este relato, el futuro sería verdaderamente humano —virtuoso, musculado

81. Le Camus, A., *Abdéker, ou, L'Art de conserver la beauté*, París, 1754, vol. I, pp. 57-9.

82. Le Camus, A., *Médecine de l'esprit*, París, 1753, vol. II, pp. 14-15.

83. Citado en De Baecque, A., *The Body Politic: Corporeal Metaphor in Revolutionary France, 1770-1800*, Mandell, C. (trad.), Stanford, CA, 1997, pp. 1, 74, 137-42, 240-41.

y hermoso. Como muestra el siguiente capítulo, también sería limpio y grácil.

Durante la Revolución francesa, aristócratas y clero excedían el nuevo «nivel nacional» en términos de cuerpos y personalidades. Le Niveau Nationale, 1790.

8. GRASA Y GRACIA

¿El desencantamiento de la grasa?

Una noche de 1731, Cornelia de Bandi se incendió. Al día siguiente, cuando encontraron el cuerpo de la condesa italiana, de 62 años, su cabeza y su torso se habían reducido a cenizas y grasa. Solamente sus brazos y piernas seguían intactos. Después de analizar los restos de su cuerpo, un médico local concluyó, en un informe que se citaría años más tarde, que la conflagración «se originó en sus entrañas» por la variedad de materiales combustibles que allí se encontraban, incluyendo alcohol y grasa, «un líquido oleoso [...] de naturaleza fácilmente combustible»[1]. Un temprano ejemplo de lo que después se conocería como «combustión espontánea humana», el caso de De Bandi fue uno de los muchos que posteriormente estudiaría Pierre-Aimé Lair. Si había un común denominador a todos estos fenómenos, por otra parte inexplicables, era el hecho de que la mayoría implicaban a mujeres mayores corpulentas con una afición a la bebida y que, por lo tanto, mezclaban alcohol y grasa en una mezcla literalmente explosiva. Además del combustible proporcionado por el exceso de grasa corporal, que incrementaba su potencia cuando «era penetrado por sustancias alcohólicas», se decía entonces que el exceso de grasa producía niveles elevados de hidrógeno,

1. Bianchini, J., «An Account of the Death of the Countess Cornelia Baudi [*sic*], of Cesena», *Annual Register*, VI, 1763, p. 92. Véase también «Lettre de M. le Marquis Scipion Maffei au R.P.D. Hippolite Bevilaqua», *Memoires pour l'histoire des Sciences et des beaux Arts*, noviembre de 1731, vol. IV, pp. 1922-38.

lo que convertía al cuerpo en un objeto especialmente inflamable. Lair concluía:

> Así pues, no hay razón para sorprenderse de que las mujeres ancianas, que en general están más gordas y suelen darse más a la bebida, y que a menudo están inmóviles, como masas inanimadas, durante el momento de embriaguez experimenten los efectos de la combustión[2].

Aunque William Wadd, un famoso defensor inglés de la pérdida de peso, los habría contado entre los «incidentes lamentables» a los que tienen que enfrentarse las personas gordas, pocas veces se ha citado incendiarse como una de las razones por las que alguien debiera intentar adelgazar[3]. En realidad, en la época en la que Lair publicó sus conclusiones, la lista de problemas de salud asociados con la corpulencia ya se había ampliado y complejizado. Y cualquiera de ellos parecía más probable que una explosión. Lo que es más relevante acerca del caso De Bandi es la manera en la que se analizaba la grasa. Con independencia de lo que Lair hubiera opinado acerca de las ancianas gordas que beben demasiado, en su informe la grasa consiste en poco más que los elementos químicos que la componen y las propiedades que la vuelven combustible. La disección científica de la materia de la vida para especificar sus componentes fue parte de un proceso de cuantificación más general que adquirió impulso durante el siglo XVII para convertirse en algo generalizado en los siglos XVIII y XIX.

Fue también en esta época cuando las metáforas agrícolas ya no vertebraron más las doctrinas médicas sobre el cuerpo. Las ideas mecanicistas habían eclipsado gradualmente el organicismo que había caracterizado la visión occidental de la naturaleza desde la Antigüedad. El lenguaje del cuerpo empezó a desplazarse desde el modelo de un organismo al de una máquina cuya energía se generaba

2. Lair, P.-A., *Essai sur les combustions humaines*, París, 1800, pp. 45, 54.

3. Wadd, W., *Cursory Remarks on Corpulence, or, Obesity Considered as a Disease*, 3ª ed., Londres, 1816, p. 53.

por la combustión interna. Las añejas descripciones de la procreación como «generación» se reemplazaban cada vez más por unas centradas en la «reproducción», y la digestión se repensaba en términos de un proceso químico y no como la «fragua» de la comida en el «caldero» del estómago[4]. Incluso el alimento que los cuerpos necesitaban para sobrevivir se iba purificando de sus relaciones con la tierra —como ya hemos visto, la *nouvelle cuisine* inauguraba el «arte moderno y autoconsciente de despojar a la comida de su carácter terreno»[5]. Fue también el periodo en el que la corpulencia experimentó un proceso de cuantificación y medicalización que, con el tiempo, contribuiría a nuestra visión actual de la «obesidad» como una enfermedad[6]. Las antiguas ideas acerca de la gordura y la alegría se reconceptualizaban en términos mucho más mecanicistas. El médico Thomas Short sostenía que las personas risueñas tienen a ser corpulentas porque la risa, que él asemejaba a una convulsión, exprime mecánicamente la grasa de la sangre y la conduce a las vesículas de grasa[7]. Estas explicaciones mecanicistas y cuantitativas se potenciarían en los años posteriores. Con el desarrollo de las tablas de altura y peso en el siglo XIX, se montó el escenario para el posterior desarrollo de las ideas acerca del metabolismo, los requisitos nutricionales y, más tarde, el Índice de Masa Corporal de nuestra época. Y, por supuesto, este proceso allanó el camino para ese objeto ahora ubicuo: la báscula en el baño.

4. Merchant, C., *La muerte de la naturaleza*; Laqueur, T., *La construcción del sexo. Cuerpo y género desde los griegos hasta Freud*, Portela, E. (trad.), Cátedra, 1994; Hoffmann, V. von, *From Gluttony to Enlightenment: The World of Taste in Early Modern Europe*; Rabinbach, A., *The Human Motor: Energy, Fatigue, and the Origins of Modernity*, Berkeley, CA, 1990; Vigarello, G., *Las metamorfosis de la gordura*.

5. Spary, E. C., *Eating the Enlightenment*, p. 204n.

6. Levine, D. I., «Managing American Bodies: Diet, Nutrition, and Obesity in America, 1840-1920», tesis doctoral en Historia de la Ciencia, Harvard University, 2008.

7. Hansen, A. K. K., «Fatness: Concepts and Perceptions in Western European Medicine, *c.* 1700-1900», tesis doctoral, University of Copenhagen, 2013, p. 94.

El renombrado defensor inglés de la pérdida de peso, William Wadd, contaba explotar entre llamas como uno más de los «lamentables incidentes» a lo que tenían que enfrentarse las personas gordas. William Wadd, *Comments on Corpulency* (1829), ilustrado por A. M. Broadley, 1901.

Esta expansión en red de la cuantificación y la medicalización es un rasgo importante de la historia de las dietas y de los regímenes restrictivos. Pero la cuantificación no puede justificar por sí sola esa estigmatización de la corpulencia que avanzaba de manera progresiva en Occidente. Los sentimientos de asco que acabaría por suscitar la gordura no están producidos por tener una determinada talla de cinturón, por pesar una cantidad de kilos concreta o por consumir más de la dosis recomendada diaria de grasas o carbohidratos. Los temas que abordamos en este capítulo se desarrollan en medio de un cambio perceptivo que va desde una época en la que la grasa humana se entendía como imbuida de vitalidad y capaz de propiedades curativas casi mágicas hasta una situación más «moderna» en la que sus propiedades físicas se convirtieron en el blanco de un escrutinio detallado y en una razón cada vez mayor para alarmarse. Es tentador entender esta transformación como el «desencantamiento de la grasa», pero esto supondría que estamos tratando con el desenmascaramiento científico de algo mágico. El término más apropiado es el menos afortunado de «desvivificación», el proceso de restar vida a una sustancia que, con el tiempo, mucha gente acabaría por percibir (erróneamente) como un peso muerto y un desecho sucio. De la misma manera que el auge de la ciencia del suelo terminó con los conceptos tradicionales de la gordura de la tierra, la química moderna efectivamente derrocó la grasa humana de su lugar en la farmacopea y en la imaginación cultural occidental[8].

Pero, a medida que la población occidental agudizaba sus ya sensibles reacciones ante la grasa y la gordura, estaban ocurriendo cambios más profundos. Rastrear la materialidad de la grasa durante este periodo de transición revela que esa creciente tendencia, que muchos estudios han observado, a que los cuerpos se contuvieran y cerraran no era únicamente una cuestión visual sino parte de una kinoestética en desarrollo que contribuyó a la experiencia vital de la contención y la clausura. El rechazo a la corpulencia en la silueta corporal marchaba

8. Chevreul, M. E., *Recherches chimiques sur les corps gras d'origine animale*, París, 1823.

al compás de una repugnancia cada vez mayor hacia la gordura y la grasa como sustancias moral e higiénicamente problemáticas que se podían tocar y oler tanto como mirar. La intolerancia en aumento ante las diversas formas de la grasa refleja una transformación sensorial del *habitus* de las elites blancas europeas, en la que las impresiones táctiles y visuales se reforzaban mutuamente[9]. Las cualidades de lo grasiento, lo blando y lo fofo adquieren una considerable importancia a la hora de entender cómo se desplegaron los estereotipos sobre la gordura en el periodo moderno, especialmente cuando muchos de estos estereotipos se aplicaban a los cuerpos de las poblaciones coloniales de una amplia variedad de países. La grasa se convertía en la antítesis de la gracia. Pero antes de llegar a ese punto tenemos que regresar a la Edad Moderna.

La cosecha de la grasa humana

Ya se obtuviera de fuentes vegetales, animales o humanas, de una manera o de otra, la grasa ha sido un elemento importante de la farmacopea europea desde la Antigüedad. Por razones que no acaban de estar claras, el interés médico por la grasa humana fue especialmente intenso en los siglos XVI y XVII. En 1543, el médico Andreas Vesalius aconsejaba a los anatomistas que hervían huesos para después estudiar los esqueletos que recogieran cuidadosamente la capa de grasa «para beneficio de las masas, que la adjudican una considerable eficacia para la desaparición de las cicatrices y para fomentar el crecimiento de los nervios y los tendones»[10]. Vesalius sabía de qué hablaba. En aquella época la grasa humana se consideraba —y no solo lo hacían «las masas»— como un remedio eficaz para la curación de heridas, y a veces se cosechaba de los muertos recientes. En octubre de 1601, después de una batalla

9. Vigarello, G., *Lo limpio y lo sucio. Higiene del cuerpo desde la Edad Media*, Ferrán, R. (trad.), Alianza, 1985, p. 76.

10. Vesalius, A., *On the Fabric of the Human Body*, libro I: *The Bones and Cartilages* [1543], Richardson, W. F. (trad.), San Francisco, CA, 1998, p. 374.

especialmente sangrienta durante el sitio de Ostende, los cirujanos holandeses bajaron al campo de batalla para volver con «sacos llenos de grasa humana», supuestamente para curar las heridas de sus soldados[11].

Aunque la grasa de los guerreros era eficaz, la de los criminales ejecutados era más fácil de obtener. Lo que se llamaba «la grasa de los pobres pecadores» se extraía de los cadáveres recientemente ejecutados y se empleaba para tratar esguinces, huesos rotos y artritis. Además de esos usos, la grasa humana se recetaba como analgésico o para tratar la ciática y el reumatismo, mientras que el sudor de los hombres muertos se recogía para el tratamiento de las hemorroides[12]. Hasta mediados del siglo XVIII, los verdugos de la ciudad de Múnich, que solían recetar y administrar remedios caseros procedentes de los cadáveres de sus clientes condenados, disfrutaban de un lucrativo comercio con la grasa que vendían al peso a los médicos[13]. La certeza sobre en qué se convertirían sus cadáveres era una fuente de enorme angustia para las personas condenadas, muchas de las cuales creían en la doctrina cristiana de la resurrección de los cuerpos y a quienes no les consolaba el pensamiento de que su grasa, su carne, su sangre y sus huesos se repartieran para beneficio de otras personas[14]. Pero el negocio es el negocio y, a pesar de los deseos de las donantes, los verdugos siguieron ofreciendo grasa, sangre y otras partes del cuerpo a quienes quisieran comprarlas. Y no era únicamente la gente corriente quien adquiría estas cosas. Una farmacia bien surtida almacenaba grandes cantidades de grasa humana (*Axungia hominis*) a mano, junto con otros numerosos líquidos y sólidos

11. «Les Chirurgiens de la ville y allerent apres & en rapporterent des sacs plein de graisse d'hommes, qu'ils avoient tirez des corps». Van Haestens, H., *La Nouvelle Troye, ou, Memorable Histoire du siege d'Ostende*, Leiden, 1615, p. 147.

12. Brocard, M., *Lumières sur la sorcellerie et le satanisme*, Divonne-les-Bains, 2007, p. 29.

13. Stuart, K., *Defiled Trades and Social Outcasts: Honor and Ritual Pollution in Early Modern Germany*, Cambridge, MA 1999, pp. 157-8; Ferrari, G., «Public Anatomy Lessons and the Carnival: The Anatomy Theatre of Bologna», *Past and Present*, CXVII, 1987, p. 101; Cotugno, D., *A Treatise on the Nervous Sciatica, or, Nervous Hip Gout*, Londres, 1775, pp. 127-8.

14. Camporesi, P., *The Fear of Hell*, p. 129.

procedentes de los cadáveres humanos, un tipo de *materia medica* conocida como «momia»[15]. Si la fortuna sonreía al comercio de la grasa cuando la tasa de ejecuciones aumentaba, sin duda sería boyante durante los días del Terror de la Revolución francesa. Según algunos informes, hubo carnicerías en París que empezaron a ofrecer a su clientela un nuevo y emocionante producto: *graisse de guillotiné*, procedente en teoría de los cadáveres recién ejecutados[16].

¿Qué había en la grasa humana que la convirtiera en un producto tan deseado? ¿Y qué tenía de particular la grasa de los delincuentes degollados? La práctica contiene sin duda ecos del culto católico de las sagradas reliquias, según el cual se consideraba que los santos y las santas estaban totalmente presentes en sus cuerpos después de la muerte, así como en los objetos que habían tocado. Ya nos hemos topado con relatos de santos y santas cuyos cuerpos incorruptibles exudaban aceites aromáticos o curativos. Pero esta razón mística únicamente explica una parte y, además, ni que decir tiene que la mayoría de las personas ejecutadas como criminales no eran santas. Más bien el empleo de la grasa con fines médicos se percibía como una práctica *natural* y no mágica, y por lo tanto se basaba en supuestos acerca de las propiedades físicas de la propia sustancia[17]. A pesar de la aparente obsolescencia de muchas de estas creencias, la afirmación de que la grasa podía curar las heridas no andaba desencaminada. La medicina hoy sabe que el tejido adiposo es altamente «angiogénico», lo que quiere decir que fomenta el crecimiento de nuevos vasos sanguíneos a partir

15. Hill, J., *A History of the Materia Medica*, Londres, 1751, pp. 875–6. Esto es lo que tenía Shakespeare en mente cuando su personaje gordo, Falstaff se describe a sí mismo como «una montaña de momia» (ACW, III, 5, p. 119). Véase Sugg, R., *Mummies, Cannibals and Vampires: The History of Corpse Medicine from the Renaissance to the Victorians*, Londres, 2011, p. 38.

16. Cabanès, A., *Remèdes d'autrefois: Comment se soignaient nos pères*, París, 1905, pp. 51–2.

17. Thomas, K., *Religion and the Decline of Magic*, Nueva York, 1997, pp. 189–90. Un médico muniqués acusado de practicar la magia blanca se defendía enseñando que solo usaba «medios naturales», entre los que incluía «hierbas, raíces y grasa humana». Stuart, K., *Defiled Trades*, p. 161.

de los preexistentes[18]. La medicina de la Edad Moderna también sabía esto. El médico paracelsiano Robert Fludd apelaba a la experiencia personal para defender la eficacia de la grasa humana:

> Una vez más, que el aceite de la grasa del hombre alivia grandemente la gota y otros dolores, y que cura las heridas, y que seca y cura todo tipo de excoriaciones; esto me lo ha enseñado la experiencia, así como mis maestros y yo mismo[19].

Así pues, la población de la Edad Moderna pudo haber usado la grasa de esta manera simplemente porque parecía funcionar. Las razones que daban acerca de por qué funcionaba parecen menos convincentes a los ojos de hoy. Según Paracelso y sus seguidores, parte de la fuerza vital del ser humano permanecía en el cuerpo después de la muerte. Esta vitalidad, argumentaban, era más potente en los cuerpos de hombres jóvenes y fuertes que habían sufrido una muerte violenta, especialmente —como en el caso de una ejecución— cuando la muerte sobrevenía tan rápidamente que la fuerza vital no tenía tiempo de evacuar el cuerpo. El linaje de esta afirmación no está claro, e incluso Paracelso admitía que buena parte de este conocimiento médico lo había obtenido de los verdugos que comerciaban con estas sustancias. No obstante, el empleo de la grasa humana siguió siendo una práctica generalizada entre la gente corriente y los médicos, incluso entre los médicos que seguían la ortodoxia de Galeno[20].

18. Jain, R. K.; Fukumura, D., «Angiogenesis in Development, Disease, and Regeneration», en *Strategies in Regenerative Medicine*, Santin, M. (ed.), Nueva York, 2009, p. 204.

19. Fludd, R., *Doctor Fludds Answer vnto M. Foster, or, The Sqve[e]sing of Parson Fosters Sponge*, Londres, 1631, miembro III, p. 13.

20. Paracelso, *Hermetic and Alchemical Writings*, vol. I: *Hermetic Chemistry*, Waite, A. E. (ed.), Londres, 1894, p. 169; Wecker, J. J., *Le Grand Thrésor, ou, Dispensaire et antidotaire tant general que special ou particulier des remedes servans à la santé du corps humain*, Ginebra, 1610, pp. 513-14; Stuart, *Defiled Trades*, p. 160; Sugg, R., *Mummies.*

La *Axunge hominis*, o grasa humana, era un remedio popular desde el siglo XVI hasta el siglo XVIII. Dos tarros de botica, c. siglos XVII o XVIII.

Este conocidísimo tráfico de grasa humana inevitablemente suscitó miedos de que la preciada materia acabara por cosecharse de maneras menos legítimas, tal vez con fines malvados. Este temor se puso de manifiesto en los encuentros españoles en el Nuevo Mundo. El soldado y cronista Bernal Díaz del Castillo registraba cómo, después de su primera batalla con los tlaxcatecas, sajó el cuerpo de un rollizo indio degollado para curar las heridas de sus soldados con el unto quemado del cuerpo de aquel hombre y que en las batallas posteriores se empleó más grasa india para curar a los heridos españoles. Esto era un procedimiento médico habitual entre los conquistadores, de otro de los cuales —Hernando de Soto— se dice también que usaba grasa india como medicamento. Pero cosechar grasa era una bendición también para los marineros. Antes de liderar la expedición que acabaría con el Imperio azteca, Hernán Cortés supuestamente calafateó trece barcos usando la grasa de los muertos. A la población nativa, como también adjudicaban grandes poderes a la grasa, le espantó ese comportamiento. En los Andes, los rumores de que los españoles estaban exportando naves llenas de grasa a España para fines médicos desencadenó la mayor rebelión nativa de los primeros doscientos años del dominio español[21]. Este temor se quedó incrustado de una forma tan persistente que, hasta la fecha de hoy, en los Andes se cuentan historias de terror sobre un hombre del saco llamado el *pishtaco* (a menudo descrito como un hombre blanco) que cosecha la grasa india para fines médicos y caníbales[22]. Según el misionero Jean-Baptiste Labat, inquietudes similares sembraron la alarma entre las personas africanas que habían sido vendidas como esclavas. Cuando desembarcaron en América, los cautivos asustados se decían unos a otros que les iban a extraer y fundir la grasa y el tuétano para hacer aceite para los europeos[23].

La antropofagia, de una forma u otra, es un tema recurrente en los debates sobre la gordura y el engorde no occidental. Recuperando el relato medieval de Mandeville sobre la venta de hombres gordos en Sumatra, se decía a veces que los pueblos indígenas castraban a sus enemigos para poder cebarlos y comerlos. En dichas historias, el terror de la animalización se canalizaba por la indignidad de la castración. John Bulwer afirmaba que, después de capturar a sus enemigos, «los caníbales que viven cerca del Ecuador [...] a veces los retienen y los engordan con destino al matadero como hacemos aquí con los capones»[24]. Otras veces lo que se codiciaba era la grasa de los caídos. El padre Labat decía que los nativos caribeños solían secar y ahumar la carne de un enemigo degollado y que «llenaban calabazas con su grasa» como «un trofeo y una señal de su victoria y de su valor»[25]. Hacia la década de 1880,

21. Taussig, M., *Shamanism, Colonialism, and the Wild Man: A Study in Terror and Healing*, Chicago, IL, 1987, pp. 237-8; Price, M. L., *Consuming Passions: The Uses of Cannibalism in Late Medieval and Early Modern Europe*, Londres, 2003, p. 110.

22. Molinié-Fioravanti, A., «Comparaisons transatlantiques», *L'Homme*, XXXII/122-4, 1992, pp. 165-83.

23. *Voyages de Labat*, citado en Démeunier, J.-N., *L'Esprit des usages et des coutumes des différens peuples*, París, 1786, vol. II, p. 132.

24. Bulwer, J., *Anthropometamorphosis: Man Transform'd, or, The Artificial Changeling Historically Presented* [...], Londres, 1653, p. 356.

25. Labat, J.-B., *Nouveau voyage aux isles de l'Amérique*, La Haya, 1724, vol. II, p. 108.

los relatos de robo de grasa empezaron a figurar en los informes sobre la población aborigen australiana.

Las preocupaciones por la cosecha ilícita de grasa no eran solamente productos colaterales de la violencia colonial. De vuelta en Europa, las alegaciones de extracciones no autorizadas de grasa surgieron en numerosos contextos. En una tradición que se remontaba a la Edad Media, especialmente en las culturas germánicas, muchos ladrones creían que sus pillajes nocturnos pasarían desapercibidos si quemaban una vela hecha de grasa humana o fabricada con los dedos de los bebés muertos. Mientras estas velas «ladronas» ardieran, se decía, los ladrones adquirirían el poder de la invisibilidad y los dueños de las casas seguirían plácidamente dormidos. Tan poderosa era esta creencia que en los siglos XVI y XVII se condenó a varios ladrones por haber asesinado a gente sólo para fabricar este tipo de velas[26]. Qué irónico, entonces, que se extrajera la grasa de los propios asesinos, después de sus ejecuciones, para emplearse en pócimas médicas y de otros tipos.

Los ladrones no eran los únicos seres de pesadilla con fama de robar grasa humana para sus fines poco limpios. Como demuestran los ejemplos anteriores, las alegaciones de robo de grasa eran también métodos que demostraban cómo un grupo «devoraba» a otro, de manera literal o figurada. De hecho, una de las cosas que perturbaba el sueño de los condenados era el pensamiento de que su grasa, su sangre y sus huesos se emplearían con fines de brujería[27]. Las condenadas a muerte no eran las únicas personas en peligro aquí, porque también se pensaba que la grasa de bebé tenía potentes propiedades. En un caso del siglo XV, se decía que las brujas del norte de Italia habían admitido que estrangulaban bebés para sacarles la grasa, que después mezclaban con el veneno de los sapos y de otras criaturas para fabricar un ungüento que causaría una dolorosísima muerte a quien lo tocara[28]. También se daba

26. Elworthy, F. T., *Horns of Honour and Other Studies in the Byways of Archaeology*, Londres, 1900, p. 187. Véase también Kieckhefer, R., *Magic in the Middle Ages*, 2ª ed., Cambridge, 2014, p. 98.

27. Camporesi, P., *Fear of Hell*, p. 129.

28. Kieckhefer, R., *Magic in the Middle Ages*, pp. 195–6.

por hecho que las brujas hacían un poderoso ungüento «compuesto de la grasa de las criaturas que han asesinado» que les daba el poder de volar[29]. «Yo tenía una daga: ¿qué hice con ella?», declara una bruja en una de las primeras mascaradas de Ben Jonson: «Matar un bebé para quedarme su grasa»[30]. Estas creencias figuraban también en obras teatrales. «Mira, toma este mocoso sin bautizar», instruye Hécate en *The Witch*, de Thomas Middleton (1615); «Cuécelo bien, conserva la grasa: / Ya sabes que se aprecia para llevar / nuestra carne ungida por los aires»[31].

Las historias de las brujas que robaban grasa circularon ampliamente por la Europa moderna. En este detalle de la página del título del *Tractatus de Confessionibus Maleficorum et Sagarum* de Peter Binsfield (1591), una bruja hierve a un bebé para sacarle la grasa mientras que otras dos parecen al servicio de Satán y de uno de sus demonios más atildados.

29. Lancre, P. de, *Tableau de l'inconstance des mauvais anges et démons*, París, 1613, p. 106.

30. Jonson, B., «The Masque of Queens», (1609), en *The Works of Ben Jonson*, Londres, 1692, p. 348.

31. Middleton, T., *The Witch* [1615], Whitefish, MT, 2004, p. 12; véase también Price, M. L., *Consuming Passions*, pp. 61-2.

Evidentemente, las brujas se intercambiaban las recetas con los hombres lobo, de los que también se decía que perseguían la grasa de las criaturas para cocer sus temibles ungüentos que convertían a los hombres en bestias[32]. Como había un vínculo imaginativo entre las bestias sobrenaturales que depredaban a las personas y los seres humanos ricos que «devoraban» a las gentes vulgares en la vida cotidiana, una colaboración efectiva entre ambos grupos era algo perfectamente concebible. En 1747, un gran temor invadió la pequeña comunidad alpina de Primarette, donde circularon rumores de que los señores o los gestores relacionados con la fábrica de vidrios local habían enviado a los hombres lobo para conseguir la grasa y la carne de las criaturas humanas y usarla en la fábrica[33]. A medida que los cuentos de brujas y hombres lobos se iban convirtiendo en materia de leyenda, la monstruosidad de los seres humanos corrientes se ponía de manifiesto. Cuando la turba católica asesinó a los hugonotes franceses en el día de San Bartolomé de 1572, se decía también que les habían extraído la grasa y la habían vendido en pública subasta[34]. La siguiente ocasión en la que se tomaron grandes cantidades de grasa francesa fue durante la Revolución francesa, y no solo de la del tipo que vendían los emprendedores carniceros. Cuando se enviaron tropas prorrevolucionarias para aplastar la rebelión de la región occidental de La Vendée, los soldados supuestamente crearon unas instalaciones improvisadas para extraer la grasa de 150 mujeres rebeldes. Barriles de esta grasa se vendieron después en Nantes a ciudadanos de buen gusto que la encontraron «mil veces más apetitosa que el tocino»[35].

32. Otten, C. F. (ed.), *A Lycanthropy Reader: Werewolves in Western Culture*, Syracuse, NY, 1986, p. 27.

33. Abry, C.; Joisten, A., «Trois notes sur les fondements du *complexe de Primarette*: Loups garous, cauchemars, prédations et graisses», *Le Monde alpin et rhodanien*, XXX/1-2, 2002, pp. 135-61.

34. Avramescu, C., *An Intellectual History of Cannibalism*, p. 255.

35. Crétineau-Joly, J., *Histoire de la Vendée militaire*, 2ª ed., París, 1843, vol. II, p. 67. Este relato es posible que se originara a principios del siglo XIX y no hay pruebas documentales que lo verifiquen. Gérard, A., *La Vendée: 1789-1793*, Seyssel, 1992, p. 275.

Que la grasa humana fuera un producto habitual en las farmacias europeas no es por lo tanto un hecho sorprendente. Pero el hecho de que las boticas tuvieran disponible grasa humana y otras partes del cuerpo no quiere decir que esta práctica contara con el sello de aprobación de la profesión médica, buena parte de la cual defendía desde hacía mucho tiempo que la grasa humana no tenía nada de especial en comparación con cualquier otro tipo de grasa. De hecho, a mediados del siglo XVII, el interés profesional de la medicina por la grasa humana empezaba a desvanecerse. «En estos tiempos», escribía el médico John Hill, «ya sabemos suficiente como para decir que las virtudes que se adjudican a las partes del cuerpo humano son, o bien imaginarias, o del tipo que pueden encontrarse en otras sustancias animales»[36]. Este rechazo se mezclaba con una competencia en aumento entre médicos y verdugos por el acceso a los cadáveres, siendo el resultado que el proceso de procurarse cadáveres poco a poco se les arrebató por completo a los verdugos.

A pesar de estos cambios, hizo falta algo más que el desdén de unos pocos médicos para terminar con el tráfico clandestino de grasa humana. Había informes que decían que un floreciente negocio de grasa había estado operando durante años desde los lugares de disección de París. Su posterior descubrimiento, en los primeros años del siglo XIX, se ocultó para no alarmar a la población. Antes de que los agentes de policía a los que se les había dado el soplo de estas actividades los pillaran con las manos en la masa, los ayudantes médicos que tenían relación con las diversas salas de disección habían unido sus fuerzas con sus colegas en la Facultad de Medicina para llevar la grasa a la gente. No eran en absoluto discretos en sus actividades, que parece que conocía todo el mundo excepto los responsables de la facultad. Las redadas policiales revelaron que al menos cuatro de estos emprendedores habían estado almacenando el material en sus casas. A uno de ellos se le atrapó con ingentes cantidades en su piso. Otro, que por lo visto carecía de contenedores adecuados, había llenado dos fuentes decorativas

36. Hill, J. A., *History*, p. 876.

de piedra caliza con la grasa birlada. Aunque una buena cantidad se les vendía a charlatanes médicos y se empleaba para engrasar las ruedas de sus carromatos, fueron los esmaltadores y los fabricantes de perlas falsas quienes se beneficiaron más de este comercio, pensando que recibían grasa procedente de caballos o perros. O, al menos, eso dijeron[37].

Las propiedades vitales que parecían inherentes a la grasa humana, y que desataban la angustia y el miedo hacia los seres reales o imaginarios que amenazaban con robar esa sustancia de los cuerpos, perduraron en la imaginación popular a lo largo de los siglos XVIII y XIX. En 1828, un médico francés se lamentaba de que la gente corriente siguiera fascinada por «los prejuicios más ridículos» fomentados por la charlatanería[38]. Pero, incluso entre las elites, dichas propiedades se desmitificaban y se negaban sistemáticamente, mediante una serie de hallazgos que, no sólo pretendían desvivificar la materia de la vida, sino que también la relacionaban más estrechamente con los procesos de inmoralidad, suciedad y putrefacción. Alguno de estos cambios, como ya hemos visto, eran médicos y científicos, y condujeron a nuevos descubrimientos sobre la composición química de las grasas, así como a una perspectiva mucho más mecanicista del cuerpo y de la nutrición, que se desarrollaría en profundidad en el siglo XIX. Otros avances se vinculaban con cambios en la moralidad y en la clase social, que reflejaban a su vez los cambios en la sensibilidad de las elites blancas. De hecho, la mayoría acabó por considerar la práctica de emplear partes del cuerpo humano como medicina como algo sencillamente «asqueroso» y buscó distanciar a la profesión médica de prácticas que empezaban a entenderse como bárbaras e irracionales[39]. Como mostraremos en el apartado siguiente, las cualidades vitales que hacían de la grasa un ingrediente médico tan deseado estaban también en un estado de ten-

37. Parent-Duchâtelet, A.-J.-B., *Hygiène publique, ou, Mémoires sur les questions les plus importantes de l'hygiène*, París, 1836, vol. II, pp. 22-4. Este libro es una reimpresión de Parent-Duchâtelet, A.-J.-B.; DArcet's, J.-P., *De l'influence et de l'assainissement des salles de dissection*, 1831.

38. Fée, A. L. A., *Cours d'histoire naturelle pharmaceutique*, París, 1828, vol. I, p. 78.

39. Sugg, R., *Mummies*, pp. 245-55.

sión con sus manifestaciones en forma de sudor y pringue. Ampliando las ideas estéticas y morales desarrolladas en el Renacimiento, la grasa entraba ahora en una relación más complicada con la «gracia».

Grasa y gracia

En cuanto sustancia material, la grasa ha tenido siempre un estatus ambiguo: a la vez una transmisora de la vitalidad y un lugar de descomposición. Pero las connotaciones desfavorables de la palabra «grasiento» parecen haberse acelerado en torno a mediados del siglo XVI, especialmente en el norte de Europa, donde la reforma religiosa condenaba el empleo de los santos óleos en los ritos católicos. Fue también alrededor de esta época cuando palabras como «untar» o «pringar» empezaron a adquirir connotaciones de falta de honradez y confianza, con el tiempo convirtiéndose en una metáfora para describir una reputación mancillada. «A principios del siglo XVII», señala Steve Connor, «la reprobación implícita en la palabra se había condensado de manera inequívoca en el asco»[40]. El protestantismo no tenía el monopolio de esta emoción. También en las comunidades católicas, la grasa significaba sensualidad y materialismo y se citaba habitualmente en los textos religiosos como símbolo material de la buena vida así como de la corrupción moral y corporal. En su ciclo de relatos *El Heptamerón* (1560), Margarita de Valois invocaba referencias bíblicas sobre la insensibilidad del tejido adiposo para criticar a «los carnales (*les charnelz*), quienes demasiado envueltos en su grasa, no saben si tienen alma o no»[41]. Basándose en la rica imaginaría que circulaba alrededor del pecado de la gula, otros textos morales invocaban todo el espectro de las inquietudes que la grasa podía suscitar, desde la fealdad, la suciedad y la descomposición hasta los problemas de salud y el servilismo al modo de las bestias. Ade-

40. Connor, S., *The Book of Skin*, Ithaca, NY, 2004, p. 204.
41. Margarita de Valois, *El Heptameron*, Martínez Gastoy, J. (trad.), Círculo de lectores, 1970.

más de provocar que el estómago se rebelara contra el alma, así como contra el resto del cuerpo, escribía un autor, las delicadezas culinarias debían ser evitadas porque «volvían fofo y afeminado el cuerpo [*lache et effeminé*]» y porque «lo rellenaban con una masa de excremento [*d'un amas d'ordure*]», con el tiempo transformándolo en una «fuente de corrupción y descomposición». Podía ser legítimo cebar a las aves porque estaban destinadas a convertirse en comida para los seres humanos, opinaba este autor, pero una persona nunca debería «atiborrarse con grasa, como estos animales», entre otras cosas porque *la graisse* es un «elemento superfluo» que genera muchos problemas físicos mientras que no produce ningún beneficio al propio cuerpo[42].

El cuerpo con buenos modales, como explicábamos en el capítulo anterior, se elevaba por encima de los hábitos y gestos vulgares que exhibían los animales inferiores. Hay que señalar aquí la tensión vertical, heredada de la Antigüedad tardía y que se prolongó durante la Edad Media, entre quienes aspiran a los valores «superiores» y quienes en apariencia se contentan con regodearse en la inmanencia de la materialidad. Así pues, la persona glotona era aquella incapaz de «elevar el espíritu» por encima de su boca y que, en lugar de ello «solo piensa en engordar»[43]. En la Alemania protestante, el poeta latino Helius Eobanus Hessus cristianizaba a las autoridades paganas para explicar a quienes sus dietas les impedían trascender la corporeidad que «como dice Galeno "una mente que se ahoga en sangre y grasa es incapaz de discernir nada divino"»[44].

Es fácil, por lo tanto, entender cómo la grasa, especialmente cuando se entendía en términos «grasientos» podía tratarse como lo prácticamente opuesto al término recién acuñado de «gracia». Este término, originado en el siglo XVII y estrechamente relacionado con las ideas estéticas, aludía a un conjunto de cualidades positivas que iban desde

42. Muret, M., *Traité des festins*, París, 1682, pp. 212-14.

43. Sobre la iconografía animal en relación con la gula, véase Hoffmann, V. von, *From Gluttony*, pp. 50-55.

44. Hessus, H. E., *The Poetic Works of Helius Eobanus Hessus*, vol. 4: *Between Erasmus and Luther, 1518-1524*, Vredeveld, H. (trad.), Leiden, 2016, p. 99.

la reputación (preferencia, buena voluntad, buena opinión, crédito) y la moralidad (virtud, honradez, integridad) hasta la apariencia física (belleza, modestia, atractivo) y el comportamiento (decoro)[45]. A mediados del siglo XVIII, la gracia se definía ya como «lo agradable en sí mismo» y se vinculaba con formas específicas de movimiento y virtud. El movimiento era esencial porque no podía existir «gracia sin movimiento», como decía un comentario. Según un número cada vez mayor de críticos de arte, los robustos desnudos de Rubens, en especial, carecían de dichas cualidades. Descrito como «el mayor y más general desviador de nuestros juicios» [*sic*], Rubens había descrito neciamente a las mujeres como en realidad eran en los Países Bajos en lugar de hacerlo según criterios estéticos superiores. «Sus *Gracias* están todas gordas», se decía. Y, por lo tanto, no eran en absoluto gráciles[46].

La grasa y la gracia también dividían a las mujeres por las líneas de corte de la clase y de la moralidad. De hecho, la contracción de la grasa y la animalidad, el pecado y la corrupción se materializaba en la grasa de las cocinas y en las mujeres de extracción baja que la recogían y la vendían. Durante siglos, la grasa que goteaba y otros efluvios que se recogían de las cocinas de las elites se vendían por las calles de las ciudades europeas, con destino bien a la fabricación de jabón, de velas o, más probablemente, a las mesas de comer de los hogares pobres. Esta apestosa «enjundia de cocina» se vinculaba coloquialmente a la figura de la sirvienta de la cocina o a cualquier otra criada doméstica, cuya sexualidad «grasienta» despertaba un deseo ilícito a la vez que una alarma moralista[47]. La rolliza criada Nell en la obra de Shakespeare *Comedia de las equivocaciones* (III.2) es un buen ejemplo. Esta «criatura enteramente bestial» promete un «casamiento maravillosamente gordo», porque toda ella «es más grasa que piel», desde los andrajos pringados de sebo y el rostro sudoroso hasta un cuerpo esférico «como un globo;

45. Cotgrave, R., *A Dictionarie of the French and English Tongues*, Londres, 1611, sin paginar.

46. Beaumont, H. [Spence, J.], *Crito, or, A Dialogue on Beauty*, 2ª ed., Londres, 1752, pp. 28-36, 48-9.

47. McNeill, F., *Poor Women in Shakespeare*, Cambridge, 2007, p. 45.

podría marcar los países sobre ella»[48]. La gordura de la sirvienta de cocina se vinculaba instantáneamente a su apariencia «sucia» y a su sexualidad «inmunda», todo lo cual era tan atractivamente grasiento como potencialmente repulsivo. Aunque no trabajara en la cocina, una figura similarmente equívoca es Úrsula, la porqueriza sudorosa de la obra de Ben Jonson *Bartholomew Fair* (1614). Descrita como una «semilla de sebo andante [...] una inspirada vasija de pringue», con un cuerpo preparado para engrasar las ruedas y los ejes de las carretas, la sexualidad de Úrsula amenaza con ahogar a un hombre en un espeso mar de grasa: «¿Es ella tu lodazal [...], es tu ciénaga? [...] Se diría que caías en un caldero de mantequilla»[49].

La relación de la grasa con la sexualidad por supuesto, no era privativa de este periodo. De hecho, «lúbrico» ha formado parte del vocabulario sexual al menos desde los tiempos de los *fabliaux* medievales[50]. Las imágenes de una sexualidad resbaladiza, succionadora, puede alertarnos también sobre los usos prácticos del aceite y otros ungüentos con fines sexuales durante este periodo. Cuando se infusionan con determinadas hierbas adquieren cualidades caloríferas que suscitan el deseo y agudizan el placer, y cuando se emplean como lubricantes ayudan al coito anal o vaginal[51]. Quizás no sea extraño que, en Inglaterra, el remedio de dudoso nombre conocido como «aceite de hombre», cuya receta pedía la grasa fundida de delincuentes, fuera también una expresión en argot para referirse al semen, un «aceite que las mujeres no deberían (ilegalmente) probar»[52]. La carnalidad potencialmente podrida de la grasa se ampliaba al lenguaje popular,

48. Shakespeare, W., *Comedia de equivocaciones*, Márquez, J. A. (trad.), pp. 35-6.

49. Jonson, B., «Bartholomew Fair» (1614), en *Works*, p. 405.

50. Phillips, K. M.; Reay, B., *Sex before Sexuality: A Premodern History*, Cambridge, 2011, p. 171.

51. Toulalan, S., «"Unripe" Bodies: Children, Sex and the Body in Early Modern England», en *Bodies, Sex and Desire from the Renaissance to the Present*, Toulalan, S.; Fisher, K. (ed.), Basingstoke, 2011, pp. 131–50.

52. Cotgrave, R., *Dictionarie*, no paginado. Véase también Williams, G., *A Dictionary of Sexual Language and Imagery in Shakespearean and Stuart Literature*, Londres, 1994, p. 972.

donde de quienes pronunciaban obscenidades en el siglo XVII se decía que «hablaban graso (*parler gras*)» o que hablaban con lenguas de grasa (*la langue grasse*)[53].

No podemos separar la creciente aversión a la grasa de los cambios en la percepción que estaban teniendo lugar entre las elites. Entre la nobleza y la burguesía, limpiarse la grasa de los dedos con una servilleta o un paño (en lugar de lamérsela) se consideraba una costumbre que había que inculcar a los chicos como parte de su educación general en buenos modales[54]. La grasa se asociaba también con el sudor, una secreción corporal estrechamente ligada a la orina y a la sangre, pero de la que se creía que contenía también alguna cantidad de grasa. Como forma de excremento cuya evacuación periódica contribuía a la buena salud corporal, el sudor era un fluido equívoco capaz de suscitar sentimientos de vergüenza y contaminación[55]. La incomodidad ante el sudor exigía cada vez más cambios de ropa frecuentes. En una cultura en la que la gente evitaba un contacto excesivo con el agua y se resistía especialmente a la inmersión de todo el cuerpo, la ropa interior limpia actuaba como una esponja que, al absorber las sustancias aceitosas de la piel, permitía que el sudor se excretara más fácilmente. La aversión a la grasa era también una educación en sensibilidad en la medida que el asco hacia lo pringoso y sucio reducía la tolerancia a vestir trajes sudados. Espoleado por el elevado estatus que había adquirido la ropa blanca, el poder de la blancura para significar la limpieza y el estatus se había vuelto irrefutable en el siglo XVII[56]. Tampoco era esta una obsesión pasajera. Bien entrado el siglo XIX, antes de que bañarse de cuerpo entero se

53. Oudin, A., *Curiositez françoises, pour supplément aux dictionnaires*, Rouen, 1656, pp. 198-9.

54. Erasmo de Rotterdam, *Los buenos modales en los niños*, Clavería, C. (trad.), Altamarea, 2023, p. 55.

55. Stolberg, M., «Sweat: Learned Concepts and Popular Perceptions, 1500-1800», en *Blood, Sweat and Tears: The Changing Concepts of Physiology from Antiquity into Early Modern Europe*, Horstmanshoff, M.; King, H.; Zittel, C. (ed.), Leiden, 2012, pp. 503-22.

56. Vigarello, G., *Lo limpio y lo sucio*, pp. 82, 95.

convirtiera en una norma de higiene personal, estar «limpio» quería decir llevar ropa sin grasa, suciedad u olor[57].

Este desagrado por la grasa y por las cosas que connotaba pone de relieve algunos de los problemas planteados por las personas muy corpulentas, cuya gordura se explicaba a menudo como la acumulación de fluidos corporales excrementales[58]. Los viajeros ingleses en climas tropicales a veces informaban de que las temperaturas extremas habían hecho que su grasa se «fundiera» y se acumulara dentro de sus cuerpos en lugar de liberarse mediante la sudoración, una situación alarmante que se parece a lo que hoy llamaríamos un «golpe de calor»[59]. En circunstancias normales, su sudor habría fluido libremente y, durante el siglo XVII, se satirizaba a las personas corpulentas mediante el sudor y la sustancia grasienta que los volvía «permeables», comparados con los cuerpos más apropiadamente contenidos que aspiraba poseer la elite[60]. Esta permeabilidad era en parte un problema porque se decía que en los cuerpos muy gordos «abundaban muchos humores vulgares y superfluos», tal y como lo expresaba el médico Tobias Venner[61]. La gordura era tener una predisposición superior al resto a un embarazoso desborde de los propios límites y, si la persona gorda manchaba habitualmente su ropa, se arriesgaba a poner en peligro la imaginada pureza de la blancura. El desprecio que se acumula sobre el Falstaff de Shakespeare está en consonancia con estas preocupaciones y muestra que las referencias recurrentes al personaje como un «caballero gordo» y «esta ballena, cuya barriga contiene tantos barriles de aceite»[62] se adscriben a temas que no pueden reducirse al tamaño y la forma. Siendo «tan sensible al calor como la manteca, un

57. Corbin, A., *El perfume o el miasma. El olfato y lo imaginario social. Siglos XVIII y XIX*, C. Vallée (trad.), FCE, 1987, p. 198.

58. Hansen, A. K. K., «Fatness», pp. 85–9.

59. Kupperman, K. O., «Fear of Hot Climates in the Anglo-American Colonial Experience», *William and Mary Quarterly*, XLI/2, 1984, p. 223.

60. Baker, N., *Plain Ugly: The Unattractive Body in Early Modern Culture*, Manchester, 2010, pp. 120–21.

61. Venner, T., *Via recta ad vitam longam*, Londres, 1638, p. 267.

62. Shakespeare, W., *Las alegres casadas de Windsor*, II, 1, Astrana Marín, L. (trad.), Alianza, 2009, p. 56.

hombre que está continuamente sudando y derritiéndose»[63], el propio Falstaff expresa su preocupación porque sus enemigos «harían derretir gota a gota mi gordura, y untarían con ella las botas de los pescadores»[64]. Las recomendaciones de Enrique IV a Falstaff, por lo tanto, encajan en el espíritu de la época: «Procura tener menos vientre y más virtud»[65].

La asociación entre la grasa y el sudor ya se había establecido sólidamente en el momento en el que el señor Jacob Powell, carnicero de Stebbing, murió en 1754. «Notable por su inusual mole y tamaño», Powell, que pesaba 250 kilos, «fue transportado por 16 hombres a su tumba». A pesar del asombro que generaban los relatos sobre Powell y otros famosos hombres gordos, a Powell se le comparaba con Falstaff (en *Enrique* IV, de Shakespeare) y se le sometía a todo tipo de bromas bestializantes: «En tu Essex natal ahora pueden decir que hasta hoy / la muerte no ha golpeado a una vaca tan gorda». William Wadd, *Comments on Corpulency* (1829), ilustrada por A. M. Broadley, 1901.

Los problemas de la grasa y del sudor se complicaban aún más por su permanente relación con las ideas acerca de lo superfluo, la

63. *Ibid.*, III, 5, p. 124.

64. *Ibid.*, IV, 5, p. 155.

65. Shakespeare, W., *Enrique IV*, Parte II, V, 5, Prometeo Moya, A. (trad.), RBA, 2010, p. 249.

putrefacción y la inmoralidad[66]. Los primeros argumentos en defensa de la actividad gimnástica fomentaban la idea de que, mediante movimientos vigorosos, los cuerpos normales podían purificarse de las sustancias repugnantes que los lastraban. Ya hemos visto que Laurent Joubert proponía que mediante el sudor del ejercicio se podía eliminar «una abundante masa de carne blanda [*viande molle*] que es tan inútil como superflua», despojándose así de toda la «cáscara» para revelar «el puro grano» del cuerpo saludable[67]. Francis Bacon opinaba que estas sustancias estaban destinadas a la descomposición. De la misma manera que todas las formas de excremento son «los desechos y la putrefacción del alimento», explicaba Bacon, así las «cosas que son dulces o grasas» se consideran «aptas para pudrirse»[68].

Cuando analizamos la obra del médico escocés George Cheyne, que a principios del siglo XVIII se hizo famoso por su dieta reductora, debemos recordar que su ideal corporal era bastante espiritual, uno que requería la purga del exceso de humores y otras cosas superfluas. Enmarcando sus análisis dentro de su contexto cristiano, Cheyne entendía dichas excrecencias como un producto colateral natural de la vida en un mundo en pecado en el que «vemos a la Opulencia, a la Lujuria fuera de control, a la Rebeldía y a la Pereza, primero engrasar [engordar], después inflamar y finalmente mortificar y pudrir los cuerpos humanos y animales». Contra la presión hacia abajo de todas las cosas podridas, Cheyne recomendaba prácticas que «aligeren, aviven y volatilicen» los cuerpos incrustados, a saber «la Abstinencia, un Régimen parco y frío, Ejercicio y Aire»[69]. El tipo de trabajo corporal que Cheyne imaginaba

66. Brown, K. M., *Foul Bodies: Cleanliness in Early America*, New Haven, CT, 2009, p. 59; Dacome, L., «"Useless and Pernicious Matter"», en *Cultures of the Abdomen*, pp. 185-204; Stolberg, M., «"Abhorreas pinguedinem"», pp. 370-78.

67. Joubert, L., citado en Gleyse, J., «La Renaissance de la fabrication du corps» par l'exercice physique au XVIe siècle: Discours, pratique, preservation d'un patrimoine, ou transgression d'un interdit?», *Annales canadiennes d'histoire/Canadian Journal of History*, XLI/1, 2011, pp. 1-33.

68. Bacon, F., *Sylva sylvarum, or, A Natural History*, en *The Works of Lord Bacon*, Londres, 1850, vol. I, p. 160.

69. Cheyne, G., *An Essay on Regimen*, Londres, 1740, p. 145.

apunta a la intervención de un escultor o comerciante que perfecciona un objeto idealmente etéreo que se ha embrutecido a través de la acumulación de algún tipo de sedimento. Todo el conocimiento, la cultura y el trabajo humano deben dedicarse en último término a

> *limar*, *fundir* y *rascar* esas Cadenas y Costra que se les ha añadido; y únicamente retirando lo *Superfluo*, reduciendo las *Excrecencias* y volviendo flexible y maleable y ese tosco *Parche* que se nos ha añadido a nuestro Cuerpo espiritual, con la menor Resistencia a este; que el *Cuerpo de la Creación* puede tener la Libertad de ampliarse y desembarazarse de sí mismo[70].

Así Cheyne podía declarar que «el ruinoso y grosero *Planeta* que habitamos ha cubierto el vehículo *etéreo* original del alma humana»[71]. Aunque Cheyne entendía la materialidad como una carga pesada e inmunda que el alma debía soportar, otros autores menos ultramundanos señalaron cosas parecidas. Comentando acerca de la amenaza que la gordura extrema planteaba para la salud y la belleza, Antoine Le Camus explicaba también que esta grosera sustancia generaba la estupidez mediante la presión hacia abajo que ejercía sobre la mente: «El alma se encuentra oprimida por el enorme peso de este material, y todas las funciones del entendimiento languidecen hasta el punto de que se aparta cualquier brillantez de la mente»[72]. Podrida, pesada e inmunda, es posible que la grasa hubiera sido imbuida de vitalidad, pero seguía siendo un obstáculo para muchas formas de trascendencia.

La alquimia capaz de transmutar este material tan inferior surgió de las mismas exigencias de pureza que lo condenaban. Una preocupación importante eran los malos olores, que se contaban entre los signos más elocuentes de esa burda materialidad que tanto ofendía

70. *Ibid.*, p. 46.

71. *Ibid.*, p. 209. Véase también Guerrini, A., *Obesity and Depression in the Enlightenment: The Life and Times of George Cheyne*, Norman, OK, 1999.

72. Le Camus, A., *Abdéker*, vol. I, p. 59.

a Cheyne y Le Camus. En los inicios del siglo XIX, en el momento en que los olores fuertes empezaron a ser fuente de desconfianza, los ricos llevaban ya desde la Edad Media intentando enmascarar el olor de la descomposición con el uso liberal de polvos, perfumes y otros aromatizadores[73]. Lo que es bastante sorprendente es la medida en la que, una vez transformada en bálsamos e ungüentos fragantes, la misma grasa que en otras circunstancias era corruptible podía emplearse para *ocultar* el olor de la descomposición e incluso para conservar o restaurar la juventud. Así las elites hacían un uso frecuente de las pomadas, que consistían en grasa animal perfumada, que se untaba en la cabeza y era absorbida por el cabello y el cuero cabelludo[74]. Desgraciadamente, estos afeites también volvían especialmente grasiento el cutis, y las mujeres que los empleaban tenían que evitar a menudo los lugares cálidos si no querían que sus caras empezaran a «fundirse» de formas vergonzosas[75].

Además de su papel como encubridora de los malos olores, la grasa era también un ingrediente fundamental en los cosméticos y el cuidado de la piel. Para fomentar una apariencia más juvenil, se podía usar pomada, una crema fabricada a partir de la grasa animal o del aceite vegetal que prometía limpiar, aclarar e hidratar las manos y la cara. Quienes desearan unas manos más suaves podían dormir con unos guantes «que habían sido» sumergidos en grasa[76]. Finalmente, el olor de la descomposición podía también eliminarse con otro producto basado en la grasa: el jabón. Las versiones de alta calidad de este producto empezaron a importarse desde Castilla hasta Inglaterra a finales del siglo XVI. A mediados del siglo XVII, este producto se consideraba ya

73. Corbin, A., *El perfume o el miasma*; Albert, J.-P., «Le Légendaire médiéval des aromates: Longévité et immortalité», en *Le Corps humain: Nature, culture, surnaturel*, Montpellier, Actes du 110e Congrès International des Sociétés Savantes, CX, 1985, pp. 37-48.

74. Brown, K. M., *Foul Bodies*, p. 33.

75. Cockayne, E., *Hubbub: Filth, Noise and Stench in England, 1600-1770*, New Haven, CT, 2007, p. 63.

76. Martin, M., *Selling Beauty: Cosmetics, Commerce, and French Society, 1750-1830*, Baltimore, MD, 2009, p. 16.

una necesidad para el hogar y la importancia del jabón en la cultura de las elites y de la clase media seguiría aumentando a lo largo de la Edad Moderna[77].

Esta alquimia era necesariamente incompleta. Aunque la grasa obtenida de fuentes animales y vegetales podía cumplir funciones de limpieza y embellecimiento, la grasa personal seguía estrechamente ligada a la putrefacción. Los anatomistas preferían diseccionar cadáveres que fueran relativamente recientes y no muy gordos, porque el exceso de tejido adiposo les dificultaba separar las partes que deseaban diseccionar, pero también porque «acelera muchísimo la descomposición [*la pourriture*] del cadáver»[78]. Los enterradores también dejaron testimonio de la tendencia inherente de la grasa a la putrefacción. Preocupado por que los cuerpos en descomposición de los cementerios parisinos estuvieran emitiendo miasmas nocivos que pudieran contaminar el aire, a finales de la década de 1770, el gobierno emprendió la tarea de trasladar los cuerpos. Los hombres que exhumaron algunas de las grandes fosas comunes del Cementerio de los Inocentes descubrieron cadáveres que se encontraban más o menos en buen estado, excepto por su sorprendente transformación en una masa gelatinosa, blanquecina y grisácea que compararon con un queso fresco, pero que terminaron por llamar «grasa» (*gras*). Los primeros análisis de este fenómeno, que fue muy difundido y que posteriormente se conocería como «adipocira» o *gras des cimetières*, aportaron como explicación que los cuerpos que ya «estaban sobrecargados de grasa» en vida tendían a pasar más fácilmente a este estado después de la muerte[79]. Tal vez la especulación

77. Cockayne, E., *Hubbub*, p. 60; Smith, V., *Clean*, pp. 192-3. La grasa no era el único material cuyas cualidades putrescentes podrían transformarse de manera casi alquímica para fines de limpieza. En el Londres del siglo XIX, la caca de perro se recogía y se vendía como una sustancia denominada *pure* y que servía para limpiar y «purificar» el cuero. Scanlan, J., «In Deadly Time: The Lasting on of Waste in Mayhew's London», *Time and Society*, XVI/2-3, 2007, pp. 189-206.

78. Tarin, P., *Anthropotomie, ou, l'Art de disséquer*, París, 1750, vol. I, p. 7.

79. Fourcroy, M., «Gras des cimetières», *Encyclopédie méthodique*, vol. IV: *Chimie et métallurgie*, París, 1805, p. 480. Este artículo reproduce el memorandum de Fourcroy de la década de 1780 acerca del estado de los cuerpos exhumados.

más perturbadora era pensar que el músculo podía convertirse en grasa incluso después de la muerte, y que, en los primeros cinco años después del entierro, *todos los cuerpos* eran susceptibles de que su piel, sus órganos y sus músculos se convirtieran en grasa[80]. Aunque más tarde la química describiría como «saponificación» esta transformación de la materia en una sustancia semejante al jabón, en torno al año 1800 parecía que la grasa era el destino de toda carne[81].

En parte inspirada en una renovada toma de conciencia sobre «la precariedad de la vida orgánica», la ansiedad acerca de la presencia imposible de erradicar de la descomposición en el interior de la vida fomentó entre las clases altas una «vigilancia [que] es la atención permanente a la desintegración de los seres y de sí mismo»[82]. Junto con la preocupación por el olor que estas sustancias producían, la atención al sudor grasiento subrayaba la angustia experimentada por el individuo de clase alta, «la angustia del ser que no puede *fijar* —y esta es la palabra clave— ni retener los elementos que lo componen»[83]. Siempre ya en estado de flujo, el cuerpo en proceso de maduración o ya demasiado maduro era un recordatorio palpable de procesos que frustraban todo intento de lograr el dominio de sí mismo. Del sudor que se acumulaba en los sobacos, en los genitales o en las nalgas no solamente se decía que «inflamaba» dichas áreas, sino que tenía la posibilidad de ser reabsorbido por el cuerpo y que, por lo tanto, «dispone los humores a la putrefacción». Además de un argumento a favor de la limpieza localizada que podía proporcionar la reciente invención del bidé, observaciones

80. Beddoes, T., *Observations on the Nature and Cure of Calculus, Sea Scurvy, Consumption, Catarrh, and Fever*, Londres, 1793, pp. 98–9. Francis Bacon ya había defendido que «se puede convertir (casi) cualquier carne en una sustancia grasa». Bacon, F., *Sylva sylvarum*, p. 167, par. 678.

81. En 1801 el arquitecto Pierre Giraud propuso un proceso de vitrificación que convertiría en cristal estas sustancias grasas, logrando así lo que Philippe Ariès llama «una forma nueva del cuerpo humano, vuelto incorruptible e imperecedero», que reflejaba un nuevo interés en la conservación de los cuerpos de los seres queridos fallecidos. Ariès, P., *El hombre ante la muerte*, Armiño, M. (trad.), Taurus, 1983, p. 426–7.

82. Corbin, A., *El perfume o los miasmas*, pp. 28–29.

83. *Ibid.*, p. 29.

como esta también eran señal de los potenciales riesgos para la salud que planteaba el sudor[84]. Como «tantos desagües de la ciudad», advertía un médico, «los conductos excretores» de la piel tenían que «evacuar los humores redundantes que, si se retienen, se convierten en una inmundicia pútrida y desagradable». Por eso, si no se conseguía limpiar regularmente ese sudor «graso y pegajoso», este podía provocar picores y granos así como «hedor y putrefacciones». Este mismo autor explicaba que los baños calientes eran muy eficaces para abrir los poros y sacar estos excrementos del cuerpo, incluso aunque después se pudiera encontrar a veces «una sustancia grasa y repugnante» flotando sobre el agua del baño en tales cantidades que se podría «recoger como se hace con la grasa de un caldo»[85].

El consumo inmoderado de grasas alimenticias no mejoraría esta situación. Si bien había quien proponía que la putrefacción ya había comenzado simplemente por comer demasiados productos de origen animal, las opiniones sobre la grasa seguían siendo muy parecidas. «Nos entregamos a la grasa y la mantequilla más de lo que cualquier estómago puede directamente digerir», sentenciaba el doctor William Grant. Estas sustancias se «enrancian» con facilidad dentro del cuerpo:

> Habitualmente encuentran su camino por las venas, se mezclan con la sangre, se depositan en diferentes partes de nuestro cuerpo y nos hacen engordar e hincharnos, nos aumentan la barriga; después se estancan y se corrompen y crían escorbuto, gota y otras enfermedades[86].

Esta era la razón por la que fuentes autorizadas como la *Enciclopedia* ilustrada proponían que «un excesivo *enbompoint* puede corregirse mediante purgas estomacales» ocasionadas por ataques de diarrea[87] y

84. Vigarello, G., *Lo limpio y lo sucio*, p. 141.

85. Lucas, C., *An Essay on Waters*, Londres, 1756, pp. 211, 216.

86. Grant, W., *Observations on the Nature and Cure of Fevers*, 3ª ed., Londres, 1779, vol. I, p. 264.

87. D'Aumont, «Diarrhée», en *Encyclopédie, ou, Dictionnaire raisonné des sciences, des arts et des métiers*, Diderot, D. ; D'Alembert, J. le Rond (ed.), Lausana, 1782, vol. x, p. 912.

es por lo que —hasta el día de hoy, de hecho— había quien insistía en que el estreñimiento era una *causa* del aumento de peso. En este sentido, podemos detectar ecos del pensamiento agrícola tradicional dentro de esta «ilustrada» vinculación médica entre la grasa, el excremento, la descomposición y lo sucio en general. El rechazo a la grasa parece indicar una aversión más generalizada al excremento. En la medida en la que ambas se colocan como recordatorios de la conexión humana con la vida orgánica, eran sustancias de las que la cultura burguesa solía renegar[88].

Estos vínculos reiterados entre la grasa y la descomposición fomentaban la idea de que la corpulencia en sí era una forma de putrefacción. Por eso Antoine Le Camus podía declarar que «un *enbompoint* excesivo corrompe/pudre la belleza [*gâte la beauté*]»[89]. Y así, cuando el fisiólogo escocés Malcolm Flemyng describía la corpulencia como el resultado de fluidos oleaginosos nocivos (incluyendo sudor, orina y heces) que no habían sido adecuadamente evacuados del cuerpo, su descripción encajaba aproximadamente en las opiniones generales de su tiempo. Algo más novedosa era su recomendación de que las personas gordas usaran el jabón —de manera interna, como líquido, pasta o pastilla— debido a sus propiedades como un diurético suave y como disolvente del aceite. El enfoque de Flemyng sobre la corpulencia reflejaba el surgimiento de una actitud médica más moderna que separaba la corpulencia de otras preocupaciones dietéticas. Pero su tratamiento poco ortodoxo relacionaba el pensamiento médico con una cultura más general que percibía una relación estrecha entre la limpieza, la salud y la moralidad. De la misma manera que el jabón podía devolver a la ropa interior sucia su «limpieza, suavidad y blancura» —el tipo de cosas que las elites ya estaban haciendo para garantizar que su ropa estuviera impecable— Flemyng garantizaba a sus lectores que también podía emplearse para limpiar la grasa de dentro[90]. Esto revelaba también el paradójico papel que la grasa jugaba

88. Corbin, A., *El perfume o el miasma*, p. 159-60.

89. Le Camus, A., *Abdéker*, p. 57.

90. Flemyng, M., *A Discourse on the Nature, Causes, and Cure of Corpulency*, Londres, 1760, pp. 8, 20-22; véase también Levine, D. I., «Managing American Bodies», pp. 46-57.

en la imaginación cultural. En muchos sentidos, la grasa se veía como un tipo de inmundicia que se acumulaba dentro del cuerpo. Con la ayuda del jabón, sin embargo, podríamos luchar contra la grasa, una práctica que se recomendaba ampliamente hasta bien entrado el siglo XIX. En la década de 1820, William Wadd difundía noticias sobre un hombre cuya corpulencia había sido «perfectamente curada» mediante el uso de jabón de Castilla durante apenas seis años[91]. Que el jabón se empleara para limpiar los cuerpos de clase media, por dentro y por fuera, reforzaba la equiparación sutil pero cada vez mayor de los cuerpos de proporciones moderadas con la limpieza, la moralidad y la blanquitud.

Este último término, «blanquitud», se ha tratado mucho menos en los estudios sobre la gordura, a pesar de que hayan aparecido pistas sobre él a lo largo de los discursos sobre la grasa y la corpulencia que hemos rastreado en este capítulo. Dentro de la imaginación colonial, el cargado término «grasa» conjuraba «la inmundicia pegajosa de lo salvaje, la mugre de los cuerpos sin contención y otras asociaciones desagradables». Las connotaciones lascivas de lo grasiento estaban por todas partes, especialmente en el cristianismo evangélico, que solía describir una perturbadora «pegajosidad» que señalaba al «cuerpo que se niega a separarse del mundo». Lo grasiento era, en un sentido muy literal, lo opuesto a la Gracia[92]. Aunque esta mezcla de lo grasiento con la otredad racial se desarrolló en el siglo XVIII para formarse por completo en los discursos imperialistas del siglo XIX, ya hemos percibido atisbos de ella en el informe de Alpini sobre las mujeres egipcias que usaban los aceites y las comidas ricas en grasa para aumentar su corpulencia[93].

La «gordura» de las tierras no occidentales que ya hemos encontrado en el capítulo 6 se enriquecía aún más mediante las reiteradas referencias a los cuerpos y las costumbres de los pueblos que las habitaban.

91. Wadd, W., *Cursory Remarks*, p. 186.

92. Comaroff, J. L. y J., *Of Revelation and Revolution: The Dialectics of Modernity on a South African Frontier*, vol. 2, Chicago, IL, 1997, pp. 189, 225, 336.

93. Alpini, P., *Médecine*, pp. 294-5. Véase también Tullett, W., «Grease and Sweat: Race and Smell in Eighteenth-century English Culture», *Cultural and Social History*, XIII/3, 2016, pp. 1-16.

De hecho, describir los momentos en los que el encuentro con pueblos no occidentales suscita el asco parece haber sido «una convención textual de los libros de viajes y las protoetnografías que proliferaban en el siglo XVII»[94]. Los vínculos entre lo grasiento y las poblaciones no blancas se aceleraron gracias a los relatos del siglo XVII que describían a las poblaciones nativas untando sus cuerpos con sebo y comiendo alimentos grasientos y malolientes[95]. Aunque los misioneros franceses en Norteamérica comentaban con aprobación el físico atlético de los varones nativos, a veces haciendo comparaciones favorables con los modelos clásicos, los curanderos indígenas que untaban sus cuerpos con alquitrán fueron culturalmente breados con la imaginería interrelacionada de la grasa, la inmundicia, la sexualidad y la feminidad[96].

Los primeros viajeros europeos por África comentaban con frecuencia el uso inesperado por parte de las poblaciones nativas de la grasa animal, cuyas cualidades viscosas y malolientes parecen amplificar la repulsión que suscitaba esa fealdad física que no dejaban nunca de observar estos viajeros. El explorador alemán Peter Kolb apuntaba a esta práctica entre el pueblo khoikhoi (conocido como «hotentote»), que untaba sus cuerpos con mantequilla y sebo de cordero, mezclada con hollín, para oscurecer su apariencia y protegerse del sol. A pesar del asco que le producía esta práctica, Kolb adoptaba una inusual postura relativista hacia las costumbres poco familiares[97]. Concediendo que era una manera razonable de lidiar con un entorno duro, Kolb señalaba que,

94. Shahani, G., «Food, Filth and the Foreign: Disgust in the Seventeenth century Travelogue», en *Disgust in Early Modern English literature*, Eschenbaum, N. K.; Correll, B. (ed.), Farnham, 2016, p. 107.

95. Smith, A. S., «Living off the Fat of the Land: Resource Exploitation at Kasteelberg, Southwestern Cape, South Africa», *Nyame akuma*, XXXVI, 1991, pp. 20-23; Burke, T., *Lifebuoy Men and Lux Women: Commodification, Consumption, and Cleanliness in Modern Zimbabwe*, Durham, NC, 1996, pp. 23-34.

96. Ouellet, R., «Sauvages d'Amérique et discours hétérologique», Études *littéraires*, XXII/2, 1989, pp. 115-16.

97. Shahani, G., «Food, Filth and the Foreign», p. 115.

de otra manera, «el excesivo y continuo calor, con toda probabilidad, los agotaría y destruiría»[98].

Pero ninguna explicación pragmática de esta práctica podría hacer que esta gente dejara de ser una fuente de asco. La tolerancia de Kolb no era igualada por Gottfried Lessing, cuyo estridente (y muy citado) retrato del pueblo hotentote combinaba imágenes de sebo podrido y goteante con otros rasgos que en Europa se consideraban feos, desde las narices planas y los pechos colgantes hasta las vísceras con las que a veces se vestían. A Lessing le parecía esta una manera útil de destacar la superioridad de la belleza clásica. En 1766 desafiaba a sus lectores: «Imaginemos esto en el objeto de un amor tierno, rendido y ardiente; oigámoslo expresado en el noble lenguaje de la sinceridad y de la admiración y abstengámonos de reír»[99]. Como veremos a continuación, en unas pocas décadas, la grasa untada en el exterior de los cuerpos no blancos acabaría por asociarse, material y moralmente, con la grasa que brota del interior. Esto se convertiría en una cuestión de gusto que impulsaría a la cultura europea a reevaluar lo que antaño podría haber considerado bello y grácil.

*

La evolución moderna del asco hacia la corpulencia debe entenderse contra el telón de fondo de una creciente intolerancia hacia la «suciedad» en general, así como por «la ansiedad metafísica que genera la marcha de la putrefacción en lo más profundo del ser»[100]. Como ya hemos visto, ya fuera bajo la forma de la grasa de las comidas o del sudor del cuerpo, la grasa representaba una forma de contaminación que amenazaba con socavar la fetichizada «blanquitud» de los cuerpos occidentales. El fisiólogo Anthelme Richerand recopilaba estas

98. Kolb, P., *The Present State of the Cape of GoodHope*, G. Medley (trad.), Londres, 1731, pp. 49-50, 52.

99. Lessing, G. E., *Laocoonte*, Barjau, E. (trad.), Tecnos, 2015, p. 196.

100. Corbin, A. *El perfume o el miasma*, p. 101.

corrientes en 1807. Escribiendo sobre el «aceite graso» [*huile grasse*] que se secretaba por los poros y que impedía que la piel se secara, señalaba que esta «sustancia adiposa, por la que la piel se unge, es abundante y fétida en algunas personas». Esta apestosa sustancia, por ejemplo, era «más copiosa en los negros africanos, como si la naturaleza hubiera estado deseosa de protegerlos contra la desecación demasiado rápida por la atmósfera ardiente de los climas tropicales». No solamente esta secreción interna se complementaba por «el sebo, la grasa y las asquerosas sustancias con las que los cafres y los hotentotes ungían su cuerpo», sino que directamente se relacionaba con la grasa corporal. «Es este humor el que ensucia nuestra ropa interior», explicaba Richerand, añadiendo que «conozco a varias personas [se entiende que blancas] excesivamente gordas», que sudan copiosamente cuando sus cuerpos «se calientan por el mínimo esfuerzo. Todas engrasan su ropa interior en menos de veinticuatro horas»[101].

Como veremos, este vínculo entre lo gordo y la grasa y la oposición de ambos términos con la «gracia», se prolongaron en el siglo XIX. Siempre a dieta y siempre enredado en algún tipo de régimen de ejercicio, el poeta Lord Byron se contaba a sí mismo a regañadientes entre la gente gorda y grasienta que describía Richerand. Su tan citada observación de «la grasa es una hidropesía aceitosa» se basaba por lo tanto en algo más que en la fértil imaginación de un gran poeta[102]. La grasa era un concepto que permitía viajes conceptuales, desde la suciedad y la descomposición hasta el complejo reino poblado por lo subhumano. Incluso cuando la gordura se vinculaba con el concepto ahora ya en declive de un temperamento flemático, el cuerpo de una persona así aún «se caracterizaba por una blanda pasta en toda la superficie [y] por la animalidad de su aspecto carnoso y pesado»[103].

101. Richerand, A., *Nouveaux* élémens *de physiologie*, París, 1807, vol. II, pp. 73-5.

102. Citado en Smith, J.; Smith, H., *Rejected Addresses, or, The New Theatrum Poetarum* [1812], Londres, 1873, p. 13n.

103. Cooke, T., *A Practical and Familiar View of the Science of Physiognomy*, Londres, 1819, p. 231.

En los interiores domésticos se estaba produciendo una retirada en paralelo de lo grasiento. En la década de 1830, un número cada vez mayor de mujeres británicas de clase media empezaron a rechazar el trabajo en la cocina como algo sucio, rudo y contaminante y endosaron alegremente la limpieza de esas grasientas «regiones inferiores» de sus hogares a cocineras contratadas[104]. Por eso a las cocineras se les advertía de que escondieran el bote de la «enjundia de cocina», «un mal que existe en todas las cocinas», de los sensibles ojos de la dueña de la casa[105]. El «mal» de la inmunda grasa se deslizaba fácilmente a los asuntos de moralidad y confianza. Entre las clases populares de París en el siglo XIX, los términos «grasa» (*gras, graisse*) y «aceite» (*huile*) funcionaban como ambiguas metáforas del dinero y del éxito financiero[106]. Un desagrado generalizado por quienes no llegaban a cumplir los cambiantes criterios de limpieza, moralidad y humanidad, acompañaba al auge del jabón como «vara de medir de la civilización». A finales de siglo, las fábricas de jabón británicas estarían usando la imaginería racial de manera gratuita para promocionar sus productos a la angustiada burguesía de todo el mundo, trazando conexiones no demasiado sutiles entre la inmundicia que eliminaban de sus cuerpos y la «gran suciedad» que había tanto en Gran Bretaña como en el extranjero[107]. Y ¿qué ocurría con las personas gordas? En Estados Unidos, quienes asistieron al Fat Man's Ball que se celebraba anualmente en St Louis fueron pintorescamente descritos por el periódico local como «Grasa viva»[108]. El reformador de la salud y

104. Mars, G.; Mars, V., «Fat in the Victorian Kitchen: A Medium for Cooking, Control, Deviance and Crime», en *The Fat of the Land: Proceedings of the Oxford Symposium on Food and Cookery 2002*, Walker, H. (ed.), Bristol, 2003, pp. 216-36.

105. A Lady, *The Home Book, or, Young Housekeeper's Assistant*, Londres, 1829, pp. 18-19.

106. La jerga para hablar de «tramposo» incluía *graisseur* y *suiffard* (este último se aplicaba también a un individuo que vestía con elegancia). Sainéan, L., *Le Langage parisien au XIXe siècle*, París, 1920, pp. 164, 369, 419, 521.

107. McClintock, A., *Imperial Leather: Race, Gender and Sexuality in the Colonial Contest*, Londres, 1995, pp. 207-31.

108. «Living Grease - Fat-paunched Devotees at the Shrine of Terpsichore - Adipose Tissue Ambling in a Ball Room», *St Louis GlobeDemocrat*, 21 de enero de 1877, p. 7.

defensor del vegetarianismo, el jacksoniano William Alcott, iría incluso más lejos, condenando a la sustancia de la vida como una sustancia «asquerosa», excremental, que no está a la altura de un ser humano. «Dejemos que los cerdos y otros cuadrúpedos semejantes acaben con esa materia horrible y medio venenosa, bien convirtiéndose en ella, bien enterrándola en sebo»[109].

Un pronunciado asco hacia la grasa y el sebo, así como hacia todas sus ambiguas connotaciones, se estaba convirtiendo en la marca diferenciadora de una identidad de elite que se predicaba sobre los ideales casi sinónimos e intercambiables de la limpieza, la moralidad y la blanquitud. Lo que relacionaba a las personas gordas blancas con las personas negras africanas era el carácter rancio de su sudor, y ambos grupos acabaron por simbolizar una desviación de los cuerpos limpios, repulidos y contenidos que aspiraba a poseer la gente «civilizada». Manifestándose en forma de sudor, de tejido adiposo o incluso como el aceite de cocinar, la grasa surgió en el siglo XIX como una potente vara de medir el salvajismo. Bajo la forma de jabón o pomada, sin embargo, la grasa podía redimirse porque fomentaba la pureza y la gracia, testimoniando así su potencial alquímico permanente. «Las naciones son mucho más brutales y rudas», declaraba un escritor americano en los inicios del siglo XIX, «cuanto más voraces son, cuanto más asquerosas y nauseabundas son las cosas de las que viven, cuanto más crudas y sin aderezo son las carnes o la carroña que devoran y, en último lugar, cuanta más avidez muestran hacia la pura grasa o los aceites animales». Que esta excesiva afición a la grasa produciría cuerpos asquerosamente hinchados era un corolario lógico de una afirmación así. En un artículo de 1804 se decía:

> Todas las naciones del sur de Asia consideran que la obesidad es el culmen de la belleza y para adquirirla beben mantequilla fundida u

109. Alcott, W. A., *Vegetable Diet: As Sanctioned by Medical Men and by Experience in All Ages*, 2ª ed., Nueva York, 1859, p. 247.

otros líquidos oleaginosos. Los hindúes han adoptado estos gustos y costumbre de las naciones mongolas del sur de Asia[110].

Desde el sudor maloliente de las personas africanas y la dieta aceitosa de los indios, hasta las manchas de grasa de los colegas fortachones de Richerand, la materialidad de la grasa señalaba la naturaleza abyecta de otras razas así como la animalidad y mortalidad reprimida de los propios blancos burgueses. También materializaba el principio de incorporación —la premisa, aparentemente transcultural, de «eres lo que comes»— que hizo posible vincular los cuerpos y la moral de los pueblos «salvajes» con los alimentos sucios y asquerosos que consumían[111]. Como veremos en el próximo capítulo, la grasa que se había observado principalmente sobre la piel se empezó a considerar como algo integral a los cuerpos no blancos y se volvió algo que se distanciaba aún más de la percepción europea sobre el aspecto que deberían tener sus propios cuerpos.

110. «On the Propensity of Several Nations to Greasy Meats and Drinks», *The Literary Magazine, and American Register*, II/7, 1804, p. 47.

111. Nemeroff, C.; Rozin, P., «"You are What You Eat": Applying the Demand-free "Impressions" Technique to an Unacknowledged Belief», *Ethos*, XVII/1, 1989, pp. 50–69.

9. DESEOS SALVAJES

Grasa «primitiva» y delgadez «civilizada»

En su viaje a Atenas en los primeros años del siglo XIX, al pintor irlandés Edward Dodwell no le agradó mucho lo que encontró allí. Como otros muchos hombres blancos cultos que viajaban a Grecia había esperado encontrar allí a mujeres cuyos cuerpos se aproximaran a las «formas de sílfide» y la «elegancia liviana» que «cautivan al espectador en las estatuas [clásicas]». En lugar de unas piezas de museo animadas que fueran dignas de su refinada sensibilidad, Dodwell se veía confrontado con el tosco espectáculo de las mujeres reales. Además de su cutis desagradablemente pálido, estas desviaciones del ideal estético sufrían de una «corpulencia prematura» que les había traído el clima cálido y el estilo de vida indolente. Lo que en realidad fastidiaba a Dodwell era el hecho de que la gordura fuera para la población griega moderna más «un objeto de deseo que de aversión». Le habían enseñado, como a todo el mundo, que, en los buenos tiempos de la Antigüedad, las «mujeres no intentaban fascinar mediante la pesada magnitud de sus dimensiones, sino que, por el contrario, adoptaban cualquier método para impedir la corpulencia»[1]. Las quejas de Dodwell y sus variaciones eran habituales en el siglo XIX. La explicación habitual para la decadencia de la belleza clásica en la Atenas moderna era que, a lo largo de muchos siglos, la cultura había sucumbido a la influencia de la vecina Turquía,

1. Dodwell, E., *A Classical and Topographical Tour through Greece, during the Years 1801, 1805, and 1806*, Londres, 1819, vol. II, p. 24.

con una población que se definía a menudo como sensual y amante de la gordura, que no sentía aprecio por la belleza y mucho menos por el conocimiento o por la moral[2]. Por eso, como señalaba otro autor, una mujer de proporciones moderadas como la Venus de Médici «apenas encontraría clientes» si se ofreciera entre las muchas prostitutas gordas que estaban disponibles en una ciudad como Constantinopla[3].

En el corazón de las inquietudes de Dodwell estaba la pregunta retórica que se había hecho unos siglos antes Prospero Alpini acerca de las prácticas de engorde egipcias: «¿Puede alguien desear algo más vergonzoso que la obesidad [*obaesitate*] adquirida mediante el maligno vicio de la carne y de la sensualidad sin restricciones?»[4]. Los ecos de la pregunta de Alpini se iban haciendo cada vez más audibles a medida que la Era de los Descubrimientos dejaba paso al auge de los imperios de ultramar, el mismo periodo en el que las elites europeas cada vez sospechaban más de la grasa en el resto de sus formas. A finales del siglo XVIII, además de los informes acerca de cómo los diversos pueblos indígenas disfrutaban de las comidas grasas, habitaban paisajes perturbadoramente fecundos, untaban de sustancias grasientas sus cuerpos o cortaban la grasa de los cadáveres de sus enemigos, un creciente número de autores observaba que muchos de los pueblos del mundo admiraban profundamente la gordura y que, si tuvieran medios para ello, buscarían volverse lo más voluminosos posible. Como parecía encarnar el conjunto de las maneras posibles en las que se podían conceptualizar los problemas de la gordura, el engorde deliberado o incluso forzado de los cuerpos no blancos movilizó un amplio espectro de desconfianzas occidentales acerca de esta ambigua sustancia. Lo grasiento de la grasa, en otras palabras, era incoherente con la gracia de Grecia.

2. Para un ejemplo, véase Fellows, C., *A Journal Written during an Excursion in Asia Minor*, Londres, 1839, p. 2.

3. Henricy, C., *Les Mœurs et costumes des peuples de l'Afrique et de l'Océanie*, París, 1847, p. 62.

4. Alpini, P., *De medicina Aegyptiorum*; Alpini, *La Médecine des Egyptiens*, [1581-4], p. 294.

El papel de las culturas no occidentales en la formación de los estereotipos occidentales acerca de la gordura no suele analizarse en los debates sobre el siglo XIX. Los enfoques historiográficos sobre las dietas victorianas suelen centrarse en la medicalización de la «obesidad», que había sido posibilitada por la cuantificación de los estados corporales según las normas biomédicas y en su relación con las necesidades de los Estados. La medicalización de la gordura encajaba como un guante en esta cuantificación, que se originó en el auge de la medicina química durante el siglo XVI para desarrollarse por completo en torno a 1800. Aunque para entonces se habían descartado muchos elementos del antiguo modelo de los humores corporales, algunos de sus principales ingredientes se habían conservado y refundido haciendo referencia a los temperamentos individuales. Es importante también el auge de las tablas estadísticas para determinar el peso correcto de la persona «normal», que experimentaría un protagonismo mucho mayor en el siglo XX. Lo mismo se puede decir del fomento de las dietas saludables entre la fuerza de trabajo industrial y el posterior desarrollo del campo de la nutrición y la circulación masiva de la caloría como unidad de medida. Dichos cambios contribuyeron a una comprensión biopolítica de los cuerpos como entidades casi mecánicas capaces de ser gestionadas por el Estado de manera que funcionaran con eficacia dentro de la economía. Existe ya una cantidad bastante importante de estudios que abordan estos importantes hitos, la mayoría de los cuales se centran principalmente en lo que ocurrió dentro de Occidente[5].

5. Véase, por ejemplo, Gilman, S. L., *Fat Boys: A Thin Book*; Schwartz, H., *Never Satisfied*; Vigarello, G., *Las metamorfosis de la gordura*; Farrell, A. E., *Fat Shame*; Huff, J. L., «Corporeal Economies: Work and Waste in Nineteenth-century Constructions of Alimentation», en *Cultures of the Abdomen: Diet, Digestion and Fat in the Modern World*, Forth, C. E.; Carden-Coyne, A. (ed.), Nueva York, 2005, pp. 31-49; Huff, J. L., «A «Horror of Corpulence»: Interrogating Bantingism and Mid-nineteenth Century Fat-Phobia», en *Bodies Out of Bounds*, Braziel, J. E.; LeBesco, K. (ed.), Berkeley, CA, 2001, pp. 39-59; Coveney, J., *Food, Morals and Meaning: The Pleasure and Anxiety of Eating*, Nueva York, 2000; Mackert, N., «Feeding Productive Bodies: Calories, Nutritional Values and Ability in Progressive Era U.S.», en *Histories of Productivity:*

Sin embargo, como el tema principal de este libro no son las dietas y la nutrición, este capítulo adopta un enfoque diferente sobre la era victoriana. Si miramos los debates sobre la gordura del siglo XIX a través de una lente colonial, se revela el subtexto imperial y racial de nuestras tendencias contemporáneas de demonización de la corpulencia. Argumentamos que, ya se conceptualice como un deseo sexual hacia los cuerpos muy carnosos o como un deseo de engordar, las referencias a un deseo ilícito hacia el exceso de carne por parte de determinadas culturas permitía a la población occidental blanca desvincular su propia corpulencia en aumento de cualquier tipo de aprobación cultural de la gordura. A la vez que aceptaba los factores congénitos en la etiología de la corpulencia, este discurso etnomédico apuntaba a que cuando las personas blancas «civilizadas» adquirían sobrepeso se debía bien al resultado de factores ajenos a su control (como el clima o la herencia) o a fallos en su fuerza de voluntad (excesiva indulgencia y/o falta de ejercicio). Así, como decía el gastrónomo Jean Anthelme Brillat-Savarin en la década de 1820, «la obesidad [...] es una indisposición molesta que padecemos siempre por nuestra culpa»[6]. Desde luego no era porque entonces se viera algo hermoso o deseable en la gordura, y por supuesto no porque se deseara algo así para uno mismo o para el resto. El Occidente moderno revivía y radicalizaba así la creencia grecorromana de que engordarse deliberadamente o engordar a nuestras criaturas «era algo que pertenecía a la esfera de lo extranjero y lo exótico»[7]. Procediendo así se garantizaba que la raza y la etnia fueran fundamentales para las caracterizaciones de los cuerpos y de las prácticas culturales que se salían de una norma cada vez más restrictiva.

Esta atención a la raza también contribuye a ampliar el foco de los sentimientos gordófobos. Brillat-Savarin puede haber escrito con desdén sobre su propia barriga como un «enemigo», pero la oposición

Genealogical Perspectives on the Body and Modern Economy, Bänziger, P.-P; Suter, M. (ed.), Londres, 2016, pp. 117–35.

6. Brillat-Savarin, J. A., *Fisiología del gusto*, p. 164.
7. Laes, C., «Writing the History», p. 592.

creciente hacia la gordura empezaba a concentrarse de manera mucho más densa en torno al cuerpo de la mujer blanca. La gordura, que durante mucho tiempo había representado un obstáculo a la virilidad de los hombres porque podía denotar una carencia de laboriosidad y un apego cobarde a la vida, se condenó de manera más sistemática a lo largo del siglo XIX como la antítesis de la belleza y la moralidad de las mujeres, que eran exhibidas como los modelos de la pureza y de la proporción «civilizada» que se suponía que encarnaba la tradición estética occidental. Fue aproximadamente durante esta época cuando la carga de los sentimientos gordófobos empezaron a recaer de manera más rotunda sobre las chicas y las mujeres cuyos cuerpos no parecían alcanzar el ideal blanco «civilizado». El problema, no obstante, era que los deseos hacia el exceso de carne también parecían proliferar dentro de Occidente. Hacia finales del siglo XIX, el asco por el «salvajismo» de quienes profesaban un amor por la gordura se movilizaría en contra de las personas blancas que no conseguían vivir a la altura de los valores de su propia cultura. Aunque las sociedades occidentales en parte se concebían a sí mismas mediante su reflejo en los «otros» coloniales que poblaban el imperio, lo que acechaba ante sus ojos en el siglo XIX a menudo se construía a partir de la grasienta grasa.

Los imperios de la gordura

Es ampliamente conocido que, en muchas culturas del mundo, la gordura se ha cultivado deliberadamente como un medio de almacenar las fuerzas de la vida y de la reproducción y que se convirtieron así en señales deseables de fertilidad, potencia y estatus. Los encuentros europeos con dichas actitudes jugaron un papel importante a la hora de conformar sus ideas sobre el cuerpo blanco «civilizado». De hecho, el imperio proporcionaba ejemplos con los que contrastar y medir los modelos de la virilidad y la feminidad blancas, normalmente llamando la atención hacia los extremos físicos que hacían que se destacaran los cuerpos «moderados» que se suponía que poseían las personas blancas.

Pero el inicio del siglo XIX fue una fase transicional para las percepciones europeas de los cuerpos no occidentales. Solamente unas décadas antes seguía siendo habitual encontrarse debates sobre la belleza femenina conducidos en un lenguaje relativista que destacaba las variaciones culturales sobre lo que podía constituir la forma ideal. Cuando el médico Pierre Roussel describía el exceso de *embonpoint* como lo contrario a la belleza, por ejemplo, se apresuraba a añadir (con una referencia al informe sobre Egipto de Prospero Alpini recogido en una nota a pie de página) que solamente se refería a las «ideas convencionales [...] vigentes entre nosotros»[8]. En 1800 buena parte de este relativismo moralista iba desapareciendo a medida que las desviaciones del criterio occidental se describían cada vez más como «asquerosas» y que los deseos que suscitaban se desdeñaban como sorprendentes o incluso contrarios a la naturaleza. No era simplemente una cuestión de juicio etnocéntrico de los gustos no occidentales. Como opinaba un experto en belleza de la época, Rubens podría haber sido uno de los pintores más grandes del mundo si no hubiera expresado ese «extraño gusto que desnaturaliza [*dénature*] sus mejores obras»[9]. Aunque estas pasiones aparentemente inconmensurables se explicaran haciendo referencia al clima, a la cultura y, con el tiempo, al concepto de raza, la idea de que muchas culturas no occidentales admiraban profundamente la gordura se mantendría intacta a lo largo del siglo XX.

Se podría escribir largo y tendido acerca de cómo la población europea se relacionó en el siglo XIX con aquellas culturas que parecían tener un desordenado apego por la corpulencia. En diversos momentos, se describió a las personas chinas, turcas, aborígenes australianas, esquimales y, especialmente, a las personas africanas haciendo referencia a la gordura. En el caso británico, el problema destacaba de manera prominente en el subcontinente indio. Además de los esbeltos cuerpos de los «afeminados bengalíes» y los físicos bien formado de las «razas

8. Roussel, P., *Système physique et morale de la femme*, París, 1775, pp. 120-21.

9. *Le Miroir des belles femmes, ou, L'Art de relever par les grâces les charmes de la beauté*, París, 1800, p. 4.

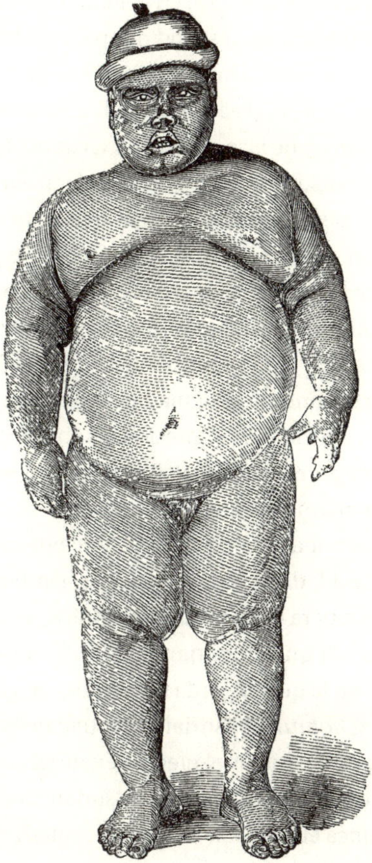

Shakarm, el «chico gordo» de Bombay. W. G. Don, «Remarkable Case of Obesity in a Hindoo Boy Aged Twelve», *The Lancet*, 1859.

marciales» que observaron los colonizadores a partir de mediados de siglo, la «monstruosa» corpulencia de los hindús de casta alta a menudo generaba comentarios de los viajeros, etnógrafos y médicos[10]. Para

10. Streets, H., *Martial Races: The Military, Race and Masculinity in British Imperial Culture, 1857-1914*, Manchester, 2004, pp. 94-5, 156-85. Véase también Sinha, M., *Colonial Masculinity: The «Manly Englishman» and the «Effeminate Bengali» in the Late Nineteenth Century*, Manchester, 1995.

despejar las sospechas de que los brahmines, en general vegetarianos, hubieran podido estar comiendo carne a escondidas para poder lograr dicha «rotunda compostura», el médico James Johnson garantizaba a su público que «todo se logra mediante el *ghee* [mantequilla clarificada] y la indolencia»[11]. El *Imperial Dictionary* de 1859 explicaba exactamente lo que la colonización entendía por «indolencia». Procedente del latín *indolentia*, significaba «libre de dolores», pero también algo más que la mera ociosidad o «indisposición hacia el trabajo». «La indolencia, como la pereza, implica un amor por el descanso, constitucional o nacido del hábito, que la palabra ociosidad no implica». Ser indolente era ser «apático, vago, amante del descanso. [...] Libre del dolor, como un tumor indolente»[12].

La corpulencia india no solamente se debía a la apatía de la indolencia. Cuando los británicos ofrecían sus impresiones sobre la gordura subcontinental, sus comentarios a menudo nadaban en grasa y se remataban con la animalidad. Esto permitió a una serie variopinta de viajeros registrar sus encuentros con un «babu bengalí gordo y aceitoso»[13], para señalar «el aumento de la obesidad y la untuosidad que siempre son la marca del nativo próspero»[14] o para declarar que los indios, en general eran «gente vaga y untuosa [...] que engordan cuando se alimentan bien, con la misma certeza con la que engorda un cerdo o un ganso»[15]. Esto planteaba problemas al *habitus* sensorial y afectivo de las elites británicas. En las diligencias y carruajes el efecto sensorial se agudizaba porque «como suelen estar gordos, los nativos sudan con mucha profusión, [...] lo que intensifica el efecto [desagradable olfativo] de los ungüentos [que se untan en la piel]»[16]. La grasa manchaba también las

11. Johnson, J., *The Influence of Tropical Climates on European Constitutions*, 2ª ed., Londres, 1818, pp. 391-2.

12. Ogilvie, J. (ed.), *The Imperial Dictionary, English, Technological and Scientific*, Glasgow, 1859, vol. I, p. 1000.

13. Bacon, G., «Two Indian Days», *The Ludgate*, VIII, 1899, p. 437.

14. Craik, H., *Impressions of India*, Londres, 1908, p. 233.

15. Blanchard, S. L., *Yesterday and Today in India*, Londres, 1867, p. 89.

16. Hull, E., citado en Collingham, E. M., *Imperial Bodies: The Physical Experience of the Raj, c. 1800-1947*, Cambridge, 2001, p. 147.

páginas de las obras literarias. La novela de Alexander Allardyce, *The City of Sunshine* (1877) describe al adinerado propietario de una tienda de licores como un «hindú de cabeza de toro y cuello de rana, cuya figura, obesa y grasienta, era el adecuado receptáculo de una naturaleza moral hinchada y resbaladiza»[17]. Y no podemos pasar por alto las intensas y viscosas impresiones de las veladas de Calcuta de Rudyard Kipling. La prosa de Kipling se desliza fácilmente desde las visiones de la inmoralidad, el hedor y la descomposición hasta el espectáculo de la corpulencia viciosa. Las insalubres partes «oscuras» de esta «ciudad de temibles noches» son una forma de «fango» en la que los visitantes no entran, sino que más bien se «sumergen». La propia noche de Calcuta es «grasienta», el aire es «pesado con un leve hedor amargo» y sus habitantes están «echados a perder» por el calor ardiente de Bengala. De hecho, la tierra de cultivo de Bengala era «rica y grasa por la buena vida y por la riqueza de los cuerpos de innumerables cosas muertas». En lugar de ofrecer un alivio a la opresiva untuosidad, los burdeles de la ciudad producían en cambio figuras repulsivas de una sexualidad grasienta. Aunque era posible encontrarse con una delgada «Grácil Inmoralidad» en dichos lugares, concedía Kipling, era más probable que una casa de putas de Calcuta ofreciera más bien una «Gorda Viciosa» a quien los locales considerarían «una mujer monstruosamente bien conservada». En este punto, como en algunos otros, las razas estarían de acuerdo en diferir[18].

Estas observaciones sobre la gordura subcontinental pueden parecer contraintuitivas, especialmente si pensamos en las elevadas tasas de malnutrición en tantas partes de India. Pero la grasa no es algo que se pueda contener en unas simples referencias a la forma corporal. Lo que se movilizaba en estos relatos no eran tanto las pruebas empíricas de una corpulencia generalizada como la suposición de que lo que se consideraba deseable para las elites necesariamente encendía las pasiones

17. Allardyce, A., *The City of Sunshine: A Novel*, Edimburgo, 1877, vol. I, p. 246.

18. Kipling, R., *From Sea to Sea: Letters of Travel*, Nueva York, 1899, vol. II, pp. 223-7, 249.

de todo el mundo. Si los indios de las castas superiores elegían ser corpulentos, entonces era lógico pensar que la gordura se consideraría algo muy positivo entre la población en su conjunto. Las personas corrientes, se daba por sentado, también albergarían el anhelo de engordar, sólo que no podían hacerlo bajo sus actuales condiciones de pobreza. Esta suposición se respaldaba por informes que afirmaban que incluso el campesinado pensaba que «engordar es una distinción», a la vez que apuntaban a que «un mejor gobierno mejoraría las condiciones de vida de esta gente»[19]. Otros detectaban un amor por la grasa en la cultura religiosa india, señalando cómo los fieles se postraban ante «las más monstruosas y horribles deformidades que uno pueda imaginar», por lo tanto aparentemente «deificando» a la corpulencia y a la fealdad en general[20]. Al desdeñar a la deidad Ganesha como «un dios barrigón» los misioneros cristianos echaron mano de un antiguo epíteto para proponer que era un dios verdaderamente fabricado sobre la propia imagen idealizada del pueblo. Aunque por supuesto no se refería a la distintiva cabeza elefantina del dios, un autor escribió que «si Ganesha se pusiera en pie, sería la imagen misma de muchos baniyas [miembros de la casta de mercaderes y prestamistas] gordos y devotos de la rupia que se pueden ver por toda la India»[21]. Según esta lógica, se podía generalizar acerca de los deseos más íntimos de poblaciones enteras a la vez que no se obviaban los cuerpos demacrados y hambrientos que saltaban a la vista a los observadores. Si tuvieran los medios y la oportunidad, parecía concluir la literatura etnográfica y divulgativa, todos engordarían. Ese era el problema.

La sociedad india ofrecía muchas oportunidades para que los observadores británicos pudieran contemplar los problemas morales que podía implicar el amor por la corpulencia. En la imaginación colonial

19. Burnes, A., «Lieutenant Burnes on Sinde», *Calcutta Monthly Journal and General Register*, II, 1836, p. 166.

20. Norman, B. M., *Rambles by Land and Water, or, Notes of Travel in Cuba and Mexico*, Nueva York, 1845, p. 157.

21. Kipling, J. L., *Beast and Man in India: A Popular Sketch of Indian Animals in Their Relations with the People*, Londres, 1891, p. 234.

europea, sin embargo, era África la región que se ligaba a la grasa de forma más sistemática y despreciativa. Las fuentes más antiguas puede que tengan un origen medieval. A principios del siglo XIV, el misionero dominico Jordan Catala de Sévérac había valorado negativamente los cuerpos de África oriental como «muy negros, barrigones, gordos y bajos; con labios gruesos y nariz rechoncha, una frente prominente y unas caras horribles»[22]. Otras personas no europeas habían hecho observaciones semejantes sobre los cuerpos africanos, pero en términos claramente distintos. El viajero marroquí del siglo XIV, Ibn Battuta, reconocía con aprobación una preferencia por las mujeres muy gordas entre las mujeres bardama, una tribu nómada bereber:

> Son mujeres de una belleza perfecta y tienen las figuras más elegantes; son puro blanco y muy gordas. No he visto en este país ninguna que esté tan gorda. Se alimentan de la leche de las vacas y de mijo molido, que beben, mezclado con el agua, sin cocer, por la noche y por la mañana[23].

Como ya habíamos visto en el caso de Alpini, las reacciones europeas ante las prácticas de engorde africanas eran más negativas, y la combinación de fascinación y repulsión que dichas costumbres locales provocaban se iba haciendo más habitual a medida que las expediciones europeas se adentraban aún más en África a finales del siglo XVIII.

En algunos casos lo que era más llamativo era el engorde deliberado y forzado de las niñas. El explorador escocés Mungo Park, cuando viajaba entre los pueblos moros a finales de la década de 1790, fue la fuente de un relato que circuló ampliamente. Confirmando los informes franceses previos sobre las costumbres moras[24], Park se maravillaba por cómo

22. Citado en Phillips, K. M., *Before Orientalism*, p. 185.

23. Citado en Waines, D., *The Odyssey of Ibn Battuta: Uncommon Tales of a Medieval Adventurer*, Londres, 2010, p. 174.

24. Véase Durand, J.-B.-L., *Voyage au Sénégal fait dans les années 1785 et 1786*, París, 1807, p. 89.

> la gracia de figura y movimiento y un rostro avivado por la expresividad no son en absoluto puntos esenciales de su criterio [de belleza femenino]; sino que para ellos belleza y corpulencia parecen ser términos casi sinónimos.

Lo que Park describía como «un gusto dominante por la inmanejabilidad del bulto» impulsaba a las madres a alimentar a sus hijas con copiosas cantidades de cuscús y leche de camella para que un día pudieran alcanzar el tamaño corporal deseado que las prepararía para el matrimonio:

> Una mujer, incluso de pretensiones modestas, no debe poder caminar sin un esclavo bajo cada brazo para sostenerla y una belleza perfecta es una carga para un camello[25].

El francés René Caillié no encontró nada que admirar en estas opiniones estéticas cuando exploró la cercana región de Brakna en la década de 1920. «Los moros no tienen interés en la belleza de las formas o de la mente», concluyó de manera tajante; más bien «lo que para nosotros es un defecto es un atractivo para ellos». Entre los aspectos más citados del relato de Caillié se contaban detalles acerca de cómo se engordaba deliberadamente a las niñas, incluso cómo se las pinchaba, golpeaba y atormentaba si no conseguían tragarse unas cantidades masivas de comida para que pudieran ser «enormes» a la edad de doce años[26].

La información contenida en los informes de Park y Caillié se citó y reprodujo ampliamente a lo largo del siglo XIX. Pero la población metropolitana europea pudo ser testigo directo de la corpulencia africana, en la persona de Saartjie Baartman. Baartman fue secuestrada de su hogar en el sur de África y exhibida en Gran Bretaña y Francia bajo el sobre-

25. Park, M., *Travels to the Interior Districts of Africa*, Londres, 1800, p. 181.

26. Caillié, R., *Journal d'un voyage à Temboctou et à Jenné, dans l'Afrique centrale*, París, 1830, vol. I, pp. 99-100. Para una descripción de acontecimientos similares en Túnez, véase Salamon, H.; Juhasz, E., «"Goddesses of Flesh and Metal": Fattening Jewish Brides in Tunisia», *Journal of Middle East Women's Studies*, VII/1, 2011, pp. 1-38.

nombre de la «Venus hotentote», desde 1810 hasta su muerte en 1815[27]. Muchos estudios han señalado con razón el nexo de la raza y la sexualidad presente en las exhibiciones públicas del cuerpo de Baartman en los inicios del siglo XIX, pero han prestado menos atención al papel que esta «salvaje» jugó en las percepciones médicas europeas sobre la gordura. De hecho, las enormes nalgas de Baartman se entendían popularmente como una señal de corpulencia más que de esteatopigia y se invitaba a los espectadores, además de a pasmarse ante su cuerpo, a tocarla y palparle el culo[28]. Que la gordura era una de las principales razones de la fascinación era algo que percibió bien William Wadd, que aprovechó la oportunidad para, en su libro *Cursory Remarks on Corpulence*, ilustrar el «asqueroso exceso» que preferían las sociedades sin refinamiento recordando a sus lectores que «últimamente habían visto un ejemplo [de ello] en la Venus Saartjie»[29]. Sin duda se podía extraer un placer sexual de un cuerpo así, opinaba el filósofo Victor Cousin, pero un placer de ese tipo nunca sería un criterio para medir la auténtica belleza, como la que se podía encontrar en la Venus de Medici[30]. La Venus hotentote arrojaría una larga sombra sobre las percepciones de la gordura y la civilización durante el siglo XIX y principios del siglo XX, y muchos se harían eco de los sentimientos de Robert Chambers, que recordaba cómo esta «pobre desgraciada mujer» poseía «una figura intensamente fea, distorsionada más allá de todas las nociones europeas de la belleza»[31].

27. Gilman, S. L., «Black Bodies, White Bodies: Toward an Iconography of Female Sexuality in Late Nineteenth-century Art, Medicine, and Literature», *Critical Inquiry*, XII, 1985, pp. 204-42; y Fausto Sterling, A., «Gender, Race, and Nation: The Comparative Anatomy of "Hottentot" Women in Europe, 1815-1817», en *Deviant Bodies: Critical Perspectives on Difference in Science and Popular Culture*, Urla, J.; Terry, J. (ed.), Bloomington, IN, 1995, pp. 19-48.

28. Crais, C. C.; Scully, P., *Sarah Baartman and the Hottentot Venus*, Princeton, NJ, 2008, p. 93.

29. Wadd, W., *Cursory Remarks*, p. 56.

30. Reddy, W. M., *The Navigation of Feeling: A Framework for the History of Emotions*, Cambridge, 2001, p. 223.

31. Chambers, R., *The Book of Days: A Miscellany of Popular Antiquities*, Londres, 1864, vol. II, p. 621.

Ya se citara como prueba del deseo sexual o del estatus social, el aprecio que podía suscitar la corpulencia extrema en África y otras regiones era algo sorprendente para los testigos europeos. Muchos estaban tentados de asociar el engordar con formas inferiores de animalidad: «Si hay que considerar la obesidad como una señal de realeza», escribía el explorador sueco Charles Andersson después de su encuentro con el rey de Ondonga, «sin duda Nangaro era "un rey de los pies a la cabeza"». En este sarcástico informe, Andersson no encontraba en Nangaro rastros de la majestad o del porte regio que se esperaba en los monarcas europeos. Lo que encontró en lugar de ello fue la figura menos agraciada y más inmanejable que haya visto nunca. Su caminar se parecía más a los andares de un pato que al paso firme y suelto que estamos habituados a asociar con la realeza.

Al comparar a Nangaro con un pato en lugar de con un león, el símbolo habitual de la realeza europea, Andersson evocaba la antigua tendencia a asociar a las personas muy gordas con ganado y, por lo tanto, con el sometimiento más que con el dominio, con la necedad y no con la *gravitas*. El añadido de la imaginería porcina completaba este insultante retrato. Especulando sobre por qué un hombre así habría sido elegido rey en primer lugar, Andersson suponía que tenía algo que ver con la necesidad de la gente de encontrar varones con una tendencia natural hacia la corpulencia o, «más habitualmente, para cebarlos para su cargo como cebamos aquí a los cerdos»[32].

Se pueden detectar aquí los ecos del antiguo desprecio por los gordos Ptolomeos de Egipto o por Dioniso de Heraclea. Lo que se podía aplicar a los reyes africanos se podía aplicar también con facilidad a otros notables corpulentos. Durante sus viajes a lo largo del río Níger, el geógrafo belga Adolphe Burdo expresaba una sorpresa monumental ante que

> cualquier pueblo, por muy bárbaro que sea, pueda encontrar algún encanto [*du charme*] en esta monstruosa deformidad, pero resulta que

32. Andersson, C. J., *Lake Ngami, or, Explorations and Discoveries during Four Years' Wanderings in the Wilds of South Western Africa*, Londres, 1857, pp. 146–7.

así es. Algunas mujeres pesan doscientos kilos. Y estas son las favoritas de los reyes y los potentados. Apenas podemos dar crédito a nuestros ojos y nuestros oídos.

Secuestrada de su hogar en el sur de África, Saartjie Baartman fue expuesta en Gran Bretaña y Francia con el apodo de la «Venus hotentote», desde 1810 hasta su muerte en 1815. «Love and Beauty — Saartjie the Hottentot Venus», c. 1810.

A Burdo le asustó especialmente la apariencia de una oráculo tribal llamada Agimi, cuyo cuerpo le evocaba asociaciones con el mundo vegetal, además de con el animal. Con una cara que era «fofa, como la fruta pasada [*lachée, comme blette*]», Agimi salía a cuatro patas de su tienda quizás, especulaba Burdo, porque su peso la imposibilitaba levantarse o caminar. Combinada con su rostro «pasado», esta postración propia de una bestia impulsó a Burdo a concluir que «nada en ella justificaba la veneración que se la tenía. Para mí era sencillamente un monstruo»[33]. Ya se había establecido hacía un siglo que «no hay gracia sin movimiento»[34], lo que es una de las razones por la que la manera de acercarse de Agimi parecía un insulto al comportamiento humano, así como a la capacidad del ser humano de mantenerse erguido.

Gracias a estos y a otros relatos de viajes, África y las poblaciones africanas se vincularían estrechamente con la grasa en los informes de viaje y etnológicos europeos. Cuando no estaban escribiendo acerca de lo corpulentas que podían llegar a ser las personas africanas, los viajeros criticaban la «blandura» y la indolencia general de su temperamento. Esto, opinaban, tenía como resultado una falta de fuerza de voluntad que se veía en general como una de las causas del aumento de peso. Los misioneros hacían observaciones parecidas. Aunque tendían a destacar el vínculo percibido entre el exceso de «carne» y la sexualidad, a veces se hacían eco del apóstol Pablo y acusaban a una u otra tribu de ser «esclavos del estómago» o de que adoraban a sus estómagos como a dioses[35]. Estas afirmaciones sin duda animaron a algunas ideologías proesclavistas en Estados Unidos a decir que las personas negras comían de más, «como las criaturas», y que a menudo «se atiborraban de carne grasa»[36]. Otras incluso se las apañaban para encontrar la corpulencia con independencia del físico lamentando la falta de espíritu emprendedor

33. Burdo, A., *Niger et Bénué: Voyage dans l'Afrique centrale*, París, 1880, pp. 236-7, 274-5.

34. Beaumont, H. [Spence, J.], *Crito; or, A Dialogue on Beauty*, 2ª ed., Londres, 1752, p. 35.

35. Por ejemplo, véase Krapf, Rev. Dr J. L., «East-Africa Mission», *Church Missionary Record*, XVII, 1846, p. 6.

36. Citado en Smith, M. M., *How Race Is Made: Slavery, Segregation, and the Senses*, Chapel Hill, NC, 2006, p. 44.

y la «obesidad mental» que detectaban entre los pueblos pastoriles africanos[37]. Estas generalizaciones podían incluso extenderse a todas las personas negras, de las que, al igual que la mayoría de la población de la India, se pensaba que tenían grasa en sus mentes aunque sus cuerpos estuvieran delgados. Como es habitual, se sacaban a pasear los ideales clásicos para subrayar la naturaleza «asquerosa» de estos gustos:

> Los griegos alababan la figura esbelta y grácil; los moros premian la gordura cercana a la obesidad; y engordan a sus mujeres para el matrimonio como se ceban nuestros pavos para el día de Navidad o de Acción de Gracias[38].

¿Es justo decir entonces que el clérigo y viajero inglés Sabine Baring-Gould estaba recuperando una fórmula corriente para opinar pomposamente que «mientras que el espíritu europeo ha logrado ideales como la Madonna de Rafael [...] el negro no se ha representado otro tipo de belleza en la mente más que la obesidad»?[39]

Ultramar y sobrepeso

Incluso con estas breves pinceladas del mundo colonial podemos ver la manera tan expansiva en que se imaginaba la «grasa» en el siglo XIX. Además de ser algo que se amasaba en el interior del cuerpo, la grasa se frotaba en la superficie de este y venía dentro de la comida. La grasa ni siquiera tenía que ser material para ser activa: disparaba las imaginaciones de quienes sufrían malnutrición e incluso existía metafóricamente para describir la insensible estupidez («obesidad mental») de esta o aquella población. Como ya vimos en el capítulo 8, en algunos casos la grasa era una sustancia tan preciada que se robaba

37. Carne, J., *Lives of Eminent Missionaries*, Londres, 1833, vol. II, p. 122.
38. Nichols, T. L., *Woman, of All Ages and Nations*, Nueva York, 1849, p. 16.
39. Baring-Gould, S., *The Mystery of Suffering*, Londres, 1877, p. 50.

del cadáver. Por eso, cuando no se les acusaba de robar criaturas «para obtener su grasa, con la que cebaban los anzuelos»[40], se decía de los aborígenes australianos que les obsesionaba tanto el tema que vivían con miedo de que sus enemigos, tanto hechiceros como guerreros, robaran de sus cuerpos la grasa de los riñones[41]. Puesto que estas afirmaciones se desenvolvían contra el telón de fondo de la ansiedad en aumento por la corpulencia dentro del propio Occidente, la imaginación colonial jugó un papel fundamental en el proceso por el que la grasa se denostó como la antítesis de los ideales occidentales de belleza y deseo.

Aunque toda esta palabrería grasienta que relaciona la gordura y el salvajismo parece un poco intensa a la luz de la propia historia (sin duda silenciada) del canibalismo medicinal europeo, lo que revela es cómo esta última había cambiado en un periodo relativamente corto. Después de todo, no había pasado demasiado tiempo desde que franceses y británicos se intercambiaban relatos acerca de cómo las brujas, los hombres lobo y los revolucionarios robaban la grasa de los cuerpos inocentes. Pero aunque la grasa humana hubiera perdido el favor médico y los cuentos de los hombres del saco que robaban grasa se hubieran acallado, resultó que la cultura europea se preocupaba mucho más sobre la grasa que hinchaba desde el interior sus cuerpos cada vez mejor alimentados y más sedentarios. Pero esto no ocurrió inmediatamente y, durante la primera parte del siglo, la corpulencia entre los varones de clase media se toleraba, de hecho incluso se fomentaba, como una especie de prueba de estatus e incluso de civilización. Esta valoración de la gordura masculina en los cuerpos de la elite se basaba en la premisa de que el éxito financiero era señal de una masculinidad burguesa que no dependía de un cuerpo vigorosamente activo para ser creíble. En su muy conocida *Fisiología del gusto* (1825), Brillat-Savarin entregaba un elogio tibio de la relación entre la corpulencia, el género

40. Angas, G. F., *Savage Life and Scenes in Australia and New Zealand*, 2ª ed., Londres, 1847, vol. I, p. 73.

41. Bennett, G., *Wanderings in New South Wales, Batavia, Pedir Coast, Singapore, and China*, Londres, 1834, vol. I, p. 295; Haydon, G. H., *Five Years' Experience in Australia Felix*, Londres, 1846, p. 111.

y la civilización. Concediendo que beber y comer en exceso era un rasgo humano que unía a los mundos civilizado y «salvaje», proponía que lo que los salvajes hacían por el impulso de un puro apetito, se llevara a cabo en el mundo «civilizado» en los círculos selectos de las cenas elegantes y del conocimiento experto[42]. Así, a pesar de las advertencias médicas cada vez más numerosas acerca de los peligros para la salud de ganar demasiado peso, las elites masculinas aún podían tolerar la corpulencia como un feliz indicio de su estatus. Los «salvajes» podían devorar su comida como animales —después de todo, ambos «pastaban» (*se repaissent*), más que «comer» (*manger*)— pero solo los civilizados tienen los medios y el discernimiento que les permite comer bien y engordar[43].

Esta opinión habría sido bien recibida entre esos orondos burgueses que abrazaban sus panzas hinchadas como una prueba de su éxito mundano. Aunque tenían muchísimo que decir acerca de la apariencia que debían tener las mujeres, los hombres burgueses de ambos lados del Canal parecían preocuparse mucho menos de que sus propios cuerpos se desviaran de los criterios clásicos de salud y belleza. Eran aquellos tiempos en los que un hombre gordo podía recibir «felicitaciones por la robustez de su porte, y la considerable rubicundez de su rostro»[44]. Por eso el sacerdote unitario nacido en Gran Bretaña, Henry Giles, podía decir, en su famosa declaración de 1850, que

> hay algo cordial en un hombre gordo. A todo el mundo le cae bien y a él le cae bien todo el mundo. La comida hace bien al hombre; se le adhiere, fructifica sobre él; él se va hinchando noblemente y rellena un espacio generoso de la vida.

La imaginería orgánica compite con las metáforas mecánicas en la descripción que hace Giles del feliz hombre gordo que «tiene una

42. Brillat-Savarin, J. A., *Fisiología del gusto*, p. 161.
43. *Ibid.*, p. 15.
44. «The Physician. - No. XII. On Corpulence», *New Monthly Magazine*, X, 1824, p. 181.

profusión de ricos jugos» e incluso «los engranajes de su sistema están bien engrasados; las fuentes de su ser son silenciosas»[45].

Este complaciente retrato de los hombres gordos y felices no debería exagerarse porque sin duda estaba ya desapareciendo en el momento que Giles lo describió. Aunque los hombres prósperos apreciaban la rotundidad como una prueba de «civilización», sus generosas proporciones eran también objeto de crítica por razones médicas, morales y estéticas. Por una parte, podía interferir en la locomoción de maneras que disminuían la capacidad de los caballeros de mostrar su estatus paseando por las calles de la ciudad. Así Honoré de Balzac y otros escritores ofrecieron sus críticas acerbas de la corpulencia burguesa[46]. Críticas parecidas surgían al otro lado del Atlántico. Los escritores americanos afirmaban que una gordura así representaba «una inversión del orden de la naturaleza» que no era «nada elegante»[47]. Más allá de las cuestiones estéticas, la gordura excesiva también conservaba sus vínculos con la necedad y la falta de sensibilidad. Demasiada *graisse* y carne solamente podía terminar por «embotar la sensibilidad física [y] debilitar las facultades morales», sentenciaba el autor de un panfleto médico francés[48]. Sin duda la gordura podía denotar un determinado nivel de estatus y poder en los varones de mediana edad, pero esto no impedía que se dijera de esa persona con éxito que se había «espesado y animalizado de más»[49].

La gordura estaba empezando también a señalar un posible viaje desde la blanquitud civilizada hasta algún estadio inferior del desarrollo humano. Al contrario de las afirmaciones de Brillat de que *les sauvages*

45. Giles, H., *Lectures and Essays*, Boston, MA, 1850, vol. I, p. 2.

46. Balzac, H. de, *Tratado de la vida elegante; seguido de Teoría del andar*, Porta i Arnau, M. (trad.), Casiopea, 2001; Huart, L., *Physiologie du flâneur*, parte 2, París, 1841, pp. 12-13.

47. «Editors Table: A Talk with Some of Our Correspondents», *The Knickerbocker*, XI/4, 1838, pp. 389-90.

48. Saint-Frajou, P** de, *Obésité, ou, Excès d'embonpoint: Moyens propres à la prévenir et à la combattre*, París, 1834, p. 9.

49. James, T. A., *Count Cagliostro, or, The Charlatan*, Londres, 1838, vol. I, p. 3.

no conocían la corpulencia, a mediados de siglo la relevancia de la gordura para los pueblos no occidentales ya era un hecho bastante difundido. Para algunos se había convertido en una auténtica señal de retraso cultural. Al paleontólogo Marcel de Serres se le escuchó defender la «degradación orgánica y funcional proporcional a medida que descendemos de la raza caucásica a las razas inferiores», y la correlación del progreso humano con la disminución del tamaño de la barriga. «El efecto de la civilización», defendía Serres,

> parece consistir en disminuir la capacidad del abdomen, que en las vidas vegetativas y animales de salvajes y bárbaros alcanza un tamaño considerable. Los chinos, los indios americanos, las tribus africanas y muchos otros pueblos, son todos conocidos por su corpulencia.

Aunque un físico «moderado» siguió siendo el ideal durante la mayor parte del siglo, Serres insistía en que la delgadez y no la corpulencia era la auténtica vara de medir de la civilización. Los cuerpos, así como las «vidas vegetativas y animales de salvajes y bárbaros», así lo demostraban[50]. Harían falta varias décadas más para que el vínculo entre la delgadez y la civilización formara parte del sentido común. No obstante, ya en la década de 1880, mucha gente habría estado de acuerdo con la feminista y opositora de la vivisección Anna Kingsford, que decía que «casi todas las razas activas, inventivas y conquistadoras son de costumbres magras, mientras que las naciones inertes y meditativas exhiben una tendencia a la obesidad»[51]. Afirmaciones así se prolongarían hasta el siglo siguiente.

No todos los casos de corpulencia se explicaban mediante referencias a las preferencias y hábitos «primitivos». Los factores medioambientales también contaban. Mucho antes de que Estados Unidos

50. Citado en «Progress of the Human Species», *Hogg's Weekly Instructor*, l, 1849, pp. 33–4.

51. Kingsford, A., *Health, Beauty, and the Toilet: Letters to Ladies from a Lady Doctor*, Londres, 1886, p. 9.

conquistara el título, se consideraba que el pueblo británico era el más gordo del mundo occidental, un logro que generalmente se atribuía al clima frío y húmedo de la isla, así como al éxito comercial que animaba a las elites a comer más y hacer menos ejercicio. En aquel momento esto podía verse como una cuestión positiva. Si la robusta figura de John Bull expresaba la felicidad y la prosperidad inglesa, los hombres gordos de verdad, como Daniel Lambert, que pesaba 317 kilos, estaban muy presentes en la imaginación nacional así como en la mente del turismo extranjero[52]. Desde los tiempos de los autores hipocráticos, se ha pensado a menudo que el medio ambiente ejerce un impacto importante sobre el peso y el tamaño relativo de los cuerpos, así como sobre el carácter moral de los pueblos. Era por lo tanto sencillo aceptar la corpulencia inglesa como un efecto del medioambiente frío y húmedo de las islas británicas. Otros fenómenos medioambientales contribuían también a la gordura. Durante años se creyó que los carniceros eran especialmente proclives a la corpulencia, no porque su dieta se basara principalmente en la carne, sino porque ingerían continuamente unas partículas minúsculas de carne (conocidas como «efluvios pútridos») que volaban por el aire en sus lugares de trabajo[53]. Esta atmósfera literalmente «carnosa» produciría como resultado unos cuerpos correspondientemente fortachones, aunque el sentido del volumen resultante estaba abierto a interpretaciones. A veces se les caricaturizaba como torpes y estúpidos (cualidades que se adjudicaban

52. Wilson, B., *The Making of Victorian Values: Decency and Dissent in Britain: 1789-1837*, Londres, 2007, pp. 25-6.

53. «La corpulencia (obesidad) y las "grandes barrigas" (dispepsia), de las que muchos presumen como indicios de salud, son exactamente lo contrario, la prueba más clara de las peores enfermedades de la que es heredera la carne humana. [...] Un empleo generoso de filetes, cerveza y ejercicio puede, sin duda, en muchos casos, ser una lograda contrapartida durante un tiempo de la influencia de los efluvios pútridos que emanan de los establecimientos y los mataderos; pero la experiencia cotidiana demuestra, en todos los rincones de la capital, que no son una cura infalible». Sin firma, «Sanitary Improvement in the Slaughterhouse, Larder, and Butcher's Shop», *The Farmer's Magazine*, XLIII/4, octubre de 1855, p. 333. Este fenómeno se observaba también en Francia. Véase Maccary, A., *Traité sur la polysarcie*, París, 1811, p. 77.

a los cuerpos corpulentos en otros oficios manuales), pero también se podía admirar a los carniceros por su naturaleza ruda y su porte físico. En cierto modo como John Bull, durante un tiempo pudieron funcionar efectivamente como símbolos de la virilidad y prosperidad inglesa[54]. Esta ambigüedad con respecto a la corpulencia masculina persistió durante el siglo XIX, proporcionando un telón de fondo bastante tenso para la relación colonial con la gordura de ultramar.

En relación con estas afirmaciones, encontramos la desconfianza acerca del consumo que acompañaba a la potencia comercial británica y a la rápida expansión de su imperio después de las guerras napoleónicas[55]. Un crítico comparaba la expansión del imperio británico con un cuerpo que, de la misma forma que los imperios de antaño, había «crecido mucho o, mejor dicho, se había hinchado de manera antinatural a partir del comercio y entonces [...] se había hundido por su ingobernable corpulencia»[56]. Las preocupaciones británicas por la gordura se elaboraban por lo tanto dentro de un marco colonial en el que las referencias jocosas a la belleza clásica y al vicio a menudo pasaban a ser comentarios despreciativos acerca de las costumbres no occidentales. Los británicos gordos por lo tanto encajaban mal dentro de los criterios estéticos y morales de su propia cultura. Por ejemplo, a finales del siglo XVIII se solía ridiculizar la figura del nabab, un hombre de orígenes modesto y que había hecho fortuna en la India antes de regresar triunfante a su hogar, como si hubiera adquirido tendencias «orientales» mientras estuvo en ultramar. Estas tendencias incluían cultivar una barriga prominente así como un gusto por la gula y la lascivia. El descrédito cultural del nabab se completó en

54. Lawrence, C., «Medical Minds, Surgical Bodies: Corporeality and the Doctors», en *Science Incarnate: Historical Embodiments of Natural Knowledge*, Lawrence, C.; Shapin, S. (ed.), Chicago, IL, 1998, p. 194.

55. Huff, J. L., «Freaklore: The Dissemination, Fragmentation, and Reinvention of the Legend of Daniel Lambert, King of Fat Men», en *Victorian Freaks: The Social Context of Freakery in Britain*, Tromp, M. (ed.), Columbus, oh, 2008, pp. 37-59; Kennedy, M., «"Poor Hoo Loo": Sentiment, Stoicism, and the Grotesque in British Imperial Medicine», en *Victorian Freaks*, pp. 79-113.

56. Baldwin, W. J., «On the Debasement of National Character by Commerce», *The Tradesman, or, Commercial Magazine*, X/4, abril de 1813, p. 294

la época en la que los deportes de equipo alcanzaron protagonismo, en torno a mediados de siglo, momento en el que el varón icónico británico pasó de ser representado por el rollizo John Bull a serlo por el deportista de buena figura[57].

Las referencias cada vez más frecuentes a la inherente superioridad de la masculinidad británica, la mayoría de las cuales elogiaban el músculo a la vez que desdeñaban la flacidez, se emparejaban con intentos de imponer criterios similares en las tropas nativas encargadas de defender el dominio colonial mediante el fomento, entre otras cosas, de los deportes de equipo y las dietas. Así era como Gran Bretaña podía contribuir a «elevar» a los indios. En 1870, preocupado por la prevalencia del aumento de peso entre los oficiales nativos de caballería, el médico del ejército Joshua Duke escribió un librito para promocionar el popular plan de adelgazamiento de William Banting. Duke reveló que, mientras escribía el libro, le habían advertido muchas veces de que no esperara grandes resultados. En la medida en la que la batalla contra la gordura requería mucha «firmeza y determinación», le dijeron, un proyecto tan ambicioso «nunca sería llevado a cabo por los nativos de este país»[58].

El único problema del plan de Duke para adelgazar a los nativos era que los colonizadores tampoco se las apañaban para mantenerse en su peso. Un tal «pitagórico moderno» experimentó un viaje a Calcuta como si se le hubiera «arrojado, por así decirlo, a un mundo nuevo» en el que el sencillo gesto de caminar

> prácticamente se había abolido. Se ven europeos enormes, gordos, inmanejables, llevados por las calles, no en carruajes, sino en palanquines, y no por caballos o bueyes, sino a hombros de otros hombres[59].

57. Collingham, E. M., *Imperial Bodies.*

58. Duke, J., *How to Get Thin, or Banting in India*, 2ª ed., Calcuta, 1870, pp. 7-8, 32.

59. A Modern Pythagorean, «Colonel O'Shaughnessy in India», *Blackwood's Edimburgh Magazine*, XXI, 1827, pp. 653-4.

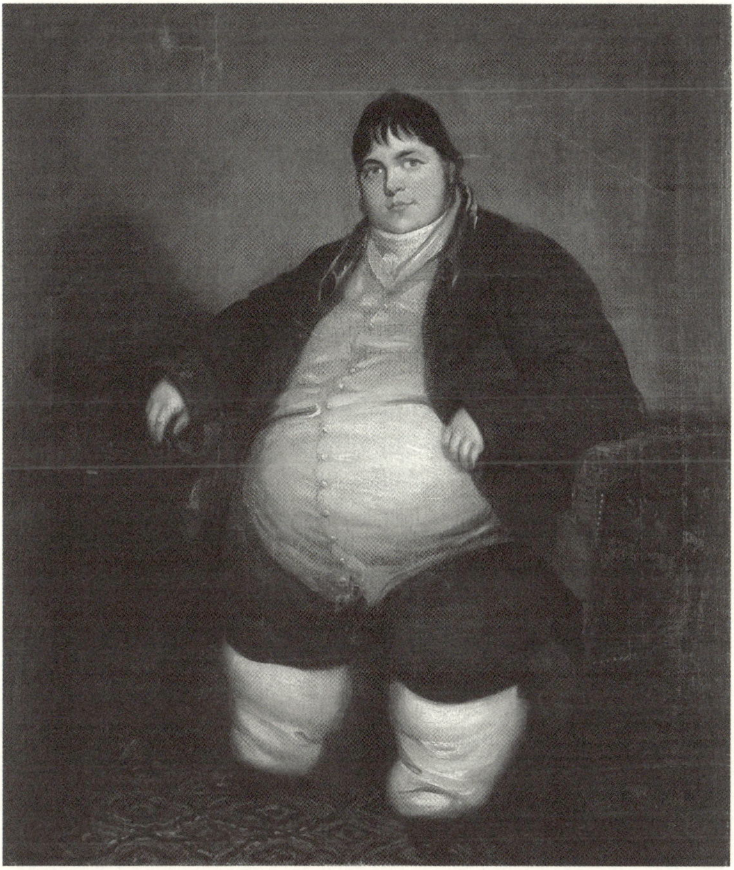

Mucho antes de que Estados Unidos se apoderara del título, se consideraba que la población británica era la más gorda del mundo occidental. Los visitantes extranjeros a menudo esperaban poder atisbar a alguno de los legendarios hombres gordos, como Daniel Lambert y sus 317 kilos de peso. *Daniel Lambert, Weighing Almost Forty Stone*, c. 1800.

Un relato de viajes de mediados de siglo advertía de que una mujer inglesa que quisiera conservar su belleza en la India tendría que mantenerse ocupada para combatir el «demonio del tedio». De otro modo, acabaría sucumbiendo a la nefasta influencia de la propia tierra:

> Cediendo ante las influencias y las sugerencias malvadas de sus criadas, que están siempre a su alrededor, cae víctima de costumbres indolentes y vicios groseros, su forma de sílfide y sus rasgos delicados, señales de su juventud en su llegada, se intercambian rápidamente por un exterior en el que la obesidad y el moreno de la piel son las características más destacadas y la botella y la cachimba sus compañeras más habituales y ofensivas[60].

Tan intuitivo era el vínculo entre India y engordar que una mujer apuntó sencillamente «ir a la India» como la «causa aproximada» de su corpulencia[61].

El destino de los soldados británicos en la India era quizás aún más preocupante. Reconociendo que entre los nativos una buena panza se consideraba un «efecto de la buena vida» y, por lo tanto, un rasgo deseable, los médicos advertían de los «hábitos perezosos» que «pueden ser inducidos» entre los europeos en la India porque «es casi imposible ejercitar las facultades mentales o físicas cuando oprime el intenso calor que domina durante varios meses»[62]. Estas costumbres parecían intensificarse con el estatus, puesto que se decía, tanto de nativos como de europeos, que engordaban más a medida que ascendían hacia el escalafón más alto de los rangos militares. Así, cuando un oficial británico describía cómo un joven al que conocía llegó a la India como un «joven guapo, saludable y fino» solo para volverse con el tiempo «gordo e hinchado» estaba contando lo que sería una experiencia habitual[63]. Estas preocupaciones se hicieron más intensas después de que la Rebelión india de 1857 suscitara preguntas acerca de la situación del poder

60. An Old Resident, *Real Life in India*, Londres, 1847, p. 149.

61. Chambers, T. K., *Corpulence, or, Excess of Fat in the Human Body*, Londres, 1850, p. 140.

62. MacGregor, W. L., *Practical Observations on the Principal Diseases Affecting the Health of the European and Native Soldiers in the Northwestern Provinces of India*, Calcuta, 1843, p. 200.

63. Hervey, A., *Ten Years in India, or, The Life of a Young Officer*, Londres, 1850, vol. I, p. 75.

imperial británico. Un aspirante a confidente que decía querer revelar «la verdad acerca del ejército indio y sus oficiales» describía cómo las condiciones laxas fomentaban

> que muchos oficiales se lo tomaran con tanta calma que, entre comer, beber, ser abanicados y estar tumbados, se volvían [...] tan corpulentos que sus parientes ingleses no los reconocerían[64].

El colono británico gordo se había convertido en un personaje tan habitual que, cuando Joshua Duke hizo una revisión de su libro sobre adelgazamiento en 1885, tuvo que dar cuenta de esta preocupante situación. Reflejando una sabiduría propia de una «experiencia madura», lo que antaño destinaba a la población nativa ahora se dirigía principalmente a los gordos colonizadores. «¿Es posible que el hombre inglés se haya alterado, o que la fortaleza y resistencia de una raza haya en cierto grado sufrido la influencia extranjera y externa?», era la ominosa pregunta que se hacía Duke. «Sería sin duda algo terrible pensar esto»[65].

«El estilo africano de belleza»

El miedo de que la exposición a las culturas no occidentales pudiera tener un efecto deletéreo sobre el cuerpo masculino blanco encajaba perfectamente con las angustias más generales acerca de la degeneración que circulaban a finales del siglo XIX. Se expresaron también preocupaciones semejantes acerca del declive de la feminidad blanca. Colocadas en una posición contradictoria y en buena medida irrealizable, las mujeres solían estar atrapadas entre exigencias contradictorias que les pedían seguir siendo moralmente puras a la vez que atractivas para las fantasías masculinas, una tensión que se jugaba en sus propios

64. Hydaspes, *The Truth about the Indian Army and Its Officers*, Londres, 1861, p. 42.
65. Duke, J., *Banting in India: With Some Remarks on Diet and Things in General*, 3ª ed., Calcuta, 1885, p. 11.

cuerpos. Aunque a las mujeres de clase media a menudo se les había colocado ya de manera inestable entre expectativas en conflicto, fue durante el siglo XIX cuando el foco de la belleza femenina cambió para acentuar la parte «baja» del cuerpo, especialmente los pechos y las caderas, lo que naturalmente transformó esas zonas en sedes de seducción así como de aprensión. Acentuadas mediante el empleo de corsés que apretaban la cintura, durante buena parte del siglo XIX las protuberancias carnales en torno al torso y a las nalgas se consideraron rasgos deseables del cuerpo de una mujer. Este «control selectivo de la carne» hizo que crear una silueta redondeada con el fin de complacer fuera un objetivo mucho más central que la delgadez en sí, aunque la constricción de la cintura anticipaba la delgadez más rigurosa que se le impondría a las mujeres en torno a la década de 1920[66].

Si usar o no corsé y cómo usarlo fueron temas sujetos a ciertos desacuerdos. Aunque la mujer «de cintura amplia» se desviaba de la mayoría de los criterios de la belleza femenina, también se dudaba de la moralidad de aquellas que ceñían demasiado sus corsés o de quienes no los llevaban. Aunque buena parte de la profesión médica condenaba el uso del corsé por razones de salud, el fondo de la cuestión era que el carácter carnal de los lugares «correctos» debía mantenerse mediante una combinación u otra de artilugios ortopédicos y elecciones de estilo de vida. Había una delgada línea entre demasiada carne y escasa carne. Concurriendo en que un grado determinado de *enbompoint* en las mujeres era algo «universalmente agradable», William Wadd insistía en que «esta preferencia se lleva a un exceso asqueroso de manera inversamente proporcional al progreso que los refinamientos hayan hecho en cualquier sociedad»[67]. El médico británico Robert Verity proponía que, con el tiempo, el progreso de la civilización mejoraría «la proporción y cualidad de las estructuras constituyentes de las que se compone el cuerpo humano» y que «transformaría el cuerpo gordo y suculento de la

66. Vigarello, G., *Historia de la belleza*; P. N. Stearns, *Fat History*, p. 158.
67. Wadd, W., *Cursory Remarks*, pp. 45, 56.

campesina en el tejido nervioso de grano fino de la dama de alta cuna»[68]. Este era el consejo habitual en el siglo XIX, especialmente en Francia, donde la belleza femenina era a menudo una fuente de orgullo nacional. Como siempre, había que observar moderación en lo que se refería al físico de las mujeres. «Aunque la delgadez excesiva es horrorosa» advertía un experto en belleza, «el excesivo *enbompoint* es asqueroso»[69].

Aunque la belleza femenina se localizara en algún punto medio entre lo horroroso y lo asqueroso, la asociación habitual entre gordura y sexualidad podía hacer que la corpulencia fuera atrayente, a la vez que peligrosa. Esto daba pie a preocuparse porque los gustos «primitivos» estuvieran empezando a calar en las sensibilidades europeas. No mucho después de que la Venus hotentote se convirtiera en un elemento de la imaginación cultural, los críticos se inquietaron y quisieron aclarar cualquier confusión que hubiera podido tener la gente acerca de lo que constituía la «verdadera» belleza. Un libro británico anónimo de 1825 titulado *The Art of Beauty* ordenaba a las mujeres vigilar su peso antes que adherirse al «estilo africano de belleza»[70]. Sin embargo, a pesar de las advertencias acerca de los gustos desconcertantes de otras culturas, el mundo más allá de Occidente seguía disponible como fuente de consejos de belleza femenina. ¿Dónde si no podría recurrir una mujer muy delgada que quisiera ganar unos kilos y necesitara unos consejos, si no a los seductores y exóticos serrallos de Turquía? Para cultivar «ese enorme *enbompoint* que las vuelve tan preciadas a los ojos de los hombres polígamos de Asia», era aquí donde estas «indolentes criaturas» eran mimadas con baños calientes y masajes, alimentadas con una dieta regular de arroz y pasteles de carne y donde pasaban los días «en lugares llenos de perfumes y flores», liberadas «de cualquier pasión, de cualquier emoción que perturbe»[71]. Aunque

68. Verity, R., *Changes Produced in the Nervous System by Civilization*, Londres, 1837, pp. 58-9.

69. Celnart, É., *Manuel des dames, ou, L'Art de l'élégance*, 2ª ed., París, 1833, p. 125.

70. [Anónimo] *The Art of Beauty, or, The Best Methods of Improving and Preserving the Shape, Carriage, and Complexion*, Londres, 1825, p. 78.

71. Debay, A., *Hygiène et perfectionnement de la beauté humaine*, 4ª ed., París, 1864, pp. 180-81.

numerosos autores criticaban las maneras en las que las mujeres «orientales» eran cebadas como el ganado para satisfacer los apetitos masculinos, pocos escritos sobre belleza olvidaban mencionar estas prácticas cuando se trataba de ganar peso. Los regímenes de engorde requerían que las chicas y las mujeres adoptaran hábitos (como los baños regulares) que en aquella época apestaban a inmoralidad e insalubridad. Como se esperaba de ellas que se conservaran regordetas hasta un determinado grado, «ni demasiado ni demasiado poco», los cuerpos de las mujeres estaban precariamente posicionados entre los contornos castos de los modelos clásicos y la sexualidad exótica del harén[72].

Las prácticas de engorde de los harenes turcos se recomendaban en general a aquellas mujeres occidentales que, encontrándose demasiado delgadas, desearan ganar peso. Imagen de A. H. Keyne, *The World's People* (1909).

72. Brillat-Savarin, J. A., *Fisiología del gusto*, p. 173.

Es difícil calcular el impacto de estas imágenes en la práctica. Hacer dieta no se convertiría en una obsesión masiva hasta dentro de varias décadas, y una investigación sobre los diarios de las chicas americanas de esa época apunta a que la apariencia aún no había eclipsado a la moralidad como la finalidad principal de las vidas de las chicas[73]. Sin embargo, en una fecha tan temprana como 1835, a los progenitores y docentes franceses se les advertía de que las chicas regordetas estaban neciamente adoptando la delgadez como el epítome de la belleza. Sucumbiendo a este «prejuicio fatal», advertía un médico, estas chicas estaban destrozándose la salud para poder «llegar a un estado esquelético, el estado más desgraciado de todos»[74]. Otros se metían con los cambios en la moda que parecían reflejar el deseo opuesto de copiar la predilección «primitiva» por la gordura. Se decía a menudo que el polisón, un armazón acolchado que se vestía por debajo de la cintura para impedir que el vestido de la mujer arrastrara por el suelo, reflejaba un deseo perverso de emular el «polisón natural» de Saartjie Baartman y suscitó afirmaciones de que los criterios estéticos europeos habían degenerado desde la Venus de la Antigüedad hasta la Venus hotentote[75]. En la cultura popular, las fronteras convencionales entre lo hermoso y lo feo también parecían estar en peligro. Las ferias de «monstruos» ambulantes, que exhibían señoras gordas así como diversos pueblos «primitivos», destacaban diferencias físicas que podían reforzar las normas de la clase media, pero también suscitaban angustias sobre si el público no podría distinguir entre la belleza y la deformidad. Hubo quien se preocupó porque dicha confusión pudiera destruir todas las distinciones entre lo hermoso y lo feo, lo saludable y lo enfermizo, lo civilizado y lo salvaje[76].

73. Brumberg, J. J., *The Body Project: An Intimate History of American Girls*, Nueva York, 1997, pp. XX–XXI.

74. Bureaud-Riofrey, A.-M., Éducation *physique des jeunes filles, ou, Hygiène de la femme avant le mariage*, París, 1835, p. 128.

75. Véase «A Short Chapter on Bustles», *Irish Penny Journal*, I/18, 1840, pp. 140–41; y Sala, G. A., «Lady Chesterfield's Letters to Her Daughter», *The Welcome Guest*, I/7, 1860, p. 134.

76. O'Connor, E., *Raw Materials: Producing Pathology in Victorian Culture*, Durham, NC, 2000, pp. 153–4; Durbach, N., *Spectacle of Deformity: Freak Shows and Modern British Culture*, Berkeley, CA, 2010.

Aunque los temas estéticos predominaban en estos discursos gordófobos, las preocupaciones por la agencia y la humanidad femenina también eran un factor para quienes objetaban contra el engorde forzado de las chicas no occidentales. Además de la afirmación que se escuchaba con frecuencia de que el exceso de grasa «corrompe» la belleza, se recordaba que, cuando está lastrada por la grasa, «el alma se ve oprimida por el enorme peso de esta sustancia». La corpulencia por lo tanto obstaculizaba «todas las funciones del entendimiento»[77]. Admitiendo las sutiles relaciones entre el deseo y el poder, en varios comentarios se postulaba que el placer que los hombres asiáticos y africanos derivaban de las mujeres excesivamente gordas apenas ocultaba su deseo tiránico de dominarlas. Variaciones sobre la afirmación de que «las mujeres orientales son cebadas para el matrimonio de la misma manera que en Occidente cebamos a los cerdos para venderlos en el mercado»[78] se repitieron durante todo el siglo, así como las quejas acerca de cómo los cuerpos de estas mujeres se volvían sensuales, indolentes y vanidosos porque su carne se había «alimentado a expensas de su alma»[79]. El escritor francés Paul Belouino señalaba así que la alimentación forzada de las esclavas jóvenes en determinados países árabes representaba un deseo de «esposar la libertad de las mujeres bajo la carga de un excesivo *embonpoint*», un deseo que era sorprendentemente parecido a la práctica china de vendar los pies[80]. Otros señalaban la lógica perversa que transformaba el «*embonpoint* más excesivo y la prisión perpetua que este supone en principios de honor, sabiduría y buen gusto»[81]. Obviando las formas en las que los ideales de belleza occidentales reprimían los cuerpos femeninos a través de la dieta, el corsé y otras tecnologías

77. Lorraine, S. de, *Les Secrets de la beauté du visage et du corps*, París, 1855, pp. 31, 37.

78. Kingsford, *Health, Beauty, and the Toilet*, p. 9.

79. Hell, A. H. de, «Les Arméniennes à Constantinople», *La Revue de l'Orient: Bulletin de la Société Orientale*, VII, 1845, p. 138.

80. Belouino, P., *La Femme: Physiologie, histoire, morale* [1845], 2ª ed., París, 1853, p. 217.

81. Roselly de Lorgues, A.-F.-F., *La Croix dans les deux mondes, ou, La Clef de la connaissance*, 4ª ed., París, 1847, pp. 94–5.

de la indumentaria, la alimentación obligatoria se presentaba como una animalización discapacitante que volvía a las mujeres inmóviles y estúpidas, además de poco atractivas. Proclamando sus objeciones a lo que podría denominarse un «despotismo oriental», había quien insistía en que el respeto por las mujeres dependía en parte de la liberación de esa cárcel de carne. «Cuando las aves sufren cautividad, engordan. Así ocurre con las prisioneras del Oriente»[82].

Esta descripción del cebado como una forma de sometimiento e incluso de encarcelamiento no solamente evocaba las ideas antiguas acerca de cómo los animales domesticados y los tiranos asiáticos estaban «esclavizados» por su gordura. También reforzaba las impresiones de que la gordura era una especie de «invasión» del cuerpo que, si se quería resistir, exigía fuerza de voluntad y decisión. Las representaciones de la grasa como una «invasora» extranjera del cuerpo blanco civilizado se hicieron habituales a partir de mediados del siglo XIX. En una obra que se hizo increíblemente popular, *Letter on Corpulence*, el reformador de la dieta William Banting defendía el empleo repetido de la palabra «parásito» para describir los efectos de la adiposidad en el cuerpo: «Si la grasa no es un enemigo insidioso que se cuela en el cuerpo, no sé qué otra cosa podría serlo»[83]. La batalla enfrentaba la fuerza de voluntad de las mujeres contra sus propios cuerpos, así como contra el peso del mundo. Si la «obesidad» ahora representaba lo que un médico francés denominaba «el enemigo de la belleza femenina (al menos en Occidente)», entonces la acción de contener dicha «invasión» equivalía a repeler desde el yo civilizado el salvajismo acechante que la grasa representaba[84]. La agencia femenina, al menos en relación con la adopción de los criterios de belleza, se articulaba hasta cierto punto haciendo referencia a este enemigo interior. En este imaginario, podemos atisbar destellos de lo que sería ya un lugar común en los inicios del siglo XX. En 1901, Ella Fletcher ya decía a sus lectoras que lo

82. Henricy, *Mœurs et costumes*, p. 82.
83. Banting, W., *Letter on Corpulence*, 3ª ed., Londres, 1864, p. 43.
84. Monin, E., *Hygiène de la beauté*, París, 1890, pp. 16-20.

primero que debía preguntarse una mujer cuando adquiere conciencia de su peso es: «¿Voy a permitir que este amo agazapado me supere? ¿Acaso no soy lo bastante fuerte como para defender mi libre voluntad?»[85]. Es la misma pregunta que podría haber pasado por las mentes de las sufragistas encarceladas a las que, habiéndose puesto en huelga de hambre en 1917, se las alimentaba a la fuerza con un tubo tres veces al día mientras estaban tumbadas desnudas en la cama, sujetadas por vigilantes varones. Bajo esas condiciones «la delgadez y la abstinencia había adoptado una nueva seriedad, a veces incluso heroica»[86]. Promovidas por las defensoras de los derechos de las mujeres como una forma de fortalecer y mejorar la salud de los cuerpos femeninos, las técnicas de adelgazamiento resaltaban la agencia femenina incluso aunque fomentaran la sumisión a los ideales estéticos[87].

El volumen y el peso de los cuerpos reales, esta realidad de la que no se podía escapar, parecía mitigar la imagen bastante etérea de la feminidad que imperaba en la época victoriana. Como han mostrado numerosos estudios, las apelaciones al autocontrol femenino se basaban en la premisa ya muy antigua de que las chicas y las mujeres estaban fundamentalmente dominadas por la presión vertical y hacia abajo de sus robustas naturalezas. Si sumamos las afirmaciones que habían perdurado acerca de que la gordura excesiva podía producir esterilidad en lugar de fertilidad, así como las preocupaciones ya exacerbadas acerca de que las sustancias grasientas evocaban la inmundicia, la descomposición y los deseos ilícitos, encontramos aún más ingredientes para los intentos de controlar la corporalidad femenina. Espoleados por la estética neoclásica y romántica, una serie de artistas abordó la verdadera belleza como algo desconectado de los hechos de la existencia orgánica. En el caso de John Ruskin, por escoger un ejemplo extremo, el descubrimiento de que las mujeres de verdad tenían un vello púbico

85. Fletcher, E. A., *The Woman Beautiful*, Nueva York, 1901, p. 409.

86. Schwartz, H., *Never Satisfied*, p. 124.

87. Vester, K., «Regime Change: Gender, Class, and the Invention of Dieting in Post-Bellum America», *Journal of Social History*, XLIV/1, 2010, pp. 39-70.

que nunca se había descrito en las estatuas griegas que él adoraba le provocó una oleada de asco tan potente que fue incapaz de tener relaciones sexuales con su esposa (en lugar de ello cultivó una casta adoración hacia los cuerpos de las chicas pubescentes)[88]. Esta visión bastante descorporeizada de la belleza femenina se reflejaba también en el «culto a la invalidez» del siglo XIX, que premiaba las representaciones de las mujeres como seres débiles, enfermizos y casi al borde de la muerte, todo lo cual enfatizaba el triunfo de un ideal espiritual más que terrenal[89].

Esta incorporeidad aparente tanto podía inspirar estas fantasías de desmayo como otras fantasías de vuelo. En torno a mediados de siglo, la ballerina italiana Maria Taglioni maravilló al público bailando en puntas (*en pointe*), lo que daba la impresión de que era una sílfide ingrávida. Aparecía así un ejemplo vivo de las «formas de sílfide» que no había conseguido encontrar Edward Dodwell en la Atenas moderna. Transformada en un símbolo famoso a escala mundial del carácter etéreo de lo femenino, que «parecía trascender la condición material de la humanidad»[90], Taglioni marcó el criterio para el tipo de cuerpos ligeros y sin grasa que se consideraba esencial que tuvieran las bailarinas[91]. Equivalga esto o no a una «cultura victoriana de la anorexia», no hay duda de que, a medida que la belleza se concebía cada vez más como un logro y, por lo tanto, como una acción fruto de la planificación y de la fuerza de voluntad, se esperaba que las mujeres monitorizaran sus cuerpos como no lo habían hecho hasta ese momento[92]. El control sobre la grasa se convertiría en una estrategia central de esta campaña más general, cuyos objetivos nunca fueron superficiales.

88. Miller, W. I., *Anatomía del asco*, p. 89.

89. Dijkstra, B., *Idols of Perversity: Fantasies of Feminine Evil in Fin-de-Siècle Culture*, Oxford, 1986, pp. 83-96.

90. Goodall, J. R., *Performance and Evolution in the Age of Darwin*, Londres, 2002, p. 191.

91. Macaulay, A., «Judging the Bodies in Ballet», *New York Times*, 3 de diciembre de 2010.

92. Silver, A. K., *Victorian Literature and the Anorexic Body*, Cambridge, 2004, p. 27.

Los vínculos entre el exceso de carne femenina y la inmoralidad facilitó conexiones posteriores entre la corpulencia y los deseos «salvajes» de ultramar. En una aparente ampliación de lo que tenía lugar en el serrallo, se decía que las prostitutas, tanto las que ejercían en Occidente como en el extranjero, solían engordar gracias a los baños calientes así como debido a la vida sedentaria y placentera que llevaban[93]. A finales de siglo, el criminólogo italiano Cesare Lombroso, descartando las explicaciones habituales que se ofrecían para la «obesidad excesiva» de las prostitutas (los baños calientes, los preparados de mercurio, etc.), especulaba en cambio con que esta propensión podría deberse a las «vidas animales» que llevaban y que tal vez tuviera «un origen atávico». Por si alguien dudaba aún de una propuesta de esta envergadura, Lombroso recurría a las mujeres cuya gordura ya había sido explicada de esta manera. «Las mujeres hotentotes, africanas y abisinias engordan muchísimo cuando son ricas y están ociosas», observaba, y aquí también «la razón de este fenómeno es atávica». Pero la gordura de este tipo nunca era exclusivamente extranjera. Lombroso se centró en Europa para su última «prueba», observando que «en las cárceles y manicomios, las mujeres lunáticas están exageradamente más gordas que los hombres»[94]. Mediante esta cadena de diagnósticos asociados, se vinculaba rápidamente a las mujeres inmorales con las mujeres primitivas de ultramar y con las locas del propio país, pues en todos los casos su inadecuación para la inclusión en la sociedad «civilizada» era algo conspicuo y evidente en sus cuerpos. La gordura, en otras palabras, era algo primitivo y animal, puede que incluso criminal. Una mujer blanca de clase media habría tenido que estar loca para permitir que su cuerpo se volviera así.

93. Parent-Duchâtelet, A., *La prostitution dans la ville de Paris*, 1836; París, 1857, vol. I, pp. 186–7. Para las observaciones sobre las prostitutas de Argelia, véase Rozet, C.-A., *Voyage dans la régence d'Alger: ou, Description du pays occupé par l'armée française*, París, 1833, vol. II, p. 26; y Leynadier, C. ; Clausel, M., *Histoire de l'Algérie française*, París, 1848, vol. III, p. 148.

94. Lombroso, C.; Ferrero, W., *The Female Offender*, Nueva York, 1909, pp. 113–14.

Los deseos salvajes hacia la gordura femenina eran el núcleo de un libro escrito por el americano Henry Finck. Explayándose a partir de la centralidad de la gordura en el deseo sexual de «las razas orientales y no civilizadas», Finck sostenía que dichas predilecciones no eran tanto ejemplos de amor o belleza como de pura lujuria[95]. La correcta apreciación de la belleza, escribía, «es una cosa completamente distinta del gusto por la gordura y otras exageraciones groseras de la sexualidad que inspiran lujuria en lugar de amor»[96]. Citando escritos antropológicos en una época en la que la teoría racial ya había eclipsado en su mayor parte a los modelos medioambientales, Finck defendía que los hombres hotentotes no sentían amor o afecto por ninguna mujer, sino que, de una manera puramente materialista, solamente les interesaba el proceso de engordarlas. «Lo que un hotentote "aprecia" en una mujer es la grasa», sostenía Finck. «Los sentimientos están fuera de la cuestión»[97]. Los aborígenes australianos eran aún más culpables cuando de maltratar mujeres se trataba. El «hecho» de que «se supiera que un aborigen había usado la carne de su propia criatura para cebar su anzuelo cuando no tenía otra carne a mano» era una prueba más que suficiente de las emociones retorcidas de esta gente[98]. Las mujeres aborígenes eran tan malvadas como los hombres, aunque las impulsaban preocupaciones vulgares, pragmáticas y utilitaristas y no tanto la lujuria. Lo que se entiende por «gusto» en estas mujeres es también lo que impulsa a los hombres aborígenes a «untarse a sí mismos con grasa y ocre» para parecer más gordos y, por lo tanto, más importantes[99].

A pesar de lo desagradables que son en general estos análisis, esta distinción fundamental, en la que el deseo se asociaba con una sexualidad rastrera en lugar de con un elevado sentido estético, permitía a Finck trazar sorprendentes vínculos entre el «amor primitivo» de las poblaciones no blancas y los hombres del mundo «civilizado».

95. Finck, H. T., *Primitive Love and LoveStories*, Nueva York, 1899.
96. *Ibid.*, p. 284.
97. *Ibid.*, p. 370.
98. *Ibid.*, p. 154.
99. *Ibid.*, p. 418.

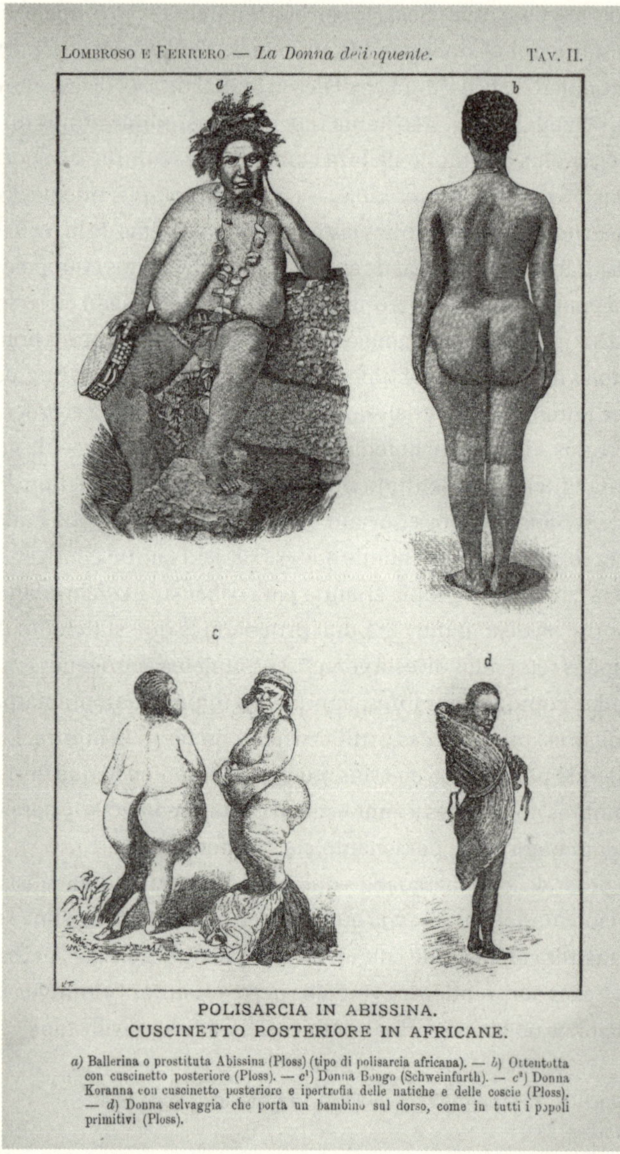

Polisarcia en Abisinia, en Cesare Lombroso y G. Ferrero, *La donna delinquente: la prostituta e la donna normale*, Turín, 1893.

La gordura no es sólo «el criterio del atractivo femenino» en otras culturas, sino que lo es también para los «hombres vulgares (es decir, para la mayoría de los hombres) incluso en América y Europa en la actualidad»[100]. Aunque Finck apenas dice nada más acerca de la «mayoría» de los hombres occidentales —y nada en absoluto sobre los hombres gordos— claramente entiende que las masas de su país son tan «primitivas» como las poblaciones indígenas. La moda femenina parece hecha para complacer a estos tipos cuando no está inspirada en las mujeres del tipo más inferior:

> El objeto de la actual cintura de avispa (en las mentes de las clases de mujeres a las que, por raro que parezca, las mujeres respetables permiten que marquen la moda para ellas) es exagerar enormemente el busto y las caderas y se hace por la misma razón que se engorda a las chicas orientales y bárbaras destinadas al mercado del matrimonio.

De la misma manera que en el caso de los «hindúes», que también idealizaban a las mujeres con cinturas finas y pechos grandes, aquí «se apela a los apetitos, no al sentido estético»[101]. Se producía aquí una erupción preocupante de lo «salvaje» dentro de la civilización occidental, una especie de indianización de los cuerpos blancos que pintaba mal para el futuro de la raza. Si incluso la mujer convencional con cintura de avispa del siglo XIX estaba demasiado gorda, entonces lo que Finck tenía en la cabeza era algo aún más delgado. Conseguiría su deseo unos veinte años más tarde, y su ideal hiperdelgado ya no se parecería nada a la Venus de Médici que había servido como modelo de la belleza femenina durante buena parte del siglo XIX.

*

100. *Ibid.*, p. 61.
101. *Ibid.*, p. 281.

Cuando el siglo XIX llegaba a su fin, el deseo hacia la gordura se había asociado tan estrechamente con las culturas no occidentales que era posible trazar una curva evolutiva desde la corpulencia «primitiva» hasta la delgadez «civilizada» basada en la observación de los diferentes pueblos del mundo. Puesto que la adquisición de un físico relativamente moderado se percibía como un producto colateral del proceso civilizatorio, Joshua Duke podía afirmar, en una frase asombrosa, que la misión de civilizar el subcontinente indio era análoga al proyecto personal de adelgazar: «El hombre corpulento, como el indio, tiene ante él un largo viaje»[102]. El indio gordo, por lo tanto, tenía un desafío doble. Esta perspectiva vagamente evolutiva recibió un apoyo importante gracias al descubrimiento de las figurinas paleolíticas que describían mujeres orondas, que a menudo se denominaban «Venus» con el mismo sarcasmo que se le había dedicado a Saartjie Baartman unas décadas antes. El arqueólogo francés Édouard Piette casi seguramente pensaba en Baartman cuando bautizó a su figurina más famosa como la «Venus de Brassempouy». Cuando descubrió después figurinas con cuerpos más delgados y vientres planos, Piette especuló con la existencia de «dos razas humanas» durante la era paleolítica, una gorda y peluda y otra delgada y lampiña, que se odiaban mutuamente. La antipatía entre gordos y delgados ahora se había convertido en un asunto primordial. Haciéndose eco en apariencia de la curva ascendente de Marcel de Serres, desde la gordura primitiva hasta la delgadez civilizada, las cartas de Piette describen una transición gradual desde una «raza de caderas gordas» hasta una raza más modesta y delgada que «era más civilizada que la otra» y que habría acabado por conquistarla. Piette concluía que sus descubrimientos confirmaban las sospechas de la antropología de que las bosquimanas (cuyos físicos supuestamente eran parecidos a los de las figurinas) eran de hecho «la raza más antigua conocida», cuyas «gordas protuberancias» evocaban «la apariencia de los humanos

102. Duke, J., *Banting in India*, p. 55.

más antiguos de nuestras regiones»[103]. Más elocuente era el hecho de que estas «razas adiposas estaban en todas partes encaminadas a la extinción, a pesar del gusto de los negros o incluso de los bereberes por las formas opulentas»[104]. Desde una perspectiva evolucionista, la extinción era la manera de quitar el exceso de grasa del mundo. El descubrimiento, aún más famoso, de otra figurina de Venus cerca de Willendorf, Austria, no hizo sino reforzar esta supuesta evolución cultural desde la gordura a la delgadez y fijó aún más el contraste entre el deseo primitivo «perverso» y el refinamiento del juicio estético occidental[105].

Los discursos coloniales que contribuyeron a conformar el imaginario de la gordura animaron a las elites blancas a entender el gusto por la grasa y la gordura como una prueba de impulsos animalistas y «primitivos», más propios de sociedades «salvajes» que de sociedades «civilizadas». Ahora que la grasa humana ya había desaparecido hacía tiempo de la farmacopea occidental, la medicina y la farmacia podían contemplar con estupefacción las épocas pasadas en las que la grasa se valoraba por sus propiedades vitales y curativas. Aunque en Holanda, a principios del siglo XX, se vendía aún algo que se promocionaba como «grasa del pobre pecador», la mentalidad que pudiera conducir a la gente a caer en tales pamemas no solo se consideraba anticuada sino directamente retrasada. Este tipo de cosas se asociaban directamente con el «canibalismo» de ultramar que, como todo el mundo sabía, lo practicaban los mismos pueblos a los que les gustaban los cuerpos gordos[106]. En el siglo XX, este manojo de asociaciones generaría

103. White, R., «The Women of Brassempouy: A Century of Research and Interpretation», *Journal of Archaeological Method and Theory*, XIII/4, 2006, pp. 262-3, 277-8.

104. Piette, É., «La Station de Brassempouy et les statuettes humaines de la periode glyptique», *L'Anthropologie*, VI, 1895, pp. 150-51.

105. Beck, M., «Female Figurines in the European Upper Paleolithic», en *Reading the Body: Representations and Remains in the Archaeological Record*, Rautman, A. E. (ed.), Filadelfia, PA, 2000, pp. 202-5.

106. Andel, M. A. von, «Adeps Hominis: A Relic of Prehistoric Therapy», *American Journal of Pharmacy*, XCIV, 1922, pp. 665-71; Thompson, C. J. S., «Some Curiosities of

preguntas acerca de los sentidos de la gordura. ¿Qué tipo de persona civilizada querría tener esa apariencia? ¿Y qué tipo de persona podría experimentar algo que no fuera asco ante esos cuerpos? Los discursos que generaron estas preguntas pretendían también actuar sobre el propio deseo, sobre el de los varones tanto como el de las mujeres, para construir una imagen de la persona gorda —grasienta y sucia, fea y bestial— que fuera sexualmente repelente e incapaz de suscitar amor en cualquier nivel. Para emplear de manera cruel la imaginería de una era ya pasada, el terreno de las crueldades futuras había sido engordado y fertilizado por las mierdas que la gente estaba soltando sobre la sustancia de la vida.

Ancient Materia Medica», *The Western Druggist*, xv/4, 1893, pp. 144-7; Anónimo, «From the Editor's Notebook», *The Medical Standard*, xxvii/2, 1904, pp. 89-90.

10. UTOPISMO CORPORAL

Los sueños modernos de transcendencia

«¡Oh, mirad, mirad! —Hablaban en voz muy alta, asustados—. ¿Qué le pasa? ¿Por qué está tan gorda?». Esas preguntas eran las que susurraba la elite entrada en años, pero aún hermosa y esbelta, en la novela de Aldous Huxley, *Un mundo feliz* (1932). Acababan de conocer a Linda, que había vuelto hacía poco de la Reserva Salvaje, adonde se la había enviado años antes para que diera allí a luz a su hijo John. Las razones de su incomodidad eran comprensibles. En una sociedad en la que la tecnología había posibilitado ampliar el carácter juvenil hasta mucho más allá del tiempo que marcaba la norma biológica, era lógico pensar que «nunca habían visto más que caras juveniles y de piel tersa, y cuerpos esbeltos y erguidos». Con unos veinte años más de los que tenía Linda, «todas aquellas sexagenarias moribundas tenían el aspecto de jovencitas. A los cuarenta y cuatro años, Linda parecía, por contraste, un monstruo de senilidad flácida y deformada»[1].

En su calidad de exageración de las tendencias culturales contemporáneas con fines didácticos, el futuro que se proyecta en *Un mundo feliz* reúne algunas de las fantasías corpóreas que, bajo una forma u otra, se han articulado a lo largo de la cultura occidental. La pesadilla que retrataba Huxley era una caricatura de los deseos utópicos que veía manifestarse a su alrededor: deseo de juventud, salud, belleza y pleno funcionamiento apenas sin limitaciones, en un mundo en el que la

1. Huxley, A., *Un mundo feliz*, Hernández, R. (trad.), Plaza y Janés, 2003 [1969], p. 202.

enfermedad, la fealdad y el envejecimiento acaben por ser gestionadas por las nuevas tecnologías. Como una señal desagradable de la edad y tal vez de la mala salud —recordatorios perturbadores de la finitud humana, pero también hechos inevitables de la existencia orgánica— la gordura era solamente uno de los muchos aspectos de la «vida» que una utopía tecnológica querría intentar eliminar de la existencia. Este anhelo de un mundo más o menos libre de gordura, al menos para las elites, no es una novedad. Como ya hemos visto en los capítulos anteriores, las visiones de una sociedad terrenal o de una vida eterna celestial habitada por formas humanas perfeccionadas han inspirado reformas de salud y creencias religiosas desde hace milenios. Si lo ajustamos para que encaje en las expectativas del siglo XVII, el cuerpo fofo y envejecido de Linda ¿habría parecido menos fuera de lugar si se hubiera presentado entre los ancianos y musculosos ciudadanos de la Ciudad del Sol de Campanella? Aunque los medios para obtener el cuerpo ideal eran muy diferentes en esa «temprana visión de un Estado de vigilancia»[2], el futuro que Huxley temía privilegiaba igualmente la juventud y la longevidad, así como la erradicación progresiva dentro de las élites de cualquier tipo de cuerpo no normativo.

Hay una dimensión específicamente moderna en esta intolerancia a la gordura, al menos cuando se aborda en términos de tamaño y forma corporal. Los estudios históricos están de acuerdo en que muchos de los ingredientes fundamentales de nuestros prejuicios actuales contra la gordura ya se habían colocado en su sitio en el momento en el que se publicó *Un mundo feliz*. Para entonces, los ideales corporales dentro de Occidente se habían vuelto más delgados que nunca. Puesto que los avances científicos procedentes del siglo XIX habían colocado la comida y otras mercancías al alcance de la mano de muchísimas personas, los cuerpos rollizos que antaño simbolizaban el privilegio social de la clase media habían perdido buena parte de su prestigio. A medida que los cuerpos gordos se hicieron más corrientes, en la jerarquía social se

2. Bergdolt, K., *Wellbeing*, p. 220.

volvieron deprimentemente «vulgares». Con la gordura gradualmente asociada con las clases bajas y los cuerpos no blancos

> los signos exteriores de la riqueza se desplazaron a otras formas de consumo, y el culto del cuerpo delgado, saludable, deportivo, funcional y estético dominó la jerarquía de las representaciones[3].

Aunque la costumbre de ridiculizar a las personas gordas parece haber aumentado a lo largo del siglo XIX, esta tendencia se exacerbó por la cultura en expansión de la publicidad y el consumo de masas[4]. El centro visual de esta cultura es obvio. Junto con el cine europeo, Hollywood ha jugado un papel memorable dentro de un reparto coral. Mientras la pantalla proyectaba imágenes de cuerpos ideales en todo el mundo, las revistas cinematográficas compartían con las masas las dietas y los regímenes que las estrellas usaban para adelgazar y estar en forma[5].

Los primeros años del siglo XX son un lugar muy útil para visualizar nuestras opiniones actuales sobre la gordura. Como afirma con bastante razón Georges Vigarello, «el cuerpo de la década de 1920 perfilaba, muy sencillamente, la imagen del cuerpo actual»[6]. De ahora en adelante, la imagen occidental de los cuerpos corpulentos representaría «tanto una amenaza estética como vital», ligada a los conceptos del siglo XX de los cuerpos tanto como objetos de consumo en el escaparate como cuerpos con problemas médicos que, con el tiempo, serían una carga para los sistemas sanitarios[7]. La «obesidad», habiendo sido ya descrita a partir del siglo XVI como una enfermedad que desfigura y acorta la vida, empezó a ser denunciada con aún más ahínco por la medicina como el heraldo de la enfermedad, la discapacidad, la vejez y la muerte. Las

3. Csergo, J., «Quand l'obésité des gourmands devient une maladie de civilisation: Le discours médicale, 1850-1930», en *Trop gros? L'obésité et ses représentations*, p. 27.
4. Farrell, A. E., *Fat Shame*, pp. 3-4.
5. Addison, H., *Hollywood and the Rise of Physical Culture*, Nueva York, 2003.
6. Vigarello, G., *Las metamorfosis de la gordura*, p. 232.
7. *Ibid.*, p. 245.

exigencias de que la gente dominara sus apetitos a la vez que adoptaban dietas saludables y hacían ejercicio de manera regular transformó el cuerpo en algo que debía ser gestionado continuamente mediante puros actos de fuerza de voluntad. Todo esto refleja las paradojas de una sociedad de masas que fomenta el consumo a la vez que exige un mayor autocontrol. Este autocontrol, en una paradoja más, requiere la adquisición de productos y servicios para mantenerse en forma que son parte de la misma sociedad de consumo a la que se le acredita la producción de la gordura[8]. Estas tendencias se desarrollarían con más detalle en las siguientes décadas. Con el auge del neoliberalismo en la década de 1970, así como con la concomitante «cultura de la bulimia» que emparejó el consumo obligatorio con una exigencia igualmente insistente en la autodisciplina, la gordura se convertiría en uno de los símbolos más reconocibles de la pérdida del control personal y de la caída en el pecado social[9]. Aunque sus raíces culturales son mucho más profundas que esto, nuestro asco actual hacia lo gordo tiene sus condiciones de posibilidad más inmediatas en los primeros años del siglo XX.

Pero ¿abordan adecuadamente estos acontecimientos la pregunta de por qué las respuestas ante los cuerpos gordos se hicieron tan crueles y viscerales, como si su mera existencia planteara una amenaza de contaminación? Construido sobre siglos de desconfianzas acumuladas sobre la grasa y la corpulencia, especialmente a medida que estas chocaron con las ideas en progreso acerca de la limpieza, la blanquitud y la civilización, el asco moderno hacia lo gordo (y el miedo a engordar) puede reflejar aspiraciones que son más utópicas y transcendentes de lo que se suele pensar. La palabra «utópico» se emplea aquí en su sentido más básico. Tal y como la define Ruth Levitas, la «esencia de la utopía parece ser el deseo: deseo por una forma de ser diferente,

8. En Estados Unidos y en otros lugares, la cultura de la dieta se hizo popular en parte porque ofrecía «un contrapeso moral a la creciente complacencia en el consumo». Stearns, P. N., *Fat History*, p. 60.

9. Guthman, J., *Weighing In: Obesity, Food Justice, and the Limits of Capitalism*, Berkeley, CA, 2011, p. 183.

mejor»[10]. Levitas propone que las fuentes de lo que podríamos llamar un «impulso» utópico se basan en

> la experiencia humana de una sensación de hambre, pérdida y carencia: una profunda sensación de que nos falta algo [...]. Todo lo que aspire a una existencia transformada es, en este sentido, utópico.

En esta definición, más o menos «existencial», la utopía no es un concepto que dependa de representaciones de mundos alternativos o perfeccionados. Más bien la utopía «sucede como un elemento integrado dentro de una amplia gama de prácticas y culturas humanas». Por eso Levitas puede defender que «la cultura contemporánea está saturada de utopismo, incluso (o especialmente) allí donde no hay una representación figurativa de un mundo alternativo»[11].

El parecido de familia entre los deseos religiosos y los utópicos es bastante obvio. Se diría que ambos se originan en la ambigüedad de la encarnación. Puede que la esperanza utópica se base en la experiencia humana de la incompletitud —incluyendo la experiencia humana universal de lidiar con el dolor, la enfermedad, el envejecimiento y la muerte— pero lo mismo se puede predicar del concepto central de la religión, la «transcendencia», que «está anclada en la relativa indeterminación de nuestra condición existencial encarnada»[12]. Además, de la misma manera que el concepto de utopía no requiere para expresarse de una esperanza real en mundos alternativos, la transcendencia no necesita combinarse con la creencia en los seres divinos o en realidades fuera de este mundo. De hecho, más que intentar superar por completo el cuerpo, se refleja aquí la recurrente tendencia de la cultura occidental a emplear el cuerpo como un vehículo para superar las limitaciones del cuerpo. En la medida en la que puede haber vínculos plausibles entre la

10. Levitas, R., *The Concept of Utopia*, 2ª ed., Oxford, 2011, p. 209.

11. Levitas, R., *Utopia as Method: The Imaginary Reconstitution of Society*, Basingstoke, 2013, p. 5.

12. Vásquez, M. A., *More Than Belief: A Materialist Theory of Religion*, Nueva York, 2011, p. 10; véase también p. 116.

imaginación religiosa y utópica y en el tipo de pensamiento mágico que estructura el asco —una emoción en la que, como hemos visto antes, «medimos el alcance de la disyunción entre cómo funciona el mundo realmente y cómo nos gustaría que fuese»[13]— es razonable entender las actitudes modernas en contra de la gordura como la expresión de una tendencia hacia un utopismo corporal y como un deseo de trascendencia. Si definimos «utopismo corporal» como los deseos culturalmente sesgados de una forma diferente (y tenemos que suponer que mejor) de encarnación, específicamente de aquellas formas que puedan resistir a las fuerzas degenerativas del medioambiente y que estén menos sometidas a las exigencias de la vida orgánica, entonces podemos entender cómo la grasa y la gordura pudieron aparecer como recordatorios nada bienvenidos de los límites de dichos deseos. La huida de la grasa y la gordura es un efecto de la búsqueda de la «salud perfecta», que equivale a las visiones de una «nueva utopía», cuando no de una nueva «ecobioreligión»[14].

Las variedades del utopismo corporal han aparecido a lo largo de la historia, en particular en los intentos de explorar y maximizar la perfectibilidad humana y en los ensayos reiterados por ampliar la vida humana, incluso hasta el punto de desafiar a la muerte[15]. En capítulos anteriores hemos visto ejemplos de esas aspiraciones. La esperanza de superar las limitaciones de la encarnación ordinaria también pudo inspirar nuevos planes para la organización de la sociedad. Hay quien argumenta que la cultura occidental lleva siglos manifestando

> un impulso utópico de controlar el cuerpo mediante el biopoder del Estado, para convertirlos en cuerpos reproductivos, productivos, dis-

13. McGinn, C., *El significado del asco*, Oxford, 2011, pp. 182-3; Fischler, C., «Pensée magique et utopie dans la science», en *Pensée magique et alimentation aujourd'hui*, Fischler, C. (ed.), París, 1996, pp. 1-17.

14. Sfez, L., *La Santé parfait: Critique d'une nouvelle utopie*, París, 1995.

15. Le Dévédec, N., *La Société de l'amélioration: La perfectibilité humaine des Lumières au transhumanisme*, Montreal, 2015; Lafontaine, C., *La Société postmortelle: La mort, l'individu et le lien social à l'ère des technosciences*, París, 2008.

> ciplinados, en forma, homogéneos, normalizados o cualquier otro conjunto de rasgos deseables, ya sea mediante una intervención física directa o mediante una formación indirecta a la ciudadanía para instilar en ella prácticas autorregulatorias[16].

Otros estudios han rastreado el auge y caída del objetivo «utópico» de crear cuerpos para el trabajo, que no sucumban al cansancio, un sueño que, mediante los intentos de maximizar las capacidades de trabajo maquinal de la clase trabajadora, se alentó hasta bien entrado el siglo XX. La ciencia del trabajo, que alcanzó su apoteosis en el fordismo y el taylorismo de las décadas de 1920 y 1930, buscaba actualizar «la fantasía de las clases medias de finales del siglo XIX, un cuerpo sin cansancio»[17]. Se esperaba que estos cuerpos semejantes a máquinas fueran más allá de las capacidades humanas ordinarias de manera que nunca se cansaran ni requirieran demasiado descanso, una fantasía que, hasta cierto punto, se ha reconvertido en los sueños atléticos del siglo XX de un funcionamiento sin límites[18].

En la medida en la que las ambigüedades de la encarnación se experimentan a menudo en un nivel muy personal, no todos estos deseos utópicos o transcendentes se pueden reducir por completo a la presión social, como dejan claro los incontables proyectos personales para maximizar la salud y extender la longevidad. Las reformas en la dieta y los programas de ejercicio han sido elementos centrales de estos proyectos gracias a los cuales los individuos han buscado vivir vidas más largas y saludables. En muchos casos, además, estos proyectos corporales pueden experimentarse como procesos empoderantes e incluso emancipadores. Pero, en la medida en la que dichas técnicas del yo están siempre insertas en contextos sociales, la gestión de la dieta y del ejercicio se ha imbricado con las agendas políticas y económicas. A partir de

16. Byers, A.; Stapleton, P., «Introduction», en *Biopolitics and Utopia: An Interdisciplinary Reader*, Stapleton, P.; Byers, A. (ed.), Nueva York, 2015, p. 5.

17. Rabinbach, A., *The Human Motor*, p. 44.

18. Hoberman, J., *Mortal Engines: The Science of Performance and the Dehumanization of Sport*, Nueva York, 1992.

la mitad del siglo XIX en adelante, la intervención nutricional sobre la dieta de la clase obrera pretendía fomentar la eficacia y la funcionalidad a la vez que atajar la tendencia natural del cuerpo a la disolución y la descomposición[19]. Por lo tanto, no resulta sorprendente que desde la ciencia de la nutrición también se pretenda instituir una especie de «utopía» en la que la «dieta humana perfecta» se desarrollaría para proporcionar la «salvación» para todo el mundo[20]. Que con el tiempo la idea de la utopía se individualizara por la llegada del neoliberalismo a finales del siglo XX no disminuye la persistencia de este anhelo de experiencias que puedan superar los límites de la corporalidad ordinaria. Los regímenes de dieta y ejercicio pueden inspirar al colectivo, pero también pueden, con la misma facilidad, ofrecer senderos para unas formas de transcendencia más personales. Hay por lo tanto una «dialéctica» que opera «entre el borde externo del marco de la buena forma física (la ejecución corporal de los ideales corporales normativos) y el interno (la autocompetición y la implicación)»[21]. Aunque el siguiente análisis se centra más en el discurso que en la experiencia vivida, esta última es importante para entender los beneficios y los atractivos de la salud y la forma física.

El solapamiento entre las ideas sobre la salud y sobre la «salvación» es habitual y persistente. Es también bastante antiguo. Quienes en la Antigüedad visitaban el santuario del dios de la curación, Asclepio, dejaron allí inscripciones señalando que entendían que su «salvación» (*soteria*) dependía de la restauración de la salud corporal sobre la tierra más que en la vida eterna[22]. Los discursos contemporáneos sobre la pérdida de

19. Aquí el «potente y proteico mundo del trabajo, de la producción y de la eficacia se enfrenta al decreciente orden del cansancio, la fatiga y el declive». Rabinbach, A., *Human Motor*, p. 63; véase también Huff, J. L., «Corporeal Economies: Work and Waste in Nineteenth-century Constructions of Alimentation», en *Cultures of the Abdomen: Diet, Digestion and Fat in the Modern World.*

20. Citado en Lupton, D., *Food, the Body and the Self*, p. 7.

21. Sassatelli, R., *Fitness Culture: Gyms and the Commercialisation of Discipline and Fun*, Londres, 2010, p. 145.

22. Endsjø, D. Ø., *Greek Resurrection Beliefs*, p. 22.

peso y el ejercicio están también repletos de imágenes de purificación y transcendencia, inspiradoras y animosas, todas las cuales implican procesos de conversión y redención, ya sea terrenal o espiritual. El gurú británico del ejercicio, Thomas Inch, fue uno de los muchos que insistieron en que hacer ejercicio para perder peso era la clave de la «salvación física»[23]. Un físico corpulento era un cuerpo «pecador» que precisaba redención. Las aspiraciones transcendentes del utopismo corporal se vuelven evidentes cuando nos damos cuenta de cuántas veces se toman fotografías de los cuerpos delgados y en forma en el aire o en el gesto de elevarse, liberándose momentáneamente a sí mismos de la gravedad a la vez que parecen propulsarse hacia cumbres hasta el momento inimaginables. Con la llegada de la aviación, los seres humanos empezaron literalmente a volar y no pasaría mucho tiempo antes de que se compararan de manera más explícita los cuerpos con máquinas aerodinámicas y ágiles, con los cuerpos animales que se mueven con eficacia por el aire[24]. Alzarse por encima de todo tipo de restricciones —la tierra, la vulnerabilidad, el primitivismo, la tradición, la historia, el envejecimiento e incluso la muerte misma: esas son las esperanzas somatécnicas que han alimentado los sueños y los ideales corporales del mundo moderno. Cuando la gordura y el engordar acabaron de vincularse más estrechamente a las sustancias grasientas e inmundas, a los hábitos bestiales y a las clases bajas, así como a la población no blanca, acto seguido se convirtieron en los obstáculos que había que superar en el camino de la regeneración personal, cuando no colectiva.

Mediante la exploración de los anhelos utópicos y transcendentes que han conformado parte de las culturas del cuerpo en los inicios del siglo XX, este capítulo defiende que se desarrollaron ideas más radicales acerca de los cuerpos delgados y musculosos en la intersección de varios acontecimientos. La gordofobia, manifestada en diversos ámbitos, desde el arte y la literatura modernistas hasta los deportes de alto

23. Inch, T., *Inch on Fitness*, Londres, 1923, p. 52.

24. Cogdell, C., *Eugenic Design: Streamlining America in the 1930s*, Filadelfia, PA, 2004.

rendimiento y el atletismo, así como en las ideas cambiantes acerca de la belleza, de la salud y del envejecimiento, se incrementó como parte de un anhelo cultural generalizado por formas de transcendencia. La frustración con las confusas limitaciones de las características físicas convencionales, así como ese conjunto de desafíos cada vez más grande que planteaban las convenciones y las estructuras institucionales de la época contemporánea, animaron a la gente a soñar con formas de encarnación alternativas. Aunque había antecedentes de estos sueños en siglos anteriores, el siglo XX ofrecía la tentadora posibilidad tecnológica de acercarlos a la realidad. Si bien algunas de estas visiones se expresaban en los proyectos más abiertamente utópicos del fascismo y del comunismo, este capítulo se centra en cómo las aspiraciones corporales mayoritarias reflejaban estos sueños explícitos de creación de mundos perfectos. Después de explorar cómo los problemas de la vida moderna suscitaban anhelos de utopismo corporal, analiza casos en los que los ideales de la liviandad se vertían en exigencias de eficacia y estudia cómo muchos de estos acontecimientos influyeron en las ideas acerca de la transcendencia de las mujeres como parte de las aspiraciones progresistas del feminismo moderno. Como han ilustrado los capítulos anteriores, los ingredientes conceptuales de estos hitos tienen una historia muy muy larga. La cultura de principios del siglo XX cristalizó siglos de desconfianza occidental hacia la grasa, la gordura y el engordar, reclutándola de manera gradual y haciendo de ella el armamento para nuestra actual «guerra contra la obesidad». Lo que exponemos a continuación es un análisis necesariamente compacto y selectivo de un complicado nudo de inquietudes que estructuran parte de nuestras opiniones actuales sobre la gordura.

Modernidad y transcendencia

La insistencia sobre la modernidad de nuestros actuales prejuicios contra la gordura está muy extendida y, en cierto sentido, está bien fundada. Hay muchas pruebas de que la ya limitada tolerancia hacia la grasa y la gordura fue disminuyendo a un ritmo irregular a lo largo del periodo moderno, incluso aunque haya cierta falta de consenso acerca de lo que constituye la «modernidad» y cuándo empezó este supuestamente diferenciado periodo. Sin entrar en la disputa creada por las cuestiones de definición y periodización, es tentador transponer el contraste que hacía el teórico social Zygmunt Bauman entre la modernidad «pesada» y «liviana» a la historia de los ideales corporales. Nuestra fase actual de lipofobia, que surgió con toda su potencia durante la década de 1970, parece coincidir con el final de una época caracterizada por la expansión territorial, la minería, la industrialización, la maquinaria enorme y el hardware de todo tipo. En oposición a esta modernidad «pesada» que se desarrolló desde la era del imperio y la industrialización, nuestro momento presente manifiesta una clara preferencia por la ligereza, el movimiento, la fluidez y la instantaneidad. «Ha terminado la época de las gigantescas plantas industriales y los cuerpos voluminosos», señala Bauman. «Antes, daban prueba del poder de sus dueños; hoy presagian la derrota en el próximo round de aceleración, de modo que son una marca de impotencia»[25].

Hay algo atrayente en esta explicación. Es cierto que lo que Bauman llama «modernidad liviana» pone el acento en la velocidad, la fluidez y lo efímero, todo lo cual contrasta con la pesadez de la tradición, de la historia y, por supuesto, del cuerpo mismo. Pero la velocidad, la fluidez y lo efímero han sido parte de la experiencia de la modernidad urbana al menos desde mediados del siglo XIX. Además, como ya hemos visto, los cuerpos pesados de la elite nunca mostraron una evidencia inequívoca de estatus y poder. Precisamente fue durante la era imperial cuando la corpulencia de algunos pueblos indígenas y colonizados se convirtió en un contratipo fiable para un ideal emergente de moderación y músculo «civilizado». Las distinciones entre una modernidad «pesada» y «liviana» no se calcan de manera inmediata sobre los ideales corporales de la gordura y la delgadez.

25. Bauman, Z., *Modernidad líquida*, M. Rosenberg (trad.), FCE, 2000. p. 137.

Es posible abordar la relación entre la gordura y la modernidad de otras maneras. La manera intuitiva de pensar sobre lo moderno, al menos en términos temporales, es asumir una ruptura radical con el pasado y una orientación hacia el futuro de nuestros pensamientos y acciones. Pero lo moderno es algo que se *vive*. Susan Stanford Friedman propone una definición tentativa de la «modernidad» que pone la experiencia en el centro:

> La velocidad, aceleración y dinamismo de un cambio demoledor a lo largo de un amplio espectro de instituciones sociales son componentes claves de la modernidad tal y como yo la entiendo: un cambio que entrelaza lo cultural, económico, político, religioso, familiar, sexual, estético, tecnológico, etc., y que puede moverse en direcciones tanto utópicas como distópicas[26].

Lo que no se suele reconocer en las concepciones de la modernidad-como-novedad es hasta qué punto los modelos del pasado remoto se reciclan como ejemplos para quienes viven en el presente y en el futuro. Esta regresión se efectúa muchas veces con la intención de superar esos aspectos de la vida moderna que sorprenden por su carácter poco saludable o inmoral. La persistencia del espejismo espartano en la cultura occidental es un ejemplo pertinente, como lo son las repetidas afirmaciones de que nuestros ancestros, en la Antigüedad o incluso en la prehistoria, tenían la clave de una vida saludable y moral.

El historiador Roger Griffin ha tratado de dar cuenta de esta extraña trenza de lo viejo y lo nuevo en tantas formas de lo moderno. Griffin defiende que acechando tras lo que muchos estudios entienden como una gama sorprendente de variedades de la modernidad —ya sean de naturaleza estética, o social y política— hay una «matriz común» y que «resulta muy provechoso afirmar que esta matriz es la búsqueda de la trascendencia y la regeneración» que en sí misma es una varia-

26. Friedman, S. S., «Periodizing Modernism: Postcolonial Modernities and the Space/Time Borders of Modernist Studies», *Modernism/Modernity*, XIII/3, 2006, p. 433.

ción del arcaico mito humano del renacimiento, o lo que él denomina «palingénesis»[27]. El «Nuevo hombre» que se imagina con frecuencia en los tiempos modernos suele ser un ser humano implícitamente varón que requiere una forma u otra de «nueva mujer» rejuvenecida como su compañera y gestante. Así, la regeneración que han prometido tantos programas sociales de la modernidad implicaba muchas veces una restauración de los roles de género tradicionales —la (re)creación de los hombres y las mujeres «de verdad»— dentro de un orden social que cree haberse desecho de los elementos degenerativos de la modernidad a la vez que sigue siendo reconociblemente moderno. Esto se ve claramente en algunos de los movimientos sociales y políticos más conscientemente utópicos del siglo XX. Aunque aquí no tenemos espacio para investigarlos, tanto el *homo sovieticus* imaginado en Rusia después de 1917 como la «revolución antropológica» que proponía la teoría fascista en la Italia de la década de 1920 pueden conceptualizarse como marcadas ampliaciones de esta respuesta moderna profundamente enraizada ante los excesos de la modernidad[28]. La revolución, la regeneración y el rejuvenecimiento a menudo presuponen un futuro que haya reconectado con los modelos más saludables y admirables del pasado. En este sentido, como propone Lynda Neal, la modernidad puede «imaginarse como un tiempo plegado o arrugado, que reúne el pasado, el presente y el futuro mediante relaciones constantes e inesperadas y como el producto de una multiplicidad de eras históricas»[29].

Expresando «el deseo de una manera de ser diferente, mejor», a principios del siglo XX se expandió una serie de ideales vagamente

27. Griffin, R., *Modernismo y fascismo. La sensación de comienzo bajo Mussolini y Hitler*, Blasco Castiñeyra, J. (trad.), Akal, 2010, p. 63.

28. Clark, T., «The «New Man's» Body: A Motif in Early Soviet Culture», en *Art of the Soviets: Painting, Sculpture and Architecture in a Oneparty State, 1917-1992*, Bown, M. C.; Taylor, B. (ed.), Manchester, 1993, pp. 33-50; Gentile, E., «"L'Homme nouveau" du fascisme: Réflexions sur une expérience de révolution anthropologique», en *L'Homme nouveau dans l'Europe fasciste (1922-1945): Entre dictature et totalitarisme*, Matard-Bonucci, M.-A.; Milza, P. (ed.), París, 2004, pp. 35-63.

29. Nead, L., *Victorian Babylon: People, Streets and Images in Nineteenth century London*, New Haven, CT, 2000, p. 8.

utópicos, en cierto modo como respuesta a la experiencia de la modernidad como crisis y discontinuidad. La afirmación de que las sociedades occidentales de finales del siglo XIX se veían a sí mismas en las garras de la decadencia y de la degeneración es algo irrefutable, como lo es el hecho de que muchos individuos y grupos se comprometieron en proyectos que perseguían la regeneración de una forma u otra. La regeneración implicaba un rejuvenecimiento y, por lo tanto, un intento de volver a capturar la energía y belleza juveniles frente los procesos de declive. En Estados Unidos, durante la década de 1880, por ejemplo,

> un anhelo generalizado de regeneración —de un renacer que fuera a la vez espiritual, moral y físico— penetró en la vida pública, inspirando movimientos y políticas que constituyeron los cimientos de la sociedad americana en el siglo XX[30].

No es una coincidencia que el cuerpo fuera la base de todo tipo de regeneraciones, tanto en Estados Unidos como en otros lugares:

> A medida que el mundo público fuera del yo se vuelve difuso, distante, gobernado por instituciones que no podemos controlar o sobre las que ni siquiera podemos influir, el cuerpo adquiere importancia como un escenario que sí podemos controlar, o al menos pensamos que sí podemos. Se convierte en el ámbito de la expresión personal, en un campo para desarrollar nuestro propio conjunto de sentidos culturales y, naturalmente, en una fuente de ansiedad[31].

Si el cuerpo se vuelve fundamental para la cultura del siglo XX (y del siglo XXI) es en parte porque la experiencia a menudo desorientadora de

30. Lears, J., *Rebirth of a Nation: The Making of Modern America, 1877-1920*, Nueva York, 2009, p. 1.

31. Jackson Lears, T. J., «American Advertising and the Reconstruction of the Body, 1880-1930», en *Fitness in American Culture: Images of Health, Sport, and the Body, 1830-1940*, Grover, K. (ed.), Amherst, MA, 1989, p. 63.

la modernidad lo ha transformado en una sede engañosamente estable de sentido y transformación, en lo personal tanto como en lo colectivo.

En muchas de las formas de lo moderno hay implícito un anhelo de renacimiento o transcendencia, que a menudo se ha enmarcado como una especie de salvación de un mundo decadente o degenerado. En la medida en la que el cuerpo se convierte en el lugar de la transformación personal y social, aquí se juegan las tensiones entre la degeneración y la regeneración, ya sea en las filosofías esotéricas y contraculturales o dentro de marcos científicos más convencionales[32]. Para mucha gente, la apoteosis de la catástrofe de la modernidad fue la Primera Guerra Mundial y la masacre sin precedentes que produjo fue un potente catalizador para la celebración de los nuevos ideales corporales que proliferaron en las décadas siguientes. Además de los millones de muertos o desaparecidos en combate, los soldados heridos y desfigurados regresaron de las trincheras como encarnaciones vivas de los miedos de las personas sin discapacidades. La restauración de una integridad corporal después de la guerra se acompañó de un anhelo «espiritual» que, ya se formulara mediante las categorías convencionales judeocristianas o mediante cualquier serie de imágenes e ideas «paganas», expresaba deseos de algo más que lo groseramente material[33]. Era un anhelo de una especie de «voluntad» desencarnada que no obstante requería de la acción del cuerpo para actualizarse, ejemplificando así la tendencia perenne y paradójica a emplear el cuerpo para trascender la corporalidad.

La grasa no tenía lugar dentro de las formas de integridad corporal que parecía inspirar la Gran Guerra. Un desprecio bastante explícito de la grasa, conceptualizado de manera literal, así como metafórica, es patente en determinadas formas de la estética modernista, que puede considerarse «la dimensión expresiva de la modernidad»[34]. Es cierto que «modernismo» es en sí misma una categoría imprecisa. Pero buena parte

32. Griffin, R., *Modernismo y fascismo*, p. 202.

33. Carden-Coyne, A., *Reconstructing the Body: Classicism, Modernism, and the First World War*, Oxford, 2009, pp. 4, 25.

34. Friedman, «Periodizing Modernism», p. 432.

de la pintura y de la arquitectura, así como de la poesía y la literatura que se han considerado merecedoras de la etiqueta exhiben un desdén por lo ornado, lo superfluo y lo «femenino», planteando en cambio formas y líneas que han sido purificadas, solidificadas y masculinizadas. Como es sabido, el futurismo italiano epitomizó este movimiento «viril» para purgar el lenguaje poético de su superficialidad victoriana, recortando «las lorzas de los adjetivos y otras partes castradoras del discurso»[35]. Poco después tuvo lugar un impulso modernista semejante de eliminación de lo superfluo e ineficaz en la retórica cultural que rodeaba a lo «aerodinámico», un concepto desarrollado en el diseño industrial y que se amplió al pensamiento sobre el tamaño, la forma y el valor eugenésico de los cuerpos individuales. Como un animal o un objeto que se mueve rápidamente por una corriente de fluido, los coches, los autobuses e incluso los cuerpos humanos se diseñaban y construían para maximizar la eficacia a la vez que minimizaban todo aquello que pudiera causar fricción o resultara un lastre[36].

A pesar de que afirme haber roto con el pasado y haberse deshecho de la historia, el arte modernista a menudo ha saqueado la Antigüedad, así como las culturas no occidentales, para proveerse de modelos. Después de todo, en Grecia y Roma también parecían adorar la firmeza muscular. Los conceptos modernos de la belleza no se han desecho del todo de los antecedentes clásicos. La historiadora Ana Carden-Coyne es quizás la mejor guía para esta reconstrucción física y simbólica de los cuerpos después de la Primera Guerra Mundial. En esta guerra que, en ocasiones, se conceptualizó como un sacrificio colectivo que «purgaría al mundo de sus miasmas morales», la estética clásica jugó un importante papel en el proceso de limpieza cuyo objetivo era la elevación de los cuerpos así como de la moral[37]. Estos usos del clasicismo son ejemplos de una «nostalgia cultural» definida como «en parte un

35. Segal, H. B., *Body Ascendant: Modernism and the Physical Imperative*, Baltimore, MD, 1998, p. 2.

36. Cogdell, C., *Eugenic Design*.

37. Carden-Coyne, A., *Reconstructing*, p. 124.

anhelo, o una idealización, del pasado y en parte una necesidad de dar un uso productivo al pasado mediante las prácticas culturales». En las décadas de 1920 y 1930, la delgadez se convirtió en «la muestra visible de la moderna "ultracivilización"», hasta el punto de que los cuerpos hinchados o deformados se describían cada vez más como regresiones a formas anteriores de vida[38]. Los modelos clásicos que se habían usado de manera eficaz en el movimiento de la cultura física, y que habían adquirido preeminencia a partir de la década de 1880 en adelante, regresaron con renovadas fuerzas después de la guerra como «visiones utópicas del pasado clásico y del futuro moderno» fundidas[39]. Las estatuas y los monumentos que conmemoraban la masacre empleaban los motivos clásicos para proyectar imágenes de «belleza masculina congelada en un vórtice intemporal» y ofrecer «la fantasía de la renovación eterna, y la anulación de la muerte»[40]. La esterilidad formal del estilo clásico funcionaba bien junto a algunas versiones del estilo modernista, hacía que todo pareciera «limpio» y que, por lo tanto, estuviera disponible para las nuevas concepciones de la higiene[41]. Aunque la cultura más hedonista de la posguerra fomentara la comodidad y el placer por encima del sacrificio, los ideales neoclásicos seguían siendo un ingrediente en la demonización de la grasa que se derivaba de esto[42].

Ya fuera bajo la forma de los experimentos de vanguardia o del revival neoclásico, las ideas modernas sobre el cuerpo se tradujeron al lenguaje cotidiano —tal vez incluso se instigaron— mediante los ideales emergentes sobre el cuerpo deportivo y en forma. En el atletismo y otras variantes de la cultura deportiva, la finalidad no era tanto transcender el cuerpo en sí como crear un cuerpo que ofreciera una apariencia, o incluso una sensación, de transcendencia. Por eso hubo quien reclutó imágenes estereotipadas del cuerpo humano como una especie de

38. *Ibid.*, pp. 35, 249.
39. *Ibid.*, p. 25.
40. *Ibid.*, p. 155.
41. *Ibid.*, p. 256.
42. Addison, H., *Hollywood*, pp. 10-12.

Los modelos clásicos seguían acechando tras los cuerpos modernos. Peggy Bacon, «Antique Beauty», 1933.

máquina a la vez que minimizaba sus perturbadoras cualidades orgánicas. De esta manera, el cuerpo ideal podía imaginarse como aerodinámico y eficaz, a imagen de los vehículos y aplicaciones que producía la industria. Esta visión futurista de unos cuerpos semejantes a máquinas presentaba la gordura como una especie de «lastre» y «desecho» que reducía la velocidad, la eficacia y la productividad. «Haz dinámica tu silueta» era el consejo que daba en 1930 Sylvia of Hollywood, entrenadora de las estrellas. Puesto que aumentar de peso se relacionaba en parte con la comida indigesta y otros residuos, había que purgar el sistema mediante irrigaciones en el colon antes de empezar cualquier de plan de adelgazamiento. «Es como cambiarle el aceite al coche», explicaba Sylvia; «se drena el aceite viejo y gastado y el sedimento antes de poner aceite nuevo»[43]. Como un efecto más de ese «tiempo plegado o arrugado», los conceptos modernos de «higiene», así como los ideales lampiños emergentes, se basaban al mismo tiempo en la «piel» esterilizada de los vehículos modernos y en los contornos suaves y estériles de las estatuas clásicas[44]. Incluso el ballet clásico mostraba cuerpos que evocaban «la impactante belleza de un aeroplano, donde cada detalle, así como el efecto general, expresa un objeto supremo: la velocidad»[45]. Un cuerpo delgado era ahora un cuerpo moderno, como se recordaba desde la publicidad de las revistas más frívolas. Como proclamaba en 1932 un anuncio de Sun-Maid, el hecho de que las pasas quemen grasa «tendrá mucha importancia en las vidas de las mujeres modernas que deseen seguir siendo modernas»[46].

En su esfuerzo por fustigar a la ciudadanía para que se pusiera en forma por un bien mayor, a quienes proponían la cultura física les impulsaba

43. Sylvia of Hollywood, *Streamline Your Figure*, Nueva York, 1939, p. 31.

44. Carden-Coyne, A., *Reconstructing*, p. 256.

45. Levinson, A., citado en Karthas, I., *When Ballet Became French: Modern Ballet and the Cultural Politics of France, 1909-1939*, Montreal, 2015, p. 201.

46. Parkin, K. J., *Food Is Love: Advertising and Gender Roles in Modern America*, Filadelfia, PA, 2007, p. 174.

> el problema del *demasiado cuerpo*, o, al menos, de la demasiada cantidad del tipo equivocado de cuerpo. [...] Veían su misión como refrenar la presencia abrumadora de un cuerpo excesivo[47].

Como era quizás la señal más conspicua de esta carne «excesiva», la gordura era una de las condiciones que el culturismo físico y el entusiasmo por el deporte insistía que se debía superar. La explosión de la cultura del esquí en el siglo XX captó parte de estas aspiraciones. El entusiasta alemán Carl Luther afirmaba que el esquí alpino era algo especialmente atractivo para las personas modernas «porque vivimos más rápido y demostramos una resistencia mayor, porque no deseamos envejecer sino seguir siendo jóvenes, descarados y delgados»[48]. Hay quien ha postulado incluso que la cultura modernista, en su construcción general, está moldeada por una «estética anoréxica» que se predica sobre un rechazo de todo lo que parece representar lo «femenino» dentro de la cultura occidental. Esto actualizó una cadena de asociaciones con la que nos hemos encontrado reiteradamente en los capítulos anteriores: «La feminidad es intercambiable con la blandura; la blandura está representada por la grasa corporal y todas estas cosas (feminidad, blandura y grasa) son "asquerosas" [...] La anorexia es una reacción a los símbolos culturales omnipresentes relacionados con la feminidad»[49]. Aunque la apariencia esquelética de los cuerpos anoréxicos pueda ser una respuesta (si bien extrema) a la «feminidad» de la corpulencia, tenemos que recordar que el hueso no es el único «otro» de la grasa. Los firmes músculos que fomenta el culturismo físico son un motivo fundamental de la modernidad y muchas personas que han huido de la blandura supuestamente corruptora de la grasa han buscado un refugio dentro de su firmeza engañosamente tranquilizadora.

47. Cowan, M., *Cult of the Will: Nervousness and German Modernity*, University Park, PA, 2008, p. 113.

48. Citado en Denning, A., *Skiing into Modernity: A Cultural and Environmental History*, Berkeley, CA, 2015, p. 76.

49. Heywood, L., *Dedication to Hunger: The Anorexic Aesthetic in Modern Culture*, Berkeley, CA, 1996, p. 68.

La animalidad seguía siendo un punto de referencia potente en el siglo XX y, como suele ser, algunos animales concitaban un respeto mayor que otros. Por ejemplo, seguía siendo posible identificarse con los nobles leones y los ágiles galgos, que poseían rasgos dignos de elogio que podían adular a una persona. Sin embargo, que se asociara tu cuerpo o tu comportamiento a los animales «inferiores» era una situación degradante. El solapamiento continuo entre la racialización y este tipo de animalización no es algo que pueda ignorarse. Como ya hemos visto, el mundo colonial jugó un papel esencial a la hora de resaltar los tipos de cuerpos regenerados que se aspiraba a poseer en la cultura occidental. A inicios del siglo XX ya se daba por sentado que una preferencia por la gordura, ya fuera en el propio cuerpo o en el de los demás, reflejaba una especie de deseo primitivo que no encajaba con las sensibilidades estéticas supuestamente más elevadas del mundo occidental[50]. Por eso autores como Henry Finck podían hablar de lo «salvaje» que era que personas supuestamente «civilizadas» manifestaran una preferencia por cuerpos rollizos. Cuando la exigencia de delgadez se volvió más acentuada en la década de 1920, porque para entonces quienes defendían la reforma física estaban fomentando un rejuvenecimiento transnacional de la civilización occidental, Finck canalizó su asco racializado por la gordura en un libro sobre el adelgazamiento titulado *Girth Control*. Recordando a sus lectoras aquellos lugares del mundo en los que «la gordura implica la belleza», comparaba intencionadamente a determinadas «mujeres americanas de nuestra época» con las «tan admiradas maravillas de obesidad morenas» de ultramar[51].

La animalización continua de los pueblos coloniales «atrasados» solo sirvió para reforzar la temblorosa afirmación de la persona blanca «civilizada» de que representaba a la auténtica humanidad. Tan habitual era esta animalización de la gordura no blanca que Franz Fanon se sintió

50. Farrell, A. E., *Fat Shame*.

51. Finck, H. T., *Girth Control: For Womanly Beauty, Manly Strength, Health, and a Long Life for Everybody*, Nueva York, 1923, pp. 2-4. Véase también Farrell, A. E., *Fat Shame*, pp. 59-68.

La animalización de las personas gordas persistía en la Gran Bretaña de posguerra, como muestra esta postal de finales de la década de 1940 o principios de la de 1950. (Texto: ¡Ya te dije que no era una ballena!).

obligado a abordarla décadas más tarde. «El lenguaje del colono, cuando habla del colonizado, es un lenguaje zoológico», señalaba Fanon, una práctica que solía evocar «cuerpos obesos, que no se parecen ya a nada»[52]. Conformando de manera tácita la racialización de la gordura estaba el problema estrechamente relacionado del engorde, que evocaba desconfianzas perennes sobre los animales dóciles cebados para beneficio de otros. Traer a colación la idea de convertirse en «bestias» cebadas y subordinadas, como se decía que eran determinados pueblos de ultramar, era una manera de avergonzar a las personas blancas para que se embarcaran en regímenes de adelgazamiento. Como declaraba el gurú francés de la forma física, Georges Hébert, solamente «algunos animales domésticos, sedentarios y glotones presentan rasgos de adiposidad», así como aquellos «pueblos orientales» cuyo gusto por los cuerpos femeninos gordos son señal de una «completa aberración

52. Fanon, F., *Los condenados de la tierra* (1961), Campos, J. (trad.), FCE, 1963, p. 37.

del sentido estético»[53]. Los vínculos duraderos entre la gordura y el estatus facilitaban las asociaciones igualmente atrincheradas entre la animalización y la feminización. Además de denotar gustos estéticos y sexuales repugnantes, el cebado o engorde seguía siendo un tema para las relaciones de poder sesgadas por el género. Trazando una analogía directa entre «el hombre obeso y el animal cebado para el matadero [*l'animal à l'engrais*]» el médico Francis Heckel describía al hombre gordo como «un monstruo mal adaptado a su función humana». En la medida que el acto de cebar constituía belleza sólo entre los cerdos, las ovejas y las vacas, estaba completamente en desacuerdo con la masculinidad: «La gordura desviriliza y castra»[54]. Muy lejos de haber sido arrojados a la papelera de la historia, los antiguos tropos que relacionaban la gordura con la animalidad, la docilidad y la feminidad siguieron estructurando las percepciones modernas sobre el cuerpo hasta bien entrado el siglo XX y más allá.

Liviandad y funcionalidad

Los cuerpos del siglo XX no se limitaban a imaginarse como idealmente delgados o musculosos. Más bien las obsesiones con la salud, la belleza y la eficacia se integraban con las tendencias hacia la verticalidad que habían caracterizado a los dualismos occidentales desde la Antigüedad[55]. Todo esto fomentaba ideales corporales que estaban concebidos para ser *experimentados* a la vez que representados. Aunque se puede identificar un enamoramiento cultural con lo etéreo y lo inmaterial mucho antes de que la liviandad física se midiera metódicamente sobre una báscula, a finales del siglo XIX dichas cualidades habían quedado conectadas con ese concepto tecnológico de eficacia que determina tantos aspectos de la

53. Hébert, G., *Muscle et beauté plastique: L'éducation physique féminine*, París, 1921, p. 114.
54. Heckel, F., *Maigrir: Pourquoi? comment?*, París, 1930, p. 28.
55. Sloterdijk, P., *Has de cambiar tu vida*, p. 28.

cultura occidental. Hillel Schwartz nos recuerda que fue «la prosecución de una *sensación* de ligereza»[56] lo que, mediante la producción de un «ideal kinestésico de energía sin volumen» tejió un «nudo de relaciones» entre la glotonería y la gordura, la gordura y la ineficacia y la ineficacia y la carencia de energía[57]. Esta observación explicaría los cuerpos rápidos, livianos y aerodinámicos que se fomentaron durante la década de 1930, cuyo movimiento a través del espacio se esperaba que fuera rápido y eficaz[58]. En la medida en la que los cuerpos se equiparaban en la imaginación con una serie de tecnologías, podemos ver los pasos que adoptamos para conservar, ampliar o recuperar la juventud como intentos adicionales de «inmovilizar el tiempo». Pero esta liviandad no debía sugerir una deriva sin propósito a merced de las condiciones atmosféricas. Más bien, puesto que en general se entendía que los cuerpos y las mentes débiles de finales del siglo XIX se limitaban a reaccionar con pasividad ante los estímulos externos, entonces el nuevo yo de la modernidad se afirmaría a sí mismo con agencia, afirmando la supremacía del espíritu individual, o la «voluntad», por encima de la amenazadora inminencia de la materialidad[59]. Por eso «en la iconografía visual de la cultura corporal del siglo XX, tal vez no haya un tópico visual que connote más directamente el cuerpo *moderno* que el salto»[60]. Para entender por qué la gordura acabo siendo un insulto tan grave hacia las sensibilidades del siglo XX, debemos abordar los significados culturales y existenciales de la «gravedad» en un mundo en el que las virtudes de la ligereza y la superación se alababan con tanta frecuencia.

56. Schwartz, H., *Never Satisfied*, p. 64.

57. *Ibid.*, p. 81.

58. Cogdell, C., *Eugenic Design*; véase también Jensen, E. N., *Body by Weimar: Athletes, Gender, and German Modernity*, Oxford, 2010, y Tumblety, J., *Remaking the Male Body: Masculinity and the Uses of Physical Culture in Interwar and Vichy France*, Oxford, 2012.

59. Cowan, M., *Cult of the Will*, p. 4.

60. Cowan, M., «Imagining the Nation through the Energetic Body: The "Royal Jump"», en *Leibhaftige Moderne: Körper in Kunst und Massenmedien, 1918 bis 1933*, Cowan, M.; Sicks, K. M. (ed.), Bielefeld, 2005, p. 71.

En 1930 Lucky Strike sacó una serie de anuncios que apuntaban a que fumar podía evitar que se ganara peso, a menudo contrastando la belleza y forma física deportiva de la persona fumadora con su menos impresionante «sombra futura». Aquí el cuerpo estilizado de un saltador blanco sobrevuela su «sombra» menos aerodinámica.

El movimiento eficiente, ya fuera vertical o lateral, era esencial en aquellas primeras escaramuzas que encenderían la chispa de nuestra actual «guerra a la obesidad». Esto también se contrastaba con observaciones recogidas acerca del mundo exterior a Occidente. Como ya hemos visto, muchos relatos de la gordura africana no se limitaban al «asqueroso» espectáculo que ofrecía, sino que se estructuraban alrededor de la incapacitación que parecía imponer a las mujeres tanto como a los hombres. Esta gordura aprisionadora imponía una especie de inercia o «indolencia» que frustraba la capacidad de poner en acción los mandatos de la voluntad. Dado el énfasis en este periodo en la velocidad, la eficacia y la funcionalidad, los cuerpos gordos no parecian poder *moverse* de maneras que un mundo moderno y acelerado pudiera considerar adecuadas. La exigencia de eficacia subraya hasta qué punto la discriminación contra las personas gordas no podría reducirse a la percepción de una desviación con respecto a los ideales estéticos. Todo paso que da el hombre gordo, señalaba ese apóstol de la eficacia americana, Luther Gulick, es «una costosa sangría de sus energías»[61]. Esto era especialmente cierto en los lugares de trabajo. «Hay una competencia en aumento en los negocios y una exigencia cada vez mayor de un servicio eficaz», declaraba el político y médico homeopático Royal S. Copeland. Continuaba diciendo:

> En el taller, en la oficina, en el hogar —allí donde trabajen los hombres y las mujeres— la competitividad de la vida moderna exige salud y vigor. Para esta batalla las personas gordas están discapacitadas[62].

El deseo de velocidad y eficacia, y la capacidad de moverse en espacios limitados, llevaba a no contratar a personas gordas para puestos de venta al público: «No hay sitio suficiente para sus cuerpos detrás

61. Gulick, L. H., *The Efficient Life*, Nueva York, 1907, p. 36.

62. Copeland, R. S., *Over Weight? Guard Your Health: Among Adults the Overweights Have a Greater Prospect of Early Death Than Have the Underweights*, Nueva York, 1922, p. 11.

del mostrador» se quejaba Paul Henry Nystrom en su popular obra *Economics of Retailing* (Economía de la venta minorista). «No se mueven con suficiente rapidez»[63]. Como apuntan también otras afirmaciones de este periodo, el viejo vínculo de la gordura con la lentitud física y mental se había convertido en una razón para la discriminación laboral.

Si la vida urbana moderna generaba expectativas aumentadas acerca de la funcionalidad física, que requerían un movimiento libre, eficaz y efectivo, entonces el exceso de grasa podía entenderse como una sustancia que envuelve, lastra y obstaculiza la movilidad. Que el movimiento cotidiano habitual *en realidad* no se viera impedido por la corpulencia de una persona era menos importante que la suposición común de que *no era posible* que los cuerpos gordos se movieran de manera rápida y eficaz. Mientras que el cuerpo corpulento sin duda no era el único supuesto efecto (o causa) de la pereza y la fatiga, su presencia era un recordatorio de la limitada capacidad del cuerpo para transcender su propia organicidad y para resolver las paradojas de la modernidad. De ahí las numerosas referencias en los manuales de salud y forma física a la gordura como una «discapacidad»[64]. Con resonancias de las antiguas afirmaciones de que grandes cantidades de grasa podían inmovilizar o incluso ahogar a los cuerpos, el utopismo corporal del siglo XX metió más claramente a la corpulencia dentro de la categoría de la discapacidad, una categoría que se había vuelto cada vez más visible a partir de las masacres de la Primera Guerra Mundial. Evocando situaciones en las que se destacaba la naturaleza frágil y precaria de toda encarnación, el cuerpo gordo —como el cuerpo discapacitado— acabaría por representar «un desgarro en nuestro ser que revela su carácter abierto, su incompletitud, su precariedad»[65].

63. Nystrom, P. H., *Economics of Retailing*, 3ª ed., Nueva York, 1930, vol. II, p. 332.

64. Lowry, E. B., *The Woman of Forty*, Chicago, IL, 1920, p. 44; Copeland, R. S., *Over Weight?*, p. 11.

65. Stiker, H.-J., *A History of Disability*, Sayers, W. (trad.), Ann Arbor, MI, 1997, p. 10. Véase también Herndon, A., «Disparate but Disabled: Fat Embodiment and Disability Studies», NWSA *Journal*, XIV/3, 2002, pp. 120-37.

El deporte moderno dramatizaba el sueño del siglo XX de una transcendencia corporal mediante la aplicación de la *askesis* o autodisciplina. Aunque es imposible abordar el renacimiento atlético de este periodo sin señalar su explícito desprecio por la gordura, no deberíamos rastrear las aspiraciones verticales de los cuerpos modernos únicamente en las posturas y movimientos literales. No todas las disciplinas atléticas requerían liviandad o dar saltos en el aire. El boxeo, el culturismo y el rugby eran solo algunas de las actividades en las que la musculatura y el peso tenían un valor práctico. Incluso cuando los cuerpos deportistas parecen «pesados» y se mantienen más o menos pegados a la tierra, su velocidad y agilidad —como en el caso de las pruebas de fondo y velocidad— hace que parezcan que se han liberado de la fricción que produciría su contacto con el suelo. La fascinación en aumento de la cultura de masas con todo tipo de hazañas que baten récords es una prueba del interés por superar las expectativas, por ir más allá de las ideas aceptadas sobre lo que puede hacer un cuerpo humano. El movimiento *hacia adelante* al servicio de las hazañas atléticas es al mismo tiempo un movimiento *hacia arriba*. Traza trayectorias de transcendencia vertical por encima de lo que se queda debajo, un campo cada vez más amplio de lo «inferior», poblado por todo lo que es animal, salvaje, femenino y degenerado. Dentro de este mundo de movimiento fluido y eficacia aerodinámica, la gordura era un «lastre» que a la vez *hundía* y *retrasaba*. Señala Peter Sloterdijk: «En el ámbito del deporte —de forma análoga a los desarrollos que tienen lugar en el campo religioso—, hay también una contracorriente, que podría ser designada como un *renouveau athlétique*, donde se alza sobre el pavés a la figura del deportista extremado, un equivalente, vaciado de lo espiritual, del santo de las religiones»[66].

La trayectoria vertical de estas prácticas y recetas es evidente en muchos de los discursos del periodo acerca de la dieta y la nutrición. Estos discursos a menudo eran científicos y cuantitativos, con el nuevo término «caloría» movilizado para animar a la gente a dominar sus apetitos eligien-

66. Sloterdijk, P., *Has de cambiar tu vida*, p. 81.

do no comer más de lo que sea necesario para la salud[67]. La tendencia, inherente a la civilización moderna, que conducía a la gente al exceso era lo que hacía esencial que se contaran calorías[68]. Abordar el cuerpo consumidor como una especie de máquina no descartaba en absoluto la búsqueda de unos valores más «elevados». Más bien, la rápida expansión de la caloría, junto con las recomendaciones relacionadas de escoger alimentos saludables sin tener en cuenta el sabor, contribuyeron a encuadrar las elecciones de salud dentro del juicio moral. De esta manera, la obsesión en aumento por contar calorías es un «buen ejemplo de la nutrición moderna funcionando como una ciencia empírica *y* una disciplina espiritual»[69].

Además, puesto que comer seguía siendo una fuente de placer y no solo de ansiedad, la necesidad de humanizar más una actividad que las personas compartían con los animales no humanos estaba implícita. Esto a menudo suponía despreciar la vida orgánica a favor de otro ideal más exaltado. Se generalizaron las peticiones de un tratamiento más elevado del acto de comer. «Vivir para comer es la vida degradada a sus términos más rastreros, en el mismo plano que la vida meramente animal», defendía Ella Adelia Fletcher, la escritora sobre salud y belleza, en los albores del siglo XX, «y el hombre o la mujer que así se comporta a menudo no puede ni siquiera apelar al instinto y la discreción con los que las bestias superiores controlan sus apetitos»[70]. La inclinación espiritual de Fletcher la llevaba a despreciar la «mera vida animal», pero era un desprecio compartido por otros educadores que hablaban de elevar el cuerpo por encima de su decadencia y animalidad hacia una especie de divinidad. «El aprendizaje y la ciencia están empezando a escuchar la

67. Mackert, N., «Feeding Productive Bodies: Calories, Nutritional Values and Ability in Progressive Era U.S.», en *Histories of Productivity: Genealogical Perspectives on the Body and Modern Economy*, pp. 117-135.

68. Levine, D. I., «Managing American Bodies», pp. 149-50.

69. Coveney, J., *Food, Morals and Meaning*, p. 62. La palabra «espiritual» tal y como se emplea aquí «no equivale necesariamente a "teológico" sino que se refiere a los medios por los cuales se requiere a los individuos que se construyan con una inquietud "correcta" con respecto a la manera "adecuada" de comportarse en relación con la alimentación»: Coveney, J., *Food, Morals and Meaning*, p. XVI.

70. Fletcher, E. A., *The Woman Beautiful*, Nueva York, 1901, p. 411.

llamada divina del estómago», declaraba William M. Beardshear, presidente de la National Educational Association, «para desplazar la saciedad con la pureza de la carne, y la putrefacción con la pureza del alma». A pesar de ser un sacerdote de la iglesia United Brethren, la «divinidad» corporal a la que invocaba Beardshear procedía de la mitología clásica y de los correctos valores ingleses más que de la imaginería cristiana:

> El dios del estómago ya no será más Sileno [...] sino la diosa Higeia; su emperador ya no será Vitelio [el emperador romano], sino la emperatriz Victoria; su animal no será el cerdo sino el hombre exaltado[71].

Fig. 78. — Abêtissement de l'expression de la physionomie déterminé par l'engraissement. Aspect et profil porcins.

En una época en la que los cisnes y los galgos inspiraban el diseño industrial y el culturismo físico con su anatomía esbelta y aerodinámica, los cuerpos gordos se quedaron vinculados al tipo «equivocado» de animalidad. En un popular libro sobre dietas, un médico francés sintió la necesidad de ilustrar la «animalización de la expresión fisionómica como resultado de engordar. Aspecto y perfil porcino», Francis Heckel, *Maigrir: pourquoi? comment?* (París, 1930).

71. Beardshear, W. M., «Presidential Address: The Three H's in Education», *National Educational Association: Journal of Proceedings and Addresses of the Fortyfirst Annual Meeting*, Chicago, IL, 1902, pp. 55-65.

«El movimiento es vida». Apuntando a que la transcendencia estaba al alcance de las mujeres corrientes, tanto como de las bailarinas profesionales, el «Famous Leap by Peggy St. Lo» se convirtió en el logo de la Liga Femenina de Salud y Belleza. En 1939 la Liga presumía de tener 170.000 miembros en Gran Bretaña, Australia, Canadá y Hong Kong.

Incluso si la búsqueda de la transcendencia no tenía por qué asumir formas religiosas convencionales, no nos sorprende que muchos movimientos cristianos hayan acordado un estatus casi sagrado a la salud y la «pureza» del cuerpo. Esto es especialmente evidente en Estados Unidos. Desde principios del siglo XIX, el protestantismo blanco de clase media había fomentado regímenes dietéticos y tablas de ejercicios prometiendo que así se alcanzarían diversos grados de salud y perfección corporal. El protestantismo implicado en el movimiento New Thought a menudo practicaba el ayuno y el ejercicio como medios para crear cuerpos espiritualizados que pudieran ser menos corruptibles, menos sometidos a las «groseras» exigencias sensuales de la carne. En algunos casos, se creía que estos cuerpos perfeccionados eran incluso capaces de alcanzar una inmortalidad física. Los «cuerpos espíritu» que algunos de ellos imaginaban prometían formas de corporalidad más tranquilizadoras que los «cuerpos naturales», siempre tan decepcionantes[72]. Como muestra de manera convincente Marie Griffith, estas tendencias verticales se secularizarían enseguida en las décadas siguientes:

> El optimismo ciego en una especie de carácter etéreo y mecánico de la carne —como en la típica afirmación «cada día me siento más y más ligera [...] Asimilo adecuadamente la comida, todos los desechos se eliminan y me siento mejor en todos los sentidos»— representa uno de los temas que atraviesan la cultura americana de la dieta más difíciles de quitarse de encima[73].

Implícita en la insistencia de que los cuerpos deberían conformarse en su exterior a los criterios estéticos estaba la premisa de que, haciéndolo así, el individuo compartiría una experiencia sensorial de energía y optimismo. Se suponía entonces que hacer dieta y ejercicio producirían

72. Griffith, R. M., *Born Again Bodies: Flesh and Spirit in American Christianity*, Berkeley, CA, 2004, p. 4.

73. Griffith, R. M., *Born*, p. 16. Por eso Sloterdijk ve en la cultura deportiva de inicios del siglo XX la «desespiritualización de las ascesis». Sloterdijk, P., *Has de cambiar tu vida*, p. 87.

cambios profundos mediante el *sensorium*. Puesto que este optimismo era emocional tanto como un ideal kinestésico, la pérdida de peso cartografiaba un sendero hacia todos los tipos de liviandad. Aunque el cuerpo gordo y «vago» no encajaba bien con la eficacia (con lo que Thomas Inch denominaba «la consigna de hoy»), bastaban unos pocos días llevando a cabo ejercicios y un régimen alimenticio y se empezaría a «sentir un beneficio tan inmediato, una ligereza de movimiento; incluso el pensamiento se acelera; te sentirás mucho más joven y brillante»[74]. La forma física juvenil prometía felicidad tanto como belleza; la eficacia corporal era emocional tanto como motriz. De hecho, en esos enérgicos ejercicios y regímenes había un disfrute a la vez que un sacrificio. Esculpir el cuerpo se presentaba como la actividad inherentemente placentera, de hecho eufórica, que puede a veces ser. Incluso el gesto de ayunar se podía promocionar en parte por la gratificación sexual que supuestamente posibilitaría[75]. Así la gratificación sensual y «animal» que se asociaba con la corpulencia se plegaba ante las delicias más «elevadas» que aportaban la dieta y el ejercicio.

El físico esbelto y musculoso que acabó por dominar la imaginación visual de principios del siglo XX no solamente indicaba una capacidad para esculpir el cuerpo según los ideales estéticos dominantes. Por supuesto que también lograba esto, pero merece la pena recordar que los ideales estéticos nunca han sido una cuestión superficial. Se trataba más bien de cuerpos que tenían que *llevar a cabo*, y no solo exhibir, una cantidad de energía interior, y que así eran portadores de un principio de funcionalidad —y, por lo tanto, de capacitismo— que era igualmente importante para la transformación de los físicos. Como hemos mencionado antes, nada encajaba peor en esta sociedad acelerada que el cuerpo pesado que transmitía discapacidad y descomposición. Un anuncio de 1892 de las Marienbad Reduction Pills podía reprender sensatamente a quien la vida le cansara diciéndole que «la vida ya es

74. Inch, T., *Inch on Fitness*, Londres, 1923, pp. 26, 29.
75. Griffith, R. M., *Born*, pp. 27-39.

una carga suficiente sin la carga añadida de la carne superflua»[76]. En apenas unas pocas décadas era la vida misma la que tenía que volverse dinámica y ligera. «El movimiento es vida. La quietud es el atributo de la muerte», declaraba Mary Bagot Stack, fundadora de la Liga Femenina de Salud y Belleza, citando un manual de gimnasia alemán de 1920. «Un cuerpo sin movimiento es como el agua estancada: recoge las algas de la enfermedad que con el tiempo la matarán»[77]. Aquí, una vez más, el movimiento que se celebraba era el movimiento hacia arriba.

En este mundo que marcha a toda velocidad, los cuerpos gordos parecían ofrecer únicamente pereza y torpor; «no pueden aportar alegría y orgullo»[78]. Evocando las cualidades que habían figurado de manera omnipresente en las descripciones coloniales de los pueblos nativos, un autor señalaba que el corpulento «no solamente se vuelve físicamente indolente, sino que también se vuelve mentalmente perezoso»[79]. Como tal, era imposible que suscitara ningún respeto, y mucho menos amor. «A todo el mundo le gusta un hombre gordo», insistía un autor desafiando la sabiduría heredada de su tiempo. Especialmente a sus esposas porque

> es mucho más fácil vivir con un marido gordo, plácido, de buena pasta, generoso, despreocupado, que con un marido delgado, nervioso, preocupado, que juega al golf porque le preocupa echar a perder su silueta[80].

Afirmaciones como estas estaban destinadas a atraer desdén en un momento en el que la «domesticación» masculina se equiparaba

76. Anuncio de Marienbad Reduction Pills, *The Illustrated American*, X/113, 16 de abril de 1892, sin paginar.

77. Stack, M. B., *Building the Body Beautiful*: *The Bagot Stack Stretchand* Swing System, Londres, 1934, p. 7; véase Cowan, M., *Cult of the Will*, p. 75 y Matthews, J. J., «They Had Such a Lot of Fun: The Women's League of Health and Beauty between the Wars», *History Workshop Journal*, XXX, 1990, pp. 22–54.

78. Gulick, L. H., *Efficient*, p. 35.

79. Alsaker, R. L., *Eating for Health and Efficiency*, Nueva York, 1921, p. 223.

80. Johnston, W., *The Fun of Being a Fat Man*, Boston, MA, 1922, pp. 28, 35.

«Nadie ama a un hombre gordo» siguió siendo un dicho en el inglés estadounidense a lo largo de la década de 1950. *Elmer Wheeler, The Fat Boy's Book,* Nueva York, 1950.

en ocasiones a la castración y cuando la frase «nadie ama a un hombre gordo» ya se había convertido en un auténtico refrán[81]. A las mujeres gordas «ya era difícil tolerarlas», sostenía un manual de forma física, pero «es absolutamente imposible contemplar a un hombre obeso sin sentir asco»[82]. No era de extrañar que los hombres gordos y plácidos fueran preferidos por las esposas, bufaba Leonard Williams, porque

81. Forth, C. E., «"Nobody Loves a Fat Man": Masculinity and Food in Film Noir», *Men and Masculinities,* XVI/4, 2013, pp. 387-406; Bilton, A., *Silent Film Comedy and American Culture,* Londres, 2013, pp. 111-35.

82. Summerville, A., *Why Be Fat? Rules for Weightreduction and the Preservation of Youth and Health,* Nueva York, 1916, p. 38.

son exactamente el tipo de varones sumisos que adoran las mujeres. Que no te engañe el orgullo que pueda exhibir una mujer ante el cuerpo hinchado de su hombre «como un granjero se enorgullece de sus animales cebados», porque probablemente ella tenga oscuros motivos para engordarlo así. «Se da cuenta, por una especie de instinto sexual hereditario, que un hombre gordo es fácil, complaciente, acrítico; estúpido, en resumen». Aquellas mujeres para las que esto no era un reflejo puramente instintivo podían recurrir a Shakespeare para aprender cómo César, con su sabiduría, prefería rodearse de los corpulentos: «Todos los tiranos saben que están más seguros con los hombres gordos, y la tiranía doméstica no es una excepción»[83]. Los médicos como Williams proporcionaban la confirmación médica de la vieja afirmación de que engordar era equivalente a la sumisión, a la subordinación y, por lo tanto, a la feminización. Estas imágenes dramáticas se prestaban fácilmente a una elaboración en la ficción. «Estoy enamorado», confesaba el gordo narrador de la novela de Henri Béraud, *Le Martyre de l'obèse*, «de eso se ríe todo el mundo». Ganadora del premio Goncourt antes de su popular adaptación cinematográfica de 1926, la novela de Béraud presentaba la corpulencia como una tragedia dolorosa e infeliz, como una especie de «martirio»[84].

Mientras que la idea de la persona gorda digna de ser amada se ridiculizaba en la medicina, la literatura y el cine, en otros lugares se socavaba lo poco que quedaba del vínculo entre la gordura y la felicidad. El dicho popular sobre la gordura y el amor, se mofaba un autor, «podría corregirse más exactamente diciendo "Nadie ama a un hombre gordo (o a una mujer gorda) menos de lo que él mismo lo hace"»[85]. La medicina y la psicología estaban más que dispuestos a apoyar estas ideas. «El viejo dicho de "Ríe y engorda" no debería tomarse demasiado en serio», apuntaba un médico británico, que decía también:

83. Williams, L., *Obesity*, Londres, 1926, p. 3.
84. Béraud, H., *Le Martyre de l'obèse*, París, 1922, p. 10.
85. Katzoff, S. L., *Timely Truths on Human Health*, Bridgeport, CT, 1921, p. 83.

> La persona gorda, como regla general, esquiva el esfuerzo mental y físico, sus facultades críticas están acorchadas y su tendencia a la risa más que a la queja lo que muestra es su sesgo a favor de tomar el camino más fácil[86].

La versión popularizada del psicoanálisis reforzaba el concepto de que la gordura era una prueba de infelicidad. Hilde Bruch proponía que la dinámica del círculo familiar en parte se posibilitaba por la carga emocional del alimento, que simbolizaba el amor, y que, a veces, se convertía en el verdadero sustituto del amor. Si alimentar es demostrar amor y comer es aceptar y reconocer ese amor, entonces la comida podía servir como uno de los sustitutos del amor[87]. Difundidas en la cultura popular a través de los muchos artículos que escribió para las revistas destinadas a mujeres, las opiniones de Bruch sobre la gordura y el amor dominaron el paisaje psicológico en las décadas de 1940 y 1950. La revista *Life* popularizaba estas ideas cuando declaraba que:

> En cuanto a la obesidad, la causa habitual es comer en exceso, pero comer en exceso se interpreta como una acción en la que la comida es una compensación por alguna frustración o privación interna[88].

La gordura podía relacionarse con el placer sexual, desde luego. Pero, como ya había afirmado hacía siglos Lord Chesterfield, nunca podría ser el signo de una «auténtica» felicidad. «Uno es feliz o infeliz dependiendo del peso de cada uno», informaba el ficticio mártir de la obesidad de Henri Béraud[89].

86. Douthwaite, A. H., «On the Control of Obesity», *British Medical Journal*, 3824, 1934, p. 699.

87. Bruch, H.; Touraine, G., «Obesity in Childhood: v. The Family Frame of Obese Children», *Psychosomatic Medicine*, II/2, 1940, pp. 203-4.

88. Wickware, S., «Psychosomatic Medicine: Upset Emotions Can Cause Illness, Obesity, Even Accidents», *Life*, XVIII/8, 19 de febrero de 1945, p. 52; véase también Gilman, S. L., *Fat Boys: A Thin Book*.

89. Béraud, H., *Martyre*, p. 39.

Las décadas posteriores se limitaron a ofrecer versiones más elaboradas de este tipo de afirmaciones. Oficialmente desacreditadas y, sin embargo, con un atractivo persistente, las versiones actualizadas de la antigua «ciencia» de la fisionomía se prolongaron como maneras de leer las señales corporales externas en busca de sus cualidades internas. En la década de 1940, la famosa tipología caracteriológica de los cuerpos masculinos, obra de William H. Sheldon, recibió una cálida bienvenida entre el público estadounidense, especialmente por parte del profesorado de Educación física que estaba deseando clasificar a sus jóvenes estudiantes en categorías bien definidas[90]. Sheldon, que buscaba demostrar la relación entre el físico y la personalidad, vinculaba el tipo corporal regordete y «endomórfico» al temperamento «viscerotónico». Este último se caracterizaba por el amor por la comida, las comodidades y la sociabilidad, por una aversión al dolor y el esfuerzo, por una tendencia al exhibicionismo emocional y por

> una determinada flaccidez o carencia de intensidad en el aspecto mental y moral, [...] una cualidad roma, como vegetal [y] una carencia de finalidad más allá de los propósitos biológicos elementales.

En lugar de expresar actividad y solidez, un varón de este tipo «da la impresión general de un metal blando»[91]. Gracias a estas iniciativas, a mediados del siglo XX la idea de que los chicos gordos exhibían un «físico masculino inadecuado» y un temperamento «femenino» estaba perfectamente establecida[92].

90. Sheldon, W. H., *The Varieties of Human Physique: An Introduction to Constitutional Psychology*, Nueva York, 1940; Vertinsky, P., «Embodying Normalcy: Anthropometry and the Long Arm of William H. Sheldon's Somatotyping Project», *Journal of Sport History*, XXIX/1, 2002, pp. 95–133.

91. Sheldon, W. H., *The Varieties of Temperament: A Psychology of Constitutional Differences*, Nueva York, 1944, pp. 43–4.

92. Schonfeld, W. A., «Inadequate Masculine Physique: A Factor in Personality Development of Adolescent Boys», *Psychosomatic Medicine*, XII/1, 1950, pp. 49–54.

Por mucho que se les imaginara de maneras diferentes, a los hombres y las mujeres de esta época se les solía animar a transcender de manera moderna los problemas de la modernidad, incluso aunque lograr el cuerpo delgado y tonificado requiriera de las tecnologías modernas para poder llevarlo a cabo. Esto implicaba un elogio de la blanquitud como sinónimo de forma física muscular, atractivo estético y funcionamiento eficaz. La regeneración mental y física a menudo se producía sobre el telón de fondo de la creencia de que el futuro de la «raza» blanca estaba en peligro. Esto distaba mucho de ser algo nuevo: el discurso de la degeneración que dio lugar a la eugenesia contemporánea exhibe una «continuidad ideológica» con los ideales de la perfectibilidad humana que se proponían en el siglo XVIII[93]. Los cuerpos clásicos, tradicionalmente elogiados porque se supone que transmitían un ideal estético libre de cualquier sensualidad corrupta, ahora se erotizaban a medida que la gordura se deslizaba cada vez más hacia la abyección. El ideal de la pureza eugenésica era una cuestión de limpieza tanto como de una ausencia de adulteración. Entre quienes fomentaban la eugenesia, había quienes entendían la gordura como un defecto principalmente hereditario («un factor disgénico») y, por el bien de la raza, desaconsejaban casarse con una persona gorda sin antes comprobar su historial familiar. Haciéndose eco de los consejos eugenésicos de los siglos XVII y XVIII, recomendaban que, quienes eligieran casarse con una persona gorda, tenían que asegurarse de tener un cuerpo delgado, con la idea de que la corpulencia, con el tiempo, acabaría por desaparecer mediante los cruces[94]. En muchos casos, sin embargo, el problema eugenésico de la corpulencia se resolvía por sí solo, porque, tal vez debido a la libido disminuida, «en general, quienes tienen predisposición a la corpulencia tienen por esa causa menos inclinación hacia el matrimonio»[95]. Teniendo en cuenta esta atmósfera de

93. Le Dévédec, N., *La Société*, p. 114.

94. Robinson, W. J., «Who May and May Not Marry», *American Journal of Clinical Medicine*, XXIII/9, 1916, pp. 739-45, esp. 743-4.

95. Jefferis, B. G.; Nichols, J. L., *Searchlights on Health: The Science of Eugenics*, Naperville, IL, 1919, p. 171.

desprecio, es tentador interpretar el proverbio «nadie ama a un hombre gordo» como un dicho con intenciones prescriptivas y no tanto con un sentido meramente descriptivo.

La imposibilidad de amar a los hombres y las mujeres con cuerpos gordos se proclamaba a voces en las décadas de 1920 y 1930. «Y ahora me dirás que son para Papá Noel...», Georges Léonnec, «Mauvais prétexte», *La Vie parisienne*, 1926.

Situado dentro del elogio moderno del movimiento y de la velocidad hay un deseo correspondiente por la inmovilidad, por la congelación o la superación del tiempo orgánico y, por lo tanto, por una determinada resistencia al propio ciclo de la «vida». Los cuerpos modernos entonces serían cuerpos juveniles y el paso del tiempo aparentemente se sacrificaría en el altar de la velocidad. Este era el deseo irrealizable expresado por Carl Luther y merece la pena repetir sus palabras, que ya hemos citado antes: «No deseamos envejecer, sino más bien seguir siendo jóvenes, descarados y delgados»[96]. Implícita en el elogio de la juventud hay una concepción del envejecimiento biológico como un proceso inevitable de declive con sus propios problemas físicos y emocionales. Con independencia de los recordatorios regulares de que la gordura es un tipo de enfermedad, las asociaciones de la corpulencia con el envejecimiento reforzaban su vinculación con el declive y la muerte. Por supuesto que las advertencias acerca de que la gordura contribuye al envejecimiento y de que acorta la vida se han articulado desde la Antigüedad, pero esas premisas adquirieron una urgencia nueva en el siglo XX, cuando la corpulencia se consideraba «una de las primeras señales de la senilidad»[97]. Para entonces, las compañías de seguros, tanto británicas como estadounidenses, ya contemplaban la «obesidad» como un factor de riesgo[98]. Fue aproximadamente durante este mismo periodo cuando el concepto de mediana edad empezó a desarrollarse, poniendo de relieve relaciones muy arraigadas entre la juventud, la salud y la belleza. En algún momento entre los primeros años de la década de 1900 y 1935, se desarrolló «la teoría del declive de la vida» para crear una sensación aguda de que, a medida que se cumplen los años, nos encontramos atrapados dentro de un proceso de descomposición que termina inevitablemente en la muerte[99]. La aparición de la mediana edad como un periodo de declive fue especialmente problemática

96. Citado en Denning, A., *Skiing*, p. 76.

97. Roeser, P. H., *Vieillesse et longévité*, París, 1910, p. 173.

98. Véase Weber, F. P., *Fatness, Overweight, and Life Assurance*, Londres, 1901.

99. Gullette, M., *Safe at Last in the Middle Years: The Invention of the Midlife Progress Novel*, Berkeley, CA, 1988.

para las mujeres, para quienes envejecer podía suponer una disminución de su atractivo físico así como la pérdida del papel maternal[100]. La frase «gordo/a cuarentón/ona» empezó a circular, no solamente por la atracción de la aliteración (*fat and forty*) sino porque la corpulencia se convertía rápidamente en una señal de declive físico y en un heraldo de la muerte misma. El eugenista británico Caleb Saleeby se enojaba ante otra frase, muy parecida, «demasiado viejo a los cuarenta», que se había popularizado en los primeros años del siglo XX, pero entendía las razones que había tras ella. Mientras que «lo habitual debería ser la persona centenaria robusta y mentalmente activa», decía, en demasiadas ocasiones las personas que llegan a la edad de cincuenta o sesenta años han cogido tanto peso y están afectadas de tantos otros achaques que «la vida distintivamente *humana* en realidad ya ha expirado en ellas. Apenas hacen otra cosa que ocupar un hueco»[101].

Aparentemente expulsada de la categoría de lo humano, si nos tomamos en serio a Saleeby, la gordura remaba en contra de la insistencia de esta época en los cuerpos jóvenes, eficaces y capaces. Luther Gulick escribía con desprecio sobre cómo «los cuerpos gordos, torpes y desagradables a la vista» de los hombres de negocios de mediana edad mostraban «todos los grados del desperdicio y la ineficacia»[102]. Oscilando entre la imaginería mecánica y la orgánica, Leonard Williams se preocupaba por cómo «una máquina, que se supone que debe durar ciento veinte años, muestra graves signos de desgaste a los cincuenta años de edad» a la vez que sostenía que «el hombre corriente empieza a pudrirse a los treinta años de edad y, cuando llega a los cincuenta, el proceso siniestro ya va a toda mecha»[103]. Esta letanía de asociaciones mórbidas se repetía en otros lugares. «Un adulto gordo está siempre enfermo o degenerando», declaraba un popular texto sobre nutrición[104], mientras que un manual

100. Stewart, M. L., *For Health and Beauty: Physical Culture for Frenchwomen, 1880s-1930s*, Baltimore, MD, 2001, pp. 130-45.

101. Saleeby, C. W., *Health, Strength and Happiness*, Londres, 1908, pp. 309-10.

102. Gulick, L. H., *Efficient*, p. 35

103. Williams, L., *Middle Age and Old Age*, Londres, 1925, p. 7.

104. Alsaker, R. L., *Eating*, p. 221.

de belleza predecía que una persona que pase de los cincuenta y no haya logrado dominar su apetito podría de hecho estar «cometiendo un lento suicidio»[105]. Que el proceso de declive en la mediana edad siempre terminaba en la muerte era algo que se subrayaba repetidamente, como si la juventud fuera un estado que se pudiera alargar de manera indefinida:

> Cuando aprendes a medir el sobrepeso en términos de una posibilidad aumentada de una muerte temprana y a medir el peso normal o inferior en términos de una perspectiva aumentada de una larga vida, no dudarás un segundo más[106].

Aquí también la gordura parecía que nos empujara hacia atrás, además de hacia abajo. Lo único que la gordura parecía acelerar era la manera en la que la apariencia de una persona señalaba su localización actual en el curso de la vida. «Engordar es envejecer un poco», advertía Armand Hemmerdinger a su público francés, pero envejecer únicamente presagiaba el horror definitivo: «Y envejecer es morir un poco»[107]. Como la gordura venía cargada con ideas de declive y mortalidad, la cultura de la dieta y de la forma física fomentaba la fantasía de congelar el tiempo en un mundo moderno que se definía por el movimiento, la ingravidez y la eterna juventud. Ante tamañas aspiraciones, el hecho de que la sustancia de la vida siempre haya sido un recordatorio perturbador de la mortalidad adquiría una importancia aún mayor. «La grasa es mortal (*fat is fatal*)»[108].

La sustancia de la vida se convertía a toda prisa en la sustancia de la muerte. Había para quien en realidad nunca había estado viva —un libro de dietas superventas de la época la describía como «tejido prácticamente muerto»—[109]. «Las células grasas merecen llamarse vivas apenas un poco más que las células que componen nuestras uñas

105. Lowry, E. B., *Woman of Forty*, p. 40.
106. Copeland, R. S., *Over Weight?*, p. 111.
107. Hemmerdinger, A., *La Fin du martyre de l'obèse*, París, 1932, p. 31.
108. Blythe, S. G., *Get Rid of That Fat*, Nueva York, 1928, p. 7.
109. Peters, L. H., *Diet and Health: With Key to the Calories*, Chicago, IL, 1918, p. 103.

En el siglo xx, la «sustancia de la vida» ya se había quedado más íntima y explícitamente relacionada con la enfermedad y la muerte. *Physical Culture*, abril de 1909. (Texto: La enfermedad y una muerte prematura acechan en un estómago grande.)

visibles, o el pelo», opinaba Saleeby. Considerando que la grasa «en ningún sentido es parte del tejido vivo del cuerpo», el hombre corpulento de mediana edad estaba en efecto transportando de aquí a allá un montón de materia muerta: «sus células musculares, incluyendo las de su corazón, se degenerarán y morirán y serán sustituidas por aceites o grasas sin vida»[110]. Cuando estaba presente en grandes cantidades, esta sustancia muerta molestaba las operaciones de la máquina humana, impidiendo una locomoción eficaz así como «atorando internamente los engranajes que deberían funcionar con fluidez y estorbando el correcto funcionamiento de los órganos más importantes»[111]. Las imágenes de la grasa como un «desecho» ineficaz y muerto invitaba a las comparaciones ulteriores con la inmundicia y el excremento. Esto alimentó una tendencia en aumento, ya en marcha desde el siglo XIX, de purgar el cuerpo interior de los rastros de la comida que había entrado en él desde el exterior. Con el estreñimiento a veces citado como una de las causas de la corpulencia, especialmente en la medida en la que producía efluvios «tóxicos» que se instalaban en el cuerpo, en Estados Unidos y Gran Bretaña, muchas personas buscaron perder peso mediante lavativas y dietas altas en fibra[112]. Como apunta el atractivo continuado de las irrigaciones de colon y otras formas de limpieza interna, la noción propia del siglo XVIII de que la corpulencia está causada por la inmundicia que no se ha excretado sigue estando ahí y cuesta abandonarla. Peor que materia muerta; la grasa, una vez más, se ha hecho mierda.

Transcendencia femenina

Sucia y salvaje, cuando no un presagio de enfermedad, discapacidad, vejez y muerte, la grasa tenía ahora un peso más explícito y rotundo sobre las cuestiones existenciales, mucho más que antes. Puede ser

110. Saleeby, C. W., *Health*, pp. 304-5.

111. Read, C. S., *Fads and Feeding*, Londres, 1908, p. 54.

112. Whorton, J. C., *Inner Hygiene: Constipation and the Pursuit of Health in Modern Society*, Oxford, 2000, p. 126.

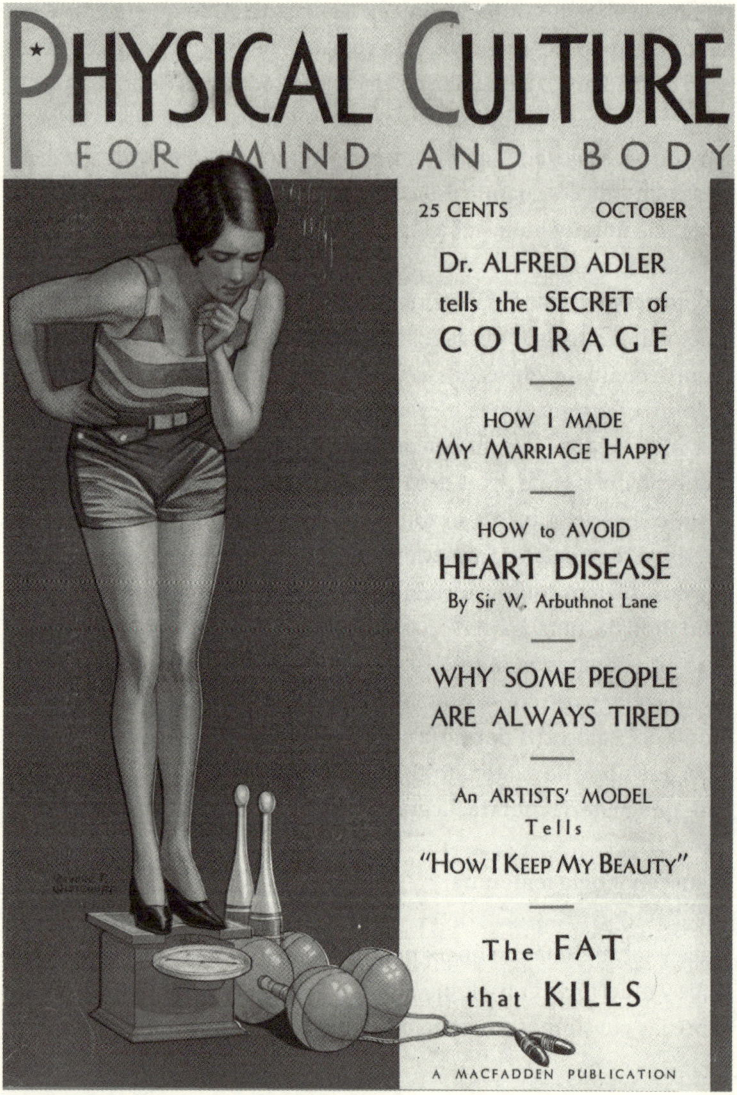

«La grasa que mata», *Physical Culture*, octubre de 1930.

útil examinar brevemente el impacto de estos acontecimientos y cómo funcionaron en relación con los cuerpos de las mujeres así como en el auge del feminismo. Los feminismos, en la mayoría de sus formas, se pueden entender como «utópicos» en el sentido amplio que hemos empleado aquí: «el deseo de una manera de ser diferente, mejor»[113]. Mientras que la sabiduría convencional sostiene que las mujeres han sido quienes habitualmente se han llevado la peor parte del estigma en contra de la gordura, la investigación histórica sobre los textos modernos sobre la pérdida de peso apunta a que, incluso en los primeros años del siglo XX, a menudo era a los varones a quienes se les exhortaba a adelgazar[114]. La relación históricamente endeble del hombre gordo con la virilidad se debilitó aún más a medida que las imágenes de la masculinidad musculosa empezaron a dominar en los movimientos deportivos, culturistas y de la forma física en general[115]. Las mujeres gordas eran problemáticas de maneras diferentes, aunque relacionadas. Apuntando el potencial antimoderno de la enfermedad y la pereza, la gordura colocaba a las mujeres en otro registro estético y moral. La estética femenina que surgió en la década de 1920 era dinámica a la vez que delgada. La belleza implicaba energía, ligereza y movimiento; la gordura sugería inercia y estancamiento[116]. La imagen de la pesada inmovilidad que había caracterizado a las mujeres en la era victoriana se reemplazaba gradualmente por una valoración del cuerpo en movimiento, implicado con dinamismo en sus proyectos y adaptado al ritmo acelerado de la vida que caracterizaba a la modernidad[117]. Por

113. Levitas, R., *Concept*, p. 209.

114. Zweiniger-Bargielowska, I., «The Culture of the Abdomen: Obesity and Reducing in Britain, circa 1900-1939», *Journal of British Studies*, XLIV/2, 2005, pp. 239-273; Vester, K., «Regime Change: Gender, Class, and the Invention of Dieting in Post-Bellum America», *Journal of Social History*, XLIV/1, 2010, pp. 39-70.

115. Carden-Coyne, A., *Reconstructing*, p. 179.

116. *Ibid.*, pp. 248-9. Sin embargo, durante la mayor parte del siglo, a las mujeres se las siguió tratando principalmente como madres a las que se las confiaba la salud moral y física de la «raza». Zweiniger-Bargielowska, I., *Managing the Body: Beauty, Health, and Fitness in Britain, 1880-1939*, Oxford, 2010, pp. 124-36.

117. Lipovetsky ,G., *De la ligereza*, p. 123.

supuesto, el peso real de la liviandad se notaría una vez que el ideal de la delgadez se convirtiera en obligatorio para las chicas y las mujeres, pero las aspiraciones y sueños que lo motivaron bebían de los ideales de agencia y autonomía tanto como de la apariencia[118].

La gordura era un tema feminista, principalmente como algo que había que combatir. La abdicación de la agencia que simbolizaba la gordura era algo que condenaban especialmente las mujeres reformistas, que animaban a las mujeres a ejercer un control aún mayor sobre sus apetitos y sus siluetas. Como todos los rasgos físicos que se consideraban bellos, la delgadez expresaba cualidades morales que apuntaban a una conquista del yo mediante únicamente la fuerza de voluntad, al menos en lo que esta se expresaba en ejercicio y restricciones de la dieta. El sólido apoyo para el cuerpo que antaño ejercía el corsé, por ejemplo, se sustituía ahora por lo que la reformista de la salud Bess Mensendieck denominaba un «corsé de músculos», un accesorio puramente «natural» que la propia mujer fabricaba y se colocaba[119]. En un mundo en el que «el cuerpo se convierte en su propio corsé», un acentuado énfasis sobre la fuerza de voluntad dentro de la cultura de la belleza colocaba la responsabilidad por la apariencia personal firmemente sobre los hombros individuales[120]. No había por lo tanto mucho que hacer por aquella gente para la que «la glotonería supera a la coquetería»[121]. La idea de que hay que «sufrir» por la belleza reforzaba esta idea de la apariencia como un logro, de manera que si alguien engordaba todo el mundo sabía donde colocar la culpa. Un lema francés dice «La barriga no se echa, se acepta»[122]. La «blandura», que antaño se consideraba un rasgo «femenino» esencial y deseable, ahora era una responsabilidad

118. Brumberg, J. J., *Fasting Girls: The Emergence of Anorexia Nervosa as a Modern Disease*, Cambridge, MA, 1988; Brumberg, J. J. *The Body Project*.

119. Mensendieck, B. M., «*It's Up to You*», Nueva York, 1931, p. 19.

120. Fischler, C., *El (H)omnívoro*, p. 346; véase también Vigarello, G., *Historia de la belleza*, pp. 215-7.

121. Hemmerdinger, A., *La Fin du martyre*, p. 15.

122. «On ne prend pas du ventre, on l'accepte». Citado en Vigarello, G., *Historia de la belleza*, p. 223.

potencial para la mujer moderna dueña de sí misma. «No seas blanda contigo misma», ladraba Sylvia of Hollywood, «tienes que perseguir esa silueta con la decisión de un bulldog. Nadie va a darte esa bonita silueta si no eres tú. Yo te digo *cómo* hacerlo, *pero debes hacerlo tú*»[123]. Para tener un cuerpo firme hace falta una personalidad firme.

Como prueba de los restos del pensamiento agrícola dentro de un marco moderno, la cultura occidental seguía viendo en la acción de cebar una prueba de sometimiento y posterior consumo, ya fuera con intenciones alimenticias, sexuales o políticas. Como señalaba un manual de belleza francés, en las culturas no occidentales algunos pueblos criaban y vendían mujeres «como ganado, por un precio mayor o menor dependiendo de su buena salud, de su resistencia al cansancio o incluso, ¡oh, blasfemia!, de la calidad de su grasa»[124]. Esta perenne equiparación del engordar con el ganado suscitaba también las advertencias de la profesión médica. Cuando se evalúe la corpulencia, advertía Armand Hemmerdinger, no se debería confundir la perspectiva del cocinero y la del ave. Citando el destino inevitable de las ocas, así como el de los cerdos, se les recordaba a las lectoras que «el criador consideraba que la bestia está en su punto [*en bon point*] cuando está lo bastante gorda como para sacrificarla»[125]. Ya hemos visto cómo, en el siglo XIX, se afirmaba a menudo que el exceso de grasa «corrompe» la belleza femenina. Pero a las lectoras se les recordaba una vez más que, cuando estaba lastrada por la grasa, «el alma se ve oprimida por el enorme peso de la sustancia» y eso molesta a «todas las funciones del entendimiento»[126]. Aún considerada un obstáculo material para la percepción y la cognición, la grosera materialidad de la grasa era un peso que tiraba hacia abajo del alma o de la mente, que se suponía que quería alzar el vuelo. La agencia y la emancipación femenina se contaban entre las

123. Sylvia of Hollywood, «*No More Alibis!*», Chicago, IL, 1935) p. 13.
124. Lalo, C., *La Beauté et l'instinct sexuel*, París, 1922, p. 56.
125. Hemmerdinger, A., *La Fin du martyre*, p. 28.
126. Lorraine, S. de, *Les Secrets de la beauté du visage et du corps*, París, 1855, pp. 31, 37.

cosas que fomentaban aquellos autores que consideraban el engorde forzado de las chicas no occidentales como un sometimiento brutal.

En cierta medida, entonces, la grasa, la gordura y el engorde no encajaban con las intenciones del feminismo moderno. Más que permitirse a sí mismas ser reducidas a un nivel tan innoble, a las mujeres se las animaba a trascender su estatus como criaturas domesticadas y a reivindicar su completo potencial como seres humanos. Muchas defensoras de los derechos de la mujer compartían la idea de que la gordura femenina representaba una especie de servidumbre doméstica que había que superar. Para quienes presionaban por el derecho al voto de la mujer, la batalla no era simplemente una cuestión de belleza y apariencia, sino una cuestión de las cualidades que esperaban que expresaran sus cuerpos delgados. La «debilidad» femenina por lo tanto era algo literalmente fabricado por el hombre y que podía invertirse mediante la autodisciplina y la forma física[127]. Lo que se necesitaba no era ni debilidad ni un sentimentalismo fofo, sino valor, decisión y fuerza de voluntad. Estos rasgos pudieron adquirir una expresión dramática cuando las sufragistas encarceladas se pusieron en huelga de hambre y tuvieron que resistir simultáneamente sus propios pinchazos de hambre y la alimentación forzada por parte de las autoridades masculinas, ostensiblemente bien intencionadas[128]. Lo que las mujeres se aplicaban a sí mismas debería compartirse igualmente con sus criaturas. Escribiendo en contra de la práctica francesa de la «puericultura», que elogiaba que los bebés fueran rollizos, Hemmerdinger respondía que «un cerdo se valora en relación a su peso, un bebé no»[129]. La cultura corporal feminista, por hablar en términos muy generales, a menudo se veía sometida a las mismas tensiones verticales heredadas del pasado y aceleradas en la edad contemporánea. Para muchas mujeres que buscaban elevarse por encima de la servidumbre doméstica a la que las consignaba una cultura sexista, el peso parecía una carga que no las dejaba levantarse.

127. Pfister, G., «The Medical Discourse on Female Physical Culture in Germany in the 19th and Early 20th Centuries», *Journal of Sport History*, XVII/2, 1990, p. 190.

128. Hau, M., *The Cult of Health and Beauty in Germany: A Social History, 1890-1930*, Chicago, IL, 2003, pp. 72-5.

129. Hemmerdinger, A., *La Fin du martyre*, p. 19.

La tensión entre la gordura y el feminismo encontró una expresión dramática en la obra de la filósofa Simone de Beauvoir. En *El segundo sexo,* Beauvoir escribe sobre la exigencia cultural masculina de que las mujeres «representen la carne [*la chair*] puramente por su propia voluntad»: «la forma más ingenua de esta exigencia es el ideal hotentote», junto con «la preferencia de los orientales por las mujeres rollizas». En su opinión, esta abundancia de carne eran un «hecho sin sentido», un «lujo absurdo», una «floración innecesaria y gratuita» que se exigía incluso en la sociedad occidental donde se destinaba a ser domesticada, como en el caso de los pechos y las caderas de las mujeres. Sometidas a un vestuario paralizante y a los «ritos del decoro», las jóvenes estrellas de Hollywood estaban igual de petrificadas e incapacitadas que las mujeres chinas con los pies vendados[130]. Los tiempos modernos al menos habían ofrecido la posibilidad del cambio. Aunque para la década de 1940 había remitido la superdelgadez efébica de la moda de la década de 1920, a Beauvoir le aliviaba ver que «tampoco hemos vuelto al ideal opulento de siglos pasados». Consciente del poder persistente de la mirada masculina para reducir a las chicas y a las mujeres a meros objetos, de Beauvoir concedía que si «se pide al cuerpo femenino que sea carne», se hace «discretamente; debe ser delgado y no estar cargado de grasa; musculoso, flexible, robusto, tiene que indicar la trascendencia»[131].

A menudo se ha criticado a Beauvoir por sostener una opinión negativa del cuerpo femenino. Su perspectiva sobre la gordura estaba firmemente anclada dentro de las corrientes mayoritarias del momento. En su opinión, las nuevas exigencias de belleza que se le hacían a las mujeres facilitaban más que obstaculizaban su potencia y su agencia y por lo tanto su capacidad de superar su situación existencial:

> La estética moderna le permite integrar en su belleza cualidades activas: tiene derecho a músculos trabajados, rechaza activamente la invasión

130. Beauvoir, S. de, *El segundo sexo*, Martorell, A. (trad.), Cátedra, 1995, p. 246.
131. *Ibid.*, p. 360.

> de la grasa; en la cultura física se afirma como sujeto; para ella se trata de una especie de liberación con respecto a la carne contingente

Sin perder de vista la ambigua naturaleza del compromiso de las mujeres con estos proyectos, añadía que, en algunos casos, «esta liberación se convierte fácilmente en dependencia». De hecho, determinadas mujeres —a las que Beauvoir denomina «frígidas o frustradas», aunque probablemente estuviera pensando también en quienes sufrían anorexia— se espantan ante «el horror de la degradación que arrastra toda vida en devenir» y «tratan de conservarse como otros conservan los muebles o las mermeladas». Imbuidas de un «horror por la vida misma», las mujeres que se apartan de «toda vida en devenir» terminan convirtiéndose en «enemigas de su propia existencia y hostiles hacia los demás»[132].

Como la perspectiva de una retirada anoréxica de la «vida» ensombrece esta imagen heroica de la agencia femenina, tenemos que preguntarnos si Beauvoir conocía la valoración psicológica, hoy muy famosa, que hizo Ludwig Binswanger de «Ellen West», publicada en 1944. Fue un caso de estudio controvertido acerca de una mujer suiza bajo seudónimo que acabó por suicidarse después de sufrir durante años de un terror a engordar. Binswanger entendía el miedo a la corpulencia de West como

> una concretización de un grave temor existencial, el temor de la «vida degenerada», de marchitarse, secarse, enmohecer, pudrirse, hacerse cáscara, erosionarse, ser enterrada viva, donde el mundo del yo se convierte en una tumba, en un simple agujero. Parte de esto es el miedo a engordar y volverse material. Es el «peso de la tierra» que «tira de ella hacia abajo» y lo que teme es este ser tirada hacia abajo[133].

132. *Ibid.*, 690-691.

133. Binswanger, L., «The Case of Ellen West: An Anthropological-Clinical Study», en *Existence*: *A New Dimension in Psychiatry and Psychology*, May, R.; Angel, E.; Ellenberger, H. (ed.), Nueva York, 1958, p. 349.

El caso West ha sido citado muy a menudo por las investigaciones feministas como un trágico ejemplo de anorexia, aunque Binswanger rechazaba este diagnóstico a favor de lo que él llamó «esquizofrenia polimorfa». Quizás el diagnóstico específico no sea lo más importante. Conectadas como están a los procesos orgánicos, las vicisitudes de la encarnación parecen haber impulsado a West a congelar su imagen corporal ideal en lugar de reconciliarse con el cambio a lo largo del tiempo. Incapaz de adaptarse a la «turbulencia que caracteriza nuestra experiencia corporal viva», señala la filósofa Gail Weiss, con su «deseo de ser un cuerpo etéreo o "descarnado"», West optó por aniquilar la carne que despreciaba[134]. Sin querer minimizar las dimensiones personales del sufrimiento de West, la distinción que ella trazaba entre un «mundo tumba» ligado a la tierra y un «mundo etéreo» de liviandad resuenan como un eco trágico de un momento cultural más amplio. Al elegir la muerte, West pactó una forma muy definitiva de transcender la sustancia de la vida.

*

Fuera o no Simone de Beauvoir conocedora del análisis de Ellen West llevado a cabo por Binswanger, otros muchos ya habían atribuido también a los animales la forma de inmanencia que este último describe, así como a determinados pueblos «primitivos» que eran otros modelos inadecuados para que los emularan las mujeres liberadas. Para Beauvoir, el desafío de la gordura estaba en parte relacionado con la apariencia, pero apuntaba a otros problemas, algunos de los cuales evocaban las ambigüedades de la vida encarnada[135]. Aunque es cierto

134. Weiss, G., *Body Images: Embodiment as Intercorporeality*, Nueva York, 1999, pp. 100-01. Véase también Bray, A., «The Silence surrounding "Ellen West": Binswanger and Foucault», *Journal of the British Society for Phenomenology*, XXXII/2, 2001, pp. 125-46.

135. El compañero de muchos años de Beauvoir, Jean-Paul Sartre, tenía objeciones hacia la gordura, tanto por razones personales como filosóficas. Sartre evitaba hacer ejercicio y de vez en cuando se ponía a régimen. Le gustaba comer, pero no quería

que una «ontología masculinista» permea el concepto de Beauvoir de la transcendencia femenina[136], una ontología semejante ha estructurado las percepciones de la grasa, la gordura y el engorde durante buena parte de la historia occidental. De hecho, dichas imágenes han obsesionado a las diversas formas del feminismo desde al menos los inicios del siglo xx y pueden contribuir a explicar por qué muchas feministas hoy en día expresan incomodidad ante el activismo gordo. Amy Erdman Farrell observa con justicia que

> en la medida en la que el feminismo significa reclamar un lugar de igualdad y resistir el posicionamiento como «otro», no es extraño que las feministas hayan tenido una relación peculiar con el peso — a la vez reconociendo la manera en la que las ideas acerca del peso se blanden en contra de las mujeres pero a la vez deseando resistirse al estigma de la «falta de voluntad» y de carácter «primitivo» que connota la gordura[137].

La feminista de la segunda ola Germaine Greer sin duda pensaba así en 1970, en torno al momento en el que la guerra contra la grasa alcanzó su apogeo:

> Históricamente, se puede comprobar que todas las personas reprimidas e indolentes han sido gruesas y los eunucos tienden a engordar

engordar. Sus razones son un reflejo de la cultura de su tiempo. Decía que «la gordura es algo que yo pienso como una rendición y una contingencia» y confesaba que «mi única preocupación es que engordaré». Citado en Rowley, H., *Têteàtête: The Tumultuous Lives and Loves of Simone de Beauvoir and JeanPaul Sartre*, Nueva York, 2005, pp. 97, 229. Tiene por lo tanto sentido que la grasa se le pasara por la cabeza cuando intentaba expresar la «náusea» que sentía hacia la existencia encarnada. A través del protagonista de su novela *La náusea*, Sartre expresaba una necesidad de «arrojar fuera de mí la existencia, vaciar los instantes de su grasa [*vider les instants de leur graisse*], torcerlos, desecarlos, purificarme, endurecerme». Sartre, J. P., *La náusea*, Bernárdez, A. (trad.), Losada, 1977, p. 145.

136. Changfoot, N., «Transcendence in Simone de Beauvoir's *The Second Sex*», *Philosophy and Social Criticism*, xxv/4, 2009, pp. 391-410.

137. Farrell, A. E., *Fat Shame*, p. 115.

como bueyes, de modo que no debe extrañarnos constatar que la preferencia masculina por las mujeres abrazables persiste[138].

Como era el caso con los animales castrados, destinados a convertirse en chuletas, la gordura era un recordatorio carnal del estatus inferior y desempoderado del «eunuco», ya fuera hombre o mujer.

Ampliando y remodelando aspectos de la imaginación cultural de la grasa, cuyas fuentes se pueden rastrear hasta la Antigüedad, los primeros años del siglo XX fomentaron el cuerpo blanco «civilizado» como aquel que era idealmente limpio, pulido y ligero, cuantificable y predecible con eficacia, con todos los restos de lo orgánico y lo animal eliminados o apartados de la vista y del pensamiento. No es una exageración tratar esto como algo «utópico» en general o apuntar a que este ideal se persiguió con un fervor casi «religioso». Imaginar los cuerpos como eficientes, aerodinámicos y semejantes a máquinas es recrearse en una fantasía de transcendencia temporal del revoltijo de la vida orgánica y del frágil carácter de criaturas que los seres humanos comparten con los animales no humanos. Las máquinas aerodinámicas son pulidas, secas, lisas y limpias. Con un mantenimiento adecuado pueden funcionar con eficacia y durar mucho. Aunque están hechas de metal y, por lo tanto, pesan, su potencia y su velocidad les permite resistir el empuje hacia debajo de la gravedad. Duros y secos como huesos, los cuerpos pulidos, limpios y metálicos no suscitan asco. Junto a estos ideales, o implícitos dentro de ellos, están las fantasías estrechamente relacionadas de la pureza (de la comida, la higiene, la sexualidad, la raza, etc.). La violencia con la que se manifiesta tan a menudo el asco contemporáneo hacia la grasa parece dirigida a sacar de la existencia los aspectos inconvenientes de la vida encarnada. En este sentido, confirma la afirmación de que «la finalidad de las utopías, en un mayor o menor grado, es eliminar a las personas reales»[139].

138. Greer, G., *La mujer eunuco* [1970], Bofill, M.; Braun, H. (trad.), Kairós, 2004, p. 47.
139. Carey, J., «Introduction», *The Faber Book of Utopias*, Carey, J. (ed.), Londres, 1999, p. XII.

CONCLUSIÓN

Pureza, liviandad y el peso de la historia

Han pasado dos mil años desde la muerte de Jesús y la cristiandad aún no se pone de acuerdo acerca del aspecto que tendrán sus cuerpos en el Cielo. Una feligresa en Broken Arrow, Oklahoma, está «convencida de que irá al cielo. Lo que le asusta es la posibilidad de que se presente allí con sus sesenta kilos de sobrepeso y que se quede para siempre de esa manera». Su «esperanza secreta» es que «cuando atraviese las puertas del paraíso el peso "desaparezca" y ya no vuelva a mencionarse». Otra miembro de la congregación, «una mamá que está en forma como para correr un maratón» quiere llevarse consigo su cuerpo actual. «No he trabajado tanto en este cuerpo para que luego se lo lleven cuando me muera», defiende. Tampoco quiere que el Cielo parezca como «cualquier otro centro comercial en Estados Unidos, donde la mitad de la gente es tan grande que apenas pueden moverse». Una tercera mujer, «una miembro de la iglesia con un sobrepeso importante que dice que lleva consigo kilos suficientes "como para formar otro pequeño humano"» espera que la vida eterna sea más diversa e inclusiva. Aunque preferiría conservar su físico actual, su visión del Cielo está determinada por una ligereza liberadora y una mejora de la movilidad: «espera "pasearse por el cielo en un cuerpazo impresionante"»[1]. A pesar de los desacuerdos

1. «Woman Wonders: "Will I be Fat in Heaven?"», www.larknews.com, 12 de septiembre de 2012.

acerca del tamaño y la forma corporal, las tres mujeres esperan que el Cielo sea una experiencia más o menos ingrávida y atemporal.

La mayoría de las versiones del cristianismo prometen la resurrección de los cuerpos y la vida eterna, pero la derrota de la muerte poco tiene que ver con la «vida» tal y como se experimenta de manera orgánica. Los relatos sobre cómo será exactamente el cuerpo resucitado varían, pero seguramente será un cuerpo libre de las limitaciones y las debilidades de los cuerpos que viven en la realidad. Si nos atenemos a lo que prometía Agustín, no habrá grasa en el Cielo, como tampoco ninguna de las otras sustancias, procesos o mutaciones ofensivas asociadas con la existencia orgánica[2]. Tampoco habrá forma ninguna de discapacidad o envejecimiento. Esta desconexión entre los cuerpos que poseen en realidad los seres humanos y los que podrían desear tener no es exclusiva del cristianismo. Además de estar situados en un reino de otro mundo, los cuerpos perfectos que supuestamente poblarán el Cielo tienen una semejanza más que pasajera con los cuerpos que se elogian en la Tierra, los que se busca tener. Y estos cuerpos idealizados, se afirma hoy de manera general, tampoco pueden ser gordos.

Si los ideales de belleza cristianos están por lo tanto cargados de valores «mundanos», la búsqueda secular de la perfección manifiesta determinadas tendencias «espirituales», a falta de una palabra mejor[3]. Desde finales de la década de 1960, no solamente se describe la búsqueda de la delgadez como una especie de «religión», sino que los programas de adelgazamiento seculares a menudo se organizan como unas instituciones cuasirreligiosas, incluso aunque carezcan de orientación religiosa explícita o convencional. A medida que la gente se va implicando en ciclos de alabanzas, confesiones y expiaciones, perder peso se configura cada vez de manera más clara como un proceso de «limpieza» y «purificación» de los cuerpos y las almas del «pecado»

2. Banks, C. G., «"There Is No Fat in Heaven": Religious Asceticism and the Meaning of Anorexia Nervosa», *Ethos*, XXIV/1, 1996, p. 119.

3. Sigo aquí, una vez más, el uso que Coveney hace de la palabra «espiritual». Coveney, J., *Food, Morals and Meaning: The Pleasure and Anxiety of Eating*, p. XVI.

que parecía representar la gordura[4]. En los últimos años, la búsqueda colectiva de la transcendencia se ha trasladado al mundo virtual, como muestran las investigaciones sobre los grupos de apoyo en internet para quienes comen de más. Tanto si se enfocan en la búsqueda de la limpieza, pureza y abstinencia, como es el caso de los grupos de apoyo religiosos, o en el asco hacia el yo, habitual entre los grupos seculares, todos se ocupan de la limpieza y la inmundicia, de la pureza y la impureza[5]. Las prácticas seculares relacionadas con la forma física se imbrican así con determinadas formas de protestantismo, siendo un equivalente colectivo de «un proceso devocional que aspira a la perfectibilidad del cuerpo», lograda mediante «una especie de carácter etéreo y mecánico de la carne»[6]. Hay quien ha descrito el sistema de creencias de la cultura contemporánea como la «religión de la liviandad», y no solamente en relación con los cuerpos, la comida y la forma física:

> La liviandad es nuestro artificio, nuestra invención urbana. No carece de modelos: la burbuja, el globo, la nube, el viento. Pero también el ave, el ángel, el aviador... y el santo[7].

No solamente no carece de acompañantes, sino que la liviandad muchas veces requiere también la búsqueda de la pureza.

4. Allon, N., «Group Dieting Interaction», tesis doctoral en Sociología, Brandeis University, 1972.

5. Ignatow, G., «Culture and Embodied Cognition: Moral Discourses in Internet Support Groups for Overeaters», *Social Forces*, LXXXVIII/2, 2009, pp. 643-9.

6. Griffith, R. M., *Born Again Bodies*, pp. 13, 16. Véase también Parasecoli, F., «God's Diets: The Fat Body and the Bible as an Eating Guide in Evangelical Christianity», *Fat Studies*, IV/2, 2015, pp. 141-58.

7. Chalanset, A., «Des merveilleux nuages au rêve de pierre», en *Légèreté: Corps et* âme, *un rêve d'apesanteur*, Chalanset, A. (ed.), París, 1996, p. 19. Recordándonos que «cósmico» y «cosmético» tienen una raíz común en Kosmos, es posible que Claude Fischler no exagere cuando identifica el cuerpo moderno como «uno de los medios y de las posturas de la nueva religión, de la nueva ligazón entre el yo y el cosmos». Fischler, C., *El (H)omnívoro*, p. 351.

Siendo como son fascinantes e importantes estas cuestiones, haría falta un segundo libro para analizarlas con la precisión y profundidad que merecen. Más que rastrear en detalle nuestras angustias actuales, la intención de este libro ha sido más bien mostrar que esas angustias tienen unas fuentes que, hasta cierto punto, están arraigadas en el pasado distante. A pesar de rastrear el surgimiento de los estereotipos negativos sobre las personas gordas a lo largo del tiempo, no ha propuesto, sin embargo, una continuidad cultural o emocional sin quiebra a lo largo de periodos históricos y lugares evidentemente diversos. Pero sí ha insistido en que en los cuerpos gordos se juegan muchas más cosas que la gordura y que podemos llegar a entender las formas complejas en las que el asco hacia la corpulencia opera en nuestro mundo rastreando esas distintas dimensiones. Mediante una ojeada breve hacia lo ocurrido a partir de la década de 1970, que es cuando realmente despegaron nuestras obsesiones actuales con la gordura y la delgadez, las últimas páginas del libro bocetan en términos muy generales la persistencia y la amplitud de los desarrollos históricos en nuestro presente asqueado. Se puede decir con seguridad que las culturas contemporáneas de la belleza, la dieta y la forma física han ampliado y radicalizado los sueños transcendentes y utópicos que han circulado en Occidente a partir de los primeros años del siglo XX. Numerosos estudios han mostrado convincentemente los efectos, a menudo desastrosos, que el culto contemporáneo a la apariencia ha tenido sobre la percepción de los cuerpos, especialmente de los cuerpos femeninos. Pero a pesar del obvio foco sobre las apariencias, la grasa, la gordura y el engorde siguen siendo fenómenos viscerales además de visibles.

*

Ya se entienda de manera literal o figurada, «recortar la grasa» es un dogma clave del neoliberalismo, una teoría económica y política ahora ya ampliamente atrincherada que privilegia el individualismo y la libre empresa (así como el libre comercio, los mercados sin restricciones y los derechos de propiedad privada) como claves del bienestar humano.

Con su énfasis en la renovación y la radicalización de los ideales liberales del siglo XVIII: la confianza en uno mismo, la voluntad de poder y la asunción de riesgos, el neoliberalismo en general desconfía de las interferencias reguladoras del Estado en las libertades individuales y la responsabilidad personal[8]. En términos económicos y somáticos, el neoliberalismo es un ejemplo supremo de la «modernidad liviana» tecnocrática que ha definido Zygmunt Bauman: «El equivalente gerencial de la liposucción se ha convertido en la principal estratagema del arte gerencial: adelgazar, reducir, achicar, cerrar o vender algunas unidades porque no son suficientemente eficientes»[9]. Es muy revelador que la sociología francesa entienda este mundo tecnocrático como un mundo que pugna por «desengrasarse» [*dégraissé*], literalmente «quitarse grasa» pero figurativamente también «afinarse, limpiarse y secarse»[10].

Se trata de una ampliación y una aceleración de las tendencias hacia la eficacia mecánica que se desarrollaron hace ya más de un siglo y que muchas personas consideran que son dignas de celebración. A pesar de los desastrosos costes humanos en los que a menudo incurre, las voces más potentes que defienden el neoliberalismo a menudo lo consideran como «un proyecto utópico con la finalidad de realizar un diseño teórico para la reorganización del capitalismo internacional»[11]. Un proyecto utópico de este tipo exige un correspondiente utopismo corporal que ha adoptado la forma de una «salud obligatoria», cuyas raíces se extienden al menos hasta el siglo XIX[12]. El autocontrol que la salud obligatoria exige se localiza paradójicamente dentro de una agresiva sociedad de consumo, creando una «cultura de la bulimia» en la que los excesos del consumo más o menos compulsivo supuestamente se «arreglan»

8. Harvey, D., *Breve historia del neoliberalismo*, Varela, A. (trad.), Akal, 2007, p. 7.

9. Bauman, Z., *Modernidad líquida*, p. 131.

10. Corbeau, J.-P., «Les Canons dégraissés: De l'esthétique de la légèreté au pathos du squelette», en *Corps de femmes sous influence*: *Questionner les norms*, Hubert, A. (ed.), París, Les Cahiers de l'Ocha, 10, 2004, p. 51.

11. Harvey, D., *Breve historia del neoliberalismo*, p. 19.

12. Skrabanek, P., *La muerte de la medicina con rostro humano*, García Gutiérrez, J. F.; Velasco, J. Gutiérrez (trad.), Díaz de Santos, 1999.

mediante el consumo igualmente compulsivo de programas y productos para bajar de peso. Los individuos que ganan peso en una cultura así parecen «ciudadanos fallidos», incapaces de gestionar sus apetitos de una manera «activa» o remisos a hacerlo[13]. A pesar de todo su énfasis en la libertad personal, el neoliberalismo exige que los individuos se sometan voluntariamente a una «gobernabilidad de la cintura»[14].

Comer, que siempre ha implicado cierto grado de ambivalencia, sin duda se ha vuelto ahora mucho más complicado en paisajes alimenticios dominados por el negocio agrícola, las macrogranjas, los aditivos químicos, los pesticidas agrícolas y la comida basura. Hoy existen una serie de dietas que cualquiera puede seguir, cada una de ellas con la promesa de beneficios específicos para quienes tengan el tiempo, dinero y fuerza de voluntad suficientes para seguirlas. Ya sean históricamente verificables o nostálgicamente imaginados, los modelos del pasado siguen siendo importantes para la manera en la que conceptualizamos las prácticas del comer. Muchas dietas se sitúan a sí mismas dentro de narrativas reconocibles que describen el presente como una caída de algún tipo desde un pasado original, virtuoso y saludable. Estos mundos perdidos pueden estar en lugares imaginados, como una cueva prehistórica, el Jardín del Edén, el paraíso precolonial o el mundo preindustrial[15]. Todos ellos se pueden calificar de «utópicos» en el sentido que se ha empleado la palabra en este libro. Así podemos abordar la dieta paleolítica o «paleo» como un intento de crear una «utopía corporal» mediante un retorno a un pasado imaginado. Estos pasados imaginados a menudo se anclan en lugares imaginarios. Conjurando imágenes de «un Mediterráneo puramente europeo, grecorromano y occidental», caracterizado por la sabiduría de las tradiciones «antiguas», la dieta mediterránea evoca ideales que son utópicos al tiempo que expresan

13. Guthman, J.; DuPuis, M., «Embodying Neoliberalism: Economy, Culture, and the Politics of Fat», *Environment and Planning D: Society and Space*, XXIV, 2006, pp. 427-48; Elliott, C. D., «Big Persons, Small Voices: On Governance, Obesity, and the Narrative of the Failed Citizen», *Journal of Canadian Studies*, XLI/3, 2007, pp. 134-49.

14. Coveney, J., *Food, Morals and Meaning*, p. 141.

15. Bitar, A. R., *Diet and the Disease of Civilization*, New Brunswick, NJ, 2018.

una nostalgia etnocéntrica[16]. Los relatos del Slow Food Movement, así como de la tendencia kilómetro cero, también mezclan el anhelo de los lugares y épocas perdidas con las propuestas vanguardistas para una vida sana en el presente y en el futuro[17]. El hecho de que «utopía» sea literalmente un «no lugar» no es importante. Como en muchas utopías alimenticias contemporáneas, «el lugar del paraíso prometido es en realidad el cuerpo de la persona a dieta en cuanto el cuerpo negocia entre la historia mítica y el futuro utópico»[18].

El proyecto utópico que busca desengrasar el mundo adopta un giro aún más literal cuando rastreamos la gordura dentro del propio cuerpo neoliberal. La investigación sobre las experiencias de las personas con diferentes tipos de comida revela una ansiedad considerable acerca de lo que las sustancias grasas son capaces de hacerle al cuerpo. De muchas maneras, esta lipofobia pivota sobre la noción de que «eres lo que comes», en este caso, la creencia tácita de que «comer grasa te hace gordo»[19]. Se puede decir que esta frase encierra dos intuiciones relacionadas: que comer alimentos grasientos puede hacer que engordes y que esos alimentos tienen la capacidad de alterar o transformar la sustancia corporal de una persona. «Estar gordo» entonces es hacerse más grande y más blando, pero también incorporar de manera literal las cualidades que se le atribuyen a la propia sustancia abyecta. En un

16. Fischler, C., «Pensée magique et utopie dans la science: De l'incorporation à la "diète méditerranéenne"», pp. 111-27.

17. Piatti, C., «Slow Food Presidia: The Nostalgic and the Utopian», en *Food Utopias: Reimagining Citizenship, Ethics and Community*, Stock, P. V.; Carolan, M.; Rosin, C. (ed.), Londres, 2015, pp. 88-106.

18. Johnson, A. R., «The Paleo Diet and the American Weight Loss Utopia, 1975-2014», *Utopian Studies*, XXV/2, 2015, p. 103; véase también Vigne, J.-D., «The «Prehistoric Diet»: Myths and Scientific Realities», en *Selective Eating: The Rise, Meaning and Sense of «Personal Dietary Requirements»*, Fischler, C. (ed.), Schoch, C.; Snow, W. (trad.), París, 2013, pp. 93-106.

19. Apdeldorfer, G., «Maigrir comme acte magique», en *Pensée magique et alimentation aujourd'hui*, Fischler, C. (ed.), París, Les Cahiers de l'Ocha, 5, 1996, p. 79. Fischler llama a esto el «principio de incorporación», que se relaciona estrechamente con la idea del pensamiento mágico. Fischler, C., *El (h)omnívoro*.

estudio, los «buenos» alimentos no solo se clasifican como «ligeros», «frescos», «limpiadores» o «útiles», sino que se dice que tienen el poder de «abrir» y «airear» el cuerpo a la vez que generan sentimientos internos de equilibrio, claridad y ligereza. Los alimentos «malos», especialmente las carnes rojas y las grasas, son formas «inútiles» de «exceso» que producen sensaciones de indigestión, «pesadez», «estancamiento» o incluso «contaminación» o «parasitismo». En estos últimos casos, las sensaciones de «invasión» pasan a primer plano, como si el cuerpo pudiera ser «poseído» por la comida que ingiere. Una respuesta al cuestionario de la etnografía de Christine Durif-Bruckert sobre la ansiedad acerca de la comida en Francia incluso responde que comer alimentos grasos es menos perturbador que la idea de que, después de haber sido ingeridos, estas sustancias estarán «en contacto conmigo en mi interior»[20].

Esta sensación permanente de que los cuerpos pueden ser habitados por la grasa, y de que el exceso de grasa no es parte del cuerpo «real», es algo evidente en la cultura de la forma física, donde se le implora a la gente que «queme» o «funda» su grasa, quitándosela de encima como si en realidad fuera algo que no le perteneciera en absoluto. Se ha sabido que al menos un instructor de gimnasio en Gran Bretaña untaba comida grasienta sobre un maniquí y «después les pedía a los miembros que visualizaran el aspecto que tendrían sus cuerpos si su dieta habitual fuera similarmente visible»[21]. Como la investigación en otros países confirma, entonces, la grasa se equipara con frecuencia con lo «oscuro», «resbaladizo» y «sucio», así como lo «no saludable»[22]. La gordura sigue siendo algo que también puede leerse geográficamente. Las atracciones de la limpieza y de la ligereza corporal a menudo se emparejan con una aversión al desorden y la acumulación en el hogar[23].

20. Durif-Bruckert, C., *La Nourriture et nous: Corps imaginaire et normes sociales*, París, 2007, pp. 60, 79, 81, 154.

21. Monaghan, L. F., *Men and the War on Obesity: A Sociological Study*, p. 101.

22. Warin, M., *Abject Relations*, p. 107. Un estudio australiano anterior revela impresiones muy parecidas. Véase Lupton, D., *Food, the Body and the Self*, p. 82.

23. Chayka, K., «The Oppressive Gospel of "Minimalism"», *New York Times*, (edición web), 26 de julio de 2016.

Algunos textos imaginan el hogar como una especie de cuerpo que tiene que «desembarazarse», «desestresarse» o incluso «desintoxicarse»[24]. Otros llegan al extremo de apelar a los vínculos entre la acumulación en el hogar («acaparar») y el exceso de grasa corporal[25]. Una reducción del consumo de mercancías se relaciona entonces con la pérdida de peso. «La comida es combustible y nada más», declara uno de esos autoproclamados «minimalistas» que buscan «ayudar a que las personas vivan una vida con más sentido y menos cosas»[26]. La guía minimalista para la vida a veces se lee como una de las muchas notas al pie de Zygmunt Bauman: «Cuerpos delgados y con capacidad de movimiento, ropas livianas y zapatillas, teléfonos celulares (inventados para el uso del nómade que necesita estar «permanentemente en contacto»), pertenencias portátiles y desechables, son los símbolos principales de la época de la instantaneidad»[27]. Demasiado pesado para ser liviano, demasiado maxi para ser mínimo, el cuerpo gordo es emblemático de lo que dichas tendencias tratan de evitar. Como método de lograr un simulacro de liviandad en el cuerpo y en el mundo, la purificación ritualizada bien puede ser la «ideología dominante» de nuestra época.

Prometiendo una silueta más esbelta y ligera, diseñada para dar placer a la vista, la dieta es también una acción casi espiritual o mágica que purifica el cuerpo, el alma y el mundo[28]. Negarse a comer apunta a un objetivo similar, especialmente en el caso de las niñas y las mujeres. Desde al menos el siglo XIX han estado especialmente sometidas a las exigencias de tener un cuerpo delgado y en forma dentro de una cultura que también les exige autocomplacencia. La anorexia se ha descrito

24. Haynes, A., *Clean Sweep: The Ultimate Guide to Decluttering, Detoxing, and Destressing Your Home*, Nueva York, 2008.

25. Walsh, P., *Lose the Clutter, Lose the Weight: The Sixweek Totallife Slim Down*, Emmaus, PA, 2016. Para relacionar esto, Walsh se basa en un estudio que hacía una correlación entre la tendencia acaparadora y la «obesidad». Timpano, K. R. et al., «Consideration of the BDNF Gene in Relation to Two Phenotypes: Hoarding and Obesity», *Journal of Abnormal Psychology*, CXX/3, 2011, pp. 700-707.

26. Millburn, J. F., «A Minimalist's Thoughts on Diet», www.theminimalists.com.

27. Bauman, Z., *Modernidad líquida*, p. 137.

28. Apdeldorfer, G., «Maigrir comme acte magique», p. 79.

habitualmente como una respuesta patológica a los ideales de belleza que circulan en la cultura occidental y, por lo tanto, a un trastorno que se origina en el impacto hegemónico de lo visual. Pero puede que el miedo a la grasa, en el sentido limitado de adquirir «demasiada» carne, de manera que se transgredan los modelos dominantes de belleza, no sea lo que lleva a las personas con anorexia a refrenarse de comer. Sin descartar el impacto de las imágenes corporales distorsionadas que los ideales de belleza crean para las niñas y las mujeres, la investigación etnográfica revela que muchas de ellas están menos obsesionadas con la delgadez en sí que por evitar las grasas (tanto corporales como no corporales) que asocian con la impureza y la contaminación. Si la anorexia aspira a alcanzar un estado de «limpieza, pureza y vacío»[29], entonces la grasa no es un problema porque genere un determinado físico sino porque las sustancias grasas prestan propiedades a los alimentos que les dan a su vez la «capacidad de moverse y colarse por las grietas del propio cuerpo»[30]. A una de las mujeres con anorexia que habló con Megan Warin no solamente le angustiaba el sentimiento de «suciedad» que experimentaba cuando entraba en contacto con la mantequilla, sino que

> estaba tan preocupada porque las sustancias oleicas fueran absorbidas por su piel y se quedaran alojadas en su cuerpo que dejó de usar crema para las manos, no se lavaba el pelo con champú ni usaba bálsamo labial para hidratarse los labios. Su lógica en aquel momento era: «Bueno, ¿adónde va? Desaparece dentro de tu cuerpo, ¿y después?»[31].

La grasa señala la presencia de la otredad, tanto dentro de la persona como en el mundo exterior. A medida que la corpulencia se relaciona más estrechamente con las clases bajas y los cuerpos no blancos, las

29. Warin, M., *Abject Relations*, p. 129. Véase también Lavis, A., «Engrossing Encounters: Materialities and Metaphors of Fat in the Lived Experiences of Individuals with Anorexia», en *Fat: Culture and Materiality*, Forth, C. E.; Leitch, A. (ed.), Londres, 2014, pp. 91-108.

30. Warin, M., *Abject Relations*, p. 106.

31. *Ibid.*, p. 123.

percepciones de la gordura, así como la experiencia de ingerir grasas y carbohidratos, se registran de manera diferente según se asciende en la escala social. Como mostraba una investigación francesa, dichas percepciones eran desde un inicio tan viscerales como visuales. Cuando se le preguntaba a la gente cómo se sentían después de tomarse una rica comida llena de almidón y grasas, las respuestas variaban según el nivel socioeconómico, de manera que las personas que trabajaban en oficios manuales y en el campo solían referir sensaciones de estar «llenas» o de «recuperar fuerzas». Una persona profesional de cuello blanco que comiera esa comida es más posible que refiriera sensación de «pesadez», «náusea», «sopor» y la sensación de «lastre»[32]. Estas diferencias eran fundamentales para las estrategias de diferenciación de la burguesía, que ha presumido desde hace mucho tiempo de su sensibilidad más refinada. Ha estado predispuesta a ver en las clases más bajas una especie de «indigencia congénita» y por lo tanto a desplegar «un racismo de clase que asocia al pueblo con lo grueso y con lo graso rojo fuerte, toscos zuecos, trabajos pesados, risotadas, bromas pesadas, burdo buen sentido, bromas groseras, etc.»[33]. En la medida en la que hoy la «obesidad» se suele asociar con las minorías étnicas/raciales así como con la población pobre y marginalizada, el asco que tan a menudo suscita conserva aspectos de tipo «ideológico» que se refieren al estatus y que se relacionan íntimamente con el desprecio. Como una forma de diferencia corporal que ha jugado un papel en las historias de la esclavitud y el imperio, la gordura sigue relacionada con las poblaciones no blancas, reforzando así aún más el permanente vínculo entre delgadez y blanquitud como las señales duales de la «civilización»[34].

32. Boltanski, L., «Les Usages sociaux du corps», *Annales: Histoire, sciences sociales*, I, 1971, pp. 205-33.

33. Bourdieu, P., *La distinción. Criterios y bases sociales del gusto*, Ruiz de Elvira, M. C. (trad.), Taurus, 1988, p. 177.

34. Griffith, R. M., *Born*, p. 228; Strings, S., «Obese Black Women as "Social Dead Weight": Reinventing the "Diseased Black Woman"», pp. 107-30; Nichter, M., *Fat Talk: What Girls and Their Parents Say about Dieting*, Cambridge, MA, 2000, pp. 159-80.

La animalización generalizada de las personas corpulentas sólo hace aumentar este asco. Caracterizar la grasa como una forma de «sebo», o describir a las personas gordas como ballenas, cerdos, vacas, etc., revela la tendencia persistente a invocar a determinados animales como maneras de degradar a individuos cuyo comportamiento y estatus parece ser «inferior» y menos que humano[35]. Esto a menudo adopta la forma de una autoanimalización, en la que el fracaso a la hora de conquistar los propios apetitos puede hacer que nos veamos como hubiéramos perdido el control de manera bestial. Incluso la asociación que milita a favor de los animales, People for the Ethical Treatment of Animals (PETA), explotó el miedo hacia la animalidad evocando el estigma de la gordura. «Salvad las ballenas», declaraba un cartel de PETA en Jacksonville, Florida, antes de que las protestas ciudadanas lo obligaran a quitarlo: «Pierde el sebo: hazte vegetariano/a»[36]. Aunque en este caso era el cuerpo femenino el que necesitaba evitar que se le animalizara, en otros casos son las masas «bestiales». La constante animalización de la gordura de las clases inferiores se hace explícita en el análisis irónicamente condescendiente de Greg Critser sobre cómo interseccionan la gordura y la clase en los neoliberales Estados Unidos. Las elites blancas y delgadas se benefician de la supuesta docilidad de las clases bajas más gordas, cuyos hábitos de consumo reducen la posibilidad de que exijan un verdadero cambio social. En el proceso, esta gente es reducida al nivel de los animales domesticados: «las personas gordas no amenazan nuestra forma de vida; sus iras se amortajan en carne; se les hace lentas, se las reblandece, se las *alimenta*»[37].

35. «Ser apartado del estatus de lo totalmente humano y, en concreto, ser representado como "animal" es, en el contexto de un sistema profundamente antropocéntrico, estar marginalizado en el sentido más fundamental de todos». Hardy, K. A., «Cows, Pigs, Whales: Nonhuman Animals, Antifat Bias, and Exceptionalist Logics», en *The Politics of Size: Perspectives from the Fat Acceptance Movement*, Chastain, R. (ed.), Santa Barbara, CA, 2015, vol. I, p. 194.

36. «Controversial "Save the Whales" Billboard Swap», www.peta.org, 24 de agosto de 2009.

37. Critser, G., «Let Them Eat Fat: The Heavy Truths about American Obesity», *Harper's Magazine*, marzo de 2000, p. 47.

La cultura de la dieta y de la forma física que explotó en la década de 1970, y que acabaría por dominar nuestro mundo, siempre ha tenido sus críticas. El puro carácter opresivo de todo esto impulsó al periodista Raoul Mille a desafiar la tendencia titulando su libro de memorias *Gordo y contento de serlo*. Como decía Mille en una frase que se hizo famosa: «Nosotras, las personas obesas, sabemos que somos mortales»[38]. Es el resto el que parece imaginarse de otra manera. Mille dice ahí algo importante. Dentro de una cultura que se supone que se dedica a superar las limitaciones del cuerpo ordinario, podría ser injusto acusar a las personas veganas y vegetarianas y a las activistas por los derechos de los animales de embarcarse en una «negación de la muerte»[39] o de permitir que sus elecciones alimenticias expresen «un permanente malestar provocado no solo por nuestra animalidad, sino también por la de los animales»[40]. Como ha demostrado la psicología social, «negación» e «incomodidad» son respuestas muy habituales y probablemente imposibles de esquivar ante los recordatorios de la mortalidad y la animalidad[41]. En la medida en la que se categoriza como una enfermedad, y además una que tiene todas las posibilidades de causar una muerte temprana, la «obesidad» puede producir angustias sobre el hundimiento y la disolución que son comunes a otras formas de enfermedad[42]. Tratando de resolver las trampas de las doctrinas sobre nutrición y salud contemporáneas, la dietista Michelle Allison señala un punto importante:

38. Mille, R., *Gros et heureux de l'être*, París, 1978.

39. Keith, L., *El mito vegetariano*, Arranz, V. (trad.), Capitán Swing, 2019, p. 77.

40. Pollan, M., *El dilema del omnívoro. En busca de la comida perfecta*, Nagore, R. (trad.), Debate, 2017, p. 364.

41. Solomon, S.; Greenberg, J.; Pyszczynski, T., *The Worm at the Core: On the Role of Death in Life*, Nueva York, 2015.

42. «Es el miedo a derrumbarse, la sensación de disolución, que contamina las imágenes occidentales de todas las enfermedades [...]. Proyectamos este miedo en el mundo para poder localizarlo y, de hecho, domesticarlo». Gilman, S. L., *Disease and Representation: Images of Illness from Madness to AIDS*, Ithaca, NY, 1988, p. 1.

> Olvidarse de la muerte es *todo el propósito* de la cultura gastronómica. [...] La cultura de la dieta y sus variaciones, como la comida limpia, son estructuras culturales que hemos construido para intentar transcender nuestra animalidad[43].

Sin embargo, no es correcto postular que el asco por la grasa sea simplemente una reacción ante la mortalidad. La muerte puede suscitar miedo, ya lo hemos visto, pero no asco. Las respuestas extremas ante la gordura pueden arrojar luz sobre las normales. El trabajo etnográfico muestra que las prácticas de ayuno de las personas con anorexia implican una «desconexión con la propia vida»[44], en la que la comida se trata como aquello que se opone al sueño de convertirse en «un ser sin un cuerpo»[45]. Al hacerlo así estas prácticas exhiben una retirada de la confusión de la existencia orgánica que la gente «normal» manifiesta de maneras menos dramáticas. En la medida en la que el objeto del temor anoréxico puede ser más visceral de lo que un foco convencional sobre las apariencias está preparado para reconocer, no hay una «frontera real» entre las personas que sufren de anorexia y aquellas cuya búsqueda de la liviandad y la pureza se queda a dos pasos de dejarse morir de hambre[46]. Compartiendo con la anorexia el foco sobre la búsqueda del carácter etéreo de la carne, lo que denominamos «ortorexia» es una obsesión con la alimentación saludable que parece más o menos de moda en nuestros días, al menos en diversos grados. Hay incluso quien caracteriza a nuestro mundo neoliberal como una «sociedad ortoréxica»[47]. No solamente esta obsesión con la alimentación saludable

43. Allison, M., «Eating toward Immortality: Diet Culture Is Just Another way of Dealing with the Fear of Death», *The Atlantic* (edición web), 7 de febrero de 2017.

44. Warin, M., *Abject Relations*, p. 135.

45. Durif-Bruckert, C., *La Nourriture*, p. 147.

46. Corbeau, J.-P., «Les Canons dégraissés», p. 54.

47. Nicolosi, G., «Biotechnologies, Alimentary Fears and the Orthorexic Society», *Tailoring Biotechnologies*, II/3, 2006/7, pp. 37-56; Rangel, C.; Dukeshire, S.; MacDonald, L., «Diet and Anxiety. An Exploration into the Orthorexic Society», *Appetite*, LVIII, 2012, pp. 124-32.

se basa en el pensamiento mágico acerca de la comida, sino que, en algunos casos, incluso percibe la realidad física como una especie de enemigo, «especialmente cuando implica sentir el propio estómago, o el cansancio después de una comida» o incluso el placer gustativo de comer[48]. Las dietas que ostensiblemente buscan aplazar la muerte pueden tener como resultado estilos de vida que traten la «vida» como un problema. Puede que nos animen a *comer* orgánico, pero no es porque estemos totalmente cómodos *siendo* orgánicos.

*

Aunque nuestra situación actual es sin duda diferente de la de principios del siglo XX, lo que era cierto hace un siglo parece más relevante hoy: el cuerpo sigue siendo una plataforma engañosamente estable para la representación de las identidades en un mundo que se ha vuelto cada vez más amenazador e incontrolable[49]. El hecho de que pueda parecer que el cuerpo está *disponible* para el despliegue y la experiencia de la identidad en un mundo incierto no quiere decir que el cuerpo esté a la altura de la tarea. Los cuerpos están compuestos de sustancias y están sometidos a procesos sobre los que no tenemos ningún control o muy poco. Son susceptibles de enfermedad y lesiones; envejecen y sufren diversas formas de discapacidad; se mueren y se descomponen, dando lugar a nueva vida en el proceso. Así, si es verdad que el «autocontrol» es el común denominador de los ideales corporales del neoliberalismo, como se suele argumentar, entonces lo que se busca controlar no es ningún «yo» inmaterial, sino los fenómenos corporales que están menos sometidos a una manipulación consciente, cuando no totalmente fuera de ella. Aunque las innovaciones tecnológicas contemporáneas buscan fomentar la longevidad y eliminar una miríada de imperfecciones biológicas, por ahora seguimos sin poder

48. Adamiec, C., «When Healthful Eating becomes an Obsession», en *Selective Eating*, p. 158. Véase también Koven, N. S.; Abry, A. W., «The Clinical Basis of Orthorexia Nervosa: Emerging Perspectives», *Neuropsychiatric Disease and Treatment*, XI, 2015, p. 385.

49. Gerisch, B., «The Body in Times of Acceleration and Delimitation», *Time and Society*, XVIII/2-3, 2009, p. 375.

dominar los materiales que componen nuestro cuerpo. Por debajo de muchos sueños modernos de eficacia, funcionalidad, omnipotencia e invulnerabilidad «subyace la idea de que nuestra mera mortalidad es algo vergonzoso, algo que tenemos que ocultar o, mejor aún, trascender por completo»[50]. La repugnancia neoliberal hacia la «obesidad» reflejaría entonces la futilidad de estos proyectos, manifestada en «la nada bienvenida intrusión en el discurso público de ese aspecto tan vergonzoso y tozudamente antiliberal de la vida humana: el cuerpo»[51].

Este libro ha abordado estos acontecimientos reconociendo la importancia del énfasis en la salud y la belleza que son el foco de otros estudios, pero yendo más allá. Abordando los estereotipos sobre la corpulencia en términos de grasa, gordura y engorde, ha propuesto que algunos de los materiales básicos de construcción de nuestro imaginario gordófobo se originan en el pasado remoto, mucho antes de que se declarara la «guerra contra la obesidad». Señalando que el mundo contemporáneo fomenta fantasías de cuerpos capaces de transcender las limitaciones de la vida corporal, ha empleado la cuestión del asco como su trampolín conceptual. El asco, además de entenderse en general como una emoción que tiene más que ver con el tacto que con la vista, está animado por un pensamiento casi mágico que mantiene a raya determinadas realidades acerca de la encarnación humana. Entre estas realidades está nuestra condición de criaturas vulnerables y finitas, sometidas a procesos orgánicos que implican el nacimiento y el crecimiento tanto como el declive y la muerte. Ya se expresen mediante las afirmaciones metafísicas de la filosofía o en las esperanzas ultramontanas de la religión, el deseo imposible de superar los aspectos más decepcionantes y menos fiables del cuerpo es un rasgo recurrente de la cultura occidental. Si aceptamos que el asco es una emoción en la que «medimos el alcance de la disyunción entre cómo funciona el

50. Nussbaum, M., *El ocultamiento de lo humano*, p. 132.

51. Lavin, C., *Eating Anxiety: The Perils of Food Politics*, Minneapolis, MN, 2013, pp. 80-81.

mundo realmente y cómo nos gustaría que fuese»[52], no es para nada sorprendente descubrir que el asco por la grasa alcanzó su apogeo en torno al mismo momento en el que la cultura occidental se implicó en unas ideas sobre el cuerpo más abiertamente transcendentes y utópicas.

La sustancia de la vida, por lo tanto, sigue siendo un problema. En un texto sobre nuestra atracción contemporánea por la eficacia maquínica y los sueños de transcender el cuerpo orgánico, el filósofo Michael Hauskeller nos recuerda que:

> Las cosas vivas florecen y decaen. Entran en la existencia y después salen de ella. Por eso deseamos una forma de existencia que no es vida, o al menos no es la vida que conocemos.

El deseo de cambiar los rasgos físicos, por lo tanto, no surge tanto a partir de la insatisfacción con aspectos específicos de nuestros cuerpos como del hecho de que «nuestro cuerpo tal y como es nos causa infelicidad»[53]. La «vida» es pues una fuente potencial de ambivalencia porque los seres vivos no perduran vitales y saludables. Puesto que las cosas envejecen y se descomponen, la vida con el tiempo revela su blandura y fragilidad intrínseca. La vida es una bendición ambigua precisamente porque —para nosotros y nosotras— finaliza. Desde esta perspectiva, la gordura es un recordatorio especialmente insistente de una corporalidad que muchas personas preferirían superar[54]. Junto al estigma estético que genera la gordura, rechazarla no solo es retraerse de una forma específica del cuerpo que se considera desagradable o poco saludable. Es también parte de una ambigüedad más básica sobre la corporalidad que puede manifestarse de numerosas maneras. Vivir esta ambigüedad a menudo supone dejar de lado estos hechos o, más probablemente, proyectar nuestra incomodidad en otras personas. Al hacerlo así, olvidamos que

52. McGinn, C., *El significado del asco*, pp. 182–3.

53. Hauskeller, M., «Messy Bodies: From Cosmetic Surgery to Mind Uploading», *Transhumanities*, VI/2, 2013, p. 69.

54. Leder, D., *The Absent Body*, Chicago, IL, 1990.

la corporalidad es un estado de entrar-en-el-mundo-con-otras personas que son tan vulnerables y finitas como nosotras[55].

La cuestión, por lo tanto, no es si determinados estereotipos acerca de la gordura han persistido bajo formas diversas a lo largo del tiempo, sino por qué. Tal vez la «pegajosidad» de la grasa es algo propio de las ideas y de las emociones, no solo de los cuerpos y de las sustancias[56]. Preguntarse qué queda del pasado no es únicamente preguntarse cómo el pasado conforma nuestro presente. Supone también preguntarse qué partes de la historia nos *negamos a olvidar*, qué ideas e ideales resucitamos e invocamos como medios para transformar o lamentar nuestro presente. Ya se repita por el hábito o la costumbre, o simplemente porque no sabemos hacer las cosas de otra manera, el pasado nunca se impresiona sobre el presente de manera directa o inevitable. Las alternativas son posibles[57]. Es cosa nuestra saquear el pasado para encontrar caminos hacia el futuro. Somos quienes participamos en sacar punta a la historia para convertirla en arma y para poder blandirla contra otras. En algunos respectos, entonces, bien puede ser que lo que más nos molesta sea la carga de la historia y no tanto el peso de la carne.

55. Shildrick, M., *Dangerous Discourses*, p. 33.

56. Ahmed, S., *La política cultural de las emociones*, p. 145.

57. Sin ir tan lejos como para rechazar por completo los proyectos para la mejora física, sin duda podemos explorar maneras de reenmarcar esa búsqueda de formas menos dañinas. De hecho, ya hay gente que lo hace así. A pesar del potencial coercitivo de nuestra obsesión moderna por la salud, sabemos que no todas las personas que se embarcan en regímenes de forma física son «bobos culturales» que tratan de emular sin pensárselo dos veces unos ideales físicos irreales. No todas las personas que levantan peso se aferran a fantasías de omnipotencia. Si cultivamos un aprecio del ejercicio como una «práctica inmersiva» es posible relacionarnos con nuestros cuerpos sin necesidad de apostar por una ética dañina de transcendencia competitiva. Lelwica, M. M., *Shameful Bodies: Religion and the Culture of Physical Improvement*, p. 47; Crossley, N., *Reflexive Embodiment in Contemporary Society*, Maidenhead, 2006, p. 56; Heywood, L., «Building Otherwise: Bodybuilding as Immersive Practice», en *Critical Readings in Bodybuilding*, Locks, A.; Richardson, N. (ed.), Nueva York, 2013, p. 134.

BIBLIOGRAFÍA

BENNETT, J., *Vibrant Matter: A Political Ecology of Things,* Durham, NC, 2010.

BRAZIEL, J. E.; LEBESCO, K. (ed.), *Bodies Out of Bounds: Fatness and Transgression,* Berkeley, CA, 2001.

BROWN, P., *The Body and Society: Men, Women, and Sexual Renunciation in Early Christianity,* Nueva York, 1988.

BRUMBERG, J. J., *Fasting Girls: The Emergence of Anorexia Nervosa as a Modern Disease,* Cambridge, MA, 1988.

BYNUM, C. W., *The Resurrection of the Body in Western Christianity, 200–1336,* Nueva York, 1995.

CAMPOS, P., *The Obesity Myth: Why America's Obsession with Weight Is Hazardous to Your Health,* Nueva York, 2004.

CARDEN-COYNE, A., *Reconstructing the Body: Classicism, Modernism, and the First World War,* Oxford, 2009.

COGDELL, C., *Eugenic Design: Streamlining America in the 1930s,* Filadelfia, PA, 2004.

COLLINGHAM, E. M., *Imperial Bodies: The Physical Experience of the Raj, c. 1800–1947,* Cambridge, 2001.

COLLS, R., «Materialising Bodily Matter: Intra-action and the Embodiment of "Fat"», *Geoforum,* XXXVIII, 2007, pp. 353–65.

COVENEY, J., *Food, Morals and Meaning: The Pleasure and Anxiety of Eating,* 2ª ed., Londres, 2006.

CSERGO, J. (ed.), *Trop gros? L'obésité et ses représentations*, París, 2009.

DURIF-BRUCKERT, C., *La Nourriture et nous: Corps imaginaire et normes sociales*, París, 2007.

FARRELL, A. E., *Fat Shame: Stigma and the Fat Body in American Culture*, Nueva York, 2011.

FISCHLER, C., *L'Homnivore: Le goût, la cuisine et le corps*, París, 1993 [ed. esp.: *El (H)omnívoro. El gusto, la cocina y el cuerpo*, Merlino, M. (trad.), Anagrama, 1995].

FORTH, C. E. y CARDEN-COYNE, A. (ed.), *Cultures of the Abdomen: Diet, Digestion and Fat in the Modern World*, Nueva York, 2005.

GILMAN, S. L., *Fat Boys: A Thin Book*, Lincoln, NE, 2004.

—, *Fat: A Cultural History of Obesity*, Cambridge, 2008.

GRIFFIN, R., *Modernism and Fascism: The Sense of a Beginning under Mussolini and Hitler*, Basingstoke, 2007 [ed. esp.: *Modernismo y fascismo. La sensación de comienzo bajo Mussolini y Hitler*, Blasco Castiñeyra, J. (trad.), Akal, 2010] .

GRIFFITH, R. M., *Born Again Bodies: Flesh and Spirit in American Christianity*, Berkeley, CA, 2004.

GRIMM, V. E., *From Feasting to Fasting, the Evolution of a Sin: Attitudes to Food in Late Antiquity*, Nueva York, 1996.

HILL, S. E., *Eating to Excess: The Meaning of Gluttony and the Fat Body in the Ancient World*, Santa Barbara, CA, 2011.

HOFFMANN, V. von, *From Gluttony to Enlightenment: The World of Taste in Early Modern Europe*, Urbana, IL, 2016.

JENSEN, E. N., *Body by Weimar: Athletes, Gender, and German Modernity*, Oxford, 2010.

KARILA-COHEN, K.; QUELLIER, F. (ed.), *Le Corps du gourmand d'Héraclès à Alexandre le Bienheureux*, Rennes, 2012.

KOLNAI, A., *On Disgust*, Smith, B; Korsmeyer, C. (ed.), Chicago, IL, 2004 [ed. esp.: *Asco, soberbia y odio*, Vendrell Ferran, I. (trad.), Madrid, Encuentro, 2013].

LEVY-NAVARRO, E., *The Culture of Obesity in Early and Late Modernity*, Basingstoke, 2008.

—, (ed.), *Historicizing Fat in AngloAmerican Culture*, Columbus, OH, 2010.

LOUX, F.; RICHARD, P., *Sagesses du corps: La santé et la maladie dans les proverbes françaises,* París, 1978.

LUPTON, D., *Food, the Body and the Self,* Londres, 1996.

MENNINGHAUS, W., *Disgust: The Theory and History of a Strong Sensation,* Eiland, H.; Golb, J. (trad.), Albany, NY, 2003.

MILLER, D. (ed.), *Materiality,* Durham, NC, 2005.

MILLER, W. I., *The Anatomy of Disgust,* Cambridge, MA, 1997 [ed. esp.: *Anatomía del asco,* Gómez Crespo, P. (trad.), Taurus, 1998].

MONAGHAN, L. F., *Men and the War on Obesity: A Sociological Study,* Londres, 2008.

MURRAY, S., *The «Fat» Female Body,* Basingstoke, 2008.

NUSSBAUM, M., *Hiding from Humanity: Disgust, Shame, and the Law,* Princeton, NJ, 2004 [ed. esp.: *El ocultamiento de lo humano: repugnancia, vergüenza y ley,* Zadunaisky, G. (trad.), Katz editores, 2006].

POUCHELLE, M.-C., *The Body and Surgery in the Middle Ages,* Morris, R. (trad.), New Brunswick, NJ, 1990.

ROTHBLUM, E; SOLOVAY, S. (ed.), *The Fat Studies Reader,* Nueva York, 2009.

SAGUY, A. C., *What's Wrong with Fat?,* Nueva York, 2013.

SANDNES, K. O., *Belly and Body in the Pauline Epistles,* Cambridge, 2002.

SCHWARTZ, H., *Never Satisfied: A Cultural History of Diets, Fantasies and Fat,* Nueva York, 1986.

SHILDRICK, M., *Dangerous Discourses of Disability, Subjectivity and Sexuality,* Basingstoke, 2009.

STEARNS, P. N., *Fat History: Bodies and Beauty in the Modern West,* Nueva York, 1997.

STOLBERG, M., «"Abhorreas pinguedinem": Fat and Obesity in Early Modern Medicine, (c. 1500–1750)», *Studies in History and Philosophy of Biological and Biomedical Sciences,* XLIII, 2012, pp. 370–78.

SUGG, R., *Mummies, Cannibals and Vampires: The History of Corpse Medicine from the Renaissance to the Victorians,* Londres, 2011.

TOULALAN, S., «"To[o] Much Eating Stifles the Child": Fat Bodies and Reproduction in Early Modern England», *Historical Research,* LXXXVII/235, 2014, pp. 65–93.

—, «"If Slendernesse Be the Cause of Unfruitfulnesse; You Must Nourish and Fatten the Body": Thin Bodies and Infertility in Early Modern England», en *The Palgrave Handbook of Infertility in History: Approaches, Contexts and Perspectives*, Davis, G.; Loughran, T. (ed.), Londres, 2017, pp. 171-97.

TUMBLETY, J., *Remaking the Male Body: Masculinity and the Uses of Physical Culture in Interwar and Vichy France*, Oxford, 2012.

VIGARELLO, G., *Histoire de la beauté: Le corps et l'art d'embellir de la Renaissance à nos jours*, París, 2004 [ed. esp.: *Historia de la belleza. El cuerpo y el arte de embellecer*, Cardoso, H. (trad.), Nueva Visión, 2009].

—, *The Metamorphoses of Fat: A History of Obesity*, Delogu, C. J. (trad.), Nueva York, 2013 [ed. esp.: *Las metamorfosis de la gordura, Historia de la obesidad desde la Edad Media hasta el siglo* XX, Cardoso, H. (trad.), Nueva Visión, Buenos Aires, 2011].

WARIN, M., *Abject Relations: Everyday Worlds of Anorexia*, New Brunswick, NJ, 2009.

ZWEINIGER-BARGIELOWSKA, I., *Managing the Body: Beauty, Health, and Fitness in Britain, 1880-1939*, Oxford, 2010.

AGRADECIMIENTOS

Este proyecto ha sido calificado tantas veces de «ambicioso» que he terminado por entenderlo como un eufemismo de «disparatado». Sin embargo, es comprensible, dada la envergadura del libro. La mezcla de diversión y lástima que mis colegas de profesión habían expresado ya ante mi último proyecto de libro, que abarcaba apenas cuatrocientos años, se transformó en incredulidad y auténtica preocupación cuando se enteraron de este. Pero aquí ha ocurrido algo más que una simple «ambición» (o disparate). Este proyecto, que comenzó como un estudio de las percepciones de la gordura en la era moderna, se encarrilló sobre mi continua inquietud acerca de por qué la «blandura» moral y física goza de un estatus tan ambiguo en la cultura occidental, especialmente en todo lo que se refiere al género y al cuerpo. Así pues, a pesar de las apariencias, este libro es una extensión lógica de los temas centrales explorados en mi libro anterior, *Masculinity in the Modern West.*

Cuando me invitaron a embarcarme en este proyecto, había planeado centrarme en la época contemporánea, dedicando como mucho un capítulo al periodo comprendido entre la Antigüedad y el Renacimiento. Al estar menos familiarizado con esa época, supuse que podría abordarse con bastante facilidad. En aquel momento, yo, como mucha gente, tenía la impresión de que la gordura no era realmente un problema antes de la era contemporánea. Sumergirme en las fuentes antiguas no sólo me reveló la inesperada complejidad de lo que estaba tratando, sino que me dejó claro que el mundo clásico y el mundo bíblico eran más importantes de lo que había imaginado para comprender cómo se habían enredado las ideas sobre la gordura y la blandura. A medida que la estructura y el alcance del libro se ampliaban para dar cabida a esta constatación, me vi empujado fuera de mi zona de confort académica y disfruté bastante de la experiencia. Pero sabía que no iba a ser el libro que me habían pedido que escribiera.

El enfoque del libro se complicó aún más cuando decidí dejar de ignorar las constantes referencias a la «grasa» en la agricultura e intenté entender qué tenían que ver con el cuerpo, si es que tenían algo que ver. Esto me abrió todo un nuevo mundo de posibilidades y me condujo hacia modelos antropológicos de la materialidad y de los sentidos que me animaron a conceptualizar la grasa en términos táctiles y visuales, y a abordar los cuerpos gordos como cuestiones de sustancia, además de tamaño y forma. Profundizar en los estudios sobre el asco aportó al proyecto las ideas de la psicología y la filosofía, y también me llevó a considerar el papel desempeñado por la animalidad en el tratamiento histórico del engorde. Todo ello exigió modificaciones conceptuales sustanciales del plan original y profundizó en su perspectiva interdisciplinar.

Mi editora en Reaktion Books, Vivian Constantinopoulos, fue tan amable como para permitirme algunas desviaciones importantes del proyecto original y se acomodó con generosidad a las numerosas ampliaciones y extensiones que necesité para completarlo. Muchas otras personas han contribuido a la elaboración de este libro. Un agradecimiento especial a mis colegas del departamento de Clásicas, Anthony Corbeill y John Younger, por guiarme hacia los textos y la cultura antiguos. Gracias también a Barnea Levi Selavan que, desde su base en Jerusalén, me proporcionó sugerencias de lecturas sobre la grasa en el mundo antiguo y en otros lugares. Heike Bauer, Anthony Corbeill, Hahna Curtin, Venita Datta, Andrew Denning, Karen Downing, Anna Greenwood, Alison Leitch, Nina Mackert, Willemijn Ruberg, Damon Talbott, Joan Tumblety, John Younger e Ina Zweiniger-Bargielowska leyeron los primeros borradores de varios capítulos. Dos colegas especialmente generosos, John Cerullo y Richard Sugg, tuvieron la amabilidad de leer y comentar todo el manuscrito.

Muchas otras personas mantuvieron conversaciones y correspondencia que aportaron mucha información útil, consejos y/o comentarios: Elinor Accampo, Michael Baskett, Chris Bishop, Nicole Boivin, Kim Bond, Jeffrey Jerome Cohen, Avery Ray Colter, Ivan Crozier, Vicki Cummings, Michel Delville, Jan Frans van Dijkhuizen, Sergey Dolgopolski, Anne Dotter, Pilar Galiana Abal, Marwa Ghazali, Robbie Gordy, Lesley Hall, Allan Hanson, Michael Hau, Bob Jameson, Daniel King, Helen King, Scott Knowles, Erika Kuijpers, Inger Leemans, Bill Leeming, Alison Leitch, Blake Leyerle, Brittany Lockard, Deborah Lupton, Valerie Mars, LeRoy McDermott, Wolfgang Mieder, Kate Mitchell, John Monroe, Steven Muhlberger, Samantha Murray, Sally Pemberton, James Quinn, Heather Ruiter, Ayu Saraswati, Sonya Satinsky, Charlie Sedlock, Barnea Levi Selavan, Tricia Starks, Christianna Stavroudis, Kristine Steenbergh, Erin Stewart, David Titterington, Sarah Toulalan, Leslie Tuttle, Dale Urie, Lorenzo Veracini, Andrea Weiss, Roger Westcombe, Richard Wilk, Ron Wilson, Verena Winiwarter, James Woelfel, y Sandra Zimdars-Swartz. Como el último capítulo y la conclusión fueron los más difíciles de escribir, las conversaciones con Mark Landau, Greta Olson y Willemijn Ruberg fueron especialmente productivas y alentadoras. Los amistosos desacuerdos con Nina Mackert fueron muy útiles para incitarme a precisar más mis ideas.

Algunas partes de este trabajo se han presentado en diversos foros académicos, entre ellos el Obesity Seminar Series, organizado por la Unit for Biocultural Variation de la Universidad de Oxford, la Society of Fellows in the Humanities de la Universidad de Columbia, la Society of European Historians de la Universidad de Arkansas y el Gender Seminar, organizado por el Hall Center for the Humanities de la Universidad de Kansas. Presenté ponencias sobre aspectos de este proyecto en reuniones de la American Historical Association, la Western Society for French History, la American Association for the History of Medicine y la Popular Culture Association. Tuve la oportunidad de poner a prueba mi enfoque conceptual en un discurso pronunciado en «Disgust: History, Language, Politics and Aesthetics of a Complex Emotion», congreso organizado por la Universidad de Lieja (Bélgica). Muchas gracias a Michel Delville, Andrew Norris y Viktoria von Hoffmann por invitarme a intervenir. Pude perfeccionar otras ideas durante mi estancia como becario internacional de investigación en la Universidad de Erfurt (Alemania). Tengo una deuda de gratitud con Jürgen Martschukat, Nina Mackert, Nina Wiedemeyer y el resto del Grupo de Investigación sobre Técnicas Culturales por acogerme. Como una serie de charlas posteriores en Europa posibilitó una reflexión más profunda, también tengo que dar las gracias a los anfitriones y al público de la Universidad de Leiden, la Universidad de Utrecht, la Universidad VU de Ámsterdam, el Centro de Historia de las Emociones del Instituto Max Planck para el Desarrollo Humano, la Universidad Albert Ludwig de Friburgo y la Universidad de Turku.

En la Universidad de Kansas, este proyecto contó con el apoyo de la Cátedra Intrauniversitaria de la Familia Keeler, el Fondo General de Investigación de la Universidad de Kansas y la ya desaparecida Cátedra Jack y Shirley Howard de Humanidades y Civilización Occidental. Como siempre, el equipo del Préstamo Interbibliotecario de la universidad fue un modelo de eficacia e inventiva. También agradezco a Maddalena Marinari y Hahna Curtin su ayuda en la investigación y a Anthony Corbeill, Marwa Ghazali, Fatima Mohamed, Cara Polsley, Erin Stewart y Andrea Weiss su ayuda con las traduccciones. Muchas gracias a Jon Foulk de otrcat.com, que generosamente donó algunos excelentes programas de radio antiguos protagonizados por gordos detectives, y a EphemeraForever.com por proporcionar una imagen para el capítulo diez. Sylvia Mullins compartió generosamente conmigo su tesis sobre los miroblitos medievales, y Anne Katrine Kleberg Hansen me envió amablemente una copia de su tesis sobre las percepciones médicas de la gordura. LeRoy McDermott tuvo la amabilidad de compartir conmigo sus imágenes y reflexiones sobre las figurinas neolíticas.

Mi familia me ha aguantado con este proyecto durante tanto tiempo que seguro que se alegra de verlo terminado. Muchas gracias a mi mujer Pilar y a mis hijos Declan y Logan por escucharme y participar a lo largo de los años. La muy razonable pregunta que me hizo Sarah Trulove sobre la grasa y el asco, aunque en su momento me resultara irritante, ha desempeñado un papel importante a la hora de dar forma a mis indagaciones. Como este libro es una respuesta larga —y muy demorada— a esa pregunta, se lo dedico a ella.

CRÉDITOS DE LAS IMÁGENES

El autor y la editorial desean dar las gracias a quienes han proporcionado las siguientes ilustraciones y/o otorgado el permiso de reproducción de las mismas.

Alte Pinakothek, Múnich: p. 205; © Estate of Peggy Bacon, cortesía de Kelly Brook: p. 370; Mary Bagot Stack, Building the Body Beautiful (Londres, 1931): p. 383; Bibliothèque nationale de France, Paris: pp. 269, 271; fotos Bridgeman Images: pp. 157, 159 (Alinari), 161 (Alinari), 196 (colección privada), 246 (De Agostini Picture Library/S. Vannini); British Museum, Londres: pp. 87, 102; photos © The Trustees of the British Museum, Londres: pp. 87, 102, 184; EphemeraForever.com: p. 396; Galleria Nazionale d'Arte Antica, Roma: p. 187; Gemäldegalerie Alte Meister, Dresde: p. 194; cortesía de la Historical Collection, Eskind Biomedical Library, Vanderbilt University Medical Center, Nashville, tn: pp. 276, 295; Library of Congress, Washington, dc: p. 325; The Metropolitan Museum of Art, Nueva York (Open Access): p. 195; Musée des Beaux-Arts, Lyon: p. 49; Musée du Louvre, París: pp. 113, 114, 200; Museum Mayer van den Bergh, Amberes: p. 217; colección privada: p. 374; © rmn-Grand Palais (Musée d'Archéologie nationale) / Franck Raux: p. 37; Collection of Stanford Research into the Impact of Tobacco Advertising (tobacco. stanford.edu): p. 377; Galerie Tarantino, París- foto Luc Pâris: p. 93; Wellcome Library, Londres: pp. 190, 335.

Carole Raddato ha publicado la imagen de la p. 125 online bajo las condiciones impuestas por una licencia Creative Commons Attribution Share Alike 2.0 Generic; Matthias Kabel ha publicado online la imagen de la p. 33 online y Bullenwächter ha publicado la imagen de la p. 284 bajo las condiciones de una licencia Creative Commons Attribution Share Alike 3.0 Unported license; Livioandronico2013 ha publicado la imagen de la p. 266 online bajo las condiciones impuestas por una licencia Creative Commons Attribution Share Alike 4.0 International license. Por lo tanto estas obras se pueden compartir —copiar, distribuir y transmitir— y adaptar bajo las condiciones siguientes: debe atribuirse la autoría de la(s) obra(s) de la manera especificada por la licencia (pero en ningún caso de manera que dé a entender que suponga un respaldo del uso que hagas de la(s) obra(s)) y, en el caso de que se alteren, transformen o se empleen como parte de otras obras, estas últimas deben distribuirse únicamente bajo la misma licencia o una licencia similar a las que se mencionan en este párrafo.

ÍNDICE ONOMÁSTICO

ÍNDICE

Grasa se terminó de imprimir y encuadernar el 11 de octubre de 2025, nueve años después de que la farmacéutica Novo Nordisk lanzase al mercado español Saxenda®, el primer análogo de la hormona GLP-1 en dosis pensadas para pacientes con sobrepeso. Según un estudio de la consultora Lantern, se prevé que en 2027 casi un millón de personas consumirán este tipo de medicamentos en España.